저는 부동산경매가 처음인데요 완전개정판

초판 1쇄 발행   2012년 05월 08일
초판 22쇄 발행   2015년 08월 31일
개정판 1쇄 발행   2016년 02월 05일
개정판 8쇄 발행   2018년 08월 01일
개정2판 1쇄 발행   2023년 02월 13일

지은이 신정헌

펴낸이 조기흠
편집이사 이홍 / **책임편집** 박의성 / **기획편집** 유지윤, 이지은, 전세정
마케팅 정재훈, 박태규, 김선영, 홍태형, 임은희, 김예인 / **제작** 박성우, 김정우
디자인 표지 김종민 **본문** 박정현 / **교정교열** 정은아 / **일러스트** 김영진 / **사진** 김요한

펴낸곳 한빛비즈(주) / **주소** 서울시 서대문구 연희로2길 62 4층
전화 02-325-5506 / **팩스** 02-326-1566
등록 2008년 1월 14일 제25100-2017-000062호

ISBN 979-11-5784-644-3 13320

이 책에 대한 의견이나 오탈자 및 잘못된 내용에 대한 수정 정보는 한빛비즈의 홈페이지나
이메일(hanbitbiz@hanbit.co.kr)로 알려주십시오. 잘못된 책은 구입하신 서점에서 교환해드립니다.
책값은 뒤표지에 표시되어 있습니다.

⌂ hanbitbiz.com   f facebook.com/hanbitbiz   N post.naver.com/hanbit_biz
▶ youtube.com/한빛비즈   ⊙ instagram.com/hanbitbiz

지금 하지 않으면 할 수 없는 일이 있습니다.
책으로 펴내고 싶은 아이디어나 원고를 메일(hanbitbiz@hanbit.co.kr)로 보내주세요.
한빛비즈는 여러분의 소중한 경험과 지식을 기다리고 있습니다.

생초보도 반드시 수익을 올리는 부동산경매 절대원칙

저는 부동산 경매가 처음인데요

신정헌 지음

완전개정판

한빛비즈
Hanbit Biz, Inc.

스물일곱에 경매로 첫 부동산을 낙찰받았습니다
그리고 첫 책을 출간했습니다

2006년 말, 부동산경매에 뛰어들어 첫 낙찰을 받았습니다. 그리고 2008년 여름, 그간의 투자 경험을 바탕으로《27세, 경매의 달인》이라는 책을 출간했습니다. 당시만 해도 저는 크게 성공한 투자자도 아니었고, 이 분야의 전문가라고 하기에도 많이 부족한 사람이었습니다.

하지만 첫 책을 출간하고 많은 부동산 투자자로부터 열렬한 지지와 환영을 받게 되었습니다. 방송과 언론의 조명을 받았고, 강의 요청도 잇따랐으며, 제가 운영하고 있던 부동산 투자 커뮤니티의 회원 가입자 수도 크게 늘었습니다. 이처럼 첫 책의 집필은 제게 큰 기회가 되었습니다. 또 도전이기도 했고, 시련이기도 했습니다. 저는 스스로 부족하다는 것을 잘 알고 있었기에 더욱 열심히 공부하고 연구하며 좋은 책을 집필하기 위해 부단히 노력했습니다. 부족한 제 지식과 경험, 노하우를 체계적으로 정리하고, 알찬 내용만을 담아 독자들에게 전하고자 원고를 완성한 후에도 여러 번 다듬고 쪼개는 작업을 반복했습니다.

책을 쓰는 것은 정말 보통 힘든 일이 아니었습니다. 하지만 분명 굉장히 의미 있고 보람 있는 일이었습니다.

만약 제가 책을 집필하지 않은 채 계속 투자 활동에만 매진했었다면 아마도 오늘의 저는 없었을 거라고 생각합니다. 투자에서의 성공과 실패라는 눈에 보이는 결과를 떠나서 투자 멘토로서 더욱 발전된 모습을 보여드리겠다는 의지가 지금처럼 강하게 다져지지 않았을 것이기 때문입니다. 또 그만큼 제 성장폭도 작았을 것입니다. 그런 의미에서 첫 책의 출간은 제게 축복이었습니다. 특히 첫째 아이 지유가 태어난 날과 비슷한 시기에 출간되었기에 더욱 그런 생각이 듭니다.

제대로 된 부동산경매 지식을 전하고자
또 한 권의 책을 내기로 결심했습니다

2008년부터 2017년까지 10년간 부동산 투자 강의를 하면서, 또 에누리하우스 홈페이지를 통해 수많은 부동산 투자자와 소통하며 알게 된 점이 하나 있습니다. 부동산경매를 어렵게 생각하고 시작하기조차 두려워하는 사람들이 정말 많다는 것입니다. 한 걸음만 떼면 그다음부터는 뛰어갈 수 있는데 첫걸음을 떼는 일을 너무나 어렵게 느끼는 것이었습니다. 마음먹고 부동산경매를 배워보기 위해 저를 찾아오시는 한 분 한 분께는 차근차근 설명을 해드리고, 투자 성공을 위한 도움을 드릴 수 있었지만, 그렇지 않은 분들께는 다가갈 방법이 마땅치 않았습니다.

그러던 어느 날, 한빛비즈 출판사로부터 연락이 왔습니다. 부동산경매 생초보 분들을 위한 부동산경매 투자 입문서를 만들어보자는 것이었습니다. 수많은 부동산 투자 지식과 정보들을 알려주면서 무작정 따라 해보라고만 하는 것이 아니라 초보자들의 눈높이에 맞춰 꼭 필요한 지식만을 따박따박 가르쳐주는 책을 써줄 저자를 찾고 있다면서 말입니다. '부동산경매 초보들도 쉽고 재미있게 부동산경매를 공부할 수 있는 책', '독자를 충동질하지 않고 제대로 된 부동산경매 지식을 전해줄 수 있는 책'… 딱 제가 두 번째로 집필하고 싶었던 책이었습니다.

그래서 이 책을 쓰게 되었습니다.

초보 투자자들의 오해와 궁금증,
그리고 목마름을 속 시원히 풀어주고자 합니다

이 책은 초보 투자자들이 부동산경매 투자 전에 마음을 다잡는 과정에서부터 원하는 물건을 찾고, 권리분석을 하고, 입찰-패찰-낙찰을 거쳐 명도까지의 전 과정을 동병상련 주인공과 함께 헤쳐 나가는 방식으로 구성되어 있습니다. 그리고 쉬운 설명과 예시로 초보 투자자들이 좀 더 쉽고 즐겁게 부동산경매를 공부할 수 있도록 했습니다. 그러니 부동산경매를 '제대로' 공부한다고 해서 시작도 하기 전부터 지레 겁을 먹고 두려워하지는 않으셔도 됩니다. 또 부동산경매에 대한 선입견이나 오해들도 이 책을 통해 꼭 푸셨으면 합니다. 다른 누구도 아닌 바로 여러분 자신을 위해서 말입니다.

경매를 하려는 사람만 부동산경매를 공부해야 하는 것은 아닙니다. 전·월셋집을 구할 때, 부동산 투자를 할 때, 일반매매로 내 집을 마련할 때도 부동산경매에 대한 기본지식은 반드시 필요합니다. 또 자본금이 넉넉하다면 굳이 부동산경매 시장을 찾지 않아도 되지만, 부족한 자금으로 알뜰하게 부동산에 투자하고 싶다면 부동산경매가 가장 좋은 방법이 될 것입니다. 큰 욕심을 내지 않고 투자 원칙만 제대로 지킨다면 부동산경매를 통해 충분히 안전하게, 목표로 하는 수익을 얻을 수 있습니다.

새빨간 거짓말로 독자를 충동질하지 않고
제대로 된 부동산경매 지식을 전해드리겠습니다

"부동산 투자는 더 이상 희망이 없다", "부동산경매에 뛰어들기는 이미 늦었다"라고 말하는 분들이 간혹 있습니다. 그러나 이런 이야기에 휘둘릴 필요는 없습니다. 이런 푸념은 제가 부동산경매시장에 뛰어들었던 2006년에도, 이 책의 집필을 시작한 2010년에도, 1차 개정판을 낸 2016년에도, 그리고 2차 개정을 하는 2023년 현재에도 흔히 회자되는 말입니다. 그러나 "부동산 투자하기 좋은 시기는 이제 끝났다"라는 명제는 완전히 틀렸다고 확신합니다. 제가 부동산 투자를 시작한 지 17년이 되었는데, 저를 비롯한 이 시장의 다양한 투자자들이 산증인이고 국토교통부 실거래가에 담긴 지난 17년간의 거래 데이터가 증거입니다(공교롭게도 국토교통부 실거래가가 본격적으로 자료를 제공한 시기가 제가 부동산 투자를 시작한 시기와 거의 일치합니다). 대법원경매사이트의 낙찰 정보들이 실사례입니다. 국토교통부 실거래가 사이트에서 자신이 현재 거주하고 있는 집의 5년 전, 10년 전 매매가격과 임대료를 한번 확인해보시기 바랍니다.

지난 5년간, 10년간 자신의 소득 상승률(직장인이라면 급여소득 상승률, 자영업자라면 종합소득 상승률)과 자신이 거주하는 부동산의 매매가격 상승률을 비교하면, 상당수의 독자는 부동산의 매매가격 상승률이 소득 상승률보다 상당히 높다는 사실을 발견하게 될 겁니다(5대 광역시나 수도권에 거주하는 분들이라면 더욱).

또 저뿐만 아니라 많은 분이 부동산경매를 통해 성공 투자의 싹을 틔우고 꽃을 피우고 열매를 맺는 것을 지금껏 수도 없이 지켜봐왔습니다만, 부동산경매에 뛰어들기만 하면 무조건 큰 수익을 거둘 수 있다는 이야기는 결코 아닙니다. 단, 다른 투자와 달리 부동산경매는 투자 전에 투자자가 스스로 위험을 판단하고, 감당할 수 없는 위험을 피할 수 있다는 장점을 가지고 있다는 것은 꼭 알아두셨으면 합니다.

우리가 이 책을 통해 공부하고 훈련하게 될 내용 중에서도 가장 중요한 것은 '예상되는 위험'에 대해 스스로 판단하고 대처할 수 있는 능력을 기르는 방법입니다. 절대 어렵고 거창하지 않습니다. 조금만 공부하면 전문가, 비전문가, 남녀노소 구분할 것 없이 누구나 투자 위험을 예측할 수 있습니다. 높은 수준도 필요없습니다. 그저 '이 물건은 이런 이유로 위험할 수 있겠다'라는 정도를 판단할 수 있는 능력을 기르는 것만으로 충분합니다. 그다음 단계에서는 그 물건이 정말로 위험한지 조사해보고 실제로 위험하지 않다는 것을 밝혀내거나 그 대상을 포기하고 다른 안전한 투자 매물을 찾아 나서는 법을 배울 것입니다.

투자는 한 방을 노리는 로또가 아닙니다
조급해하지 말고 한 걸음씩 앞으로 나갑시다

투자 위험을 예측해 포기하는 것은 결코 실패가 아닙니다. 오히려 확신 없는 투자가 훨씬 더 위험한 결과를 낳을 수 있습니다. 또 '부동산경매로 일확천금의 꿈을 이룰 거야', '얼른 부동산경매를 시작해서 지긋지긋한 이 직장을 때려치워야지'라고 생각하시는 분들이 있다면 부동산경매 공부를 시작도 하지 말라고 간곡히 권하고 싶습니다. 그런 분들께는 이 책이 별 도움이 되지 못할 겁니다. 만약 '나의 이런 생각이 잘못된 걸까?' 하는 의구심이 조금이나마 드신다면 그때는 이 책을 집어보시기를 권합니다.

투자는 한 방을 노리는 로또가 아닙니다. 큰 욕심을 부리지 않고 꾸준히 노력하다 보면 조금씩 결실을 얻게 되는 것이 투자입니다. 최소 3년, 못해도 5년, 좀 더 멀면 앞을 내다보며 10년 후를 계획하는 '씨앗 뿌리기'가 바로 투자입니다.

1,000만 원의 투자금으로 1년 안에 이자를 차감하고 월 30만 원의 임대수익을 거두는 것이 어려울까요? 아닙니다. 상대적으로 쉽습니다. 임대보증금을 받으면 심지어 실투자금이 0원인 경우도 있습니다. 30만 원이 보잘것없다고 생각하시나요? 이렇게 돈을 벌어서 어느 세월에 큰돈을 모으게 될지 걱정부터 앞서시나요? 더 큰 욕심을 내지 않고 우직하게 매년 꼭 그만큼의 임대수익이 추가된다고 생각해보십시오. 5년 후에는 월 150만 원의 임대수익을 거둘 수 있고, 10년 후에는 월 300만 원을 얻을 수 있습니다.

부동산경매는 어렵지 않습니다
기본지식에 대한 공부는 이 책 한 권이면 충분합니다

부동산경매는 왠지 어렵고 힘들 것 같다고요? 머리를 싸매고 공부해야 되는 것 아니냐고요? 아닙니다. 부동산경매의 기본지식은 이 책 한 권이면 충분합니다. 이 책이 훌륭해서가 결코 아닙니다. 이 책을 통해서 투자의 위험을 감지하는 법을 배우고, 부동산경매의 전 과정에 대한 지식을 얻으며 간접경험만 하면 됩니다. 실제 투자는 대부분 현장에서 이뤄지므로 현장에서 살아 있는 지식을 배우고 다양한 투자 사례를 경험하면서 부동산경매 고수로 성장해나가면 되는 것입니다.

처음에는 과한 욕심을 버리고 원칙을 지키면서 적은 투자금으로 적은 수익에 만족하시기 바랍니다. 물론 적은 투자금이라 해도 수익률은 충분히 높을 수 있습니다(투자금이 많을 때보다 적을 때, 투자금 대비 수익률은 더 높은 경우가 많습니다). 그리고 여유로운 마음을 가지고 계속해서 이를 반복하시기 바랍니다. 내가 뿌린 투자의 씨앗이 싹을 틔우고 나무가 되고 열매를 맺으며 아름드리 나무로 성장해나가는 것을 여유롭게 기다리면서 지켜보세요.

시세 등락에 전전긍긍할 필요도 없습니다. 제대로 된 경매물건에 투자하셨다면 목표로 하는 투자수익률은 원하는 물건을 낙찰받은 시점에 이미 달성되었을 것입니다. 기본지식을 착실히 쌓고, 현실에 대한 정확한 판단 능력을 기르고, 조급해하거나 큰 욕심을 부리지 않는다면 언제든 성공 투자의 달콤한 열매를 맛보실 수 있을 것입니다.

2022년은 부동산시장이 대세상승을 매듭짓고 하락하기 시작한 변곡점입니다. 우크라이나에서는 전쟁이 발발했고, 중국은 제로 코로나 정책으로 시장을 급격히 냉각시켰고, 전 세계 유가와 원자재 가격이 급등하면서 세계적으로 물가 폭등이 야기되어 이를 잡기 위한 큰 폭의 금리인상이 시작되었습니다. 주택담보대출 금리도 치솟고 있고, 은행에서도 가계자금대출을 줄이려 하고 있습니다.

바로 이 시기가 부동산 투자 공부를 시작하고
한 걸음 한 걸음씩 투자를 준비하기에 가장 좋은 때입니다

저는 1997년 IMF 시절 고등학생이어서 투자 면에서 직접 부딪혀보지 못했지만, 2008년 금융위기 때는 이미 현업에서 열심히 부동산경매 투자를 하던 시기여서 잘 기억하고 있고, 또 그때 참 투자하기 좋은 시기였구나 생각도 하곤 합니다. 실제로 그 시기에 큰 투자 수익을 거두기도 했고요.

금융위기 때를 돌이켜보면, 2008년 10월 미국발 금융위기가 시작되어 우리나라도 11월부터 부동산 가격이 큰 폭으로 하락했습니다. 당시에 경매법정에 가보면 한 달 전까지 그렇게 많은 사람이 복작복작했던 시절이 언제 있었냐는 듯, 한산해졌습니다. 투자하기에 좋은 부동산은 꾸준히 나왔으니, 공급은 꾸준한데 (낙찰받을) 수요가 급감한 상황이었죠. 반대로 국가 전반적으로 경제가 흔들리는 상황이어서 한국은행에서 경제 안정을 위해 기준금리를 매우 빠르게 인하하였고, 이는 기존·신규 대출자들에게 이자비용을 낮추는 긍정적인 효과가 있었습니다. 경매시장은 일반 부동산시장보다 빠르게 반응하는 선행시장이라 일반시장이 2013년까지 완만하게 하락한 반면 경매시장은 2008년부터 6~10개월가량 급격하게 하락하였고, 이후 완만하게 상승 기조로 바뀌었습니다. 이 과정에서 우량한 부동산을 아주 낮은 가격에 취득할 수 있는 기회가 굉장히 많았고, 즉각적인 시세차익을 거둘 수 있는 기회도 평소에 비해 훨씬 많았습니다. 이후 2014년부터 2021년까지는 다시 한번 전국의 부동산 가격이 큰 폭으로 상승했기에 그전에 투자했던 투자자들은 대부분 시세 상승의 과실을 맛볼 수 있었습니다.

이제 한국의 부동산시장은 지표상 하락세로 전환된 것으로 보입니다. 그동안 초저금리와 잘못된 부동산정책으로 말미암아 시세가 적정 수준 이상으로 상승한 것에 대한 되돌리기, 그리고 꾸준한 금리인상 이슈(빅스텝, 자이언트스텝), 세계경제 및 주식시장의 하락 등 시장 상황이 우호적이지 않습니다.

그렇기 때문에 지금 이 시기는 초보자가 부동산 투자에 대해 공부하고 준비하기에 가장 좋은 시기입니다. 가격이 상승할 때는 투자자들이 몰리고 과열되는 현상이 자주 발생하여 초보자들이 낙찰받을 수 있는 물건이 매우 적은 반면, 시장이 침체되어 투자자들이 크게 감소하면 하나하나 공부하며 돌다리도 짚어보며 투자할 수 있는 물건들이 초보자에게까지 기회가 오기 때문입니다. 시장가격이 크게 상승하여 영끌투자가 유행하는 시기보다는 투자자들의 관심이 적은 시기가, 누구나 좋다고 몰리는 지역보다는 충분히 조사하고 확인할 수 있는 나만의 유망 지역이 우리에게는 더 많은 기회가 될 수 있음을 명심하시길 바랍니다.

복잡하고 어려운 길일수록 기본에 충실해야 합니다. 이 책을 통해 많은 부동산 투자자들이 투자의 기본기와 부동산경매의 기본지식을 탄탄하게 갖추고 꼭 성공하는 투자자가 되시길 바랍니다.

2022년 10월

S.Investment, 라카이코리아 대표 신정헌

부동산경매 어떻게 공부할까요?

그야말로 생초보,
부동산경매가 무엇인지부터
제대로 따박따박 알고 싶다면,
1장을 읽으며
부동산경매의 기초를
탄탄히 다지세요!

꿈에 그리던 내 명의의
부동산을 낙찰받았지만
잔금 납부에, 세금에, 명도 문제
등으로 걱정되고 골치가 아프다면
5장을 읽으며
진짜 내 것으로 만드는 법을
꼭 살펴보세요!

이제 부동산경매가
뭔지도 알게 되었고 부동산시장의
큰 흐름을 읽는 법도 배웠다면,
2장을 읽으며
알짜 매물을 살펴보는 법을
공부하세요!

모든 준비는 끝났다!
그러나 법원에 가서 어떻게
입찰에 참여할지 막막하다면,
4장을 읽으며
입찰부터 낙찰과 패찰, 유찰까지
부동산경매의 전 과정을
간접적으로 경험해보시고
도전하세요!

준비할 건 다 한 것 같은데
보다 강한 확신을 갖고 안전하게,
또 수익률 높은 투자를 하고 싶다면,
3장을 읽으며
권리분석 하는 방법을
반드시 공부하고
다음 단계로 넘어가세요!

01. 부동산경매에 입문하는 생초보 투자자들을 위한 가장 밑바닥 스타트!

부동산에 대해 아무것도 모르는 사람들도 기초부터 쉽고 재미있게, 따박따박 공부할 수 있도록 만들어졌습니다. 쓸데없이 어려운 내용들은 빼고, 꼭 필요한 내용들만 수록해 핵심만 콕콕 짚어 친절하게 설명합니다.

02. 부동산경매의 '부'자도 모르던 생초보 구슬 씨의 공감백배 입문기!

이 책은 투자에 대해서 막연한 두려움을 가진 초보 투자자들에게 종종걸음으로 라도 서둘러 따라오면서 부동산경매 투자법을 익히라고 재촉하지 않습니다. 초보 투자자들이 부동산경매가 뭔지도 모르는 생초보 구슬 씨와 함께 차근차근 배우고 익히며 어엿한 부동산경매 투자자로 성장해나갈 수 있도록 돕는 책입니다.

03. 실현 가능한 목표를 말하고 현실적인 투자 지식을 전하는 투자/재테크서!

이 책은 부동산경매가 세상에서 가장 좋은 투자 방법이라고 주장하지 않습니다. 절대 손해 봐서는 안 될 피 같은 돈, 바쁘게 살아도 마냥 부족하기만 한 시간, 고급 정보를 얻기에는 턱없이 부족한 인맥과 정보력을 전제조건으로 현실적인 투자 지식과 실전 투자 전략을 전해드리고자 합니다.

04. 부동산시장을 조망하는 망원경과 개별 매물을 분석하는 돋보기를 쥐여주는 책!

투자 마인드를 확고히 다지고, 전체 부동산시장을 이해하고, 개별 매물을 철저하게 분석해 단 한 번도 손해를 보지 않는 투자를 해야만 성공하는 투자자가 될 수 있습니다. 독자들에게 부동산경매의 단기 속성법이나 잔기술, 요행이 아닌 '지피지기 백전불태'의 투자 전략을 알려주고 투자의 근력을 길러주고자 합니다.

05. 눈높이 설명과 예시, 그리고 재미있는 스토리로 즐겁게 공부합시다!

초보 투자자들의 눈높이에 맞춰 최대한 쉬운 용어와 설명으로 독자의 이해를 돕고자 하였습니다. 권리분석도 보다 쉽게 공부할 수 있도록 머리에 쏙쏙 들어오는 실전문제와 알찬 해설을 수록하였습니다. '구슬 씨의 Grow up'을 통해 각 장에서 배울 내용들에 대해서 감을 잡고, '구슬 씨의 Level up'으로 공부했던 내용을 쭉 정리해볼 수 있습니다. 각 장의 마지막에는 부동산경매 고수의 투자 원칙이 일목요연하게 정리되어 있어 배운 내용을 한 번 더 확실히 새길 수 있습니다.

목차

제1장 부동산경매 기초 다지기

부동산경매를 하려는 목적이 무엇인가요?

자금은 얼마나 쌓아두고 덤벼야 할까요?

자금, 시간, 정보, 노력 중 무엇이 가장 중요한가요?

수익률은 얼마 정도로 예상할 수 있을까요?

부동산과 대출은 떼려야 뗄 수 없는 관계라고요?

주택담보대출에 대해서 좀 알려주세요!

단돈 100원으로도 낙찰을 받을 수 있나요?

성공 투자의 비법과 타이밍을 알려주세요!

제2장 알짜 매물 살펴보기

매물보다 내 주제 파악이 먼저라고요?

매물 정보는 어디서 얻을 수 있나요?

내게 맞는 매물은 어떻게 찾을 수 있을까요?

호재와 현재가치 중에서 어떤 것을 좇아야 할까요?

정보의 바다에서 헤엄치는 부동산 대어를 낚자!

정확한 부동산 시세는 어떻게 알 수 있죠?

부동산에 대해 설명해주는 서류에는 어떤 것들이 있나요?

부동산의 출생증명서라는 등기사항전부증명서는 어떻게 보는 건가요?

제4장 경매법원 찾아가기

01

부동산경매
기초 다지기

부동산시장의 큰 그림을 이해하고 부동산경매의 기초지식을 익혀
똑 부러지고 안전하게 부동산경매의 세계로
한 걸음 내디딜 수 있도록 안내합니다.

"

부동산에 대해 얼마나 알고 계신가요?

부동산에 투자하려는 이유는 무엇인가요?

부동산에 투자하기 전에 반드시

투자의 목표를 분명하게 정하고,

투자 마인드를 확고하게 다잡고,

위험으로부터 보호해줄 지식으로 단단히 무장하세요."

"

부동산경매 첫걸음 떼기

얼마 전 구슬 씨는 결혼을 3주 앞둔 친구로부터 놀라운 소식을 전해 들었습니다. 언론에서도 여러 차례 다룬 소위 '빌라왕'에게 부동산 사기를 당해 보증금 2억 1,000만 원 중 상당 금액을 잃게 되었는데, 현재 소유자는 연락두절 상황이라는 것이었죠. 최근 수년 동안 유행했던 '무피투자'로 이 경우 대표적인 전세 사기라 할 수 있는데, 매매를 할 때는 매수인이 비교적 까다롭게 조사하고 따지는 반면 전세계약을 할 때는 임차인들이 상대적으로 덜 공부한 상황에서 계약한다는 맹점을 노린 것이었습니다. 전세보증금을 매매가와 거의 같은 수준으로 책정하고 내부 인테리어만 깔끔하게 손봐서 여러 채널로 홍보하면 부동산 지식이 적은 임차인들이 혹하게 됩니다. 더욱이 보증금의 70~80%는 어렵지 않게 대출을 받을 수 있기 때문에 임차인들은 보증금 2억 원의 전셋집에 자기자금 4,000만~6,000만 원만 준비하면 되니 그만큼 위험에 대한 대비도 덜 하게 되는 것이지요.

이번 사건은 자그마치 126억 원대의 사기행각이었으니 얼마나 많은 빌라 임차인이 피해를 입었을지 아찔하기만 합니다(22쪽, 빌라왕 사례 등기부 첨부).

이제 갓 3년 차 직장인인 구슬 씨는 친구 부부가 너무나 안쓰러웠습니다. 결혼을 앞두고 어쩌다 그런 일을 당했는지 하늘이 원망스럽기까지 했죠. 그리고 그와 동시에 '하마터면'이라는 생각에 머릿속이 하얘지고 등에 한 줄기 땀이 흘러내렸습니다.

순위번호	등 기 목 적	접 수	등 기 원 인	권리자 및 기타사항
1	소유권보존	2017년3월9일 제54683호		공유자 지분 2분의 1 이 83 - 서울특별시 강남구 지분 2분의 1 정 80 - 서울특별시 강남구
2	공유자전원지분전부 이전	2017년12월11일 제265288호	2017년2월1일 매매	소유자 이 57 - 서울특별시 양천구
3	압류	2020년4월8일 제85614호	2020년4월7일 압류(세무관리 과-6769)	권리자 강서구(서울특별시) 1121
4	가압류	2020년7월21일 제162350호	2020년7월21일 부산지방법원 동부지원의 가압류 결정(2020카단1 02802)	청구금액 금12,639,000,000 원 채권자 주택도시보증공사 184371-0003123 부산광역시 남구 문현금융로 40 (문현동,부산국제금융센터) (서울서부관리센터)
5	강제경매개시결정	2020년10월8일 제228423호	2020년10월8일 서울남부지방법 원의 강제경매개시결 정(2020타경755 9)	채권자 주택도시보증공사 184371-0003123 부산 남구 문현금융로 40 (문현동, 부산국제금융센터) (서울서부관리센터)

▲ 빌라왕 사례

사실 최근에 구슬 씨도 지금 살고 있는 반전세 오피스텔의 계약기간이 만료되어 집을 알아보고 있었습니다. 그러다 친구로부터 친구 부부가 계약한 오피스텔의 다른 층 방을 소개받았죠. 나중에 알고 보니 구슬 씨가 소개받았던 오피스텔 역시 친구 부부에게 사기를 친 빌라왕이 내놓은 매물이었습니다. 몇천만 원씩이나 대출을 받는 것이 부담스러워 포기했던 것이 천만다행이었죠. 만약 그때 무리를 해서 돈을 끌어다 계약했다면 구슬 씨 역시 친구 부부와 똑같은 경우에 처했을 겁니다.

사실 구슬 씨도 서울로 상경해 집을 구하면서 공인중개소에도 처음 가보고, 서울에서 제 몸 누일 곳 구하기가 얼마나 어려운지, 전세자금대출이 뭔지 조금이나

마 알게 된 것이지 그전에는 부동산의 '부' 자도 알지 못했습니다. 그러니 이제 결혼을 하면서 부모님에게서 독립해 난생처음 자신들이 살 집을 구하던 구슬 씨 친구 부부는 더 말할 것도 없었죠. 사기꾼에게 이들은 정말 손에 넣기 쉬운 먹잇감이었을 겁니다.

　구슬 씨는 사회초년생 시절 고향을 떠나 낯선 서울 땅에서 생활하며 세입자로서의 설움을 많이 겪었습니다. 그리고 이번에 또 이사를 하면서 잠깐 살다 옮겨 갈 곳이 아니라 내 집을 하나 갖고 있어야 한다고 더욱 절실히 느끼게 되었죠. 구슬 씨는 아무리 '집은 사는 것이 아니라 사는 곳이다'라는 인식이 확산되었다고 해도 그런 말은 내 집 없는 설움을 겪으며 사는 사람들을 어르고 달래기 위한 감언이설이라고 생각했습니다. 친구 부부가 겪은 사기 사건은 구슬 씨의 이런 마음에 더욱 기름을 부었죠. 그래서 구슬 씨는 앞으로 3년 이내에 작은 평수라도 마음 편히 살 자신의 집을 마련하겠다고 결심했습니다. 그 집을 기반으로 앞으로 점점 더 넓고 좋은 집으로 옮겨가겠다고 다짐하면서요.

　구슬 씨의 부모님은 억대 자산가도 아니고, 자식들에게 물려줄 마땅한 부동산

하나 없는 일반 소시민입니다. 따라서 부모님이 어느 날 로또에 당첨되지 않는 이상 구슬 씨가 부동산 상속을 통해 집을 마련할 수는 없는 것이죠. 또 구슬 씨는 사회생활을 한 지 3년밖에 되지 않았기에 모아놓은 돈도 그리 많지 않습니다. 그래도 다행인 것은 코인 열풍이 불었을 때 '모르는 투자는 하지 않겠다'며 코인에 투자금을 넣지 않은 것이죠. 주변 친구 중에 수년간 모은 투자금과 마이너스 대출까지 받아 코인에 올인하고 괴로워하는 친구들이 많았거든요.

처음 서울생활을 시작할 때 구슬 씨가 얻은 반전셋집은 보증금 3,000만 원에 월 40만 원인 작은 평수의 오피스텔이었습니다. 부모님의 도움으로 마련한 2,000만 원에 은행 대출로 마련한 1,000만 원을 보태어 장만한 것이었죠. 2년 후 전세계약기간이 종료된 시점에 구슬 씨가 가진 보유 자금은 서울에서 자취생활을 하면서 아끼고 덜 쓰며 모은 3,000만 원을 포함해 6,000만 원이 되었습니다. 앞으로 3년 정도 더 알뜰살뜰 모으고 은행권의 도움을 받으면 작은 평수의 내 집 마련도 어렵지 않을 것 같습니다.

'내 집 마련'이 어렵지 않다고 생각하니 수익형 부동산 투자도 조금은 만만하게 보입니다. 그래서 구슬 씨는 우선 소액으로 조금씩 투자를 해볼까도 생각 중입니다. 앞으로 온갖 부동산 관련 뉴스와 자료들을 섭렵해나가겠다고 단단히 결심하면서 말이죠.

그렇게 틈나는 대로 부동산시장 공부에 열중하던 구슬 씨는 어느 날 동료로부터 재무팀의 한빛 씨가 부동산경매로 오피스텔을 취득해 매달 월급 외에 짭짤한 수익을 얻고 있다는 이야기를 듣게 됩니다. 평소 한빛 씨와 잘 알고 지냈던 구슬 씨였지만 그런 이야기를 들으니 왠지 한빛 씨가 달라 보였습니다. 구슬 씨는 경매라고 하니 왠지 모를 거부감이 들긴 했지만 무엇이든 열심히 해보기로 결심한 이상, 한빛 씨를 통해 부동산경매에 대해서 배워보기로 합니다. 경매를 통해 부동산을 취득할지 말지는 그 이후에 판단해도 되니까요.

내 집 마련도, 수익형 부동산 취득도 먼 꿈만 같은 그대에게

왜 부동산경매를
공부해야 할까요?

부동산, 부동산 하는데 부동산이 정확히 뭐죠?

우리가 투자할 수 있는 부동산에는 꽤 여러 가지가 있습니다. 부동산은 사용 목적에 따라 크게 주거용 부동산과 비주거용 부동산으로 구분합니다. 주거용 부동산에는 아파트, 다세대주택(빌라), 다가구주택, 단독주택, 주거용 오피스텔 등이 있습니다. 비주거용 부동산은 상가, 토지, 사무실, 비주거용 오피스텔, 숙박시설, 공장 등을 말합니다. 근린시설이나 근린주택처럼 하나의 부동산에 주거와 상업적 목적을 함께 가지고 있는 부동산도 있습니다.

처음 부동산에 투자하는 분들은 비주거용 부동산보다 주거용 부동산이 좀 더 접근하기 쉬울 것입니다. 시세 확인이 쉽고 임대도 상대적으로 수월하기 때문이죠.

비주거용 부동산의 대표주자로는 토지와 상가가 있습니다. 각각의 특징을 살펴보도록 하죠. 우선 토지는 임대가 쉽지 않습니다. 가격이 크게 상승할 가능성을 지닌 부동산이긴 하지만 구입 후 상대적으로 장기간 자금이 묶여 있어야 한다

는 단점도 있고요. 반면 상가의 임대수익률은 주택보다 높은 편입니다. 그러나 임대 수요와 임대료 파악을 잘못하면 임대 자체를 하지 못해 곤경에 처할 수도 있습니다. 주택은 생활 필수재이기 때문에 임대가 되지 않으면 임대료를 낮춰서라도 임차인을 구할 수 있습니다. 하지만 상가는 상권이 미약하다면 임대료를 아무리 낮춘다고 해도 임대 자체를 하지 못하는 경우가 흔합니다.

따라서 주택보다 토지나 상가에 투자할 때 상대적으로 더 많은 조사 과정과 투자의 기술이 필요합니다. 그렇다고 토지나 상가에 투자 기회가 별로 없다는 말은 아닙니다. 철저히 준비하고 시세를 보는 안목만 기른다면 충분히 높은 수익을 낼 수 있습니다.

다가구주택과 다세대주택의 차이

비슷하지만 이 둘은 엄연히 다릅니다. 각 주택의 특징과 차이점을 확실히 머릿속에 새겨두어야 실수가 없을 것입니다. 꼭 살펴보고 넘어가세요!

구분	다가구주택	다세대주택
정의	건물 연면적 660m² 이하 3층 이하의 건축물	건물 연면적 660m² 이하 4층 이하의 건축물
용도 및 기준	1. 세대별 하나의 건축물 안에서 각각 독립된 주거생활을 영위 2. 단독주택이라 할 수 있음 3. 구분 소유 및 분양이 불가능	1. 세대별 하나의 건축물 안에서 각각 독립된 주거생활을 영위 2. 공동주택이라 할 수 있음 3. 구분 소유와 분양이 가능
규모와 시설	1. 연면적 660㎡ 이하 2. 3층 이하 3. 총 세대수가 2세대 이상 19세대 이하 4. 가구당 방과 부엌, 화장실 및 현관을 구비하고 있음 5. 가구별 난방시설이 설치되어 있음	1. 연면적 660㎡ 이하 2. 4층 이하 3. 총 세대수가 2세대 이상 19세대 이하 4. 주거 구획당 면적이 20㎡ 이상이며 세대당 방, 부엌, 화장실, 현관이 각각 확보되어 있음 5. 세대별 전용 상수도 및 난방시설이 설치되어 있음

※다가구주택과 다세대주택의 가장 큰 차이점은 개별 소유권(구분 소유권)의 유무라는 것을 꼭 기억해두세요!

경매로 알짜 부동산을 싸게 구입할 수 있다고요?

부동산을 구입하는 가장 일반적인 방법에는 '매매에 의한 취득'이 있습니다. 공인중개사를 통해 계약서를 작성하고 소유권을 넘겨받는, 흔히 볼 수 있는 방식이죠. 그 밖에 드물긴 하지만 '상속 및 증여에 의한 취득'도 있습니다. 이는 조상의 은덕이 있어야만 가능한 일이죠. 마지막으로 열심히 손품과 발품을 팔면 노력한 대가를 얻을 수 있는 '경매와 공매에 의한 취득'이 있습니다.

이 책에서 우리가 앞으로 공부할 내용은 우리 힘으로 수익형 부동산을 취득하고, 내 집 마련의 꿈을 이룰 수 있도록 해주는 가장 손쉽고 유리한 방법인 '경매 및 공매에 의한 취득'이 되겠습니다.

'경매'라고 하면 하자가 있어 헐값에 나온 물건을 사는 것이라거나, 밤의 세계를 지배하는 분들이나 참여하는 것이라거나, 진행 과정에서 주먹다짐이 있을 수 있다는 등의 잘못된 선입견을 가진 분들이 참 많습니다. 또 공부할 것이 굉장히 많고 어려워 초보 투자자들은 감히 범접할 수 없는 분야라고 오해하는 분들도 있죠. 그러나 사실 부동산경매시장은 일반 대중에게 널리 열려 있어 접근하기 쉬운 투자시장입니다. 또 진행되는 모든 절차가 법률로 규정되어 있어 법적으로 안전하게 보호받는 투자 방식이기도 하고요.

자본주의 사회에서는 개인과 개인 간에, 은행과 개인 간에, 기업과 은행 간에 돈을 빌리고 빌려주는 일들이 자주 있습니다. 그런데 만약 돈을 빌려 간 사람(채무자)이 돈을 빌려준 사람(채권자)에게 갚을 날짜가 지나도 빌려 간 돈을 갚지 않고 "제가 가진 돈이 없어서 빌려 간 돈을 갚을 수가 없네요" 하고 배짱을 부리면 어떻게 될까요?

채무자가 끝까지 빌려 간 돈을 갚지 않겠다고 버티면 채권자는 채무자의 재산(동산+부동산)에 대한 경매를 신청해 그 매각* 대금으로 빌려

> **매매와 매각**
> 일반적인 소유권이전 방식인 계약을 통한 매매와는 달리 부동산경매를 통한 소유권이전은 매각이라고 합니다.

준 돈을 돌려받을 수 있습니다. 그런 면에서 경매는 일종의 안전장치입니다. 빌려준 돈을 돌려받을 수 있는 법적 장치인 경매가 있기 때문에 은행은 안심하고 사람들에게 대출을 해줄 수 있는 것이죠. 만약 부동산경매제도가 없다면 그 누구도 다른 누군가에게 선뜻 돈을 빌려주려 하지 않을 것입니다. 그러면 경제 활동이 크게 위축되어 국가 전체의 현금흐름이 꽉 막히게 될 것이 불 보듯 뻔하고요.

부동산경매시장에 나온 부동산의 거래가는 시세보다 낮은 것이 일반적입니다. 시중의 매매가보다 경매를 통한 낙찰가가 더 높다면 굳이 경매로 부동산을 취득할 이유가 없겠죠. 경매를 통한 부동산의 취득가가 시세보다 낮기 때문에 경매로 부동산을 구입하는 사람은 해당 부동산을 다른 사람보다 더 낮은 가격에 임대하거나 매매해 수익을 얻을 수 있습니다. 다만 어떤 부동산은 시세보다 크게 낮은 가격에 낙찰되기도 하고, 어떤 부동산은 시세에 육박하거나 경우에 따라 시세보다 높게 낙찰되기도 합니다. 우리가 부동산경매를 공부하는 이유는 바로 그중에 '시세보다 낮게 낙찰받을 수 있는 물건을 발굴'하기 위함이기도 합니다.

2009~2013년 수도권의 부동산시장처럼 시중에서 거래가 잘 이뤄지지 않을 때

부동산시장에서 경매의 순기능 3가지

1 침체된 부동산시장의 거래를 돕습니다.
2 매수자가 싼 가격에 부동산을 구입하는 만큼 시장에 싼값으로 공급할 수 있기 때문에 임대료와 매매가 안정에 기여합니다.
3 부동산경매는 부동산시장에서의 투자 행위이지만 실제로 금융 분야까지 원활히 돌아갈 수 있도록 돕습니다.

독립운동을 하고 시민운동에 나서는 것만이 애국은 아닙니다. 경제주체들이 자신이 속한 분야에서 열심히 이윤 추구 활동을 벌이는 것도 경제 발전에 기여하는 한 방법이죠. 그런 의미에서 부동산경매 투자자분들도 '애국자'라고 할 수 있습니다.

경매를 통한 매각은 시장 거래를 촉진하기도 합니다. 일반매매로는 잘 팔리지 않더라도 부동산경매시장에서는 가격은 좀 낮아질지언정 충분히 팔릴 수 있기 때문이죠.

대체 무엇을 얼마나 어떻게 공부해야 할까요?

부동산경매를 제대로 하기 위해서는 가장 먼저 부동산시장을 알아야 합니다. 나무 하나하나가 아닌 숲을 볼 줄 아는 안목이 필요하다는 말이죠. 그러나 나무 하나도 제대로 보기 어려운 초보 투자자들이 부동산시장의 동향을 파악한다는 것은 여간 힘든 일이 아닐 것입니다. 그래서 부동산경매를 해보겠다고 마음을 먹었다면 부동산경매 공부는 물론 부동산시장에 대한 공부도 꾸준히 해야 합니다.

성공하는 부동산 투자자가 되고자 한다면,

1 경기흐름과 동향을 살펴보는 통찰력과 감각을 키워야 합니다.
2 부동산시장의 흐름을 파악하는 안목도 길러야 하고요.
3 개발호재 지역에 대한 큰 그림도 그려볼 수 있어야 합니다.

이걸 어떻게 다할 수 있으려나 벌써부터 막막하신가요? 그러나 지레 겁먹으실 필요는 없습니다. 차근차근 하나하나 공부해나가다 보면 다 알게 되는 것들이니까요. 이 책 한 권만 읽고 나도 부동산 투자에 필요한 핵심 지식을 갖추고, 시장의 흐름을 읽는 통찰력과 투자 감각을 기본적인 수준 이상으로 기를 수 있고요. 그러니 너무 조급하게는 생각하지 마시기 바랍니다. 그럼 저와 함께 부동산시장의 동향을 한번 쭉 살펴볼까요?

시기별로 부동산시장에서 사람들이 선호하는, 바꿔 말해 가격이 상승하는 부동산은 계속해서 변해왔습니다. 예를 들어 2004년까지만 해도 다세대주택은 아무도 선호하지 않는 부동산이었습니다. 다세대주택은 '구입하는 순간부터 가격이 끝없이 하락한다'는 의견이 지배적이었죠. 반면 비슷한 시기 강남과 강북 지역의 아파트 가격 차이는 사상 최고가를 기록했습니다. 그러나 2005년으로 접어들면서부터 분위기는 급반전되었습니다. 서울시의 각 지역이 뉴타운이나 재개발 지역으로 선정되며 그동안 투자 목적으로 아무도 선호하지 않았던 다세대주택과 다가구주택의 가격이 엄청난 속도로 상승한 것이었습니다. 이로써 지난 수십 년간 이어져 내려왔던 '다세대주택은 투자 가치가 없다'는 통설이 보기 좋게 깨져버렸죠.

다세대주택의 투자 광풍이 휩쓸고 지나간 후 시중의 유동자금은 다른 투자 대상을 물색하기 시작했습니다. 그러면서 많은 사람이 강북 지역의 아파트들을 눈여겨보게 되었습니다. 조성된 지 오래된 강북 지역은 택지지구로 개발된 강남 지역에 비해 기반시설이 부족하고 열악했습니다. 그러나 뉴타운, 재개발 지역의 개발붐이 일어나면서부터 다세대주택을 중심으로 강북 지역에 가격 상승 열풍이 불었고, 다세대주택의 가격이 크게 급등하면서 인근 지역의 아파트 가격이 상대적으로 낮게 느껴지게 되었죠. 수십 년 동안 투자자들의 관심 대상에서 제외되었던 강북 지역의 다세대주택들이 매력적인 투자 대상으로 급부상했다가 2006년부터는 아파트 가격까지 크게 오르게 되었습니다. 그리하여 2006년에는 '노도강(노원구, 도봉구, 강북구)'이라는 신조어가 만들어지기도 했습니다.

2008년 말 금융위기가 발생할 때까지, 소위 지방이라 일컫는 비수도권 지역의 부동산은 수도권의 가격 상승률을 따라잡지 못했습니다. 2008년까지만 해도 부산 해운대의 아파트 3~7채를 팔아야 서울이나 분당의 아파트 1채를 살 수 있다고 했으니까요. 하지만 금융위기 이후 상황은 급반전합니다. 2009년부터 2013년까지 수도권 주택시장이 침체 또는 약보합을 기록하는 동안, 비수도권의 아파트 가격은 꾸준히 그리고 거침없이 상승합니다. 지방 광역시를 중심으로 상승했고 이는 인근 지역에까지 영향을 끼쳤습니다. 2014년에는 부산 해운대구 아파트 1채와 분당의 아파트 1채 가격이 비슷한 수준이 될 정도였습니다.

2014년부터 2021년까지는 소위 말하는 대세상승기였습니다. 세계적인 저금리 열풍 속 투자 대상을 찾기 위한 부동자금이 수백조 원씩 떠돌아다니고, 부동산 세금 폭탄 및 공급 대책에 대한 실기로 전국의 아파트 가격이 사상 최고치를 매년 갱신했습니다. 그리고 상가 및 오피스 시장도 대도시권 중심으로 매매가와 임대료 모두 폭등하였습니다. 단적인 예로 2018년 7~8% 수준이던 공실률은 1% 안팎으로 낮아지며, 2018년 3.3㎡당 7만 8,000원 수준이었던 강남권역 오피스 임대료는 2021년에는 11만 원을 돌파하여 40% 이상 상승했습니다. 같은 지역 매매가격은 2018년 3.3㎡당 2,100만 원 수준이었던 것이 2021년에는 4,000만 원을 돌파할 정도로 강세를 보였습니다. 3년 만에 2배 상승이라니 생각보다 부동산시장도 역동적이지 않나요?

어떤 투자에서건 늘 변치 않고 수익을 내는 투자 상품이란 없습니다. 우리나라의 주력 수출 품목이 5년 단위로 크게 바뀌고, 어제는 큰 수익을 가져다준 종목이 오늘은 부도가 날 수도 있는 것처럼 부동산 투자에서도 수익을 거둘 수 있는 매물의 종류는 계속해서 바뀌기 마련입니다. 그러므로 성공적인 투자를 위해서는 단순히 부동산경매만을 공부하기보다 부동산시장의 큰 그림을 볼 수 있는 시야와 안목을 키워야 합니다. 이는 칼을 만드는 법이 아니라 칼을 만드는 재료인 쇠를 달구는 과정을 공부하는 것이라고 볼 수 있습니다. 속성법으로는 강하고 단단한 쇠를 만들어낼 수 없죠.

처음에는 귀찮고, 어렵고, 지루하게만 느껴질지라도 경제신문을 매일 통독하면서 경제와 부동산 관련 기사를 꼼꼼히 살펴보시기 바랍니다. 그리고 적어도 한 달에 두 권 이상 다양한 분야의 경제 서적을 읽어보시길 권합니다. 이 두 가지를 딱 6개월만 꾸준히 실행해보십시오. 정보력, 통찰력, 안목과 내공, 투자 감각이 차곡차곡 쌓일 것입니다. 제 말을 믿어보시고 지금부터 바로 시작해보세요. 머지않아 여러분께 놀라운 변화가 일어날 것이라고 장담합니다.

정리하자면 성공적인 부동산 투자를 위해서는 먼저 우리나라의 전체적인 경제 상황을 개략적이나마 파악하고 앞으로 어느 지역, 혹은 어떤 종류의 부동산이 유망할지 분석해본 다음에 자신의 투자 조건에 적합한 투자 대상을 선정해야 합니다. 이것이 현명한 부동산 투자의 기본입니다.

부동산경매 관련 법 공부는 얼마나 해야 할까요?

많이는 필요 없습니다. 부동산경매와 직접적으로 관련 있는 법률에는 민법, 주택임대차보호법, 상가임대차보호법, 민사집행법 등 수많은 관계 법률이 있는데요. 이 많은 법을 다 머릿속에 넣어두어야만 제대로 부동산경매를 할 수 있는 건 아닙니다. 물론 해박한 법률 지식을 가진 분이 부동산경매에 입문한다면 일반인에 비해 유리한 점은 분명 많을 것입니다. 하지만 경매 투자를 하며 우리가 부딪히는 법률들은 그리 많지 않습니다. 또 초보자라고 해도 공부하면서, 또 투자하는 과정에서 충분히 배우고 익힐 수 있는 것들이고 어렵지도 않고요. 부동산경매를 시작도 해보기 전에 부동산 관련 법률 공부에 머리를 싸매고 매달리느라 스스로를 지치게 만들 필요는 없습니다.

경제에 대해 잘 모르는 사람도 부동산경매를 할 수 있을까요?

경제 공부는 꼭 필요합니다. 앞서 강조했듯이 부동산경매는 부동산에 투자하는 방법 중 하나이기 때문에 투자에 앞서 경제 전반의 흐름을 파악하는 것이 무엇보다 중요합니다. 이는 강태공 뺨치는 낚시 실력을 가진 프로 낚시꾼이라 해도 치어들만 가득한 바다에서 월척을 잡을 수 없는 것과 일맥상통합니다. 부동산경매 관련 지식이 아무리 해박해도 경제의 큰 흐름을 알지 못한다면 성공적인 투자를 하기 어렵습니다.

어떻게 진행되는지는 미리 좀 알아둬야겠죠?

앞에서 설명했듯이 부동산경매는 채무자가 약속된 기일 안에 채권자에게 원금 또는 이자 등을 상환하지 못하여 진행되는 부동산의 강제매각 절차를 말합니다. 우선은 부동산경매가 무엇인지, 어떻게 진행되는 것인지 간략하게라도 알아둬야 앞으로 공부할 내용에 대해 대략 감을 잡으실 수 있겠죠? 쭉 한번 살펴보도록 하겠습니다.

경매신청 접수 정해진 법적 절차에 따라 해당 부동산이 위치한 지역을 관할하는 법원에 경매신청서가 접수되면 경매가 진행됩니다. 지역에 따라 부동산을 관할하는 법원은 정해져 있습니다. 서울에는 5개의 지방법원(중앙, 북부, 남부, 동부, 서부)이 각 지역에서 경매에 나온 부동산들을 총괄·담당하고 있고, 도와 광역시에서는 1~2개씩 있는 관할 법원이 지정된 구역의 경매사건을 관리하고 진행합니다.

경매법원은 시기별로 새로 생기기도 통폐합되기도 하는데, 2022년 8월 기준으로 총 60개 법원에서 매각 절차를 진행하고 있습니다.

서울: 중앙지법, 동부지법, 서부지법, 남부지법, 북부지법
경기: 의정부지법, 의정부지법 고양지원, 의정부지법 남양주지원, 수원지법, 수원지법 성남지원, 수원지법 여주지원, 수원지법 평택지원, 수원지법 안산지원, 수원지법 안양지원
인천: 인천지법, 인천지법 부천지원
강원: 춘천지법, 춘천지법 강릉지원, 춘천지법 원주지원, 춘천지법 속초지원, 춘천지법 영월지원

충북: 청주지법, 청주지법 충주지원, 청주지법 제천지원, 청주지법 영동지원

충남(대전): 대전지법, 대전지법 홍성지원, 대전지법 논산지원, 대전지법 천안지원, 대전지법 공주지원, 대전지법 서산지원

경북(대구): 대구지법, 대구지법 서부지원, 대구지법 안동지원, 대구지법 경주지원, 대구지법 김천지원, 대구지법 상주지원, 대구지법 의성지원, 대구지법 영덕지원, 대구지법 포항지원

경남(부산): 부산지법, 부산지법 동부지원, 부산지법 서부지원

울산: 울산지법

창원: 창원지법, 창원지법 마산지원, 창원지법 진주지원, 창원지법 통영지원, 창원지법 밀양지원, 창원지법 거창지원

전남(광주): 광주지법, 광주지법 목포지원, 광주지법 장흥지원, 광주지법 순천지원, 광주지법 해남지원

전북: 전주지법, 전주지법 군산지원, 전주지법 정읍지원, 전주지법 남원지원

제주: 제주지법

지역별 경매물건에 대한 지정 경매법원은 지자체 구도와는 조금씩 차이가 있으므로(지자체에서는 수원시와 성남시, 여주시, 평택시, 안산시, 안양시가 완전히 독립적이지만 법원 기준으로는 수원지방법원 산하의 성남지원, 여주지원, 평택지원, 안산지원, 안양지원으로 분류되는 것처럼) 자신이 투자하려는 부동산의 관할 법원이 어디인지 사전에 꼭 확인해야 합니다. 간혹 관할 법원이 아닌 다른 경매법원에 입찰하여 무효 처리되고 헛수고하는 경우가 드물지 않게 있으니 유의하세요. 관할 법원을 어떻게 확인하냐고요? 스스로 검색한 경매물건 페이지 좌측 상단에 관할 법원이 정확히 기재되어 있습니다(152쪽 참고).

감정평가 경매신청서가 접수되면 관할 법원에서 경매신청이 적법한 절차에 의해 진행되었는지를 확인합니다. 그리고 문제가 없으면 해당 부동산에 경매기입등기를 마친 후 감정평가를 진행합니다. 감정평가란 해당 부동산이 현재 어느 정도의 가치를 가지고 있는지 객관적인 지표에 의해 평가하는 것입니다. 보통 감정평가 금액과 시세는 어느 정도 차이가 있기 마련입니다.

배당신청 감정평가 과정에서 법원은 해당 부동산을 취득하려는 각종 이해관계자(채권자, 임차인, 관공서 등)들에게 배당을 요구하는 데 필요한 관련 서류를 제출할

것을 통보합니다. 임차인이라면 임대차계약서를 첨부하여 정해진 기일까지 배당을 신청해야만 본 경매를 통해 임차보증금을 돌려받을 수 있습니다. 혹시라도 임대차계약을 맺고 현재 살고 있는 부동산이 경매에 부쳐진다면 반드시 정해진 기일 내에 배당신청을 해야 한다는 것을 잊지 마시기 바랍니다.

입찰일 확정 배당신청까지의 절차가 모두 마무리되면 입찰일이 정해집니다. 처음 경매사건이 접수된 때부터 실제 입찰일까지는 빠르면 6개월, 길게는 1년 이상도 소요됩니다. 입찰일이 확정되기 전까지가 채권자와 이해관계자들이 관련된 법적 절차를 진행하는 과정이었다면, 입찰일이 확정된 이후부터는 주로 입찰자와 관련된 과정입니다.

최고가 매수신고인 선정 해당 경매사건의 입찰에 참여한 이들 중 가장 높은 가격을 적어낸 사람이 최고가 매수신고인(흔히 말하는 낙찰자)이 됩니다. 즉 내공이나 실력과는 무관하게 무조건 가장 높은 가격을 적으면 원하는 부동산을 낙찰받을 수 있는 것입니다. 그러나 부동산경매의 목적은 '낙찰'이 아니라 '수익'에 있다는 것을 꼭 염두에 두셔야 합니다.

매각허가결정 부동산을 낙찰받은 날로부터 7일 후에는 매각허가결정이 내려집니다. 이는 지금까지의 매각 절차가 적법하게 진행되었음을 관할 법원이 확인하고 평가해 최종적으로 선고하는 것입니다. 특별한 하자만 없다면 매각허가결정은 무난히 나게 됩니다. 매각허가결정이 난 후에는 낙찰자의 지위가 최고가 매수신고인에서 매수인으로 격상됩니다. 매수인이 되면 해당 경매사건의 이해관계자로 인정되어 사건기록부를 열람할 수 있는 자격을 얻습니다. 즉, 매수인이 되면 소유자, 임차인, 이해관계자들에 대해 더 많은 정보를 얻을 수 있는 권리가 생기는 것이지요.

매각허가결정에 대한 확정 매각허가결정이 난 날로부터 7일이 지나면 매각허가결정에 대한 확정판결이 내려집니다. 해당 부동산과 관련된 이해관계자들이 경매사건의 매각 절차에 대해 이의를 제기할 수 있는 때는 확정판결 전까지입니다. 확정판결이 난 후에는 매각 절차가 순차적으로 진행됩니다.

잔금 납부 매각허가결정에 대한 확정판결이 내려지면 잔금납부기일이 잡힙니다. 매수인이 잔금을 납부해야 하는 최종일자가 결정되는 것이죠. 잔금은 보통 부동산을 낙찰받은 날로부터 30~45일 사이에 치르게 됩니다.

명도 해당 부동산을 점유하고 있는 사람을 원만한 협의 또는 강제집행 절차를 통해 이사를 내보내는 과정 및 결과를 통틀어 명도라고 합니다. 명도를 잘하면 분란 없이, 적은 비용으로, 짧은 시간 내에 이사를 마칠 수 있습니다. 좋은 부동산을 낮은 가격에 낙찰받았다고 하더라도 명도 과정에서 수개월 이상 기간이 지연되고 점유자와 계속해서 마찰을 겪게 된다면 투자수익률은 크게 떨어지게 됩니다.

부동산경매의 진행 절차는 우선 이 정도로 간략하게 살펴보도록 하겠습니다. 보다 자세한 내용은 차차 알아보도록 하죠.

02

'내가 과연 잘할 수 있을까?' 하고 주저하는 그대에게

저는 부동산경매가
처음인데요!

부동산 투자와 내 집 마련, 부동산경매가 정답인가요?

부동산경매는 부동산에 투자하는 방법 중 하나일 뿐이지 최고의 수단은 아닙니다. 하지만 수익형 부동산을 취득하고자 할 때, 내 집을 마련할 때 부동산경매에 대해 아는 사람과 그렇지 않은 사람은 어느 정도 수준 차이가 있는 것만은 사실입니다. 적어도 수익성이 좋은 부동산, 좋은 집(여기서 좋은 집은 내가 원하는 조건에서 가장 저렴한 가격의 집을 뜻합니다)을 만날 가능성 면에서 부동산경매에 대해 아는 사람이 훨씬 유리한 것은 분명하죠.

대부분의 사람이 의외로 상당히 간소한(?) 절차를 거쳐 부동산을 취득합니다. 어느 누구나 전체 자산 중 부동산이 차지하는 비중이 상당히 클 텐데요. 사실 이해하기 어려울 정도로 쉽고 간단하게 부동산을 매수하는 일이 다반사죠. 휴대폰 하나를 사더라도 가격과 성능 등 이모저모를 비교해 결정하고, 자동차를 한 대 구입하더라도 가격과 옵션을 비교하고 시승까지 해본 후 결정하면서 수천만 원에서 수억 원가량 하는 고가의 자산을 구입할 때는 왜 그토록 쉽게 결정하는 것일까

요? 그 이유는 바로 잘 알지 못하기 때문일 것입니다. 이에 관한 사례를 한번 살펴보겠습니다.

[사례 1] 부동산경매에 대해 잘 알지 못하는 강희원 씨

강희원 씨는 결혼 후 7년간 세 번이나 전셋집을 옮겨 다녔습니다. 이제 이사라면 신물이 날 지경이죠. 6개월 후면 지금 살고 있는 집의 전세기간이 만료되어 또 이사를 가야 할지도 모릅니다. 아이들 학교와 직장 때문에 멀리 이사를 가긴 어렵고, 재계약을 하려면 5,000만 원이 더 필요해 지금 살고 있는 집에서 떠나야 할지, 남아야 할지 고민이 많습니다. 5,000만 원이나 들여 이 집에서 계속 살 바에는 아예 좀 더 싸게 나온 매물을 구입해볼까도 생각 중입니다.

희원 씨는 한 달여간 수많은 집을 살펴보고, 이런저런 고민을 하고, 이모저모를 따져본 끝에 재계약을 하는 대신 아예 가격이 저렴한 아파트를 구입하기로 마음먹습니다. 그동안 모은 저축액과 전세보증금을 합한 금액으로는 자금이 부족해 일부는 대출을 받기로 했고요. 그러나 주거래은행을 찾아가 대출 상담을 받은 희원 씨는 요즘 규제 때문에 대출이 생각보다 쉽지 않고, 금리도 예전에 전세자금대출을 받았을 때보다 상당히 높아진 것을 알고 다시 고민에 빠집니다. 희원 씨는 '내 집 마련은 무슨! 그냥 전세로 사는 게 속 편하겠네'라고 생각합니다.

희원 씨가 부딪힌 문제는 무엇일까요? 희원 씨는 내 집 마련을 위해 나름대로 열심히 조사하고 치열하게 고민했습니다. 하지만 단순히 '거주'의 문제만 고민했지, '투자'의 관점에서는 전혀 생각해보질 않았죠. 이렇게 부동산을 취득한다면 투자수익률 측면에서 좋지 않은 결과를 얻게 될 가능성이 큽니다.

이번에는 부동산경매에 대해 어느 정도 기본지식을 갖추고 있는 기윤성 씨의 사례를 살펴보겠습니다.

[사례 2] 부동산경매에 대해 어느 정도 알고 있는 기윤성 씨

기윤성 씨는 직장 동료를 통해 부동산경매를 접하게 되었습니다. 그리고 관련 서적들을 사보며 어느 정도 배경지식을 쌓았죠. 사실 윤성 씨는 '경매는 몸에 문신 좀 새긴 사람들이나 법 공부를 전문적으로 하는 사람들이 하는 것'이라는 선입견을 가지고 있었습니다. 그러나 몇 권의 경매 서적들을 사서 읽어보고 부동산경매 강의도 몇 번 찾아 들어보고 나서는 부동산경매가 초보자도 얼마든지 도전할 수 있는 매력적인 투자 방법이라고 생각하게 되었죠. 그렇게 모든 내용을 이해하는 수준까지는 아니지만 적어도 위험한 부동산과 그렇지 않은 부동산을 구별할 수는 있게 되었습니다.

그로부터 6개월 후, 윤성 씨는 현재 살고 있는 집의 계약기간이 만료되기 전에 수년간 별러오던 내 집을 마련해보기로 마음먹습니다. 윤성 씨는 가장 먼저 대법원 경매정보 사이트에 접속해 수도권 지역에서 자신의 투자금으로 구입할 수 있는 부동산을 검색해보았습니다. 그간 엄두도 내지 못했던 지역에도 윤성 씨가 가진 자금으로 구입할 만한 부동산이 여럿 있었습니다. 윤성 씨는 현장답사를 하러 가기 전에 인터넷을 이용해 충분히 사전조사를 하고 최종적으로 마음에 쏙 드는 6개의 매물을 추렸습니다. 윤성 씨는 요즘은 현장에 직접 나가보지 않고도 온라인상에서 얻을 수 있는 정보가 많아져서 참 다행이라고 생각했습니다.

윤성 씨는 6개 부동산 중에서 현장답사를 통해 최종적으로 4개의 부동산에 입찰하기로 결정했고 입찰일정을 검토했습니다. 몇 주 후, 드디어 기다리던 첫 번째 매물의 입찰일이 되었습니다. 그러나 아쉽게도 윤성 씨는 3번째로 높은 가격을 적어내 낙찰받는 데 실패했죠. 하지만 다음 날, 현장답사를 하며 공인중개사분들과 안면을 터놓은 덕에 아주 싸게 나온 급매물이 있다는 연락을 받게 됩니다. 급매물은 윤성 씨가 조사했던 가격보다 훨씬 저렴했습니다. 실제 낙찰가와 300만 원 정도밖에 차이가 나지 않았죠.

윤성 씨는 고민 끝에 그 급매물을 구입하기로 합니다. 경매로 구입하는 것도 좋지만 그 정도 가격 차이라면 계약을 통한 일반매매가 더 유리하다고 생각했기 때문입니다. 아무래도 경매로 부동산을 구입하면 명도 과정에서 시간과 비용, 그리고 수고가 필수적으로 들어갈 테니까요. 가격에 대해서도 어느 정도 확신이 있었습니다. 이미 주변 지역에 대한 조사를 싹 끝냈었으니 비슷한 여건의 다른 매물에 비해서 충분히 가격 경쟁력이 있다고 생각했습니다. 그래서 마음 편히 계약서에 도장을 찍었죠. 2022년 8월 1일 이후부터 생애최초 주택 구입인 경우, 소재지역이나 가격과 무관하게 구입가격의 최대 80%를 대출받을 수 있다는 점도 윤성 씨의 주택 구입을 돕는 희소식이었습니다(단, 대출한도는 최대 6억 원). 즉, 5억 원에 취득했으면 최대 4억 원까지(80%), 10억 원에 취득했으면 6억 원(80%는 8억 원이지만 대출한도가 최대 6억 원이므로)까지 저금리로 대출을 받을 수 있어 실투자금 부담이 크게 줄어들었습니다.

전체 투자 과정에서 희원 씨와 윤성 씨의 차이는 무엇인가요?

우선 다섯 가지 정도로 정리해볼 수 있겠네요.

1 집 주변의 부동산 사무실을 문턱이 닳도록 들락거렸던 희원 씨 vs. 수도권 전지역에서 자신이 원하는 조건의 부동산을 검색해 살펴본 윤성 씨

2 어떤 부동산을 얻을지 고민은 많이 했지만 살펴봤던 매물은 정작 몇 개 되지 않았던 희원 씨 vs. 수도권에서 자신이 원하는 조건을 갖춘 수백 개의 부동산을 찾아보고 그중에서 가장 좋은 6개 매물을 추린 윤성 씨

3 자신의 거주지 부근에서 좀 더 값이 싼 매물들만 찾아 헤맨 희원 씨 vs. 지역 내에서만이 아니라 지역별로 매물을 비교해본 윤성 씨

4 투자에 대한 믿음이 없는 희원 씨 vs. 충분한 검토와 준비로 자신의 투자에 대한 확신을 갖게 된 윤성 씨

5 결국 전세자금 대출을 받은 희원 씨(이자는 비용) vs. 생애최초 주택 구입 대

출을 받은 윤성 씨(이자도 투자금)

투자뿐만 아니라 모든 비즈니스에서 유리하거나 불리한 위치를 결정하는 것은 누가 정보를 손에 쥐고 있느냐입니다. 자동차를 구입할 때, 주식을 매수할 때에도 언제나 정보력에서 앞서는 쪽이 유리한 고지를 점하고 더 큰 이익을 얻기 마련입니다. 그래서 주식에 투자하는 분들이 고급 정보에 그토록 목말라하는 것이죠. 부동산 투자에서도 시장에 대해 더 많이 알고, 부동산의 가치를 좀 더 정확히 파악하고 있는 쪽이 그렇지 않은 쪽에 비해 거래에서 더 유리할 수밖에 없습니다. 그렇다면 평소에 별생각 없이 지내다가 내 집 마련을 앞두고 부랴부랴 준비하는 사람과 수년 동안 꾸준히 관심을 갖고 공부하며 시기를 저울질하던 사람 중에 누가 더 좋은 투자를 할 가능성이 클까요? 당연히 후자일 것입니다.

'부동산경매만이 최고의 부동산 투자 방법이다'라고 단언할 수는 없습니다. 그건 주관적인 판단이고, 독선이고, 아집이지요. 하지만 부동산경매를 공부함으로써 부동산시장을 보는 시야가 확대되고 지금껏 알지 못했던 수많은 정보에 접근할 수 있는 기회를 얻게 되는 것은 분명합니다. 그러므로 부동산경매 관련 지식은 성공적인 부동산 투자를 위해 알아두면 유용한 것이 아닌, 꼭 갖춰야 할 기본 지식이라고 말할 수 있습니다.

설마 위험에 처할 일은 없겠죠?

아직도 많은 분이 '부동산경매'라고 하면 '위험'을 떠올리는 것이 사실입니다. 그렇다면 정말 부동산경매가 그렇게 위험한 투자인지 자세히 짚어봐야죠! 구슬 씨, 궁금하신 점은 모두 질문해보세요.

부동산경매에 관심이 있다고 하니 주위에서 절 이상한 눈빛으로 쳐다봐요. 왜 그럴까요?

많이 바뀌기는 했지만 여전히 부동산경매에 대한 잘못된 편견과 불편한 시선을 가진 분들이 많습니다. 하지만 부모님이나 가족이 아닌 이상 그분들을 굳이 설득하고 이해시킬 필요는 없습니다. 앞에서 이미 설명한 바 있듯이 부동산경매는 국가 경제의 실핏줄, 부동산시장의 활력소 역할을 합니다. 아직 그런 시각을 가진 분들이 많다는 것은 그만큼 부동산경매시장에 많은 기회가 숨어 있음을 의미합니다. 모든 사람이 선호하는 투자 대상과 투자 방법으로는 치열한 경쟁 때문에 좋은 결과를 얻기 힘들죠.

투자한 돈을 날리게 되는 경우는 없을까요? 제 주위에 입찰보증금 몇천만 원을 그냥 포기한 사람도 있던데요!

어떤 투자이건 간에 막대한 금액을 투자한 후 그 투자금의 대부분 또는 전부를 포기하는 경우가 발생할 수 있습니다. 이는 사기를 당한 것이 아닌 이상 투자 대상에 문제가 있다기보다 99.9% 투자자의 잘못인 경우가 많습니다. 금값이 앞으로 크게 상승할 것이라고 예상하고 전 재산을 투자했는데 금값이 폭락해 전 재산이 반토막이 났다고 해서 금 투자 자체가 잘못됐다고 할 수는 없지 않겠습니까?

부동산경매의 특성상 권리관계에 문제가 있는 물건들은 종종 있습니다. 이런 물건들을 피하기 위해 권리분석을 공부하는 것이죠. 권리관계에 문제가 있는 부동산은 전체 경매물건 중 10~15%가량 됩니다. 바꿔 말하면 권리상의 문제가 전혀 없는 물건이 85~90%쯤 되는 것이죠. 우리는 문제가 있는 10~15%의 물건을 피하고 전혀 문제가 없는 85~90%의 물건 중에서 옥석을 가려 투자해야 합니다. 부동산경매가 돈이 된다기에 제대로 공부도 하지 않고 무턱대고 뛰어들고 본 분들이 꼭 위험한 물건에 입찰하여 낙찰을 받는 일이 많습니다. 이런 분들은 문제가 있어 가격이 낮은 물건을 '굉장히 싸다!', '이런 좋은 기회가 있나?', '역시 경매를 하길 잘했어!'라고 생각하며 낙찰을 받고 기뻐합니다. 그리고 낙찰 후 뒤늦게 주변 사람들에게, 또 점유자에게, 혹은 법원에서 해당 부동산의 권리관계에 문제가 있다는 이야기를 듣고 경악하게 되죠. 잔금까지 치르면 엄청난 손실을 피할 수 없으니 차라리 보증금 10%를 포기하는 것이고요.

부동산경매가 다른 투자 방법에 비해 비교적 투자하기 쉽고 안전하다고 해도 아무것도 모르면서 무턱대고 뛰어들어 수익을 낼 수는 없습니다. 적어도 위험한 물건인지 아닌지는 스스로 판단할 수 있는 능력을 기른 후에 투자해야 하는 것이죠. 앞으로 투자할 수 있는 기회는 많고 시간도 충분하니까요.

부동산경매 공부도 열심히 했고 운까지 따라줘서 좋은 물건을 낙찰받았는데 시세가 떨어져서 손해를 보면요? 이래도 부동산경매가 위험한 게 아닌가요?

시세 하락으로 손해를 봤다고 말씀하시기 전에 먼저 정말로 공부를 열심히 했는지 자신을 돌아보시기 바랍니다. 부동산경매는 시세가 떨어져서 손해를 보고, 시세가 올라 수익을 거두는 투자가 아닙니다. 부동산경매 투자의 제1원칙은 입찰 전 시세 조사를 확실히 하여 '팔리는 가격'보다 충분히 낮은 가격으로 부동산을 취득하는 것입니다. 부동산 가격이 며칠 사이에 급변동하는 일은 극히 드뭅니다. 그러므로 시세 변동으로 손해를 봤다고 하시는 분들은 제대로 조사하지 않았거나 팔 수 있는 가격이 아닌 단순한 호가만 조사만 경우가 대부분일 것입니다. 누구를 탓해서도, 탓할 수도 없고 온전히 스스로 책임져야만 하는 것이죠. 시세 탓만 하시려거든 부동산경매의 세계에서 당장 발을 빼라고 말씀드리고 싶습니다.

낙찰은 받았는데 현재 그 주택에 살고 계신 분들이 이사를 안 나가겠다고 버티면 어떻게 하나요?

누구나 낙찰을 받으면 반드시 겪어야 하는 일이 '명도'입니다. 이 단계에서 많은 분이 근심에 휩싸이게 되죠. 하지만 명도는 생각만큼 어렵거나 힘들지 않습니다.

보통 낙찰을 받으면 한 달 이내로 잔금을 치르는데요. 이때부터는 그 누구도 아닌 바로 내가 이 부동산의 소유자가 됩니다. 누가 뭐래도 나는 그 집에 들어가 살 사람이고, 이는 법으로도 분명하게 보장됩니다.

점유자가 이사를 가지 않겠다고 버텨봤자 어차피 반드시 내 집에서 나가야 된다는 말입니다. 점유자와 낙찰자 간에 명도 협의가 원활히 이루어지지 않으면 법원을 통해 인도명령에 의한 강제집행 절차를 밟아 해결할 수도 있습니다. 5장에서 자세히 다룹니다.

반드시 새겨둬야 할 사항은 없나요?

부동산경매는 실전입니다. 연습경기란 없습니다

부동산경매를 위해 필요한 자금은 한두 푼이 아닙니다. 은행의 예금, 펀드, 주식처럼 3개월 전에 가입했다가 해지하거나 되팔 수도 없고요. 3개월 전에 구입했다가 되판다고 하면 손해 볼 것을 각오한 경우겠죠. 부동산경매는 준비가 덜 되었다고 아마추어 리그에서 뛰다가 경력과 실력을 쌓은 다음에 프로 리그에서 뛸 수 없습니다. 매 경기가 프로 게임이자 실전이죠. 그러므로 부동산경매를 해보기로 결심하셨다면 공부하고 훈련하며 어느 정도 내공을 쌓은 후에 덤벼드셔야 합니다. 그래야만 후회할 일이 생기지 않는다는 것을 꼭 명심하세요!

우선 부동산경매가 무엇인지는 확실히 알아둬야겠죠?

부동산경매 관련 서적은 생각보다 굉장히 많습니다. 부동산경매에 대한 지식 수준, 접근 방식, 취향 등을 고려해 여러분과 잘 맞는 책들을 골라 차근차근 살펴보시기 바랍니다. 처음에는 무슨 말인지 잘 이해가 안 가고 어려운 용어도 많아 읽고 또 읽어봐도 머리에 들어오지 않을 겁니다. '이건 내가 감히 도전해볼 분야가 아닌 것 같다'라는 생각이 드실지도 모르고요. 하지만 어떤 공부를 해도 처음에는 다 이런 시기가 존재하기 마련입니다. 이 첫 번째 난관을 이겨내는 사람과 그렇지 않은 사람과의 차이는 머지않아 분명히 나타나죠. 그러니 제대로 해보지도 않고 쉽게 포기하지는 않길 바랍니다!

경매의 전 과정에 대해 어렴풋하게나마 감을 잡으셨다면 피가 되고 살이 되는 권리분석 공부를 시작하셔야 합니다
권리분석에 대해 공부해보지도 않고 막연히 어려울 것이라 생각하는 분이 많습니다. 그러나 막상 배워보면 또 그렇게 어렵지만은 않은 것이 권리분석임을 알게 되실 겁니다. 그리고 부동산경매에서뿐만 아니라 안전한 임대차계약을 위해서, 내 집을 마련하기 위해서, 부동산에 투자하기 위해서도 꼭 필요한 지식이라는 것을 알게 되죠.

일반매매를 통해 부동산을 계약할 때는 많은 이해관계자가 참여하기 때문에 문제가 발생할 소지가 작습니다. 또 설령 나중에 문제가 생기더라도 매도인이나 공인중개사가 일정 부분 책임을 져주기 때문에 문제가 커지는 것을 사전에 방지할 수 있죠. 하지만 부동산경매는 오롯이 혼자 하는 투자인지라 잘되건 잘못되건 스스로 모든 책임을 져야 합니다. 그렇기 때문에 혹시 모를 미연의 위험을 방지하기 위해서라도 반드시 권리분석을 공부해야 하죠.

또 부동산경매의 전 과정에 대해서 현실적이고 생생한 조언을 해줄 수 있는 투자 멘토도 필요합니다. 완벽하게 공부를 마쳤다고 해도 실제 투자에 나설 때는 누구나 불안감이 엄습하고 두려울 것입니다. '만약 잘못되면 어떻게 하지?', '혹시 무슨 문제가 있는 물건은 아닐까?', '내가 모르는 하자는 없을까?' 하고 걱정이 되기 마련이죠. 이럴 때 경매 고수들이나 투자 멘토에게 물건의 하자 여부도 확인받고 조언을 구할 수 있다면 확신을 가지고 투자할 수 있을 것입니다. 확신 없는 투자는 투기나 다름없다는 것 아시죠? 3장에서 자세히 다룹니다.

위험한 물건과 위험하지 않은 물건을 구별하는 안목이 생기셨다면 백문이 불여일견!
발품을 팔아 매물을 꼼꼼히 살펴봐야 합니다

마음에 쏙 드는 물건을 발견하셨다면 이제 현장답사를 나갈 차례죠. 현장에서 반드시 조사해야 할 항목은 두 가지입니다. 부동산 자체에 문제가 없는지 살펴봐야하고요, 부동산 시세를 최대한 정확히 파악해야 합니다. 아무리 좋은 가격에 원하는 부동산을 구입했다고 해도 부동산 자체에 하자가 있다면 좋은 가격에 팔 수없을 테니 수익을 거두기 어렵겠죠? 그래서 건물(또는 토지)의 채광, 누수, 접근성, 결로 등을 꼼꼼하게 확인해봐야 합니다. 또 이웃집이나 동네 주민분들의 이야기도 꼭 들어봐야 합니다. 현장답사 시에는 젊은 분들보다 상대적으로 시간적으로나 심적으로 좀 더 여유가 있는 나이 지긋하신 분들이 질문에 친절하게 대답해주는 경우가 많으니 이 점 참고하세요. 2장에서 자세히 다룹니다.

매물이 아무리 좋아 보이더라도 부르는 몸값 그대로를 믿어서는 안 됩니다.
합리적인 가격인지 꼭 살펴봐야 합니다

부동산 시세 파악의 중요성은 아무리 강조해도 지나치지 않습니다. 예를 들어 설명해보겠습니다.

초보 부동산경매 투자자인 윤성국 씨는 얼마 전 시세가 1억 2,000만 원인 천안 소재의 한 아파트를 1억 원에 낙찰받았습니다. 무려 15명을 제치고 낙찰을 받았으니 그 기쁨은 이루 말할 수 없었죠. 성국 씨는 이 아파트를 단기 매매 목적으로 구입했기 때문에 최대한 빨리 명도를 마치고 매도하기 위해 인근 공인중개사 사무실을 방문했습니다. 그러나 낙찰의 기쁨도 잠시, 성국 씨는 공인중개사에서 충격적인 이야기를 듣고 절망에 빠집니다. 성국 씨가 낙찰받은 아파트와 동일한 조건의 매물이 9,000만 원짜리 급매물도 몇 개나 나와 있고, 그나마 거래도 쉽지 않다는 것이었습니다. 잔금을 치르고 최종 계약을 하면 세금까지 감안했을 때 손실이 2,000만 원가량 나게 되는 것이었죠. 성국 씨는 더 큰 손해를 떠안는 것보다는 작은 손해를 택하는 게 낫다고 판단해 보증금 900여만 원과 최고가 매수신고인 자격을 포기하기로 합니다.

시세에 대한 개념을 정확히 알지 못하는 경우에 얼마든지 일어날 수 있는 사례입니다. 시세는 시장에서 거래가 가능한 가격을 뜻합니다. 이론적으로는 '파는 가격'과 '사는 가격'이 일치해야 하지만 현실에서는 그러기가 쉽지 않죠. 더욱이 부동산시장이 침체된 시기에는 그 간극이 더욱 벌어지곤 합니다. 투자자에게 중요한 가격은 어떤 가격일까요? 당연히 '파는 가격' 또는 '팔리는 가격'입니다. 시장에서 '팔리는 가격'보다 충분히 낮은 가격(엄밀히 말하면 내가 원하는 수익 이상으로)으로 입찰하는 것이 부동산경매의 기본 중 기본입니다. 4장에서 자세히 다룹니다.

🙋‍♀️ 제가 직접 하는 것보다 부동산경매 전문가에게 맡기는 게 낫지 않을까요?
부동산경매를 시작하기 전에 많은 초보 투자자가 고민하는 것이 바로 이것입니다. 부동산 투자를 위해서는 자산의 상당 부분을 투입해야 하기 때문에 혹시라도 잘못됐을 경우에 대한 불안감이 클 수밖에 없습니다. 하지만 그 큰 자산을 아무리 전문가라 해도 제3자에게 맡기는 것도 불안하기는 마찬가지죠. 확실히 믿을 수 있는 경매 고수나 투자 멘토라면 모르겠지만 잘 알지도 못하는 제3자에게 맡길 거라면 제아무리 전문가라 해도 100% 믿고 맡기지는 못할 것입니다(또한 온라인에 소개되는 경매 투자 대행에 대한 내용들은 상당수가 투자자를 호도하는 경매컨설팅 업체인 경우가 많으므로 더욱 유의해야 합니다).

여러 차례 강조했다시피 부동산경매는 철저히 안전한 투자여야 합니다. 또 충분히 안전하게 투자할 수 있고요. 투자의 기본지식을 공부하고, 권리분석과 현장답사를 통해 물건을 꼼꼼히 살펴보고, 입찰 전 투자 멘토에게 사전체크를 받는다면 낙찰 후 문제가 발생할 가능성은 극히 낮습니다. 투자 여부를 결정하기 전까지 겪게 되는 여러 과정이나 명도 같은 난관도 앞으로의 투자 활동에 훌륭한 밑거름이 될 테고요. 그러니 몸은 조금 고되더라도 스스로 노력하고 부딪치면서 직접 투자해보시기를 권합니다.

부동산시장의 전망과 경매시장과의 관계 엿보기

시장에서 거래되는 모든 재화가 그렇듯 부동산시장에도 사이클이 있습니다. 가격이 상승하는 시기, 하락하는 시기, 완만하게 횡보하는 시기가 반복되죠. 수익을 낼 만한 시기는 셋 중 언제일까요? 아마 대부분의 사람이 "당연히 가격이 오르는 시기에 수익이 나겠죠!" 하고 대답할 겁니다. 물론 틀린 답은 아닙니다. 주식 투자를 예로 들어 설명해보겠습니다.

주식은 구입한 가격을 기준으로 주가가 상승하면 수익이 나고 하락하면 손실을 입게 됩니다. 투자 상품의 구성과 투자 비율은 조금씩 다르겠으나 펀드나 선물옵션도 수익이 발생하는 방식은 동일하죠. 선물 매도와 풋옵션 또한 방향이 반대가 되는 것일 뿐, 예상한 바와 반대 방향으로 움직이면 손실이 난다는 점에서는 같습니다.

하지만 부동산경매는 다른 투자 방식과는 확실히 구별되는 차이점이 있습니다. 바로 '할인된 가격으로 투자 대상을 매수한다'는 점이죠. 부동산경매를 통해 구매 시점부터 시세보다 낮은 가격으로 투자 대상을 취득할 수 있기 때문에 매수 시점부터 수익이 발생한다는 것이 가장 큰 차이점입니다. 개인 투자자들이 접하는 다른 투자 상품들은 구입가격보다 오르면 수익이 나고 떨어지면 손실이 나는 구조인 데 반해, 부동산경매는 가격이 오르는 시기이건 내려가는 시기이건 똑같이 수익을 낼 수 있는 것이죠. 그래서 오히려 시장이 급등하는 시기보다는 가라앉아 있는 시기에 보다 큰 수익을 거둘 확률이 높습니다.

부동산시장이 앞으로 어떤 방향으로 움직일지는 아무도 정확하게 알 수 없습니다. 누구나 예상은 하고 예측은 하되 '오른다' 또는 '내린다'는 두 가지 단어 중

하나로 규정할 수는 없죠. 물론 적중 가능성 50%의 확률로 점칠 수는 있을 것입니다. 부동산시장이 '대폭락한다' 또는 '대폭등한다'는 이야기들은 단편적인 사실과 낮은 확률을 근거로 만들어져 시장 전체로 퍼져나가면서 투자자들로 하여금 심각한 판단의 오류를 범하게 합니다. 하지만 부동산시장은 폭등할 가능성도, 폭락할 가능성도 매우 낮습니다. 이는 우리나라의 수출량이 갑자기 엄청나게 증가하거나 감소할 가능성이 없는 것과 비슷한 경우입니다. 가장 가능성이 큰 시나리오는 완만한 상승입니다. 적어도 인플레이션은 반드시 반영되기 마련이니까요.

부동산을 매수한 후에 가격이 오르면 좋겠지만 가격은 예상대로 상승할 수도, 생각지 못하게 하락할 수도 있습니다. 그렇기 때문에 우리는 어떤 상황이건 수익을 내는 투자를 해야 합니다. 이것이 부동산경매의 핵심이죠.

부동산시장이 대세상승기에 있을 때는 부동산을 거래하기 쉽습니다. 이때는 부동산경매시장 또한 과열 양상을 보이며 매물들이 높은 가격에 낙찰되곤 하죠. 반면 부동산시장이 하락기에 있을 때는 도통 매물이 팔리지 않고 가격을 아무리 낮춰도 매수 문의조차 없는 경우가 다반사입니다. 앞으로 가격이 더욱 하락할 것이라고 예상하는 사람들이 많기 때문이죠. 이런 시기에는 입찰에 참여하는 사람들 또한 크게 줄어 경매법정도 한산해집니다.

그렇다면 어떤 시기에 부동산경매에 뛰어드는 것이 더 유리할까요? 후자가 단연 유리합니다. 부동산시장이 호황을 이루면 부동산경매시장에도 경쟁자들이 많아지면서 낙찰가가 매매가에 근접하게 됩니다. 반면 시장이 좋지 않을 때는 매매가는 하락하고 낙찰가는 더 큰 폭으로 내려가 매매가와 낙찰가 사이의 격차가 커집니다. 부동산을 싸게 구입하기 위한 부동산경매의 본연의 목적을 돌이켜본다면, 시장이 호황기일 때보다는 불황기일 때 훨씬 더 많은 기회를 잡을 수 있는 것입니다. 반대로 시장이 좋을 때는 경매 외에 다른 방법으로 부동산을 매수하는 것이 보다 유리합니다.

그런 점에서 2023~2024년은 초보자 입장에서 경매공부를 시작하고 투자를 검토하기에 참 좋은 시기입니다. 2021년까지 10년 가까이 이어지던 부동산 가격 상승기가 끝나고 본격적으로 조정기에 접어들었기 때문입니다.

03

부동산경매에 뛰어들 각오를 단단히 다진 그대에게

부동산경매, 그럼
어디 한번 해봅시다!

부동산경매를 하려는 목적이 무엇인가요?

왜 부동산경매에 관심을 갖게 되셨나요? 내 집 마련을 위해서인가요? 소액으로 조금씩 수익형 부동산에 투자해보고 싶어서인가요? 분명 확실한 목적이 있으시겠죠?

개인별로 처한 상황과 조건, 그리고 투자 목적에 따라 부동산경매에서 공부해야 할 내용과 조사할 지역이 크게 달라집니다. 실투자금 5,000만 원으로 내 집 마련을 하려는 20대 후반의 남성 직장인, 또 같은 금액으로 수익형 부동산에 투자하려는 30대 초반의 여성 직장인, 3억 원으로 수익 전망이 있는 토지를 구입하려는 40대 주부, 20억 원으로 번듯한 소형 빌딩을 구입하려는 50대 남성 자영업자, 50억 원으로 사옥을 구입하려는 법인처럼 각자가 처한 상황, 보유 자금, 투자 목적은 저마다 다를 테니까요.

자신의 투자 목적이 무엇인지, 어떠한 투자 방식이 적합한지를 살펴보고 그 투자 대상에 최적화된 공부를 해야 합니다. 부동산경매에 뛰어들기 전에는 반드시 자신의 투자 목적을 확실히 하고, 투자 대상을 구체적으로 정하도록 하세요!

나의 투자 조건, 투자 목적에 적합한 투자 대상은 무엇일까요?

투자금 1억 원 미만인 경우

투자를 생각하는 부동산이 무엇인가요?

주거용 부동산	비주거용 부동산
아파트, 다세대주택, 다가구주택, 단독주택, 주거용 오피스텔 등	상가, 사무실, 토지, 공장 등

투자 목적이 무엇인가요?

경매뿐만 아니라 성공적인 부동산 투자 경험이 있나요?

내 집 마련	임대수익	있습니다	없습니다
소형 아파트나 다세대주택 구입이 가능합니다. 대출 비중은 20~50%가 적당하며 거주 목적이기 때문에 이자 부담이 낮은 편이 좋습니다.	다세대주택이나 주거용 오피스텔 구입이 가능합니다. 대출 비중은 50~70%가 적당합니다. 소액투자용 임대수익 물건은 대출금을 높일수록 임대수익률이 상승하므로 어느 정도 공격적인 대출을 받아도 괜찮습니다.	1층에 비해 상권분석은 어렵지만 매입가격이 상당히 낮은 2층 이상의 상가, 사무용 오피스텔에 투자하는 것이 좋습니다. 재개발 등으로 보상 예정인 토지도 틈새상품입니다. 대출 비중은 40~60%가 적당합니다.	소형 상가나 사무실에 투자하는 것이 좋습니다. 소형 상가 중에도 종종 알짜배기가 있으므로 발품을 팔아 열심히 조사할 필요가 있습니다. 하지만 투자 경험이 없고 투자금이 부족하다면 주거용 부동산에 투자하는 것이 바람직합니다. 대출 비중은 50~70%가 적당합니다.

투자금 1억 원 이상인 경우

투자를 생각하는 부동산이 무엇인가요?

주거용 부동산	비주거용 부동산
아파트, 다세대주택, 다가구주택, 단독주택, 주거용 오피스텔 등	상가, 사무실, 토지, 공장 등

투자 목적이 무엇인가요?

경매뿐만 아니라
성공적인 부동산 투자 경험이 있나요?

내 집 마련

아파트를 구입할 수 있습니다. 아파트를 선호하지 않거나 투자금에 보다 여유가 있다면 단독주택도 구입 가능합니다. 대출 비중은 30~50%가 적당합니다. 지금까지 부동산을 취득한 적이 없다면 '생애최초 주택자금대출'을 검토해보면 좋습니다.

임대수익

건물 하나에 여러 가구가 거주하는 다가구주택을 구입할 수 있습니다. 참고로 수도권 내 다가구주택은 실투자금이 3억 원 이상(임대수익률은 비수도권 물건이 더 높음)인 경우가 많습니다. 대출 비중은 50% 선이 적당합니다. 그 이상은 대출에 어려움이 있습니다.

있습니다

상권분석이 충분히 이뤄질 수 있다면 임대수익률과 시세 상승을 동시에 노리고 주거용 부동산에 비해 수익 전망이 좋은 상가나 시세 상승 때 수익률이 가장 높은 토지에 투자하는 것이 좋습니다. 실투자금이 5억~10억 원 이상이라면 다른 투자 대상들에 비해 블루오션인 공장에 투자하는 것도 좋습니다. 대출 비중은 20~40%가 적당합니다. 어느 정도 기다림이 필요한 투자이기 때문에 이자 부담은 적은 편이 아무래도 유리합니다.

없습니다

상가나 근린주택(상가+주택)에 투자하는 것이 좋습니다. 상가라면 상권분석이 상대적으로 쉽고 위험이 적은 1층을 노리는 것이 좋습니다. 수도권 아파트형 공장 및 그 내부의 지원시설(아파트형 공장 안에 위치한 편의시설들)에 투자하는 것도 추천할 만합니다. 대출 비중은 30~50%가 적당합니다.

54

자금은 얼마나 쌓아두고 덤벼야 할까요?

부동산을 취득하기 위해서는 얼마나 많은 자금이 필요할까요? 투자하려는 지역과 부동산의 종류에 따라 투자금액은 달라지겠지만 부동산 취득금액은 물론 각종 세금과 공과금이 반드시 필요합니다. 경우에 따라 줄일 수 있는 비용도 있겠지만 세금처럼 결코 피해갈 수 없는 것들도 많죠. 1억 원짜리 부동산을 구입한다고 해서 1억 원에 대한 자금계획만 세웠다가는 큰 낭패를 볼 수 있으니 각별히 주의하시기 바랍니다.

우리나라의 부동산 세금체계는 꽤 복잡합니다. 규제와 완화가 반복되고 개정에 개정이 거듭되면서 누더기 세제가 되었기 때문이죠. '부동산에 투자해볼까?' 하셨던 분들이라면 한 번쯤 고민해보셨을 또 다른 투자 대상인 주식과 부동산을 한번 비교해보겠습니다.

주식은 매수할 때 부과되는 세금이 전혀 없습니다. 보유할 때도 원칙적으로는 세금이 없고 매매수수료만 부과되죠. 매도할 때 부과되는 배당금에 대해서만 15.4%의 배당소득세가 과세될 뿐입니다.

증권사별로 정한 증권거래세와 농어촌특별세*를 합해 0.23% 과세됩니다. 즉, 주식을 취득할 때와 보유할 때는 납부해야 할 세금이 없고 팔 때만 매도가격의 0.23%의 세금이 부과되는 것이죠.

> **농어촌특별세**
> 줄여서 농특세라고 합니다. 우리나라 농어업의 경쟁력 강화, 농어촌 생활 환경 개선, 농어민 후생복지 사업 등에 필요한 재원을 조달하기 위한 목적세입니다.

하지만 부동산을 취득할 때는 취득세, 보유할 때는 재산세와 종합부동산세, 팔때는 양도소득세를 납부해야 합니다. 부동산 가격을 안정시켜야 한다는 정부의 부담 때문에 이런 삼중 세금체계가 만들어진 것입니다. 그렇기 때문에 부동산에 투자하려고 한다면 다른 어떤 자산에 투자할 때보다 세금에 대한 공부를 충분히 해둬야 합니다.

취득세는 부동산의 종류, 취득원인, 면적과 금액에 따라 1.1%부터 13.4%까지 부과됩니다(부동산에 관한 세금은 5장에서 자세히 설명합니다). 2014년부터 주거용 부동산은 금액(6억, 9억 원 기준)과 면적에 따라 취득세율이 세분화되었고, 주거용 부동산은 비주거용 부동산보다 취득세율이 낮은 편입니다. 이후 2020년과 2021년에는 부동산 소재지(조정지역, 비조정지역)와 주택 수에 따라, 그리고 개인과 법인에 따라 취득세율이 다르게 개정되었습니다. 양도소득세 폭탄이나 종합부동산세 폭탄은 언론에서도 자주 다뤄 익숙한 분이 많겠지만, '취득세 폭탄'은 좀 생소하실 텐데요. 부동산을 취득하기 전에 부동산 가격, 소재 지역, 취득자의 주택 수 등에 대해 사전에 반드시 꼼꼼하게 검토해야 합니다.

양도소득세는 최고 세율이 45%이고, 취득세는 13.4%라 취득세를 가볍게 본다면 큰 오산입니다. 양도소득세는 매도가격과 매수가격 간의 차이인 양도소득에 대해서만 부과하는 반면, 취득세는 '취득금액 전액'에 대해 적용되기 때문에 자칫하면 어마어마한 추가 세금을 취득 시점에 납부해야 할 수도 있습니다(예: 법인으로 10억 원의 주택을 취득하면 취득세만 1억 3,400만 원이 됩니다. 설령 차후에 집값이 하락하더라도 이 세금은 불변이니 더욱더 강력하죠).

부동산을 매수할 때는 취득세 외에 각종 공과금도 염두에 둬야 합니다. 투자금 전액이 자기자본이 아니고 대출을 활용하는 경우에는 반드시 은행에서 지정하는 법무사를 통해 등기해야 하는데 이때 발생하는 법무비용, 명도비용, 이자비용 등도 미리 준비해둬야 합니다. 기분 좋게 낙찰을 받았는데 수중에 딱 잔금 치를 돈밖에 없다면 무척 곤란한 상황에 처할 테니까요.

잔금 외에 들어가는 법무비용이 정확히 얼마인지, 낙찰가에서 어느 정도의 비율을 차지할지 콕 집어 말하기는 어렵습니다. 같은 가격의, 같은 면적의 부동산이라도 매번 차이가 나기 때문이죠. 대개 1억 원 미만의 물건은 취득세 및 공과금이 낙찰가의 2~6% 선이고, 1억 원 이상의 물건은 2~5% 선입니다. 다만 이미 주택이 있는 경우, 취득세 중과를 피하기 위해 공시가격 1억 원 이하의 비교적 저렴한 주택을 검토하는 편이 유리합니다(이 내용 또한 5장에서 자세히 다루겠습니다).

자금, 시간, 정보, 노력 중 무엇이 가장 중요한가요?

답변하기 조금 난해한 질문입니다. 개인별 내공과 물건의 종류에 따라 중요한 항목이 조금씩 차이가 있기 때문이죠. 정보와 노력에 대해서는 차차 살펴보기로 하고 우선 자금과 시간에 대해 이야기해보겠습니다.

자금은 실탄이다!

넉넉한 자본금은 굉장한 무기입니다. 투자할 수 있는 가용자금이 5,000만 원인 사람과 5억 원인 사람은 분명 큰 차이가 있죠. 5억 원을 가진 사람에 비해 5,000만 원을 가진 사람이 선택의 폭이 좁은 것은 어쩔 수 없을 테니까요. 하지만 자본금이 적다고 기회마저 없는 것은 아닙니다. 연간 부동산경매로 나오는 물건의 수는 대략 30만 건에서 50만 건가량 됩니다. 이 중에는 수십억 원 이상 되는 고가의 부동산도 많이 있지만 반대로 수천만 원, 수백만 원, 심지어 수만 원에 불과한 부동산들도 존재합니다. 물론 가격이 싸다고 무조건 투자하기 좋은 부동산은 아니죠. 50만 원에 구입한 부동산의 가치가 10만 원도 채 안 될 수도 있을 테고요. 하지만 그렇게 저렴한 부동산들 중에도 분명 다이아몬드 원석은 존재합니다. 옥석을 골라내는 일은 오롯이 투자자의 몫이죠.

"통장에 고작 1,000만 원밖에 없는데 부동산 투자는 무슨! 언감생심 꿈도 못 꾸지"와 같은 이야기는 부동산경매를 잘 모르고 하는 넋두리에 지나지 않습니다. 차라리 스스로 실력이 없음을, 그리고 아직 공부가 부족해서 자기자본으로 투자할 수 있는 좋은 물건을 볼 안목이 없음을 탓하는 것이 맞습니다.

시간은 곧 돈이다!

모든 투자가 다 그렇겠지만 특히 부동산경매에서 시간은 매우 중요한 변수로 작용합니다. 부동산경매에서 시간은 서로 다른 두 가지 성질을 갖고 있습니다.

첫째는 '쫓기는 관점에서의 시간'입니다. 바쁜 일상 속에서 시간을 쪼개 좋은 매물을 골라내고, 현장답사를 다녀오고, 입찰에 참여하고, 명도를 하기까지 많은 시간과 노력을 들여야 하기 때문에 특히 직장인들, 또 아이들을 키우는 주부들은 투자를 위해 시간을 할애하는 데 어려움이 많을 것입니다. 지금 하고 있는 일만으로도 정신없이 바쁜데 여기서 시간을 쪼개 투자 활동을 한다는 것은 굉장한 노력과 굳센 의지 없이는 여간 힘든 일이 아닐 테죠. 직장 상사나 배우자의 인정과 동의도 반드시 얻어야 할 것이고요.

둘째는 '기다림이 필요한 시간'입니다. 부동산경매는 과정, 과정마다 수많은 기다림을 요구합니다. 열심히 매물을 살펴보고 마음에 쏙 드는 물건을 만났다고 해도 바로 당장 낙찰받을 수는 없습니다. 정해진 입찰일까지 기다려야만 하죠. 드디어 기다리던 입찰일이 돌아오고, 관할 법원을 방문해 입찰을 하고, 낙찰까지 받게 되면 날아갈 듯 기쁠 것입니다. 그러나 그 기분은 약 10초가량 유지될 뿐, 그 이후에는 정체 모를 불안감이 엄습할 것입니다. '다른 사람들은 대체 얼마를 적어낸 거지? 어떻게 내가 낙찰을 받았지? 이 매물에 나만 모르는 무슨 하자가 있는 것은 아닐까?' 하는 등의 걱정들이 밀려올 테죠.

낙찰은 부동산경매의 끝이 아니라 시작입니다. 낙찰받은 부동산에는 보통 기존에 거주하던 점유자가 있을 것입니다. 점유자는 지금의 소유자나 임차인일 수도 있고 제3자일 수도 있죠. 특별히 문제가 있는 부동산이 아닌 이상 기존에 거주하고 있던 점유자는 반드시 이사를 나가야만 합니다. 반대로 낙찰자는 기간에 차이는 있지만 언제가 되었건 그 부동산에 들어갈 사람입니다. 이 원칙을 마음속에 새기고 차근차근 단계를 밟아나간다면 어떤 점유자라도 큰 문제 없이 명도를 할 수 있습니다.

하지만 빨리 해결해야 한다는 조급한 마음에 서두르고 조바심을 낸다면 오히려 일을 그르칠 수 있죠. 명도는 얼마나 빨리 해결하느냐가 관건이긴 하지만 조급한 마음으로 서둘러서는 절대 원만하게 해낼 수 없다는 것을 명심하시기 바랍니다. '어찌 됐든 결국 명도는 된다'라는 마음가짐으로 여유를 가지고 임해야만 좋은 결과를 얻을 수 있을 것입니다.

점유자가 원만하게 이사를 나간 후에는 부동산을 구입한 원래 목적대로 임대나 매매하는 과정이 남아 있습니다. 이 또한 오늘 시장에 내놓는다고 해서 당일에 바로 거래되는 일은 드뭅니다. 며칠, 몇 주, 혹은 몇 달 이상의 시간이 걸리죠. 낙찰에 실패한 경우라면 또 다른 나의 인연을 찾기 위한 기다림이 필요할 테고요.

이렇게 부동산경매에서 중요한 변수인 시간의 서로 다른 두 가지 속성을 살펴봤습니다. 어찌 보면 어떤 방식으로 공부하고, 어떤 종류의 부동산에 투자하느냐는 시간에 비해 부수적인 문제일 수 있습니다. 그러므로 투자를 시작하기 전에 준비하는 과정에서부터 먼저 시간을 내 편으로 만들어놓아야 합니다. 경매를 시작한 이후에는 고민할 것도, 알아볼 것들도 참 많아집니다. 이때 반드시 시간을 아군으로 두는 것이 성공적인 투자의 핵심이라는 점, 꼭 명심하세요.

수익률은 얼마 정도로 예상할 수 있을까요?

부동산경매를 통해 무조건 엄청난 수익을 얻을 것이라고 생각하는 분들은 이제 없으시겠죠? 다른 투자와 마찬가지로 부동산경매 또한 높은 수익을 얻을 수도 있고, 큰 손실을 입을 수도 있습니다. 하지만 다른 투자들은 개인이 통제할 수 없는 변수가 대부분인 데 반해, 부동산경매는 거의 대부분의 변수를 투자하기 전에 없애거나 크게 줄일 수 있다는 확실한 장점이 있죠. 그렇기 때문에 그만큼 안전하고 확실한 투자를 할 수 있는 것이고요. 예를 들어 살펴보겠습니다.

주식 투자자의 투자수익률

최진호 씨는 주식에 투자하기로 결심하고 수개월 동안 연구에 연구를 거듭한 끝에 A사의 주식을 매수하였습니다. 회사의 내재가치와 현재의 주가 사이에 격차가 크다고 판단해 목표수익률은 6개월 안에 30%를 달성하는 것으로 정했죠. 진호 씨의 목표수익률은 달성될 수 있을까요?

6개월 안에 A사의 주가가 구입할 때보다 30% 상승한다면 목표수익률은 무난하게 달성할 수 있을 것입니다. 하지만 미처 예상하지 못했던 변수가 발생하면 어떻게 될까요? 아무리 진호 씨가 지난 수년간 이 회사의 매출액과 영업이익 추이, 성장 가능성과 관련된 정보들을 상당량 수집하고 꼼꼼하게 분석했다고 해도 갑자기 거래선이 끊어지거나 중국의 성장률 하락, 미국발 금리인상 빅 스텝, 자이언트 스텝 같은 예측할 수 없는 일들이 발생하면 A사의 경영실적이 급격히 악화될 수 있습니다. 이런 악재가 돌발하면 지금까지 아무리 장밋빛 전망 일색이었던 기업이라도 주가가 크게 하락하게 되죠.

부동산 투자자의 투자수익률

김태원 씨는 임대수익형 부동산에 투자하기로 결심한 후부터 수개월 동안 자신의 목표수익률에 맞는 부동산들을 조사했습니다. 태원 씨는 사전조사를 통해 연 30%의 임대수익률을 거둘 수 있는 물건들을 찾아보고 그중에서 5개를 골라 현장답사까지 다녀왔습니다. 막상 현장에 가보니 온라인상에서는 알 수 없었던 그 부동산만의 문제점들과 특징도 알게 되었죠. 실제로 생각했던 임대료가 가능한지, 공실* 발생 없이 임대는 쉽게 이뤄지는지도 꼼꼼하게 확인했습니다. 태원 씨는 현장답사를 통해 5개 중 3개의 물건에 입찰하기

> **공실**
> 건물을 이용하지 않고 비워둔 상태를 말합니다. 전체 건물 중 비워 놓은 공간의 비율을 공실률이라고 합니다.

60

로 마음먹습니다. 그리고 다행히도 그 3개의 물건 중 하나를 낙찰받게 됩니다.

이때 태원 씨가 떠안게 될 위험이 있을까요? 임대수요가 충분한지, 임대료가 얼마인지 등 입찰 전에 조사도 충분히 했고, 부동산 자체에 하자가 없는지도 꼼꼼히 살펴보았습니다. 세금이나 공과금도 여유 있게 책정했고, 명도까지 소요되는 기간도 넉넉하게 잡았습니다.

그러나 이렇게 만반의 준비를 끝마친 태원 씨라 해도 중국의 성장률 하락이나 미국발 금리인상을 피해갈 수는 없을 것입니다. 이런 외부의 변수들은 태원 씨가 낙찰받은 부동산의 월 임대료에 어떤 영향을 미칠까요? 하락하게 만들까요? 그렇지는 않습니다. 입찰 전에 태원 씨는 이 부동산에 대해 충분한 조사를 했고 이를 통해 확신을 갖고 투자를 결정했기 때문에 오히려 낙찰받은 후에는 별로 걱정할 일이 없었습니다. 목표수익률 연 30% 달성도 어렵지 않을 것이라고 확신하고요.

진호 씨가 투자한 주식시장과 태원 씨가 투자한 부동산경매시장은 사실 변수 자체가 다릅니다. 주식시장에는 굉장히 다양한 변수가 있는데 어떠한 개인도 그 모든 변수를 다 알 수 없고, 또 통제하는 일은 더욱 불가능하죠. 반면 부동산경매시장은 주식시장에 비해 변수 자체가 굉장히 적습니다. 또 그 변수들이 대부분 통제 가능한 것이고요. 즉, 태원 씨가 진호 씨에 비해 똑똑하기 때문에 투자에서 성공한 것이 아니라 부동산경매가 주식보다 안전한 시장이었기에 성공 확률이 보다 높았던 것입니다.

수익률이 같다면 최대한 위험이 작은 자산에 투자해야 합니다. 한 번의 투자로 막대한 수익을 거두려고 욕심을 내서도 안 되고요. 중요한 것은 10번, 20번의 투자에서 단 한 차례도 실패하지 않는 것입니다. 실패하지 않는 투자자는 언제가 되었건 반드시 성공하게 되어 있습니다.

빚이라면 손사래부터 치며 질색하는 그대에게

부동산경매 전쟁에서 쏠
실탄을 준비해봅시다!

부동산과 대출은 떼려야 뗄 수 없는 관계라고요?

다른 투자에 비해 온전히 자신이 현재 갖고 있는 돈만으로 부동산에 투자하는 사람들은 그리 많지 않습니다. 그만큼 부동산 투자에는 많은 자금이 필요하죠. 어떤 분들은 수익률을 좀 더 높이기 위해 대출을 적극 활용하기도 합니다. 같은 부동산을 동일한 액수로 매매 또는 임대해도 100% 자기자본일 때보다는 대출을 활용할 때의 수익률이 더 높기 때문입니다.

조금 난해하니 예를 들어 살펴보겠습니다. 같은 지역, 같은 건물, 같은 면적의 집 101호와 102호를 철수 씨와 영희 씨가 각각 한 채씩 낙찰받았다고 가정해보겠습니다. 낙찰가는 4,000만 원이고, 임대료는 보증금 500만 원에 월세 30만 원으로 동일합니다. 한날한시에 낙찰을 받았고, 명도도, 임대도 같은 날에 완료했습니다. 물론 실제로는 일어나기 어려운 이야기지만 내용 이해와 계산의 편의를 위해 이렇게 가정해보겠습니다.

철수 씨는 대출에 대한 거부감이 별로 없어 자기자본의 투자금을 최소한으로 줄이고 대출을 적극 활용하였습니다. 보유 자금은 다음 투자를 위해 비축해두었죠. 반면 영희 씨는 집안 대대로 내려오는 가훈이 '남의 돈을 쓰면 반드시 망한다'였기에 대출은 아예 고민해볼 생각조차 하지 않았습니다. 철수 씨는 낙찰가의 70%인 2,800만 원을 5%의 금리로 대출받아 투자했습니다. 그리고 영희 씨는 4,000만 원 전액을 자기자본으로 투자했습니다. 그럼 두 사람의 임대수익률을 계산해보겠습니다.

$$임대수익률 = \frac{연간 \ 순 \ 임대수익(연간 \ 임대수익 - 연간 \ 대출이자 \ 등의 \ 비용)}{실투자금[총 \ 투자금(매입가격 + 세금 \ 및 \ 제세공과금) - 대출금 - 임대보증금]}$$

영희 씨의 임대수익률부터 계산해보죠. 임대를 한 후 영희 씨의 총 투자금은 3,500만 원(보증금 500만 원 제외)이고, 연간 임대수익은 360만 원(월세 30만 원×12개월)입니다. 계산의 편의를 위해 세금은 생략합니다. 대출이자를 내지 않아도 되기 때문에 임대료로 받은 금액이 고스란히 수익이 됩니다. 따라서 360만 원을 3,500만 원으로 나누면 영희 씨의 연간 임대수익률은 10.3% 정도가 됩니다.

철수 씨의 경우에는 임대 후 실투자금이 700만 원입니다(대출자금 2,800만 원과 보증금 500만 원 제외). 연간 임대료는 360만 원이고, 이자비용은 140만 원이으로 이자비용을 제외한 임대수익은 220만 원입니다. 대출을 받지 않았을 때보다 수익이 크게 줄어들죠. 하지만 실제로 투자에 소요된 자금도 상당히 적습니다. 수익률을 계산해볼까요? 연간 임대수익 220만 원을 실투자금 700만 원으로 나누면 자그마치 31.4%입니다. 같은 부동산을 같은 가격에 취득하고 임대했더라도 대출 여부에 따라 수익률이 2~3배가량 차이가 나는 것입니다.

신기하지 않으신가요? 이것이 바로 타인자본의 힘, '대출의 마술'입니다. 물론 기본 전제는 있습니다. 투자 대상을 통해 얻을 수 있는 [기초수익률이 대출이자율보다 높을 때에만 이러한 마술을 부릴 수 있죠. 기초수익률이 대출이자율보다 낮다면 수익은 더 줄어들게 됩니다.

부동산의 담보 가치, 시중금리, 개인 신용도 등에 따라 차이는 있지만 요즘 같은 시기(2022년 기준)에 일반적인 부동산을 담보로 은행권에서 대출을 받을 때에는 3~7% 선의 금리가 적용됩니다. 대출금리와 투자하려는 부동산의 수익률을 꼼꼼히 따져보고 대출금리보다 수익률이 높다면 대출을 받아 투자하는 것도 한번 검토해보시기 바랍니다. 대출을 단순히 자금이 부족한 사람들만 필요한 것이 아니라 투자를 위해, 수익률 관리를 위해 적극적으로 활용할 수 있는 도구라고 생각을 전환해보십시오. 다만 감당하기 어려운 수준의 대출은 독이 된다는 것을 절대 잊어서는 안 되겠죠?

타인자본과 자기자본

투자를 하기 위해서는 자본이 필요합니다. 가진 돈이 넉넉해서 수십억 원의 부동산을 척척 구입하면 참 좋겠지만 현실에서는 그러기가 힘들죠. 마음에 드는 부동산을 구입하려면 거의 언제나 자금이 부족할 것입니다. 이때는 누구나 '어디 돈 빌려줄 사람 없나?' 하고 생각하기 마련입니다. 반대로 은행 입장에서는 고객의 예금을 금고에만 고스란히 넣어두면 손해이므로 이 돈을 잘 굴려 수익을 내고자 '어디 돈 쓸 사람 없나?' 하고 찾을 것이고요.

구슬 씨가 부동산을 담보로 은행에서 대출을 받는다고 생각해봅시다. 은행도 부동산을 담보로 돈을 빌려주고 대출금리를 통해 이자수익을 얻을 수 있으니 구슬 씨도, 은행도 누이 좋고 매부 좋은 거겠죠? 은행 입장에서도 여러 종류의 대출 중에서도 부동산 담보대출이 위험도가 낮고 수익성이 높은 편이므로 적극적으로 고객을 유치하려고 할 겁니다. 이때 구슬 씨가 보유하고 있는 돈이 '자기자본'이고, 은행으로부터 빌리는 자금이 '타인자본'입니다.

주택담보대출에 대해서 좀 알려주세요!

세상에는 여러 종류의 대출이 있습니다. 주택담보대출, 기금대출, 신용대출, 카드론, 현금서비스, 대부업체의 고금리대출, 직장인대출 등 셀 수 없이 많죠. 이 각양각색의 수많은 대출은 크게 담보대출과 신용대출, 두 가지로 구분할 수 있습니다. 담보대출은 채권자에게 무언가를 맡기고 돈을 빌리는 것입니다. 그 무언가는 당연히 현금화할 만한 가치가 있어야겠죠. 신용대출은 개인의 신용을 담보로 돈을 빌리는 것입니다. 채권자 입장에서는 같은 액수를 빌려주더라도 실체가 있는 담보를 잡고 돈을 빌려주는 담보대출보다 무형의 자산을 근거로 돈을 빌려주는 신용대출의 위험성이 크죠. 혹여 채무자가 돈을 갚지 않으면 담보대출은 담보물을 팔아 현금화함으로써 손해를 입지 않을 수 있지만, 신용대출은 현금화할 자산을 바로 가지고 있는 것이 아닙니다. 때문에 돈을 돌려받기 위해서 복잡한 절차를 거쳐야만 하죠. 이러한 이유로 일반적으로 신용대출은 담보대출에 비해 금리가 높습니다.

은행은 주택담보대출을 좋아합니다

은행은 여러 가지 담보대출 중에서도 주택을 담보로 한 대출을 가장 선호하는 편입니다. 가격이 들쑥날쑥 불안정한 주식이나 금에 비해 비교적 가격 변동폭이 크

개인의 신용이 담보가 될 만하다면?

공무원이나 의사 등 일부 업종에 종사하는 사람들의 경우에는 신용대출금리가 담보대출금리 못지않게 현저히 낮습니다. 해당 직업 종사자들의 부도 위험(일명 '배째라 위험')이 다른 직군에 비해 현저히 낮기 때문에 그렇죠. 채권자들은 이들의 신용이 담보 이상의 가치를 충분히 갖는다고 판단합니다.

지 않고, 사용하면 할수록 지속적으로 가격이 하락하는 자동차와 기계 등의 설비와 달리 하락하기보다 상승하는 경우가 더 많기 때문입니다.

지난 수십 년간 지속된 부동산 불패신화도 여기에 한몫을 했습니다. 또 주택을 담보로 돈을 빌려주었다가 채무자가 돈을 갚지 않으면 담보로 잡은 물건을 경매로 팔아 채권액과 이자를 충분히 회수할 수 있기 때문입니다. 안전하다는 것은 곧 낮은 이자를 의미합니다. 돌려받지 못할 가능성이 낮을수록 이자율도 함께 내려가는 것이죠.

이것이 투자금이 넉넉한 경우가 아니라면 부동산 투자 시 대출을 적극 활용하라고 강조하는 이유 중 하나입니다. 주택담보대출을 이용하면 다른 어떤 대출 방법보다 낮은 금리로 자금을 조달할 수 있습니다. 우리 주위에서 흔히 볼 수 있는 가장 어리석은 행동은 대출이라면 무조건 손사래를 치며 부동산은 전액 자기자본으로 구입하면서 자동차는 할부로 구입하는 것입니다. 할부로 자동차를 구입할 것이었다면 자동차 가액만큼 주택담보대출을 받아서 그 자금으로 차를 구입하는 것이 훨씬 유리하죠. 자동차 할부금리는 7~12% 선이고 주택담보대출은 3~5% 선밖에 되지 않으니까요(차량을 판매할 때 소위 '무이자 대출' 또한 실제로는 차량 판매가격에 이자비용이 녹아 있는 경우가 대부분입니다. 즉, 무이자 또는 1~2% 금리로 차량을 판매할 때는 현금 결제하면 그만큼 차량 가격이 낮아집니다).

대출에도 유리한 시기와 불리한 시기가 있습니다

부동산이 주기를 갖고 상승기와 하락기를 반복하듯 대출도 유리한 시기와 불리한 시기가 지속적으로 반복됩니다. 대출이 유리하거나 불리해진다는 것은 주로 대출금리를 기준으로 판단합니다.

IMF 이후에는 금리가 연 20%를 기록하던 때도 있었습니다. 그러나 1998년 여름을 지나면서부터 우리나라의 금융시장은 빠르게 안정을 찾았습니다. 20%를 넘나들던 대출금리도 10%대까지 하락했죠. 이때 그동안 줄곧 하락세를 보이던 부동산 가격도 다시 급등세를 보이기 시작했습니다. 대출이자에 대한 부담이 급격하게 낮아지고 경기 회복에 대한 기대감이 높아지면서 부동산시장이 다시 활황세를 보였던 것입니다.

이후 1999년 말부터 2000년 초에 잠깐 금리가 상승했던 시기를 제외하면 2005년까지는 평화로운 금리 안정기였습니다. 그러나 2005~2006년에 정부는 경기가 과열되는 것을 막기 위해 금리를 인상했습니다. 2010~2011년에도 금융위기 이후 비정상적으로 낮아진 금리를 점진적으로 인상했죠. 금리가 오르면 대출을 받기가 어렵고, 금리가 낮아지면 보다 쉽게 대출을 받을 수 있는 시기라고 볼 수 있습니다. 이후 2020년까지는 한국, 미국, 중국, 유럽 모두 금리가 제로금리에 가깝게 낮게 유지되는, 이른바 금리 태평성대 기간이 이어졌습니다(경제성장률이 적정하게 유지되면서 물가상승률도 낮은 이른바 '골디락스'에 가까운 상황이 유지되어 저금리 기조가 장기간 유지됐습니다). 하지만 전 세계적으로 코로나가 유행하고 러시아-우크라이나 전쟁, 코로나로 인한 중국의 봉쇄령 등 원자재 가격 급등과 물가 불안을 야기하는 큰 사건들이 잇달아 발발하며 미국과 유럽은 경쟁적으로 금리를 인상하기 시작했습니다. 한국도 여기에 동참할 수밖에 없는 상황이 되어 바야흐로 이제는 대출금리 인상에 대해 민감하게 고민해야 하는 상황에 직면했습니다. 미국 연방준비제도FED는 심지어 한 번에 기준금리를 0.5%나 0.75%씩 대폭 인상하는, 일반적이지 않은 대외환경입니다.

또한 대출 기준과 자격 또한 담보(주택담보대출비율LTV)뿐 아니라 소득(총부채상환비율DTI나 총부채원리금상환비율DSR) 개념까지 함께 평가하는 것이 점차 보편화되어가고 있습니다.

1 원금을 일정 기간 거치하여 이자만 납부하는 대출을 최대한 줄이고 원금과

이자를 함께 납부하는 대출비율을 높입니다(거치식 ➪ 원리금 분할 상환방식). 즉, 주택담보대출시장에서 그 구조를 '처음부터 조금씩 갚아가는 방식'으로 개선하여 가계부채를 천천히 점진적으로 줄여가겠다는 정부 구상입니다.

2 담보 중심이 아닌 상환 능력 중심, 즉 소득 중심으로 대출을 실행하게 합니다. 기존에는 소득증빙이 되지 않아도, 카드사용액 등으로 [간주소득]을 잡아 DTI 규정을 통과시켜왔는데 이제는 정확하게 세금신고한 증명서를 통해서만 소득을 인정하겠다는 것입니다. 그러면 상대적으로 소득증빙이 어려운 자영업자나 주부는 대출이 어려워지겠죠?

때문에 소득증빙이 되지 않거나 신용대출이든 담보대출이든 기존의 대출액이 많은 사람은 대출을 받기가 과거보다 어려워집니다. 예전보다 은행에서 돈을 빌려 투자하기가 힘들어진 만큼 투자 전에 자금계획을 보다 완벽하게 세우고, 조금 더 보수적으로 접근하는 편이 좋겠습니다.

과거에는 특별한 문제만 없다면 경매물건으로 낙찰가 대비 70~80% 선에서 반복적으로 대출을 받을 수 있었습니다. 대출금리는 보통 3~6% 사이에서 결정되었

대출 조건이 좋은 경락잔금대출에 대해 알아두세요!

법원 경매를 통해 낙찰받은 부동산을 담보로 경락잔금대출을 받으면 일반 담보대출에 비해 더 좋은 조건으로 대출을 받을 수 있습니다. 일반매매에 비해 더 많은 금액을 대출받을 수도 있고요. 경매를 통해 소유권을 취득하면 그동안 이 부동산에 지저분하게 얽혀 있던 모든 권리관계가 깨끗하게 정리됩니다. 그렇기 때문에 부동산경매를 '등기사항전부증명서를 깨끗하게 세탁하는 과정'이라고 이야기하죠. 부동산경매시장은 많은 물건이 일반매매에 비해 낮은 가격으로 거래되는 것이 보통인지라 '부동산의 도매시장'이라고 일컬어집니다. 이처럼 은행은 경락잔금대출을 이용해 골치 아픈 담보를 빨리 처리할 수 있고, 경락잔금대출을 받는 고객이 혹여 돈을 갚지 못한다면 경매를 통해 재매각해서 대출금을 회수할 수 있기 때문에 일반매매보다 좋은 대출 조건으로 자금을 빌려주는 것입니다.

고요. 하지만 정부의 대출에 대한 창구지도로, 2014년 이후부터는 국민은행, 신한은행, 우리은행, 하나은행 등 제1금융권뿐 아니라 수협, 새마을금고, 신협 등의 제2금융권까지 대출규정이 강화되었습니다.

여기에 담보가 아닌 소득 중심의 대출 구조로 바뀌며 기존에 이미 담보대출을 받은 투자자는 과거보다 신규 대출이 상당히 불리해졌습니다. 그러므로 이제는 기존에 보유 주택이 있는지 여부와 대출이 있는지 여부에 따라 이후 투자 전략을 완전히 다르게 세워야 합니다. 무주택자와 무대출자가 유리한 것은 분명하나, 유주택자나 기존 대출자 또한 투자할 수 있는 다른 방법들이 다양하게 존재하므로 이후 내용들과 함께 공부해보시죠.

단돈 100원으로도 낙찰을 받을 수 있나요?

부동산경매시장은 부동산을 시세보다 낮은 가격에 구입할 수 있는 기회의 장입니다. 경매 방식을 이용해 입찰에서 가장 높은 가격을 적어낸 사람에게 그 부동산을 매수할 수 있는 자격을 주는 것이죠.

그러나 어떤 기준을 정해놓지 않으면 단돈 100원에 부동산을 낙찰받는 사람이 생길 수도 있을 것입니다. 그렇게 된다면 낙찰자에게는 엄청난 행운일 테지만 부동산의 원래 소유자나 채권자에게는 어마어마한 재앙이 되겠죠. 여러분의 시가 3억 원인 부동산이 단돈 100원에 어떤 이에게 낙찰되었다고 생각해보세요. 상상만으로도 끔찍할 겁니다. 그래서 이러한 일을 미연에 방지하기 위해 부동산경매에서는 '감정평가'와 '입찰최저가'라는 제도를 만들어두었습니다.

감정평가와 입찰최저가요? 단어부터 어렵네요. 대체 이것들이 다 뭐죠?
감정평가와 입찰최저가는 따로따로가 아니라 함께 설명할 때 보다 잘 이해가 되실 겁니다. 먼저 감정평가는 감정평가사가 경매물건을 객관적인 입장에서 살펴

보고 설명하는 것을 말합니다. 가전제품을 사는 경우를 생각해봐도 소비자가 실물 제품을 보지 못하고 판촉사원의 설명도 들어보지 못한다면 구매하고 싶은 마음이 들지 않겠죠? 부동산은 가전제품보다 훨씬 더 많은 정보가 요구될 겁니다. 이처럼 해당 부동산에 관심을 가지고 있는 사람이 좀 더 손쉽게 정보를 취득하고 결과적으로 좋은 가격에 팔릴 수 있도록 돕는 서류가 바로 감정평가서입니다.

법원에서 진행되는 모든 경매물건은 매각(판매) 전에 감정평가 과정을 거칩니다. 이렇게 작성된 감정평가서를 통해서 부동산경매 투자자들은 실제 부동산을 살펴보러 현장에 가기 전에 상당히 많은 정보를 얻을 수 있습니다. 감정평가서에는 여러 기준에 의해 산정되는 감정평가금액이 기재되는데요. 특별한 이유가 없는 이상 감정평가금액이 경매의 최초 기준가격이 됩니다.

어떤 아파트의 시세가 2억 5,000만 원이고, 감정평가금액이 3억 원이라고 한다면 이 부동산은 3억 원을 기준가격으로 해서 1차 매각이 진행됩니다. 낙찰을 받기 위해서는 최소 3억 원 이상의 금액을 적어내야 하죠. 시세보다 감정평가금액이 훨씬 높으니 1차에서는 아무도 입찰을 하지 않을 것입니다. 이렇게 아무도 입찰을 하지 않는 것을 '유찰'이라고 합니다. 유찰이 되면 약 한 달 후에 기준가격에서 20%(일부 법원에서는 30%) 낮아진 가격으로 2차 매각이 진행됩니다.

1차 매각이 최저가 3억 원에 진행되었다면 2차에서는 20% 낮아진 2억 4,000만 원을 최저가로 해서 매각 절차가 진행됩니다. 2차 매각에서 이 물건에 입찰하고자 한다면 적어도 2억 4,000만 원은 적어내야 하죠. 이보다 낮은 가격을 적어냈을 경우에는 무효로 처리됩니다. 시세가 2억 5,000만 원인데 기준가격이 2억 4,000만 원이라면 굳이 부동산경매를 통해 매물을 구입할 이유가 없죠. 이번 회차에서도 다시 유찰되면 2억 4,000만 원에서 또다시 20% 할인된 1억 9,200만 원을 최저가로 해서 다시 다음 회차의 경매가 진행됩니다.

여러 번 유찰이 되면 계속 가격이 낮아지기 때문에 어느 시점이 되면 반드시 해당 물건을 구입하려는 사람이 나타납니다. 예를 들어 50만 원짜리 명품 스웨터를 5,000원에 판다면 디자인이 자신의 취향이 아니더라도 누구나 혹하게 되는 것과 마찬가지죠.

감정가 3억 원짜리 부동산이 두 번 유찰되어 3차 매각에서 최저가 1억 9,200만 원으로 다시 경매가 진행되었습니다. 이번에는 여러 명이 입찰에 참여했죠. 법원은 적법하게 입찰한 사람들 중 가장 높은 가격을 적어낸 입찰자를 '최고가 매수신고인'으로 선언합니다. 입찰에 참여했던 다른 사람들이 입찰 시 제출했던 입찰보증금(최저가의 10%)을 돌려받고 가려는 순간, 최고가 매수신고인이 보증금을 넣지 않아 무효 처리가 되었다며 입찰 결과를 다시 공지한다고 하네요.

입찰을 하면서 입찰보증금을 넣지 않은 경우 그 입찰은 무효가 되고, 이때는 두 번째로 높은 가격을 적어낸 사람이 최고가 매수신고인이 됩니다. 이렇게 낙찰자가 정해지면 그 사람은 이제 그 부동산을 매수(구입)할 수 있는 유일한 자격을 갖춘 사람이 되는 것입니다. 그리고 법원에서 정한 날짜(낙찰일로부터 대략 1개월 안팎)까지 낙찰가에서 보증금을 제외한 나머지 잔금을 납부하면 새로운 소유자가 되지요.

성공 투자의 비법과 타이밍을 알려주세요!

부동산경매시장은 부동산의 도매시장과도 같습니다. 농수산물 도매시장의 광경을 접해보신 분들은 이 말이 쉽게 이해가 가실 겁니다. 예를 들어 보겠습니다. 배추 작황이 좋은 해에는 수요보다 공급이 더 많습니다. 이때는 도매가가 큰 폭으로 떨어지기 마련이죠. 반면 가뭄, 홍수, 냉해 등으로 배추 작황이 좋지 않은 해에는 공급이 수요를 따라가지 못해 배추 가격이 급등합니다. 이때는 흔히 '김치가 아니라 금치', '식당에서 절대 김치 더 달라는 소리 하지 마라'는 이야기들이 나오죠. 부동산경매시장도 농수산물 도매시장과 크게 다르지 않습니다. 경기가 좋지 않은 시기에는 일반매매로 부동산이 잘 거래되지 않기 때문에 경매시장에 나오는 매물이 큰 폭으로 늘어납니다. 이런 시기에는 부동산 가격이 계속해서 떨어질 것으로 예측되어 아무도 선뜻 부동산을 구입하려고 하지 않아 부동산 수요가 크게 줄어듭니다. 반면 경기가 좋아지면서 부동산시장이 활황을 보일 때는 경매 절차까지 가지 않고도 얼마든지 좋은 가격에 팔 수 있기 때문에 경매시장에 나오는 물건, 즉 부동산 공급량이 많이 줄어듭니다. 이 시기에 경매에 참여하는 사람들의 수는 많을까요, 적을까요? 이 시기에 부동산을 구입하면 가격이 더 오를 것이라고 생각하는 사람들이 많기 때문에 법원에는 발 디딜 틈도 없이 많은 사람이 모여듭니다.

그러면 보다 적극적으로 부동산경매에 참여할 만한 시기는 언제인가요?

경매에 대해 안다는 것 자체가 큰 경쟁력이었던 2002년에 비하면 오늘날에는 부동산경매가 그래도 많이 대중화된 게 사실입니다. 예전에는 부동산경매를 공부하기도 어려웠고, 부동산경매에 대해 잘 아는 사람들도 드물었죠. 그러나 지금은 상황이 많이 달라졌습니다. 하고자 하는 의지만 있다면 다양한 매체와 전문가들을 통해 얼마든지 많은 도움을 받을 수 있게 되었죠.

부동산 경기가 좋지 않은 시기가 부동산경매에 뛰어들어야 할 최적기입니다. 그만큼 경쟁자가 적기 때문에 시세보다 싸게 구입할 수 있는 부동산의 수도 늘어나죠. 수도권 부동산시장은 2009~2013년까지 장기 침체기를 겪었습니다. 대다수의 사람이 '부동산 투자로 재미를 보던 시기는 끝났어'라고 생각했던 이 시기가 반대로 좋은 물건을 낮은 가격에 취득하기에 참 좋았던 시절입니다. 2015~2021년은 전국적으로 부동산 시세가 상승하며 일반적인 주거용 물건은 시세보다 낮은 가격에 낙찰받기 만만치 않아졌습니다. 시세가 폭등한 지역도 많았고 그런 지역에서는 매도인이 슈퍼 갑처럼 군림하기도 했고요. 하지만 정부가 바뀌고 부동산 대책이 시장 억제에서 공급 확대로 방향을 틀면서 부동산시장이 안정되는 양상을 보였고, 세계적인 경제 침체가 시작되며 전국 부동산시장은 하락 반전하여 빠르게 냉각되고 있습니다. 경매법원 분위기 또한 불과 1년 만에 크게 한산해졌습니다. 이것이 의미하는 바가 무엇인지는 스스로 고민해보시면 쉽게 결론을 도출할 수 있을 겁니다.

경기침체기라고 해서 꼭 원하는 물건을 낮은 가격으로 낙찰받을 수만은 없는 것 같던데요?

부동산경매에 뛰어든 분들 중에는 "마음에 드는 부동산이 나와서 경매에 참여했는데 시세와 비슷한 가격에 낙찰받았다. 그 가격에 낙찰받을 거였으면 일반매매로 구입할걸, 왜 부동산경매로 샀는지 모르겠다. 이제는 경매가 이점이 별로 없는 것 같다"고 이야기하시는 분들도 있습니다. 그러나 이는 부동산경매의 속성을 잘 모르면서 별로 노력도 하지 않고, 신중하게 고민도 하지 않고 성급하게 투자한 분들이 주로 늘어놓는 불평입니다.

부동산경매에 뛰어들기 좋은 타이밍인 경기침체기라고 해서 모든 부동산이 헐값에 팔리는 것은 아닙니다. 시장이 침체되어 있을 때도 사람들이 선호하는 부동산은 따로 존재하기 때문이죠. 그리고 일반적으로 그런 물건들은 시세와 경매에서의 낙찰가가 별로 차이가 나지 않는 경우가 많습니다. 중요한 것은 투자에 나서기 좋은 시기뿐만 아니라 사람들의 관심이 적어 경쟁률이 낮은 부동산 중 우량 물건을 찾는 것입니다. 이 안에 부동산경매는 물론, 부동산 투자의 핵심이 모두 담겨 있습니다.

🧑 부동산경매를 할 때 각별히 주의해야 할 변수에는 어떤 것들이 있나요?

개인 투자자가 할 수 있는 그 어떤 투자와도 확실히 구분되는 경매만의 특성이 있습니다. 바로 '할인된 가격으로 매수한다'는 것입니다. 기관투자자들과 달리 개인이 하는 거의 모든 투자는 매수 후에 가격이 오르면 수익이 나고, 가격이 떨어지면 손실이 납니다. 즉, 투자 대상을 잘 분석해서 지금의 매수가격보다 더 가치가 있는지를 판단하는 것이 핵심이죠. 하지만 부동산경매는 다릅니다. 매수한 다음 꼭 가격이 오르지 않아도 얼마든지 수익을 얻을 수 있습니다. 처음부터 시세보다 낮은 가격에 구입하기 때문이죠. 그래서 부동산경매의 핵심은 시장가격을 정확하게 파악해 예상 가격보다 충분히 낮은 가격, 만족할 만한 수익률을 거둘 수 있을 가격으로 매수하는 데 있습니다. 그러기 위해서는 두 가지 변수를 잘 살펴야 합니다. 첫째, '내가 조사한 시세가 정확한가?', 둘째, '내가 원하는 가격에 낙찰받을 수 있는가?'이죠. 사례를 통해 살펴봅시다.

시세 파악 어렵지 않아요!

정재훈 씨는 단기매매 목적으로 초보자들이 투자하기에는 아파트가 가장 수월하다는 말을 듣고 아파트 물건에 투자하기로 결심했습니다. 재훈 씨는 조사한 매물들 중에서 수원에 있는 4억 원대의 아파트가 퍽 마음에 들었고 일사천리로 현장답사까지 마쳤죠. 시세를 알아보니 4억 2,000만 원이었는데 같은 지역, 비슷한 조건의 매물이 감정가 4억 4,000만 원에 1회 유찰되어 최저가 3억 800만 원에 경매시장에 나와 있었습니다. 재훈 씨는 첫 투자이니 큰 욕심은 부리지 않고 세후 1,000만 원 정도의 수익(세금 및 경매 전체 비용을 3,000만 원으로 예상)에 만족하자는 마음으로 3억 8,000만 원의 가격을 적어냈고, 운 좋게도 낙찰을 받았습니다. 그 이후 명도도 순조롭게 잘 끝마친 재훈 씨는 매도를 위해 인근 공인중개사 사무실을 방문했습니다.

"어서 오세요. 무슨 일로 오셨나요?"

"네, ○○아파트 24평형을 팔려고 합니다. 동 위치도 좋고, 층도 로열층입니다."

"아, 그러시군요. 그런데 얼마에 파시려고요?"

"시세가 4억 2,000만 원이라고 들었습니다. 저는 큰 욕심은 부리지 않고 그냥 시세대로 매매하고자 합니다."

"이 아파트 시세가 4억 2,000만 원인 것은 맞는데요, 지금 급매물이 많이 나와 있어요. 3억 5,000만 원에 나온 것들도 제법 있고요. 최근에는 3억 3,600만 원짜리도 나왔답니다."

"그럼 대체 얼마에 내놓아야 하는 건가요?"

"지금은 3억 5,000만 원 아래로 내놓으셔야만 겨우 팔릴 겁니다."

재훈 씨는 갑자기 정신이 아득해졌습니다. 1,000만 원의 수익을 기대하던 재훈 씨는 졸지에 약 3,000만 원 이상을 손해 볼 상황에 처하게 되었습니다.

정재훈 씨를 보면서 '나는 절대 저런 실수를 하지 않을 거야' 하고 생각하시는 분도 많으실 겁니다. 하지만 이런 사례는 정말 흔하게 볼 수 있습니다. 투자 목적으로 부동산을 알아볼 때는 시세나 구입할 수 있는 가격이 아니라 반드시 '팔 수 있는 가격', '팔리는 가격'을 확인해야 한다는 것을 꼭 기억해두세요!

낙찰은 결코 하늘의 별을 따는 일이 아닙니다

이성용 씨는 지난 5개월간 열심히 부동산경매를 공부했습니다. 그래서 이제는 실제 투자를 해보겠다고 결심했죠. 성용 씨는 그동안 공부했던 내용을 토대로 마음에 드는 물건 5개를 골랐습니다. 그리고 권리분석과 현장답사를 마치고 그중 3개 매물의 입찰에 참여해 낙찰을 받는 단꿈을 꾸었죠. 그런데 이게 웬일인가요? 성용 씨가 입찰한 물건마다 수많은 사람이 몰려 굉장히 높은 가격에 낙찰이 되었습니다. 최고가 매수신고인의 낙찰가는 성용 씨가 적어낸 입찰가와 수천만 원 이상 차이가 났죠. 성용 씨는 이런 경험을 3번이나 하게 되니 처음에 불타올랐던 의지와 열정이 눈 녹듯 사라졌습니다. 그리고 '부동산경매는 내 체질이 아닌가 봐. 다른 투자를 알아봐야겠다'라고 생각하며 다시는 경매장을 찾지 않겠다고 다짐합니다.

이성용 씨가 3번의 입찰에서 저지른 실수는 무엇일까요? '낙찰 가능성'을 생각하지 않은 것입니다. 전문가라 할지라도 낙찰가를 정확히 맞출 수는 없습니다. 입찰가는 개개인이 임의대로 적는 것이니 그 사람들의 생각을 꿰뚫어보지 않는 이상은 알 수 없죠. 하지만 몇 가지 기준에 의해 대략적인 낙찰가를 예측해볼 수는 있습니다. 대단지 아파트처럼 일반적이고 통계자료도 많이 쌓여 있는 물건들은 낙찰가를 좀 더 수월하게 예측할 수 있습니다. 또 경매에 나왔다고 해서 모든 물건이 아주 낮은 가격으로 낙찰되는 것은 아닙니다. 일부는 시세에 육박하거나 가끔은 시세를 웃도는 낙찰가로 거래되기도 합니다.

그러므로 원하는 물건을 팔리는 가격으로 낙찰받기 위해서는 어떤 물건이 시세와 낙찰가의 차이가 클지, 작을지를 파악해야 합니다. 많은 사람이 선호할 만한 부동산은 시세와 낙찰가의 차이가 작습니다. 시세와 낙찰가의 차이가 작다는 것은 그만큼 싸게 살 수 없는 물건이라는 의미입니다. 반대로 여러 가지 이유로 사람들이 기피하는 부동산은 시세와 낙찰가의 차이가 큽니다. 그러면 사람들이 선호하지 않는 부동산은 안 좋은 부동산일까요? 꼭 그렇지만은 않습니다. 세월이 지나면서 사람이 변하고 정책이 변하듯 선호하는 부동산도 바뀌기 때문에 지금 당장 인기가 없는 매물이라고 해서 좋지 않은 부동산이라고 단정할 수는 없는 것이죠.

실례로 2005년 이전까지만 해도 '다세대주택은 투자 가치가 없다'는 의견이 지배적이었고, 그래서 다세대주택에 투자하는 사람들이 거의 없었습니다. 오피스텔도 마찬가지였고요. 2007년까지만 해도 많은 사람이 오피스텔을 투자 대상으로 생각하지도 않았고, 거들떠보지도 않았습니다. 관리비가 많이 들고 분양 면적에 비해 실제 면적이 작아 비효율적이라는 이유였죠. 하지만 뉴타운이 생기고 재개발이 진행되면서 다세대주택은 백조로 거듭났습니다. 오피스텔도 임대수익형 부동산 투자 열기에 힘입어 2011년 이후 가장 주목받는 투자 대상 중 하나가 되었고, 2016~2021년 아파트 가격이 장기간 2~3배씩 급등한 이후에는 고급 오피스텔이 아파트 가격에 육박하여 성공적으로 분양되기도 했습니다.

2013년까지만 해도 수도권 도처에 미분양 아파트가 적체되어 있어 분양권시장도 한산했지만, 2014년부터 시장이 회복되면서 분양권에 프리미엄이 붙는 사례들이 속출하며 수많은 투자자가 분양권시장에 몰렸습니다. 분양권시장이 뜨거웠던 대구 지역의 한 아파트는 최초 분양자 중 실제 입주한 사람이 2%에 불과할 정도로 투자(혹은 투기) 목적의 청약자가 대부분이었습니다. 하지만 2021년부터 대구 지역은 다시 급랭하여 전국에서 미분양률이 가장 높다는 오명을 쓰기도 했습니다.

물론 이 같은 변화를 정확히 예측하는 일은 매우 어렵습니다. 시장의 트렌드를 미리 예측해서 투자하는 것이 부동산 투자를 위한 최고의 방법이라고 할 수도 없고요. 현재는 별로 관심을 끌지 않는 부동산 중에서 자신의 상황과 기준에 맞춰 수익성이 좋은 물건을 선별해 투자하는 것이 가장 확실한 부동산 투자 방법입니다. 바꿔 말하면 구입 후 가격 상승 여부에 연연하지 않을 수 있는 부동산에 투자하라는 의미입니다.

구슬씨의 Level UP

한빛 씨에게 부동산경매를 통해 수익형 부동산 취득도, 내 집 마련도 얼마든지 가능하다는 이야기를 듣게 된 구슬 씨는 본격적으로 부동산경매를 공부해보겠다고 결심합니다. 그런데 대체 어떻게, 얼마나, 어디까지 공부하면 되는 것인지 시작도 안 했는데 걱정만 쌓여갑니다. 그래서 구슬 씨는 부동산 투자의 귀재(?)라고 소문난 한빛 씨에게 당장 오늘 저녁 퇴근 후에 부동산경매에 대해 좀 알려달라고 부탁을 했습니다.

구슬 씨는 평소라면 "지금 저한테 데이트 신청하시는 거예요?"라며 히죽대는 한빛 씨의 가슴에 비수를 꽂는 말들을 쏟아냈겠지만 오늘만은 꾹 참습니다. 알짜 투자 정보를 얻기 위해서 이 정도는 구슬 씨에게 그리 힘든 일이 아니니까요. 퇴근 후 구슬 씨는 한빛 씨를 만나 저녁을 먹으러 갑니다. 그리고 음식점에 도착해서는 자리에 앉자마자 싸매고 온 질문 보따리를 풀어놓습니다.

01 "한빛 씨, 부동산경매로 정말 큰돈을 벌 수 있나요? 내 집 마련도 얼마든지 가능한 거죠?"

Answer "처음 이 세계에 뛰어드는 사람들이 가장 많이 하는 질문이 바로 방금 구슬 씨가 한 이야기들이에요. 그런데 이런 질문은 학창 시절에 'A학원에 가면 성적이 오를 수 있나요?', 'Q문제집으로 공부하면 정말 수학 성적이 쑥쑥 향상되나요?'라는 질문과 다를 바가 없어요. 어떻게 공부하고, 어떤 방식으로 접근하는지에 따라 결과가 달라지는 것이지, 누구나 부동산경매를 통해 돈을 벌 수 있다고 생각하는 것은 경매는 무조건 위험하다는 인식만큼이나 바보 같고 부동산경매의 본질을 몰라서 하는 소리예요. 같은 날 가입하더라도 주식형 펀드의 종류에 따라 수익이 천차만별 차이가 나는 것과 마찬가지죠. 물론 주가지수가 수년 동안 지속적으로 상승하면 모든 펀드가 플러스 수익률을 거두는 것처럼 부동산시장이 좋을 때는 그 어떤 부동산을 구입해도 가격이 오를 수 있어요. 하지만 그런 시기는 드물고, 설령 그런 시기라 하더라도 어떤 부동산을 취득했느냐에 따라 수익률에서 현저한 차이가 나기 마련이죠. 그러므로 부동산경매는 시기도, 물건도, 투자액도 중요하지만 본인의 마음가짐이 가장 중요해요."

02 "마음가짐이 제일 중요하다고요? (구슬 씨 속마음: 내가 그런 얘기나 듣자고 지금 당신에게 밥을 사고 있는 게 아니라고! 으이구! 그래도 우선은 참자.) 그럼 성공적인 부동산경매 투자를 위한 마음가짐이란 대체 어떤 거죠?"

Answer "구슬 씨, 좀 너무한데요! 스파게티 한 그릇 사주며 그런 비법을 전해 들으려는 거예요? 내가 한 번은 인심 쓴다! 부동산경매를 하면서 반드시 명심해야 할 첫 번째는 '대박을 꿈꾸지 않는다'예요. 적은 돈으로 목돈을 만들고 유치권처럼 어려운 걸 해결해서 몇억 원씩 차익을 거둔 이야기들은 좀 들어봤죠? 물론 충분히 가능한 일이지만 이제 막 부동산경매의 첫걸음을 떼는 사람이 그런 큰 욕심을 부리다가는 큰일 나요. 투자 내공이 쌓이고 물건을 고르는 안목이 길러진 후에는 그런 욕심을 부려도 괜찮지만 말이죠.

처음부터 대박을 노리다가는 오히려 큰 낭패를 볼 수 있어요. 주식시장에서 한 방에 큰돈을 벌겠다고 작전주나 선물옵션에 투자했다가 패가망신하게 된 투자자들 이야기 들어봤죠? 마찬가지예요. 하지만 경매는 오히려 굉장히 안전한 투자이기도 해요. 예를 들어 임대수익 목적으로 투자를 한다고 했을 때 5,000만 원을 투자해서 월세가 꼬박꼬박 50만 원씩 나오는 부동산이 있다고 해봐요. 월세 50만 원이면 1년에 600만 원을 얻을 수 있으니 은행 이자보다 훨씬 좋은 조건이죠. 2~3년 기다리다 보면 부동산 가격이 오를 수도 있을 테고요. 그래서 원칙만 지킨다면 부동산경매로 손해 보는 투자를 하는 것 자체가 힘들어요."

03 "아무리 안전한 투자라고 해도 어떤 투자이건 투자를 결정하기 전에 가급적 모든 위험을 체크해야 하잖아요. 투자한 다음에는 절대 돌이킬 수 없으니까요. 부동산경매로 부동산을 구입하기 전에 꼭 확인해야 할 사항들에는 뭐가 있나요?"

Answer "어렵게 생각하지 말아요. 아주 간단해요. 월세가 잘 나오는지, 임대는 잘되는지를 우선적으로 알아봐야 하겠죠? 또 건물에 하자는 없는지, 주변 여건은 어떤지, 채광이나 교통은 괜찮은지도 살펴봐야 하고요. 하지만 그중에서도 가장 중요한 것은 임대료와 공실률 조사예요. 공실률은 상가나 건물 등이 얼마만큼 비어 있었는지를 나타내는 비율이에요. 즉, 임대가 잘되는지를 나타내는 지표죠. 여러 호재나 악재가 임대료와 공실률에 이미 모두 반영되어 있어요. 그래서 투자수익률을 파악하기 위해서는 사전에 이 두 가지를 꼭 조사해봐야 해요.

투자수익률은 연간 수익을 총투자금으로 나눈 것이니 투자 전에 조사를 통해 충분히 정확하게 계산할 수 있죠. 그러니까 사전에 공실률과 임대료를 조사해보고, 임대도 잘되고, 원하는 임대료로 임대할 수 있다는 것을 확실히 확인하고, 마지막으로 그 수익률에 만족한다면 그 부동산은 적극적으로 매수해도 되는 거예요. 이것만 제대로 지키면 부동산경매에서 절대 실패할 일이 없어요. 걱정은 붙들어 매세요."

04 "그런 경우가 있을 수 있잖아요. 만약 임대료는 만족할 만한데 공실률이 조금 높으면 어떻게 하죠? 그럴 수도 있지 않나요? 또 임대는 잘되는데 매매가격이 계속해서 떨어지는 부동산이라면요? 그런 경우에는 투자를 하는 게 맞나요?"

Answer "구슬 씨가 이렇게 걱정 근심이 많은 여자였나요? (웃음) 임대료는 괜찮은데 공실률이 높다는 것은 임대료가 임대수요에 비해 조금 비싸다고 볼 수 있어요. 그러니까 단순히 현재의 임대료만 알아서 되는 게 아니라 그 가격이 쉽게 임대될 수 있는 선의 가격인지 아닌지를 아는 게 중요해요. 그리고 매매가가 떨어져도 투자 전에 스스로 정한 임대수익률을 충족하고 있다면 걱정할 필요가 없죠. 임대수익에 만족하면서 언젠가 다시 가격이 오르기를 천천히 기다리면 되는 거니까요.

초보일 때도, 또 고수가 돼도 '내가 제대로 투자를 한 것인가?'를 확인하는 가장 좋은 방법은 '투자 후에 걱정을 하느냐, 그렇지 않느냐?'를 냉정히 살펴보는 거예요. 확신을 가지고 한 투자는 실패할 가능성이 지극히 낮아요. 반대로 투자 후에도 끊임없이 불안하다면 그 투자는 잘못되었을 가능성이 크죠. 그래서 투자하기 전에는 반드시 모든 위험을 제거해야 해요. 제거가 불가능하다면 뭐가 위험한지 정도는 제대로 알고 덤벼야 하고요."

05 "이제 마음가짐은 확실히 다잡았어요. 그다음은요? 마음가짐을 다잡는 것 말고 또 제가 유념하거나 조심해야 할 건 없나요? 직장생활과 투자 활동을 병행하는 건 힘들지 않을까요? 하나에만 몰두해야 뭘 해도 성과가 제대로 나올 텐데 두 마리 토끼를 다 잡을 수 있을까요? 가능할까요? 내가 너무 질문을 막 쏟아부었네요!" (웃음)

Answer "하나 더 있죠. 투자는 시간과의 싸움이라는 걸 절대 잊어서는 안 돼요. 내공을 갖춘 투자자라고 해도 조급하게 수익을 얻으려고 욕심을 부리면 큰 사고를 치기 쉬워요. 마찬가지로 부동산경매의 세계에 뛰어든다고 해서 본업을 그만두고 부동산경매에만 주력하겠다는 생각도 위험해요. '부동산경매로 대박을 내서 이 더럽고 힘든 직장생활을 하루빨리 때려치워야지!' 정도의 생각까지는 그래도 이해할 만해요. 하지만 아직 별로 성과도 나지 않았는데 전업 투자를 하면 무조건 더 잘될 것이라는 환상에 빠져 직장을 그만두겠다는 건 결사반대입니다. 물론 직장생활과 투자 활동을 병행하는 건 쉽지 않겠죠. 부지런해야 하고 두 가지 일을 하며 지치지 않도록 스스로 채찍질도 많이 해야 할 테고요. 하지만 전업 투자자가 되어도 문제는 있어요.

첫째, 직장을 그만두면 갑자기 시간이 확 늘어나면서 넘쳐나는 시간을 주체하지 못하게 돼요. 부동산경매는 인내심이 필요한 투자예요. 물건을 찾고, 입찰일까지 기다리고, 낙찰을 받지 못하면 다시 다른 물건을 찾아보고, 낙찰을 받으면 명도와 잔금 납부까지 최소 1~2개월을 기다리고…. 그러다 보면 중간중간 여유시간이 꽤 많이 생기죠. 그러나 마음이 편할 때야 여유시간이지, 하나에만 매진하며 쫓기듯이 달려가게 된다면 견디기 어려운 시간이 될 수 있어요. 그러니 조급한 마음을 가지면 무조건 지는 거예요. 이를 명심하세요!

둘째, 직장을 다니지 않으면 현금흐름이 바로 끊긴다는 문제가 있어요. 투자가 결실을 맺으려면 어느 정도 시간이 필요해요. 당장 월세 50만 원짜리 수입원이 하나 생긴다고 그걸로 생활이 유지되는 것은 아니니까요. 그러므로 투자 활동을 통한 수입이 월급의 50~70%는 된 다음에야 퇴사를 고려해야 해요. 투자 활동과 직장생활을 병행할 수 있을지 고민은 되겠지만 저는 두 가지를 병행하는 것이 직장을 그만두고 부동산경매에만 전념하는 것보다는 현명한 처사라고 생각해요. 물론 직장을 그만두고도 현금을 확보할 대안만 있다면 괜찮고요."

06 "저는 그런 대안이 없으니 일단 회사를 열심히 다녀야겠네요. '부동산경매에서는 시간을 적으로 돌리면 안 된다는 것, 시간과 친구가 되어야 한다는 것' 꼭 명심할게요. 고마워요!" (구슬 씨 속마음: 한빛 씨 알고 보니 꽤 멋진 사람이네!)
Answer "구슬 씨, 또 궁금한 게 있으면 얼마든지 질문해요. 대신 다음에는 스파게티 한 그릇으로 안 됩니다! (말 떨어지기 무섭게 바뀌는 구슬 씨의 얼굴을 보고) 농담이에요, 농담!"

한빛 씨의 이야기를 듣고 구슬 씨는 부동산경매의 매력에 흠뻑 빠지게 되었습니다. 집으로 가는 길에 구슬 씨는 서점에 들러 부동산경매 책을 몇 권 삽니다.

부동산경매 고수들은 왜 늘 천하태평해 보일까?

—

제가 투자했던 부동산들은 서울과 경기도 인근의 물건들은 물론 비수도권 지역의 물건들도 다수였습니다. '사람들이 많이 몰리는 지역과 물건에는 절대 투자하지 않는다'라는 원칙을 세워두고 경쟁률이 덜한 지역에서 좋은 물건을 발굴하다 보니 어느새 전국 각지의 부동산을 소유하게 되었죠.

제가 보유하고 있는 비수도권 지역의 물건들은 시세 상승을 기대하고 투자한 것들이 아니었습니다. 대부분 만족스러운 임대수익률을 거둘 수 있는 임대수익형 부동산들이었죠. 당시 대다수의 경매 투자자들이 소위 레드오션에서 피 튀기는 경쟁을 하고 있는 동안 저는 블루오션에서 몇 명이 채 되지 않는 경쟁자들과 싸워 이겨 매우 낮은 가격으로 원하는 부동산을 낙찰받았습니다.

2010년 이후 부동산시장은 한마디로 말해 '비수도권 지역의 반란'으로 정리할 수 있습니다. 레드오션인 강남과 강북, 경기남부 지역의 수도권은 약세를 보였지만 블루오션이라 할 수 있는 비수도권 지역은 부산, 대전, 광주, 대구, 여수 등 거의 전 지역이 큰 폭으로 부동산 가격이 상승했죠.

제가 몇 년 전에 구입했던 비수도권 지역 부동산들의 가격이 크게 올랐다는 것을 자랑하기 위해 드리는 말씀이 아닙니다. 저는 가격이 오르면 매매를 통해 차익을 얻겠다는 생각으로 이 부동산들을 구입한 것이 아니었습니다. 임대소득만으로도 충분히 만족할 만한 수익을 거둘 수 있으리라 생각해 투자를 했던 것이었죠. 그렇기 때문에 1년이건, 10년이건 땅값이 떨어지든 말든 불안해하지 않았습니다.

시세가 크게 오른 것은 덤으로 얻은 행운이었습니다. 물론 내 눈에 좋아 보이는 부동산이라면 언젠가는 다른 사람들도 좋게 볼 것이라는 확신은 있었습니다. '가격이 떨어지면 어떡하지?', '부동산시장이 폭락한다는데 그전에 이 부동산들을 빨리 처분해야 하나?' 등의 걱정은 저와 무관한 이야기였습니다. 만약 가격이 오르지 않더라도 저는 그냥 계속해서 기다릴 생각이었으니까요.

어떻게 그렇게 천하태평할 수 있었냐고요?
제가 원하는 수익률은 취득 시점에 이미 달성되었으니까요.

02

알짜 매물
살펴보기

부동산경매를 시작하기 위한 준비부터 알짜 매물에 대한 정보를 얻고
매물의 진가를 알아보는 방법까지
기본지식을 체득하고 실전연습을 합니다.

"

투자하기 좋은 매물은 무엇일까요?

알짜배기 투자 정보는 어떻게 얻을 수 있을까요?

정보를 가진 자만이 땅땅거리며 살 수 있습니다.

나를 알고, 매물을 알아

원하는 부동산을 손에 넣읍시다!

"

부동산 신상 탈탈 털기

점심시간을 이용해 부동산경매 정보를 검색하던 구슬 씨에게 '최고 인기 보이그룹의 A군과 최고 인기 걸그룹 B양의 열애설' 기사가 눈에 들어옵니다. 궁금증에 뭔 내용인가 하고 살펴보았는데 네티즌 수사대가 엄청난 수사 능력을 발휘해 열애설을 부인하는 둘의 동선과 열애 증거를 찾아낸 기사였습니다. 그 순간 구슬 씨의 머릿속에 '파밧' 하고 어떤 생각이 스쳤습니다. '정보를 얻는 자가 최후에 웃는다! 이제 막 부동산경매에 첫발을 내디딘 내가 원하는 매물을 손에 넣기 위해서는 눈독을 들인 매물의 신상을 탈탈 털어야 되겠구나!' 하는 것이었죠.

구슬 씨는 오늘 당장 해야 할 일이 생겼습니다. 그래서 약속되어 있었던 대학 친구들과의 저녁 모임을 취소하고 바로 한빛 씨에게 문자를 보냈습니다. '한빛 씨, 오늘 저녁은 제가 소고기 쏘겠습니다! 오늘 저 좀 만나주세요!'라고 말이죠. 문자를 보내고 보니 왠지 자신이 한빛 씨에게 한 번만 만나달라고 애걸하는 사람 같다는 생각이 듭니다. 그러나 목표가 분명한데 아쉬운 소리 한번 하는 게 뭐가 그리 창피하고 어려운 일이겠느냐고 생각하고는 곧바로 잊어버립니다.

조금 기다리니 한빛 씨에게 바로 문자가 왔습니다. '구슬 씨, 오늘 진짜 크게 쏘네요! 만사 제쳐놓고 달려가겠습니다! 7시에 회사 앞에서 보시죠!'라고요. 소고기가 좀 괜찮은 미끼였나 봅니다. 구슬 씨는 점심시간에 여유롭게 커피 한잔을 즐기는 건 포기하고 퇴근 후 한빛 씨를 만나 질문할 내용들을 정리하는 시간을 가집니다. 몇 가지 질문 내용들을 정리하고 나니 점심시간도 금방 끝이 납니다. 회의하고, 보고서를 작성해 상사에게 보고하고, 고객사 직원과 통화를 몇 번 했더니 벌써 7시가 다 되어갑니다. 구슬 씨는 슬슬 업무를 마무리하고 사무실을 나섭니다.

5분 일찍 나왔는데 만나기로 한 장소에 벌써 한빛 씨가 와 있습니다. 뭐가 그렇게 신나는지 즐거움 가득한 얼굴로 말이죠.

둘은 자리를 옮겨 회사 앞 소고기 식당으로 향했습니다. 식당에 도착해 자리를 안내받고 앉기 무섭게 구슬 씨는 오늘 자신이 한빛 씨를 만나고자 한 이유를 털어놓습니다.

구슬 씨가 부동산 매물을 꼼꼼하게 살펴보는 것을 '부동산 신상 털기'에 비유하며 이야기하자 한빛 씨는 신선한 발상이라며 한참을 웃습니다. 구슬 씨의 기분이 슬슬 나빠지려고 하던 찰나 한빛 씨가 낌새를 챘는지 "역시 가르친 보람이 있네요. 구슬 씨가 방향을 정확히 짚어나가고 있어요. 대단해요!"라고 하며 구슬 씨를 치켜세워주었습니다. 그러자 구슬 씨의 마음속 불씨도 이내 사그라졌죠. 한빛 씨 입에서 흘러나오는 구슬 씨에 대한 칭찬은 그 후로도 좀처럼 그칠 줄을 몰랐습니다. 구슬 씨가 뭔가를 배우고자 하는 열의와 의지도 강하고 호기심과 궁금증이 많아 뭘 해도 금세 깨치겠다는 것이었죠. '기분은 좋긴 한데 대체 공부는 언제쯤 시작하려나?' 생각하던 구슬 씨 앞에 한빛 씨가 노트북을 꺼내 테이블 위에 올려놓습니다. 그리고 구슬 씨의 눈을 뚫어질 듯이 쳐다보며 말했습니다.

"전쟁을 하기 위해서는 적을 알고 나를 알아야 합니다. 그래야 위험에 처할 일이 없죠. 부동산경매를 하기 위해서는 가장 먼저 내 주제를 알고, 그다음 매물을 알고, 마지막으로 나와 맞붙을 경쟁자들을 알아야 합니다. 매물 파악을 위해서는 지금부터 설명하는 세 가지를 꼭 확인해야 해요! 자, 두 눈 크게 뜨고 잘 보세요!"

한빛 씨가 구슬 씨에게 맨 처음 보여준 것은 대법원 인터넷등기소 홈페이지였습니다. 한빛 씨는 부동산 등기사항전부증명서에 적혀 있는 항목들에 대해서 하나하나 찬찬히 설명해주었습니다.

▲ 부동산 등기사항전부증명서 확인하기 [대법원 인터넷등기소 http://www.iros.go.kr/]

그다음에는 국토교통부 실거래가 홈페이지를 보면서 주택의 거래 내역과 실거래가를 살펴보는 방법을 차근차근 설명해주었죠.

▲ 주택 거래 내역 및 실거래가 살펴보기 [국토교통부 실거래가 http://rt.molit.go.kr/]

마지막으로 '네이버 부동산'과 '밸류맵'에서 좋은 매물을 살펴보는 요령도 알려주었습니다. 아파트, 다세대, 오피스텔 같은 주거용 부동산은 '네이버 부동산'에서 정보를 얻고 상가, 오피스, 토지 등 비주거용 부동산은 '밸류맵'에서 다양한 정보를 확보할 수 있다는 설명과 함께, 한빛 씨는 구슬 씨에게 연예인 관련 기사를 찾아볼 시간에 매물을 하나 더 살펴보라는 잔소리도 잊지 않고 덧붙였습니다. 그리고 다음에 또 언제 볼지는 모르겠지만 오늘 배운 내용들을 일목요연하게 정리해 오라는 숙제까지 시켰죠.

▲ 매물 살펴보기 [네이버 부동산 http://land.naver.com/]

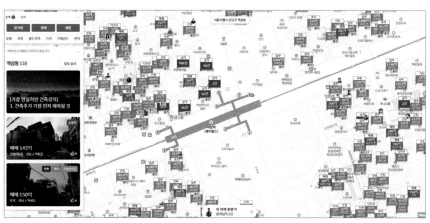

▲ 비주거용 매물 살펴보기 [밸류맵 www.valueupmap.com]

대화 말미에 한빛 씨는 구슬 씨가 '부동산 신상 털기'라고 표현하는 알짜 매물 찾기를 자신은 '연인을 만드는 것처럼 나와 인연이 닿는 부동산에 대해 알아가는 것'이라고 생각한다고 이야기해주었습니다. 그 이야기를 듣는 순간 구슬 씨는 이상한 기분이 들었습니다. 한빛 씨가 자신과 꽤 잘 통하는 사람이란 생각이 들어서였죠.

부동산경매 실전 비법, '지피지기백전불태' 전략!

나를 알고 매물을 알아
입찰에 성공하자!

매물보다 내 주제 파악이 먼저라고요?

부동산경매에 입문하면 어떤 기준을 가지고 매물을 찾아야 하는지 참 막막하실 겁니다. 수많은 물건 중에서 어떤 매물이 좋거나 위험한 것인지 단번에 알아차리기도 힘들 테고요. 어렵게 물건 몇 개를 골라 살펴보면 어떤 매물은 저층이라 안 좋고, 어떤 부동산은 상권이 불안하고, 또 다른 건 향이 별로네요. 어쩌다 마음에 쏙 드는 물건을 찾았다고 해도 높은 경쟁률 속에서 고가로 낙찰되기 일쑤고요.

그러나 이렇게 다양한 매물 속에서 갈팡질팡하기 전에 먼저 반드시 점검해야 할 항목들이 있습니다. 부동산경매뿐만 아니라 다른 어떤 투자를 하더라도 가장 먼저 자신에 대한 고찰이 필요합니다. 반드시 자신의 자금 상황, 투자 성향, 투자 목적 등을 먼저 살펴보고 나아갈 방향을 정해야 하는 것이죠. 어렵고 딱딱한 내용은 아니니 얼굴부터 찡그리지 마시고 가벼운 마음으로 함께 살펴보도록 합시다.

첫 번째로 할 일은 투자 목적이 무엇인지를 분명히 하는 것입니다

목적지가 없는 항해는 표류할 가능성이 큽니다. 투자 역시 마찬가지죠. 그렇기 때문에 투자를 할 때는 실현 가능한 목표를 꼭 하나라도 정해놓고 하나씩 하나씩 이뤄나가는 것이 좋습니다. 우선 '내가 왜 이 매물에 투자하려고 하는 것이지?'를 생각해보셔야 합니다. 임대수익을 얻음으로써 경제적으로 좀 더 여유로워지기 위함인지, 내 집 마련을 위함인지, 창업을 위해 점포를 마련하기 위함인지 말이죠. 가장 먼저 투자하려는 분명한 이유와 이를 통해 얻을 수 있는 기대효과를 생각해보고 확실한 투자 목표를 정해야 합니다.

예를 들어 투자 목표와 기대효과를 '월 500만 원의 임대수익을 얻고 싶다. 그렇게만 된다면 직장을 그만두고 자유롭게 여행을 다니겠다'라고 정해봅시다. 그다음에는 이를 위한 구체적인 계획을 짜야겠죠? '올해 안에 50만 원 이상의 월세를 받을 수 있는 부동산을 한 채 취득하겠다'라는 실행 목표를 세웁니다.

이렇게 실현 가능한 투자 목표와 단계별 실행 목표를 확실히 정하고 본인의 목적의식과 의지만 확고히 다진다면 1년에 수익형 부동산 한 채 정도는 충분히 취득할 수 있을 것입니다. 모든 일이 다 그렇듯 처음이 어렵지, 일단 부동산경매의 전 과정을 한 번이라도 경험하고 나면 투자의 가속도가 붙을 것입니다. 바닥을 기어다니던 아기가 처음 일어서서 한 걸음을 떼기는 무척이나 어렵지만, 일단 한 걸음을 떼고 나면 금방 걷고 또 뛰어다니게 되는 것과 같은 이치죠.

내가 가진 실제 가용자금이 얼마나 되는지도 따져봐야 합니다

가용자금도 중요합니다. 아무래도 투자금을 많이 가진 사람이 좀 더 좋은 매물을 손에 넣을 수 있겠죠. 하지만 투자금이 적다고 해서 꼭 투자의 성공 가능성이나 수익률이 줄어드는 것은 아닙니다. 자금이 많으면 선택할 수 있는 경우의 수가 많아지는 것이지 무조건 성공 투자에 유리한 것만은 아니니까요. 예를 들어 살펴보겠습니다.

결혼 4년 차 임효진 씨는 전세금 1억 2,000만 원의 작은 아파트에 살고 있습니다. 전세기간이 얼마 남지 않았는데 집주인이 재계약을 하려면 전세금 4,000만 원을 올려달라고 하네요. 그래서 효진 씨는 요즘 부동산 가격도 많이 하락했다고 하니 이 기회에 대출을 받아서 내 집을 마련해볼까 고민 중입니다. 효진 씨의 가용자금은 전세금 1억 2,000만 원에 현금 3,000만 원과 대출 1억 원을 합한 2억 5,000만 원입니다.

운이 좋았는지 효진 씨는 2억 5,000만 원으로 원하는 매물을 낙찰받았고, '드디어 내 집 마련의 꿈을 이루는구나!' 하고 벅찬 기쁨을 만끽했습니다. 그런데 너무 일찍 김칫국을 마셨던 걸까요? 효진 씨는 현재 거주하고 있는 점유자를 내보내는 과정에서 어려움을 겪게 됩니다. 기존에 살던 분이 이사 나갈 집을 구하는 데 시간이 좀 걸리므로 한 달 정도만 더 여유를 달라는 것이었습니다. 만약 낙찰자와 점유자가 원만하게 협의에 이르지 못하면 인도명령제도에 의해 강제집행을 할 수 있다는 건 알고 있었지만, 그것도 시간이 필요하긴 마찬가지고 꼭 그렇게까지 해서 거주자를 길바닥으로 내보낼 수는 없다는 생각에 우선은 시간을 좀 주겠다고 합니다.

그렇게 하나가 꼬이니 문제가 줄줄이 사탕입니다. 이번에는 잔금 처리가 문제입니다. 매물을 낙찰받으면 약 30~45일 이내로 정해지는 잔금납부기일까지 반드시 잔금을 납부해야 합니다. 잔금을 치르기 위해서는 대출뿐 아니라 전세금까지 끌어와야 하는데 전세금을 돌려받으려면 효진 씨도 현재 거주하고 있는 집에서 이사를 가야 합니다. 낙찰을 받은 집에 들어갈 수도 없는데 지금 살고 있는 집을 비워줘야 하는 것이죠. 법원에 사정이 이러하니 좀 봐달라고 할 수도 없고, 낙찰받은 집에 현재 거주하고 있는 사람을 무작정 내보낼 수도 없는 노릇이고, 입찰보증금 2,000여만 원을 포기할 수도 없는 진퇴양난의 상황에 놓인 것입니다. 결국 이삿짐을 이삿짐센터에 보관하고 점유자가 이사 가기 전까지 부모님 댁에 얹혀살기로 합니다. 부모님이 가까운 곳에 계셔서 천만다행이라고 안도하면서요.

우리 주위에서 어렵지 않게 볼 수 있는 사례입니다. 끌어올 수 있는 총자금의 액수도 중요하지만 필요할 때 바로 사용할 수 있는지, 얼마의 시간차를 두고 얻을 수 있는지, 묶여 있는 자금은 없는지도 꼭 점검해야 합니다. 그래야만 자칫 잘못 해서 적지 않은 돈을 공중으로 날려버리는 일을 미연에 방지할 수 있습니다.

온전히 자기자본으로만 투자할 것이 아니라면

사전에 대출 가능한 금액을 꼭 확인해봐야 합니다

요즘에는 대출에 대한 규제가 대폭 강화되었기 때문에 대출비율을 너무 높게 예상하고 입찰에 참여했다가는 큰 낭패를 볼 수 있습니다. 수도권 소재에 권리상의 문제가 없는 일반적인 경매물건이라면 대출금을 낙찰가의 70% 선으로 예상하고 입찰에 참여해야 합니다. 과거에는 낙찰가만 낮다면 낙찰가 대비 80~90%까지 경락잔금대출을 받을 수 있었습니다.

하지만 그동안 제1금융권뿐 아니라 제2금융권에 대한 대출 규제까지 강화되면서 대출비율과 선택의 폭이 크게 줄었습니다. 지금도 낙찰가의 80~90% 대출이

경락잔금대출을 취급하는 은행은 따로 있어요!

경매로 낙찰받은 부동산을 담보로 대출을 받는 것을 '경락잔금대출'이라고 합니다. 경락잔금대출은 부동산 등기사항전부증명서가 깨끗하게 세탁되는 효과가 있고, 부실률이 낮아 부동산담보대출에 비해 상대적으로 대출비율이 높은 편입니다. 하지만 모든 은행이 그러한 것은 아니고 같은 은행이라도 지점별로 정책이 조금씩 다르기도 합니다. 예를 들어 똑같은 K은행이라고 해도 수유지점에서는 경락잔금대출과 일반 부동산담보대출을 똑같이 취급하여 낙찰가의 60%만 대출이 가능한데 연신내 지점에서는 경락잔금대출은 예외적으로 낙찰가의 70%까지도 대출이 가능하기도 합니다.

개인이 지점마다 일일이 찾아다니며 대출 상담을 받고 조건을 비교해보는 것은 사실상 불가능한 일이므로 대출중개인의 도움을 받는 것도 좋은 방법입니다. 부동산경매 전문 사이트들 중에는 제휴를 통해 대출중개인과 법무사로부터 대출 조건을 받아보는 곳들이 많습니다.

가능한 경우도 있지만, 과거에 비해서는 대출금리는 크게 내렸고 낙찰가 대비 대출비율 또한 낮아졌다고 생각하고 낙찰가의 30% 이상은 자기자본으로 마련해둬야 합니다. 아울러 비수도권 지역에 있는 낙찰가 5,000만 원 이하의 주거용 부동산들은 대출이 전혀 나오지 않는 경우도 있으니 주의해야 합니다.

무리해서 대출을 받았다가 과중한 이자 부담으로 생활이 힘들어지진 않을까요?

대출을 고려하면 당연히 이자비용을 걱정하지 않을 수 없습니다. 너무 무리해서 빚을 낸 것은 아닌지, 그 많은 이자를 감당할 수 있을지, 이러다 오히려 내 집이 경매에 넘어가지는 않을지 등을 염려하지 않을 수가 없죠. 이자 부담에 대해서도 예를 들어 살펴보겠습니다.

맞벌이를 하는 권미경 씨는 월세가 꼬박꼬박 나오는 임대수익형 부동산을 취득하는 것이 꿈입니다. 지금까지는 두 사람의 월급으로 아이들 교육도 잘 시키고 부족하지 않게 생활하고 있지만, 남편과 자신이 은퇴하게 될 경우를 대비해 노후 대책이 필요하다고 생각하기 때문입니다.

괜찮은 임대수익형 물건을 열심히 찾아보던 미경 씨는 한 가구당 최소 월세 25만 원을 받을 수 있는 8가구로 구성된 다가구주택을 발견합니다. 비수도권이라 조금 거리가 멀긴 하지만 매매가와 수익 전망이 괜찮아 2억 원 선을 적어낸다면 충분히 최고가 매수신고인이 될 수 있을 것 같았죠. 부족한 1억 원은 금리 4%의 은행대출로 마련해야 될 것 같은데 이자와 원금 상환에 대한 부담이 커서 입찰을 해야 하나 망설여집니다.

권미경 씨의 고민은 합리적일까요? 부족한 자금 1억 원을 금리 4%에 빌린다면 연간 이자는 400만 원, 월 이자는 33만 원 정도가 될 것입니다. 월세 수입은 얼마일까요? 월 200만 원입니다. 이자로 33만 원을 내고 월세로 200만 원을 벌어들이는데 이자를 납부하지 못할 상황이 생기지 않을까 걱정하는 것은 기우겠죠? 이런 상황에서 대출은 투자를 돕는 좋은 친구일 뿐, 절대 미경 씨의 삶을 위협하는 강도는 되지 않을 겁니다.

물론 예상했던 대로 임대가 원활하게 이루어지지 않는다면 걱정할 만한 일이겠지만 앞에서 이야기했듯이 임대료와 공실률은 입찰 전에 충분히 확인할 수 있는 변수이기 때문에 크게 걱정할 필요는 없을 것입니다. 임대료 및 공실률 확인은 임대수익형 부동산 투자에서 가장 중요한 체크 항목이니 반드시 입찰 전에 꼼꼼하게 살펴보시기 바랍니다.

미경 씨의 부동산 취득 목적이 임대수익을 얻고자 하는 것이 아니라 내 집을 마련하는 것이었다면 어떨까요? 내 집 마련이 목적이었다면 임대수익은 기대할 수 없겠죠. 그러나 이 경우에도 대출이자를 버리는 비용이 아니라 투자를 돕는 적금이라고 생각하면 길게, 멀리 볼 때 분명 긍정적입니다. 부동산경매를 통해 처음부터 상당히 낮은 금액으로 내 집을 마련했으니 사용하다가 차후에 매도하게 될 때 그 차액을 또다시 수익으로 거둘 수 있기 때문이죠. 그러므로 이자는 앞으로 많은 열매를 맺을 과실나무를 사기 위해 지출하는 비용이라고 보시면 됩니다.

매물 정보는 어디서 얻을 수 있나요?

일반매매로 부동산을 구입하고자 한다면 인근 공인중개사 사무실을 방문하면 됩니다. 요즘은 현장에 직접 가서 보지 않더라도 온라인상에서 다양한 정보를 얻을 수 있죠. 부동산경매시장에 나오는 매물 정보도 인터넷을 통해 쉽게 얻을 수 있습니다.

법원 경매에 나오는 매물은 어디에서 확인할 수 있나요?
채무자가 약속한 날짜까지 채무를 상환하지 않으면 소유한 부동산이 압류되어 경매시장에 나오게 되는데요. 이런 경매물건은 대법원 경매정보 사이트www. courtauction.go.kr에서 검색해볼 수 있습니다. 사법부에서 관장하는 수많은 사건은 모두 대법원 사이트www.scourt.go.kr에서 관련 내용을 찾아볼 수 있습니다. 하지만 경매만은 예외적으로 별도의 사이트를 두어 관리하고 있죠. 매각이 진행되는 모든 경매사건은 대법원 경매정보 사이트에서 검색이 가능하므로 이 사이트와 친하게 지내면 여러모로 좋습니다.

아쉬운 점은 공공기관에서 무료로 서비스하기 때문에 정보의 양과 질에 한계가 있다는 것입니다. 모든 투자자가 똑같이 정보가 부족하면 참여자가 적어져 경쟁률이 낮아지므로 오히려 더 많은 기회를 노려볼 수 있지만, 다른 사람들에 비해 자신만 정보가 부족하다면 치명적인 약점이 될 수 있습니다. 그래서 부동산경매를 하는 사람들은 더 많은 정보를 얻기 위해 사설 경매 사이트를 이용하는 경우가 많습니다. 수많은 유료와 무료 사이트가 있지만 아무래도 유료 사이트가 평균적인 정보의 질이 우수합니다. 개인별로 자신의 스타일에 맞는 사이트가 다를 테니 여러 사이트를 둘러보고 자신에게 맞는 곳을 이용해보시기 바랍니다.

▲ 대법원 경매 사이트

'공매'라는 것도 있던데요. 공매물건은 어디서 확인 가능한가요?

부동산경매와는 별도로 공매에도 반드시 관심을 갖고 살펴보셔야 합니다. 개인 간에, 또는 은행에서 빌린 돈을 갚지 않으면 경매를 통한 매각 절차가 진행됩니다. 반면 공매는 세금 체납으로 인한 강제 매각 절차로, 법원이 아닌 지자체나 세무서가 자산관리공사KAMCO에 의뢰해 진행됩니다. 경매에 비해 명도 과정에서 조금 더 어려움을 겪을 수는 있지만 낙찰가가 경매보다 낮은 경우가 많기 때문에 부동산 투자자라면 공매에도 관심을 기울이는 것이 좋습니다. 공매물건은 온비드 www.onbid.co.kr에서 살펴볼 수 있습니다. 참고로 공매는 전자입찰 방식이기 때문에 온비드 사이트에서 입찰까지도 한 번에 진행할 수 있습니다.

▲ 온비드 사이트

공매는 진행되는 물건의 수도 경매의 10분의 1 수준으로 상당히 적고 아직까지는 덜 대중화되어 사설 사이트가 그리 활성화되어 있지 않습니다. 그래서 평소에 사설 사이트에서 경매물건을 살펴보던 분이라면 공매물건을 보면서 뭔가 허전함을 느끼게 되죠. 온라인상에서 얻을 수 있는 정보도 많지 않습니다. 하지만 섭섭해하거나 아쉬워할 이유는 전혀 없습니다. 모든 사람에게 주어지는 정보가 적다는 것은 그만큼 내가 발품을 좀 더 팔고 조사를 많이 하면 할수록 나만의 정보가 된다는 의미니까요.

법원경매와 온비드 공매 외에 저렴하게 매수할 수 있는 다른 채널도 있을까요?

2010년 이후 PF대출의 대규모 부실화로 저축은행 중 상당수가 인수합병되거나 부도 처리되었습니다. 이 과정에서 저축은행이 보유하고 있던 채권 중 상당수는 예금보험공사로 이전되었는데요. 예금보험공사에서는 이러한 채권을 일정한 절차를 거쳐 공매의 형태로 자체 매각합니다. 예금보험공사 사이트www.kdic.or.kr에서 매각 부동산을 확인하고 입찰할 수 있습니다.

이 밖에 부동산 신탁사에서도 부실화된 채권을 자체적으로 공매 매각합니다. 예금보험공사 공매뿐 아니라 이러한 신탁사 공매는 아직까지 대중에 덜 알려졌기 때문에 틈새시장으로 상당히 많은 기회가 숨어 있습니다. 우리가 입찰 목적으로 접근할 수 있는 대표적인 신탁사는 한국자산신탁, 한국토지신탁, 대한토지신탁, 아시아신탁, 교보자산신탁, KB부동산신탁, 하나자산신탁, 코리아신탁, 우리자산신탁, 대신자산신탁, 신영부동산신탁, 한투부동산신탁 등이 있습니다.

이러한 공매물건은 대부분 신탁사 앞으로 소유권등기(신탁)되어 있고 기타 다른 권리가 없기 때문에 별도의 권리분석이 필요 없다는 점이 장점입니다. 하지만 명도책임이 낙찰자 본인에게 있기 때문에 입찰 전에 담당자를 통해, 그리고 현장 확인을 통해 공실과 임차인 승계, 현장 하자 여부를 반드시 체크해야 합니다.

내게 맞는 매물은 어떻게 찾을 수 있을까요?

요즘은 정보가 부족해서가 아니라 너무 많아서 문제입니다. 그래서 넘쳐나는 정보들 중에서 좋은 정보를 골라내는 것이 그만큼 더 어렵고 중요해졌죠. 부동산 경매시장도 마찬가지입니다. 그 많고 많은 부동산 중에서 자신의 현재 상황과 투자 목적에 가장 적합한 물건을 찾아내는 것이 관건이 되었죠. 조금 전에 나 자신을 바로 아는 '주제 파악' 단계는 끝마쳤으니 이제 지역과 물건 종류를 정하고 매물을 검색하는 법을 배워보도록 하겠습니다.

경매물건은 대법원 경매정보, 지지옥션, 옥션원, 스피드옥션, 태인경매 등의 사이트에서 검색해볼 수 있습니다. 이들 사이트에서 마음에 쏙 드는 물건을 찾았다면 그다음은 부동산에 대한 권리관계를 잘 살펴봐야 합니다. 일반매매의 경우에는 공인중개사에서 조정을 하고 법적인 부분까지 꼼꼼히 확인해주기 때문에 문제가 생길 일이 많지 않습니다. 하지만 부동산경매는 모든 결정을 투자자 본인이 내리므로 책임도 온전히 투자자가 지게 됩니다. 일단 부동산을 낙찰받은 후에는 후회되더라도 되돌리기는 어려우므로 입찰 전에 권리상의 문제를 좀 더 확실히 파악하여 문제가 없는 부동산, 또는 문제가 있지만 해결 가능한 부동산인지를 철저히 확인한 후 투자해야 합니다.

매물 검색 단계에서 대부분의 초보자가 겪는 시행착오는 유찰 횟수가 많은 물건과 저가의 물건에 혹하게 된다는 점입니다. 유찰이 되면 입찰 최저가가 20~30% 낮아지고 다음 경매기일에 다시 또 입찰이 진행된다고 이야기했던 것 기억하고 계시죠? 같은 종류의 부동산인데도 유독 어떤 매물 하나만 계속 유찰이 된다거나 입찰 최저가가 굉장히 낮다면 먼저 문제가 있는 매물은 아닌지 의심부터 해봐야 합니다. 십중팔구는 그 부동산에 복잡한 권리관계가 얽혀 있을 가능성이 큽니다. 아무 문제가 없었다면 당연히 유찰 없이 높은 경쟁률 속에서 비싼 가격으로 낙찰이 되었겠죠. 또 입찰 최저가가 시세와 큰 차이가 없어 여러 번 유찰되는 것일 수도 있습니다. 처음 공부하는 입장에서 쉽게 이해가 안 갈 수도 있지만, 경매시장에서 좋은 물건이란 대부분 [적게 유찰된 물건 중 감정가격이 시세보다 낮은 물건]입니다. 예를 들어 살펴봅시다.

김효섭 씨는 아이들이 커가면서 현재 살고 있는 집이 너무 좁게 느껴져 넓은 집으로 이사를 가기로 결심했습니다. 틈틈이 공부해왔던 부동산경매에 대한 모든 지식을 쏟아부어야 할 때가 된 것이었죠. 효섭 씨는 경매로 나온 물건을 검색하다 괜찮은 매물을 찾았습니다. 감정가 8억 원, 43평형 아파트인데 가격도 비싸고 평수도 너무 커서 그런지 3번이나 유찰되어 최저가가 4억 960만 원으로 떨어진 매물이었습니다. 효섭 씨는 '8억 원짜리 매물이 4억 원에! 이런 대박이 있나?'라고 생각하며 권리분석을 해보았습니다. 다행히 별다른 문제는 없었습니다.

효섭 씨는 콧노래를 부르며 토요일에 가족과 함께 현장답사를 다녀왔습니다. 근처 부동산을 방문해 시세를 확인해보니 감정가 8억 원은 시세보다 높은 가격이었고, 같은 면적으로 6억 5,000만 원짜리 매물도 나와 있다는 이야기를 듣게 됩니다. 시세가 6억 2,000만~6억 5,000만 원 선이라는 것이었죠. 이번 회차에 낙찰을 받게 되면 자그마치 2억 원가량의 시세차익을 얻는 것이었습니다. 효섭 씨는 부동산경매를 공부하길 정말 잘했다고 생각하며 입찰일이 오기만을 오매불망 손꼽아 기다렸습니다.

드디어 입찰일이 되었습니다. 효섭 씨는 다른 경쟁자들이 입찰에 참여하지 않기를 간절히 빌면서 4억 2,000만 원의 입찰가격을 적어냈습니다. 11시 10분, 입찰 절차가 마무리되자 11시 30분부터 개찰이 진행되었습니다. 사건번호가 앞선 물건 순서대로 진행되다 보니 12시가 되어서야 효섭 씨가 입찰에 참여한 물건의 차례가 되었습니다.

그런데 이게 웬일인가요? 입찰자 수가 자그마치 35명이나 되는 것이었습니다. 낙찰가도 지난번의 최저가보다도 훨씬 높은 5억 8,200만 원이었고요. 효섭 씨는 3번씩이나 유찰되었던 이 매물에 갑자기 왜 이리도 많은 사람이 몰려들었는지, 낙찰가가 지난 회차의 최저가보다도 왜 7,000만 원이나 더 높은 것인지 도저히 이해가 가질 않았습니다.

이는 부동산경매 초보 시절에 누구나 한 번쯤 겪는 이야기입니다. 김효섭 씨가 한 실수는 무엇일까요? 바로 '입찰 최저가'와 '예상 낙찰가'를 착각한 것입니다. 문제가 없는 정상적인 물건이라면 최저가가 낮더라도 높은 경쟁률 때문에 낙찰가가 높아지는 것이 일반적입니다.

온라인 사업자들의 마케팅 수단 일환으로 100원 경매, 천원 경매가 유행한 적이 있었습니다. 노트북, 대형 TV, 명품 가방, 게임기 등을 최저가 100원부터 시작해서 일정 기간 경매를 진행하다 가장 높은 가격을 적어낸 사람이 낙찰을 받는 방식이었죠. 최저가의 단위만 다를 뿐, 부동산경매도 이와 같은 방식입니다. 최저가 100원에서 시작했다고 하더라도 나중에 결과를 확인해보면 실제 가격과 비슷한 선에서 낙찰되는 것이 일반적이죠. 경매 이벤트를 진행하는 회사는 이렇게 '최저가와 낙찰가 간의 착각'을 일으키는 경매를 통해 제품 판매에서도 손해를 보지 않고 높은 홍보 효과까지 얻는 것입니다.

따라서 좋은 물건을 찾을 때는 단순히 최저가가 낮은 물건, 많이 유찰된 물건에 현혹되지 말고 유찰 횟수가 적더라도 실제 시세와 예상 낙찰가 간의 차이가 큰 물건을 찾아야 합니다. 이 차이가 크면 클수록 높은 수익을 가져다주죠. 이것이 부동산경매의 핵심입니다. 이제부터는 이런 물건을 찾을 수 있는 방법에 대해서 본격적으로 살펴보겠습니다.

호재와 현재가치 중에서 어떤 것을 좇아야 할까요?

호재를 좇다

정부의 신규 사업 정책, 개발 호재, 지역의 발전 가능성 등에 관한 소식이 발표되면, 아니 발표되기 전부터 부동산시장은 들썩이기 시작합니다. 산업단지로 지정되고 혁신도시로 개발되고 도로건설 계획이 확정되는 등 어떤 개발 호재가 세상에 알려지면 수많은 투자자가 해당 지역으로 너도나도 몰려가 높은 가격도 마다 않고 매수하려 하기 때문에 부동산 열기가 뜨거워지는 것이죠. 이렇게 호재에 민감하게 움직이는 방식으로 부동산 투자를 하면 더 큰 수익을 얻을 수도 있지만 언제나 그만큼의 위험도 감수해야 합니다.

이쯤에서 의문점이 하나 생기실 겁니다. 이런 호재가 있는데도 매도인은 왜 이 알짜 부동산을 팔려고 하는 것일까요? 물론 당장 자금이 급해서일 수도 있고, 구입했을 때보다 가격이 많이 올랐으니 시세차익을 얻기 위해서일 수도 있을 겁니다. 이런 경우라면 매도인, 매수인 모두에게 다행인 일이죠. 하지만 어떤 경우에는 매수인이 모르는 다른 악재가 있어서 매도인이 얼른 부동산을 팔아치우려고 하는 것일 수도 있을 겁니다.

투자에서 명심해야 할 점은 매수인과 매도인 상관없이 정보력에서 앞서는 사람이 언제나 유리한 위치를 점한다는 것입니다. 기업에서 계약을 할 때도 이와 마찬가지입니다. 바이어는 자신이 구매할 수 있는 최고가를, 셀러는 자신이 판매할 수 있는 최저가를 절대 공개하지 않으려 하는 것과 같은 이치죠. 어렸을 때 다들 술래잡기 한 번쯤은 해보셨을 겁니다. 술래가 눈을 가리고 박수소리를 들으며 다음 술래가 될 사람을 찾아다니는 놀이 말이죠.

호재를 대하는 일부 투자자들의 모습도 바로 이렇게 눈을 가린 술래와 같습니다. 이미 남들도 다 아는 호재를 자신만 알고 있다고 착각하고 섣불리 투자에 나서는 거죠. 시장이 그렇게 호락호락하지 않음을 알지 못하고서요. 자신이 아는 호재를 남들은 모를 거라고 생각하는 것도 순진한 발상이지만 수익성이 확실한 투자 대상을 매도자가 싸게 내어줄 거라고 생각하는 것도 참 어리석은 것이죠. 정부 고위층에 끈이라도 닿아 있어 호재 발표 전에 먼저 소식을 전해 듣게 된다면 다른 사람들보다 정보력에서 훨씬 앞설 수 있긴 하겠지만 이 역시 쉽지 않은 이야기입니다.

현재가치에 주목하다

부동산 투자를 통해 수익을 내는 또 다른 방법으로는 시세보다 낮은 가격에 구입하는 것이 있습니다. 앞에서도 설명했듯 매도가격을 조사해 그보다 충분히 싼 가격에 입찰하는 방식이죠. 여기서 '충분히'란 투자금에 비해 만족할 수 있는 수익률을 얻을 수 있는 정도를 의미합니다. 입찰 전에 비슷한 매물들의 낙찰 사례를 꼼꼼히 살펴보고 자신이 생각하는 입찰가격이 가능성이 있을지 따져본 후 승산이 있다고 판단되면 과감하게 입찰해야 합니다. 낙찰이 될 수도, 아쉽게 떨어질 수도 있지만 투자에 있어서만은 이 같은 방식이 '호재를 좇는 투자'보다 훨씬 안전하게 수익을 얻을 수 있는 바람직한 투자 방법입니다.

호재에 의한 투자는 일반매매건, 경매건 간에 수많은 경쟁자가 달려들어서 시세보다 싸게 구입하기는 매우 어렵습니다. 시세와 거의 비슷하거나 이를 상회하는 수준에서 거래되죠. 그러니 취득가보다 가격이 상승했을 때는 수익이 나겠지만 만약 가격이 하락하면 투자 손실을 보게 될 가능성이 매우 큽니다. 소중한 종잣돈으로 이렇게 불확실한 투자를 하는 것은 바람직하지 않죠.

투자는 철저히 현재가치에 맞춰 이뤄져야 합니다. 부동산 취득 후 시세 상승으로 수익을 얻길 바라는 것은 운에 맡겨 돈을 거는 도박이나 다름없습니다. 모름지기 투자라고 하면 위험을 감수하는 것이 당연하지만, 구입 시점부터 수익이 발생하는 투자를 한다면 굳이 그런 모험을 하지 않아도 될 것입니다. 처음부터 시세보다 충분히 싸게 구입하면 앞으로 가격이 오를 경우 수익이 더 커지는 것이고, 혹여 떨어지더라도 충분히 하락폭을 감수할 수 있기 때문이죠. 부동산경매에서 성공 투자를 위한 가장 중요한 원칙은 '싸게 구입하는 것'임을 명심하세요.

정보를 가진 자가 천하의 부동산을 얻으리라!

알짜 부동산 정보는
어떻게 얻을 수 있을까요?

정보의 바다에서 헤엄치는 부동산 대어를 낚자!

하루 종일 '경매시장에 어떤 매물이 새로 나왔나?' 하고 들여다본다고 해서 성공적인 투자를 할 수 있는 것은 아닙니다. 부동산시장의 큰 흐름을 파악하고 투자의 기본기를 다지고 투자 원칙을 세우는 것이 성공하는 투자를 위해 가장 먼저 할 일이죠. 부동산시장을 이해하는 것을 집을 짓는 과정에서 '터 닦기'에 비유한다면 부동산경매를 공부하는 것은 집을 짓는 과정이라고 할 수 있습니다. 터를 탄탄하게 다져둬야 그 위에 튼튼하고 좋은 집을 지을 수 있듯이 시장도 모르고 경매물건들의 뒤꽁무니만 쫓아다녀서는 안 됩니다. 그런 사람은 '경매쟁이'에 지나지 않죠. 우리는 무식한 경매쟁이가 아닌 현명한 경매 투자자가 되어야 합니다.

이를 위해 귀찮더라도 반드시 해야 할 일들이 있습니다. 출퇴근길에 조간신문, 석간신문을 정독하지는 못하더라도 매일 30분씩만 인터넷상에서 경제 관련 기사들을 살펴보시기 바랍니다. 부동산 관련 기사는 가급적 모두 읽어 보시고, 부동산시장과 떼려야 뗄 수 없는 관계에 있는 금융, 주식, 재테크 관련 기사들도 관심을 갖고 살펴보시기 바랍니다. '나는 신문 읽는 걸 별로 좋아하지 않아. 더욱이 경제라면 머리부터 아파' 하는 분들이라면 더더욱 시간을 내서 읽으셔야 합니다. 물론 처음에는 '이게 대체 뭔 내용인가?' 하고 눈에 들어오지도 않고 이해도 잘되지 않으실 겁니다. 그러나 억지로라도 신문의 경제 관련 기사를 살펴보는 습관을 들여 3개월간 꾸준히 실행한다면 날이 갈수록 지식의 폭과 깊이가 크게 달라지는 것을 느끼실 수 있을 겁니다.

국토교통부에서 발표한 2021~2025년 제5차 중기교통시설투자계획에 따르면 총 160조 1,000억 원(국비 116조 1,000억 원, 민자 44조 원)을 투입하여 도로, 철도, 공항, 항만 등 전국 교통망을 확장하여 국토의 균형발전을 이룬다는 내용을 확인할 수 있습니다. 이런 정보는 국토교통부 사이트에 전 국민을 위해 제공되는 자료입니다.

혹은 매일 신문 기사만 꼬박꼬박 살펴봐도 이런 귀중한 정보를 얻을 수 있습니다. 정보력이 뛰어난 사람들이나 특권층만이 가질 수 있는 일급기밀이 아니라 관심을 가지고 노력하는 사람들이라면 누구나 얻을 수 있는 정보인 것이죠.

하지만 많은 사람이 자신이 거주하는 지역이나 투자하려는 지역에 이러한 개발

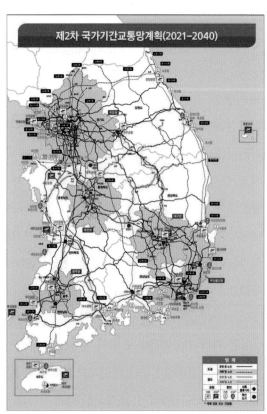

▲ 제2차 국가기간 교통망 계획도

계획이 있는지 전혀 알지 못합니다. 참 안타까울 따름이죠. 처음에는 좋은 정보를 어디서 구할 수 있는지 알기 어렵고, 수많은 정보 중에서 어떤 것이 제대로 된 정보인지 분별하기 무척 혼란스러울 수 있습니다. 그러나 이 역시도 매일 조금씩만 관심을 갖고 들여다본다면 넘쳐나는 정보 속 어디엔가 묻혀 있는 진주를 발견할 수 있는 안목과 능력이 점점 길러질 겁니다. 제 말을 한번 믿어보세요. 그리고 일단 시작해보세요!

정확한 부동산 시세는 어떻게 알 수 있죠?

여러 사이트에서 경매와 공매물건들을 살펴보다가 마음에 드는 매물을 발견하면 바로 현장으로 실사를 하러 나가야 하는 거 아니냐고요? 아닙니다. '현장에 답이 있다', '현장만이 살길이다' 모두 지당한 말들이지만 무턱대고 현장에 나가는 것보다는 꼼꼼하게 사전조사를 하고 시세를 정확히 파악한 후 현장답사를 하는 것이 훨씬 더 효율적이고 바람직합니다.

부동산 중개 사이트 부동산 임대료와 매매 시세는 네이버 부동산, 부동산114, 부동산써브 등의 부동산 중개 사이트에서 쉽고 간편하게 확인할 수 있습니다. 주거용 부동산의 경우에는 국토교통부 실거래가 사이트rt.molit.go.kr에서 매매가격과 전·월세 거래 내역까지 확인할 수 있습니다. 이 사이트는 공인중개사 또는 매도인이 거래신고한 내역을 기반으로 보다 공신력 있는 정보를 제공합니다. 원래는 아파트 실거래가만 제공했지만 순차적으로 범위가 확장되어 지금은 아파트, 다세대주택, 단독주택, 다가구주택, 오피스텔, 분양권/입주권 거래 내역까지 공개되고 있습니다.

　과거에 비해 부동산에 대한 정보를 온라인으로 파악하기

가 상당히 수월해졌는데, 현장에 방문하기 전에 온라인으로 충분히 정보를 확보한 다음 현장조사를 시작하는 편이 효율적입니다. 주거용 부동산은 '피터팬의 좋은 방 구하기'나 '발품' 같은 대표적인 부동산 직거래 카페를 통하면 임대료, 주변환경 등에 대한 정보를 얻을 수 있습니다. 이런 사이트들에는 시세 정보뿐만 아니라 사진 또는 동영상도 함께 업로드되기 때문에 운이 좋다면 입찰을 고려하는 부동산의 내부 사진까지 볼 수 있습니다. 또 꼭 그 부동산이 아니더라도 해당 지역에 나온 매물들을 통해 지역의 전반적인 분위기를 파악하고 잠재적 경쟁물건으로 입찰에 참여하고자 하는 부동산의 시세를 가늠해볼 수 있죠. '네이버 부동산', '직방', '다방' 같은 스마트폰 애플리케이션을 통해서도 손쉽게 매물들을 체크해 볼 수 있습니다.

토지나 상가 가격은 과거에는 일반인이 확인하기 쉽지 않았는데 최근 몇 년 사이에 정보의 폭이 커졌습니다. 상가임대료나 매매가격, 권리금 등을 직거래 형태로 파악하기 위해서는 '점포라인' 사이트가 유용하고 토지의 거래 및 경매 사례 및 현재 나와 있는 매물 정보를 알아보는 것으로는 '밸류맵' 사이트가 좋습니다.

생활정보지 생활정보지도 정보의 원천 중 하나입니다. 온라인 직거래 카페에는 중소형 부동산의 임대매물이 대부분이지만 생활정보지에는 임대뿐만 아니라 매매물건도 다양한 가격대별로 공개되어 있습니다. 이 매물 정보들을 꼼꼼히 챙겨보면 시세 파악이 어려운 부동산들에 대해서도 의외로 많은 정보를 얻을 수 있습니다. 생활정보지는 가능하다면 지역별 메이저급의 정보지로 보는 것이 좋습니다. 예를 들어 서울에는 벼룩시장, 대전에는 교차로, 광주에는 사랑방이 그 지역을 대표하는 생활정보지라고 할 수 있습니다. 생활정보지도 앱으로 간단하게 다운받아 보세요.

시세 조사도 어렵고, 관련 정보가 너무 없어 중간에 '입찰을 포기할까?' 하는 생각이 드는 물건을 만날 수도 있을 것입니다. 그럴 때는 낙담하고 포기하기보다 또 하나의 기회를 만난 것이라 생각하고 조금만 더 노력해보시기 바랍니다. 시세 파악이 쉽고 가격이 투명하게 공개된 부동산일수록 그만큼 낙찰가도 높게 형성됩니다. 반면 가격 조사가 어렵고 힘들수록 낙찰가와 시세와의 차이는 크게 벌어집니다. 나뿐만 아니라 다른 사람들도 모두 조사가 어렵기 때문이죠. 조사가 어려운 물건이라도 위의 방법대로 차근차근 따라 하다 보면 충분히 시세를 정확하게 파악해볼 수 있습니다.

경매시장의 낙찰가 시세를 알아보는 또 하나의 좋은 방법은 경매시장에서의 낙찰가를 확인하는 것입니다. 같은 지역, 같은 종류의 부동산이 경매시장에서 얼마에 낙찰되었는지를 살펴보면 시세를 짐작해볼 수 있습니다. 일반매매를 통해 부동산을 구입하더라도 좋은 조건으로 제대로 구입했는지 확인해볼 필요는 있겠죠? 이때도 낙찰 사례들을 살펴보면 최근 이 부동산이 도매시장에서 거래된 가격과 투자자가 매수하고자 하는 가격과의 차이를 비교해 적정한 가격으로 구입한 것인지 판단할 수 있습니다.

구입 가격과 낙찰가의 차이가 크지 않다면 매수자가 상당히 좋은 조건으로 거래했다고 볼 수 있습니다. 그러나 구입 가격과 낙찰가의 차이가 크다면 매도인이 더 유리했다고 판단할 수 있습니다. 그러므로 꼭 경매로 구입할 것이 아니더라도 부동산을 취득하기 전에는 해당 물건의 낙찰 사례들을 확인해보는 것이 좋습니다. 사례를 통해 살펴봅시다.

이기백 씨는 요즘 재건축 아파트 투자에 관심이 많습니다. 지금 당장은 괜찮지만 몇 년 후에 좀 더 넓은 새 아파트로 옮기고자 하는데 그때 새 아파트를 구입하는 것보다는 여유자금이 있는 지금 재건축이 예상되는 아파트를 미리 사두면 시세차익을 얻을 수 있을 것이라 생각했기 때문이죠. 그래서 여러 재건축 전망이 있는 아파트 단지를 검토하다가 교통과 교육 여건이 좋고 제2롯데월드 완공 이후 더욱 주목받는 잠실주공 5단지를 점찍어두었습니다.

평형은 112㎡형과 119㎡형 정도면 적당할 것 같아 두 개 평형 중 저렴하게 나온 물건을 구입하고자 마음먹습니다. 어차피 재건축될 아파트이니 층이나 내부 상태보다는 가격을 가장 중시하기로 했죠. 공인중개사 사무실을 돌아다니며 시세를 확인해보니 112㎡형(전용 76㎡)은 25억 원, 119㎡형(전용 82㎡)은 28억 원이 가장 저렴한 매물이었습니다. 그래서 이 가격이 괜찮은 것인지, 경매시장에서 구입하는 것과 비교해서 어떤 것이 더 유리한지 따져보기로 합니다.

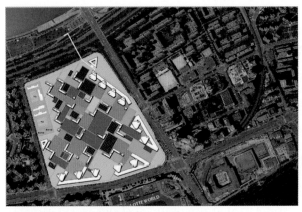

▲ 잠실주공 5단지 개발계획도 일부

2022년 경매시장에서 잠실주공 5단지 아파트들의 매각 내역을 살펴보니 경매 사례가 없네요. 2021년까지 부동산시장이 활황이어서 경매시장까지 나온 매물이 없던 것으로 보입니다. 더 과거 사례를 보니 2021년에 119㎡형이 2분의 1 지분 매각으로 13억 7,500만 원에 낙찰되었고 그전 사례는 2019년에 119㎡형이 21억 4,300만 원에 한 건 낙찰되었네요. 잠실주공 5단지가 총 3,930세대의 대단지라 매년 몇 건씩 경매 사례도 나오는데 워낙 일반매매로도 잘되어서 경매 사례가 많이 감소했습니다. 이 단지뿐 아니라 서울 전체적으로 경매로 매각되는 물건이 과거에 비해 20~50%가량 감소했습니다. 이처럼 부동산 활황기에는 경매시장에 경매물건 자체가 몹시 적어지기 때문에 참여하기 더 쉽지 않다는 것을 알 수 있습니다. 이기백 씨는 이제 시장이 급등기를 지나 안정기-조정기에 접어든 것 같으니 급하지 않게 시간을 두고 더 좋은 조건의 매물을 찾아보기로 최종 결정합니다.

이 사례는 일반매매로 계약할 때 경매시장에서의 낙찰 사례를 참고하여 결정을 내린 경우입니다. 특정 물건이 투자 가치가 있다고 추천한 것은 아니니 오해는 마시길 바랍니다.

매매와 경매시장의 낙찰 사례에서 매매가 유리한 경우도 있고, 경매가 유리한 경우도 있지만 위 사례에서는 구입 시점의 매물가격이 최근 낙찰 사례보다 꽤 높았다는 것을 알 수 있습니다. 이는 두 가지를 의미합니다. 첫째는 적어도 이 부동산에 대해서는 급매물을 찾기보다 경매를 통한 낙찰이 유리하다는 것이고, 둘째는 최근 2~3년여 사이에 이 지역의 부동산 가격이 상당히 상승했다는 것입니다. 다만, 부동산 정책 방향이 수요 억제에서 공급 위주로 바뀌고 세계 경제 위축과 금리인상이 한꺼번에 발생하며 부동산 가격이 하락 추세로 접어드는 초입이어서 이제는 일정 기간 동안 일반매매보다는 경매로 취득을 검토하는 것이 가격 면에서 유리하다고 볼 수 있습니다. 시장가격이 하락하는 시기에는 매매가격은 장기간 완만하게 하락하지만 경매시장은 단기간에 급격하게 하락하는 양상을 자주 보이기 때문입니다. 2023년은 부동산경매를 공부하고 투자를 검토하기에 굉장히 유리한 시기입니다.

부동산에 대해 설명해주는 서류에는 어떤 것들이 있나요?

사람은 태어나면 출생신고를, 이사를 가면 전입과 전출신고를, 결혼을 하면 혼인신고를, 죽으면 사망신고를 합니다. 이렇게 만들어진 기록들이 한데 모여 한 사람의 현재는 물론 과거를 설명해주는 서류인 주민등록등본이 되죠. 그래서 주민등록등본에는 그 사람이 지금까지 살아온 흔적들이 고스란히 적혀 있습니다. 그렇다면 부동산에 대해 설명해주는 서류에는 어떤 것들이 있을까요?

건축물대장

부동산에 대해서 '사실관계'를 중심으로 설명해주는 장표입니다. 해당 부동산이 토지이면 토지대장, 건물이면 건축물대장을 발급받아야 합니다. 건축물대장에는 주소, 건물명칭, 층, 구조, 용도, 전체 구조, 면적, 소유자 내역 등에 대한 내용이 기재되어 있습니다. 건축물대장은 어디에서 발급받을 수 있을까요? 등기소요? 법원이요? 아닙니다. 인터넷에 연결된 컴퓨터만 있다면 누구든, 어디에서건 건축물대장을 발급받을 수 있습니다. 비용은 얼마나 드냐고요? 무료입니다.

건축물대장 열람하기

1 정부24 홈페이지(www.gov.kr)에서 건축물대장 발급을 클릭합니다.

2 민원안내 및 신청에서 발급을 클릭합니다. 회원, 비회원 모두 신청 가능하며, 비회원으로 신청하더라도 일부 서비스는 공동인증서가 별도로 필요합니다.

3 건축물대장 등초본 발급(열람) 신청 페이지에서 건축물대장(열람)을 클릭합니다.

4 화면 하단의 신청내용에서 건축물소재지 검색을 클릭하면 주소검색 창이 뜹니다. 여기서 도로명 또는 건물명을 입력하고 검색을 클릭하면 처리기관을 선택할 수 있습니다. 일반건물인 63스퀘어를 한번 찾아볼까요. 주소검색창에 63로 50을 입력하고 클릭하면 상세한 주소를 확인할 수 있으며, 하단에서 처리기관을 선택하면 됩니다. 이후 건물(동)명칭 검색을 클릭하면 동번호와 동명, 건축물대장 종류를 선택할 수 있습니다.

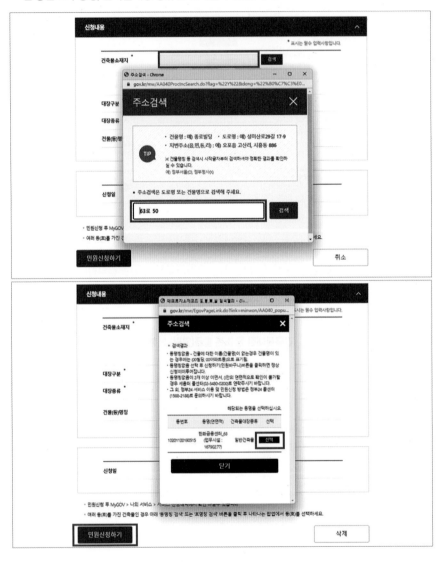

5 모든 정보를 입력한 후 화면 좌측 하단의 민원신청하기를 클릭하면 다음과 같은 페이지가 뜹니다. 처리상태의 열람문서를 클릭하면 63스퀘어의 건축물대장을 확인할 수 있답니다.

참고로 정부24 이용 시 개인정보 보호와 서류 발급을 위해 설치해야 할 프로그램이 있습니다. 건축물대장 발급 페이지 우측 상단의 프로그램 설치 확인에서 해당 프로그램들을 먼저 다운로드한 후 설치해놓으면 원활하게 건축물대장을 발급받을 수 있습니다.

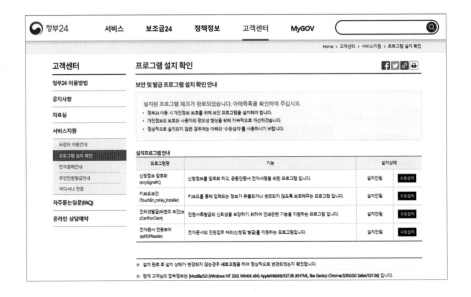

등기사항전부증명서

부동산에 대해서 권리관계를 중심으로 설명해주는 장표입니다. 등기사항전부증명서에는 부동산의 사실관계에 대한 설명은 물론 소유자가 해당 부동산에 대해 주장할 수 있는 다양한 권리사항에 대해서 자세하게 설명되어 있습니다. 소유자내역, 부동산에 설정된 채권과 채무 내역 등을 알고 싶다면 등기사항전부증명서를 열람하면 됩니다.

부동산경매를 하기 위해 권리분석을 하고자 한다면 건축물대장과 등기사항전

일반건물과 집합건물에 따른 건축물대장 구분

1 일반건물 건축물대장 살펴보기: 63스퀘어와 같이 전체 건물의 소유자가 하나인 경우(빌딩이나 단독주택 등)에는 '일반'을 선택한 후 '민원 신청하기'를 클릭합니다.
2 집합건물 건축물대장 살펴보기: 아파트, 오피스텔, 상가 등 호수별로 소유자가 나뉘어 있는 집합건물일 때는 '집합', '전유부'를 선택한 후 '민원 신청하기'를 클릭합니다(건물 전체에 대한 설명을 보고 싶으면 '표제부'를 선택).

부증명서 중 어떤 장표를 먼저 살펴봐야 할까요? 부동산의 권리관계가 서술된 등기사항전부증명서부터 확인해봐야 합니다. 부동산경매에서 권리분석은 필수적으로 선행되어야 하는 기초작업입니다. 3장을 참고하세요.

등기사항전부증명서는 오프라인상에서는 가까운 법원과 등기소에서, 온라인상에서는 대법원 인터넷등기소www.iros.go.kr에서 열람 및 발급받을 수 있습니다. 내용 확인을 위한 열람 수수료는 700원, 법적 효력을 갖기 위한 서류 발급 수수료는 1,000원입니다.

등기사항전부증명서 열람하기

일반건물

1 대법원 인터넷등기소(www.iros.go.kr)에 회원가입을 합니다.

2 '토지+건물'을 선택하고 시/도 선택 후 동이름과 지번을 입력한 다음 '검색'을 클릭합니다.

3 선택된 주소가 맞는지 확인하고 '선택'을 클릭합니다.

4 과거에는 존재했지만 이제는 소멸된 권리까지 확인하고 싶을 때는 '말소사항 포함'을 선택합니다. 이미 소멸된 권리에 대한 정보가 필요 없다면 '현재 유효사항'을 선택하고 '다음'을 클릭합니다.

5 증명 목적의 등기사항전부증명서 발급일 때는 주민등록번호를 입력하지만 그 외에는 입력사항 없이 '다음'을 클릭하면 됩니다.

6 주소 확인 후 맞으면 '선택'을 클릭하고, 3~6번까지 1회 더 반복합니다.

7 내용 확인 후 수수료 '결제'를 클릭합니다. 신용카드, 계좌이체, 선불카드, 휴대폰 결제 등의 지불 방법 중 하나를 선택해 지불 정보를 입력한 다음 '인증'을 클릭합니다.

8 등기사항전부증명서를 화면으로 확인하거나 필요하다면 출력합니다.

집합건물

1 대법원 인터넷등기소(www.iros.go.kr)에 회원가입을 합니다.

2 집합건물을 선택하고 시/도, 동이름, 지번, 집합건물의 동, 호수를 입력한 다음 '검색'을 클릭합니다.

3 이하 과정은 일반건물의 등기사항전부증명서 열람 방법과 동일합니다.

부동산의 출생증명서라는 등기사항전부증명서는 어떻게 보는 건가요?

집을 구입할 때뿐만 아니라 임대차계약을 맺을 때도 등기사항전부증명서는 반드시 확인해봐야 합니다. 부동산 계약 시 가장 기본이고 필수인 서류가 바로 이 등기사항전부증명서입니다. 누구나 부동산 관련 일로 공인중개사 사무실을 방문해보셨다면 적어도 한 번쯤은 등기사항전부증명서를 살펴보셨을 겁니다. 보긴 했지만 '흰 것은 종이요, 검은 것은 글씨로다' 하고 주의 깊게 보지 않으셨다고요? 실제로 부동산에 이렇다 할 큰 관심이 없는 대부분의 성인 남녀가 이와 같은 실정입니다. 하지만 잘 알지도 못하는 제3자에게 자신의 모든 것을 맡기는 것보다는 가능하면 스스로 정확하게 알고 올바르게 판단하는 것이 좋겠죠? 누구나 쉽게 알수 있는 내용이니 아주 조금만 관심을 가지고 노력하면 됩니다. 이번 파트를 읽고나면 아마 다음 부동산 계약 시에는 스스로 등기사항전부증명서를 읽고 분석하실 수 있게 될 겁니다.

등기사항전부증명서는 표제부, 갑구, 을구 이렇게 세 부분으로 구분되어 있습니다. 표제부에는 부동산의 주소, 등기일자, 명칭, 건물에 대한 내역, 면적, 대지

건축물대장과 등기사항전부증명서 내용이 다른 경우가 있던데요!

건축물대장에는 등기사항전부증명서에 있는 소유자에 대한 내역(권리관계)이 일부 기재되어 있고, 등기사항전부증명서에도 건축물대장에 있는 사실관계에 대한 사항(표제부)이 간략하게 표시됩니다. 그런데 두 장표에 기재된 내용이 일치하지 않는 경우도 더러 있는데, 이럴 때는 어떻게 해야 할까요? 두 서류의 사실관계가 다를 때는 건축물대장에 맞춰 등기사항전부증명서를 수정하고, 권리관계가 다를 때는 등기사항전부증명서에 맞춰 건축물대장을 수정하는 것이 원칙입니다. 두 장표가 중요시하는 사항이 어떤 것인지를 떠올린다면 쉽게 이해할 수 있을 것입니다.

권 등의 사실관계에 대한 설명이 기재됩니다. 갑구와 을구에는 부동산의 권리관계에 대한 내용이 기재됩니다. 좀 더 구체적으로 말하면 갑구에는 소유권에 관한 사항이, 을구에는 소유권 이외의 권리에 관한 사항이 적혀 있습니다.

많은 분이 잘 아는 서초구 반포동에 위치한 한 아파트의 등기사항전부증명서를 토대로 이를 살펴보겠습니다. 몇몇 정보는 개인정보 보호 차원에서 삭제하였음을 미리 말씀드립니다.

등기사항전부증명서의 구성

1. 표제부

[집합건물] 서울특별시 서초구 반포동 18-1외 1필지 래미안퍼스티지 제128동 제26층 제2602호

【 표 제 부 】 (전유부분의 건물의 표시)				
표시번호	접 수	건물번호	건 물 내 역	등기원인 및 기타사항
1	2009년12월23일	제26층 제2602호	철근콘크리트구조 84.93㎡	도면편철장 2책제167장

(대지권의 표시)			
표시번호	대지권종류	대지권비율	등기원인 및 기타사항
1	1, 2 소유권대지권	133059.6분의 42.3503	2009년12월4일 대지권 2009년12월23일
2			별도등기 있음 1토지(을구 1번,2번 구분지상권설정등기) 2009년12월23일

표제부는 동 전체에 대한 설명과 해당 호수에 대한 설명으로 구분됩니다. 우선 128동 전체에 대한 내역을 보면, 이 아파트는 1층부터 31층까지 구성되어 있는 공동주택(아파트)인 것을 알 수 있습니다.

해당 건물은 서초구 반포동 18-1, 18-2번지에 있는 13만 3,060㎡의 대지 위에 지어졌다고 기재되어 있네요. '전유 부분의 건물의 표시'를 보면 이 부동산은 128동 ××××호이고 전용면적이 84.93㎡란 것을 알 수 있습니다. 이 전용면적에 건축물대장에 기재된 공용면적을 더하면 분양면적이 됩니다.

전용면적 vs. 분양면적, 평 vs. 평형

집합건물의 면적에 대해서 오해하시는 분들이 많습니다. 경매에 나온 부동산의 면적은 모두 전용면적을 기준으로 합니다. 흔히 '34평형, 45평형'이라고 부르는 '평형'은 분양면적을 이야기할 때 사용하는데요. 지금은 '평형'이라는 단어를 사용하지 않도록 권장하고 있지만 현장에서는 아직도 '평형' 대신 '형'이라고 명칭만 조금 바꿔 그대로 사용하고 있습니다.
전용면적과 공용면적의 단위는 '평형'이 아니라 '평'입니다. 즉, 전용면적 84.6㎡ 아파트(25.64평, 1평=3.3㎡)의 공용면적이 27.71㎡(8.4평)라고 하면 분양면적은 이 둘을 합한 112㎡(34평형)이 되는 것이죠.

이미 앞에서 이야기했지만 다시 설명하면, 전용면적은 해당 부동산의 점유자가 독점하여 사용하는 부분의 면적을 뜻합니다. 실면적(실평)이라고도 하죠. 일반적으로 전용면적에 1.25~1.35를 곱하면 분양면적을 구할 수 있습니다. 공용면적은 엘리베이터, 계단, 복도, 주차장 등 전 세대가 공동으로 사용하는 면적을 말합니다.

건물 전유 부분에 대한 표시 다음에는 '대지권의 표시'가 기재됩니다. 건물 전유 부분에 대한 내용이 서술되어 있으니 그 전유 부분이 위치해 있는 땅의 권리에 대한 내용도 당연히 필요하겠죠? 이 부동산의 대지권은 건물 전유 부분의 소유 및 사용을 위한 토지 소유권이라고 생각하시면 됩니다. 대지권은 전체 13만 3,059.6㎡ 중 42.3503㎡라고 기재되어 있네요. 정리하자면 서초구 반포동에 위치한 본 아파트는 114㎡, 34평형으로 전용면적은 84.93㎡(25.69평)이고 건물이 갖는 대지에 대한 권리는 42.3503㎡(12.83평)입니다.

2. 갑구

이제부터는 본격적으로 권리관계에 대해서 살펴보겠습니다. 갑구는 소유권에 대한 사항을 기록한 것입니다. 다음 페이지 등기사항전부증명서의 갑구를 보세요. 1번의 '소유권보존'에는 이×× 씨가 최초로 보존등기 신청했다고 기재되어 있습니다. 2번의 '소유권이전'에는 '정××' 씨가 이 부동산을 2017년 9월 29일에 매매 계약하여 2017년 11월 30일에 잔금을 치르고 소유권을 넘겨받게 되었다고 적혀 있습니다.

[집합건물] 서울특별시 서초구 반포동 18-1외 1필지 래미안퍼스티지 제128동 제26층 제2602호

【 표 제 부 】	(전유부분의 건물의 표시)			
표시번호	접 수	건 물 번 호	건 물 내 역	등기원인 및 기타사항
1	2009년12월23일	제26층 제2602호	철근콘크리트구조 84.93㎡	도면편철장 2책제167장

(대지권의 표시)			
표시번호	대지권종류	대지권비율	등기원인 및 기타사항
1	1, 2 소유권대지권	133059.6분의 42.3503	2009년12월4일 대지권 2009년12월23일
2			별도등기 있음 1토지(을구 1번,2번 구분지상권설정등기) 2009년12월23일

【 갑 구 】	(소유권에 관한 사항)			
순위번호	등 기 목 적	접 수	등 기 원 인	권리자 및 기타사항
1	소유권보존	2009년12월23일 제78744호		소유자 이 39 - 성남시 분당구
2	소유권이전	2017년11월30일 제229106호	2017년9월29일 매매	소유자 정 70 - 서울특별시 거래가액 금1,900,000,000원
3	가압류	2020년1월6일 제2505호	2020년1월6일 서울중앙지방법원의 가압류 결정(2019카단8 23907)	청구금액 금51,640,626 원 채권자 중소기업은행 110135-0000903 서울특별시 중구 을지로 79(을지로2가) (인주로지점)
4	가압류	2020년1월22일 제12874호	2020년1월22일 서울중앙지방법원의 가압류 결정(2020카단8 01459)	청구금액 금14,758,272 원 채권자 롯데카드 주식회사 110135-0641434 서울 중구 소월로 3 (남창동, 롯데손해보험빌딩)
5	가압류	2020년1월29일 제14746호	2020년1월29일 서울중앙지방법원의 가압류 결정(2020카단8 01492)	청구금액 금161,392,951 원 채권자 산은캐피탈주식회사 110111-0137558 서울 영등포구 은행로 30 (여의도동, 중소기업중앙회 신관) (채권관리단)
6	임의경매개시결정	2020년2월6일 제20564호	2020년2월6일 서울중앙지방법원의 임의경매개시결 정(2020타경101 233)	채권자 560802-******* 전주시 완산구
7	가압류	2020년2월7일 제21073호	2020년2월7일 전주지방법원의 가압류 결정(2020카단1 0275)	청구금액 금126,033,974 원 채권자 주식회사전북은행 210111-0000043 전주시 덕진구 백제대로 566 (금암동, 전북은행빌딩) (여신관리부 차배인 모훈석)

순위번호	등기목적	접 수	등기원인	권리자 및 기타사항
8	가압류	2020년2월10일 제22397호	2020년2월10일 서울남부지방법원의 가압류 결정(2020카단2 00427)	청구금액 금170,000,000 원 채권자 기술보증기금 180171-0000028 부산 남구 문현금융로 33 (문현동) (서울기술평가센터)
9	압류	2020년2월26일 제33204호	2020년2월26일 압류(재납징세 과-되5113)	권리자 국 처분청 동작세무서장
10	6번임의경매개시결 정등기말소	2020년4월7일 제61013호	2020년4월3일 취하	
11	9번압류등기말소	2020년4월20일 제67335호	2020년4월20일 해제	
12	가압류	2020년4월22일 제69689호	2020년4월22일 서울중앙지방법 원의 가압류 결정(2020카단3 2428)	청구금액 금8,841,092 원 채권자 신한카드 주식회사 110111-0412926 서울 중구 을지로 100 (을지로2가, 파인애비뉴)
13	임의경매개시결정	2020년5월21일 제84959호	2020년5월21일 서울중앙지방법 원의	채권자 주식회사 신한은행 110111-0012809 서울 중구 세종대로9길 20 (태평로2가) (여신관리부)

[집합건물] 서울특별시 서초구 반포동 18-1외 1필지 래미안퍼스티지 제128동 제26층 제2602호

순위번호	등 기 목 적	접 수	등 기 원 인	권리자 및 기타사항
			임의경매개시결 정(2020타경269 5)	
14	압류	2020년6월8일 제98055호	2020년6월8일 압류(징수부 90 3896)	권리자 국민건강보험공단 111471-0008863 강원도 원주시 건강로 32(반곡동, 국민건강보험공단) (안양지사)
15	4번가압류등기말소	2020년6월26일 제110038호	2020년6월25일 해제	
16	가압류	2020년7월29일 제132402호	2020년7월29일 서울중앙지방법 원의 가압류 결정(2020카단8 13456)	청구금액 금811,091,650 원 채권자 기술보증기금 180171-0000028 부산 남구 문현금융로 33 (문현동)
17	14번압류등기말소	2020년9월2일 제154308호	2020년9월1일 해제	
18	12번가압류등기말소	2020년9월14일 제161085호	2020년9월9일 해제	
19	강제경매개시결정(5 번가압류의 본압류로의 이행)	2020년11월26일 제209096호	2020년11월26일 서울중앙지방법 원의 강제경매개시결 정(2020타경110 466)	채권자 신한캐피탈주식회사 110111-0137558 서울특별시 영등포구 은행로 30(여의도동) (채권관리단)

20	7번가압류등기말소	2021년9월28일 제189763호	2021년9월24일 해제	
21	16번가압류등기말소	2021년9월28일 제189945호	2021년9월27일 해제	
22	8번가압류등기말소	2021년9월29일 제190797호	2021년9월27일 해제	
23	3번가압류등기말소	2021년10월5일 제194577호	2021년10월1일 해제	
24	19번강제경매개시결정등기말소	2021년10월7일 제196965호	2021년10월1일 취하	
25	13번임의경매개시결정등기말소	2021년10월7일 제196974호	2021년10월7일 취하	
26	5번가압류등기말소	2021년10월13일 제199502호	2021년10월1일 해제	

27	강제경매개시결정	2021년10월18일 제202904호	2021년10월18일 서울중앙지방법원의 강제경매개시결정(2021타경4117)	채권자 주식회사 신한은행 110111-0012809 서울 중구 세종대로9길 20 (태평로2가) (여신관리부)
28	가압류	2021년11월4일 제214885호	2021년11월4일 서울중앙지방법원의 가압류결정(2021카단818240)	청구금액 금100,000,000 원 채권자 주식회사 시윤에이디 110111-5244788 서울 강남구 강남대로132길 12, 3층(논현동, 성도빌딩)
29	가압류	2022년3월7일 제34313호	2022년3월7일 서울중앙지방법원의 가압류결정(2022카단803520)	청구금액 금45,000,000 원 채권자 최████ 61████-******* 수원시 영통구 태장로████
30	강제경매개시결정	2022년5월12일 제70492호	2022년5월12일 서울중앙지방법원의 강제경매개시결정(2022타경104229)	채권자 주식회사 이████ 134111-0364153 안양시 만안구 전파로████

3~26번까지는 그동안 본 부동산에 가압류 및 압류, 경매개시결정 등의 사건들이 있었는데 모두 말소된 것을 확인할 수 있습니다. 빨간줄과 함께 말소된 등기는 권리분석 때 신경 쓰지 않아도 좋습니다. 다만 과거 본 부동산과 관련된 사연과 히스토리를 찾고 싶을 때 참고하면 좋습니다.

27번을 보면 채권자 신한은행의 강제경매 개시결정 등기가 있는데, 이는 소유자가 신한은행과 민사적인 채권-채무관계에 대해 이행이 되지 않아 법원의 판결문을 통해 경매가 시작된 것입니다.

28, 29번은 각각 채권자가 법원에 신청하여 부동산에 가압류를 하였고 추후 본안소송 결과에 따라 압류로 전환될 수 있습니다.

30번에는 또 다른 법인이 판결문을 통해 강제경매 신청한 내용이 담겨 있네요.

2. 을구

【 을 구 】	(소유권 이외의 권리에 관한 사항)			
순위번호	등 기 목 적	접 수	등 기 원 인	권리자 및 기타사항
1	근저당권설정	2017년11월30일 제229107호	2017년11월30일 설정계약	채권최고액 금912,000,000원 채무자 정███ 서울특별시 서초구 ███████
				2602호(반포동, 래미안퍼스티지) 근저당권자 농협은행주식회사 110111-4809385 서울특별시 중구 통일로 120(충정로1가) (봉천동지점)
1-1	1번근저당권변경	2021년9월28일 제190199호	2021년9월28일 변경계약	채권최고액 금840,000,000원
2	근저당권설정	2018년1월17일 제8626호	2018년1월17일 설정계약	채권최고액 금130,000,000원 채무자 주식회사한██████████ 근저당권자 한평신용협동조합 114241-0000590 서울특별시 용산구 한강대로 156(한강로2가)
3	2번근저당권설정등 기말소	2018년3월9일 제42091호	2018년3월9일 해지	
4	근저당권설정	2018년3월9일 제42092호	2018년3월9일 설정계약	채권최고액 금120,000,000원 채무자 주식회사한미█████ 서울특별시 동작구 ███████ 근저당권자 주식회사신한은행 110111-0012809 서울특별시 중구 세종대로9길 20 (태평로2가) (가산디지털금융센터)
4-1	4번등기명의인표시 변경	2021년1월27일 제14225호	2021년1월27일 취급지점변경	주식회사신한은행의 취급지점 변경
4-2	4번근저당권이전	2021년1월27일 제14226호	2021년1월27일 확정채권대위변 제	근저당권자 두리████ 110111-6591427 서울특별시 서초구 ███████

4-3	4번근저당권부채권 근질권설정	2021년1월27일 제14228호	2021년1월27일 설정계약	채권최고액 금120,000,000원 채무자 두리 　서울특별시 서초구 남부순환로 2457, 303호 　(서초동,보성빌딩) 채권자 제이비우리캐피탈주식회사 　170111-0092784 　전라북도 전주시 덕진구 ▨▨▨▨▨▨▨
~~4-4~~	~~4번근저당권부채권~~ ~~근질권설정~~	~~2021년3월2일~~ ~~제36480호~~	~~2021년3월2일~~ ~~설정계약~~	~~채권최고액 금195,000,000원~~ ~~채무자 두리~~ 　~~서울특별시 서초구 남부순환로~~ 　~~채권자 서 76 *******~~ 　~~서울특별시 강동구 아리수로~~
4-5	4번근저당권부채권 질권설정	2022년3월30일 제47552호	2022년3월29일 설정계약	채권액 금130,000,000원 채무자 두리 　서울특별시 서초구 ▨▨▨▨▨▨▨ 채권자 배민근 731008-******* 　서울특별시 서초구 효령로60길 23-13, 　601호 (서초동)
5	근저당권설정	2018년3월9일 제42093호	2018년3월9일 설정계약	채권최고액 금840,000,000원 채무자 주식회사 　서울특별시 동작구 노량진로 ~~근저당권자 주식회사신한은행 110111-0012809~~ ~~서울특별시 중구 세종대로9길 20~~ ~~(태평로2가)~~ ~~(가산디지털금융센터)~~
5-1	5번등기명의인표시 변경		2021년1월27일 취급지점변경	~~주식회사신한은행의 취급지점 본점~~ 2021년1월27일 부기
5-2	5번근저당권이전	2021년1월27일 제14227호	2021년1월27일 확정채권대위변 제	근저당권자 두리 　서울특별시 서초구 ▨▨▨▨▨▨
5-3	5번근저당권부채권 근질권설정	2021년1월27일 제14229호	2021년1월27일 설정계약	채권최고액 금840,000,000원 채무자 두리 　서울특별시 서초구 ▨▨▨▨▨▨ 채권자 제이비 　전라북도 전주시 ▨▨▨▨▨
~~5-4~~	~~5번근저당권부채권~~ ~~근질권설정~~	~~2021년3월2일~~ ~~제36480호~~	~~2021년3월2일~~ ~~설정계약~~	~~채권최고액 금195,000,000원~~ ~~채무자 두리~~ 　~~서울특별시 서초구 남부순환로~~ 　~~채권자 서 76 *******~~ 　~~서울특별시 강동구 아리수로~~
5-5	5번근저당권부채권 질권설정	2022년3월30일 제47553호	2022년3월29일 설정계약	채권액 금130,000,000원 채무자 두리 　서울특별시 서초구 ▨▨▨▨▨▨ 채권자 배▨▨▨▨▨▨ ▨▨▨▨-▨▨▨▨▨ 　서울특별시 서초구 ▨▨▨▨▨▨ 　▨▨▨▨▨▨

6	근저당권설정	2018년11월30일 제218523호	2018년11월30일 설정계약	채권최고액 금960,000,000원 채무자 주식회사 ▨▨▨▨▨▨ 　서울특별시 동작구 ▨▨▨▨▨▨▨▨ ~~근저당권자 주식회사신한은행 110111-0012809~~ ~~서울특별시 중구 세종대로9길~~ ~~20(태평로2가)~~ ~~(가산디지털금융센터)~~
6-1	6번등기명의인표시 변경		2021년1월27일 취급지점변경	주식회사신한은행의 취급지점 본점 2021년1월27일 부기
6-2	6번근저당권이전	2021년1월27일 제14226호	2021년1월27일 확정채권대위변 제	근저당권자 두리▨▨▨▨▨▨▨▨▨▨ 　서울특별시 서초구 ▨▨▨▨▨▨
6-3	6번근저당권부채권 근질권설정	2021년1월27일 제14230호	2021년1월27일 설정계약	채권최고액 금960,000,000원 채무자 두리에이엠씨대부주식회사 　서울특별시 서초구 남부순환로 2457, 303호 　(서초동, 보성빌딩) 채권자 제이비우리캐피탈주식회사 　170111-0092784 　전라북도 전주시 덕진구 백제대로 566, 　18층 (금암동)
6-3	6번근저당권부채권 근질권설정	2021년1월27일 제14230호	2021년1월27일 설정계약	채권최고액 금960,000,000원 채무자 두리▨▨▨▨▨▨▨▨▨▨ 　서울특별시 서초구 남부순환로 ▨▨▨▨ 채권자 제이비▨▨▨▨▨▨▨▨▨▨ 　▨▨▨▨▨▨▨▨▨▨▨▨ 　전라북도 전주시 덕진구 ▨▨▨▨▨▨
~~6-4~~	~~6번근저당권부채권~~ ~~근질권설정~~	~~2021년3월2일~~ ~~제36480호~~	~~2021년3월2일~~ ~~설정계약~~	~~채권최고액 금195,000,000원~~ ~~채무자 두리에이엠씨대부주식회사~~ ~~서울특별시 서초구 남부순환로 2457, 303호~~ ~~(서초동, 보성빌딩)~~ ~~채권자 서여숙 760209 *******~~ ~~서울특별시 강동구 아리수로50길 50, 119동~~ ~~801호(고덕동, 래미안힐스테이트 고덕)~~
6-5	6번근저당권부채권 질권설정	2022년3월30일 제47554호	2022년3월29일 설정계약	채권액 금130,000,000원 채무자 두리▨▨▨▨▨▨▨▨▨▨ 　서울특별시 서초구 남부순환로 ▨▨▨▨ 채권자 배▨▨▨▨▨▨▨-▨▨▨▨▨▨ 　서울특별시 서초구 ▨▨▨▨▨▨▨▨
7	근저당권설정	2019년9월18일 제140288호	2019년9월18일 설정계약	~~채권최고액 금225,000,000원~~ 채무자 정▨▨▨▨▨▨▨▨▨ 　서울특별시 서초구 ▨▨▨▨▨▨▨▨ 근저당권자 전▨▨▨▨▨▨-▨▨▨▨▨▨ 　전라북도 전주시 완산구 ▨▨▨▨▨▨
7-1	7번근저당권변경	2020년4월3일 제59713호	2020년4월3일 변경계약	채권최고액 금195,000,000원

7-1	7번근저당권변경	2020년4월3일 제59713호	2020년4월3일 변경계약	채권최고액 금195,000,000원
8	전세권설정	2019년9월18일 제140289호	2019년9월18일 설정계약	전세금 금30,000,000원 범 위 건물의 전부 존속기간 2019년9월18일부터 　　　　　2020년9월17일까지 전세권자 전기동 560802-****** 　　　　　전라북도 전주시 완산구 여울로 161, 106동 　　　　　1504호 (서신동,서신아 편한세상)
8-1				8번 등기는 건물만에 관한 것임 2019년9월18일 부기
9	근저당권설정	2019년10월7일 제151993호	2019년10월7일 설정계약	채권최고액 금90,000,000원 채무자 　　정 　　　　서울특별시 서초구 반포대로 　　주식회사 　　　　서울특별시 동작구 노량진로 근저당권자 주식회사지성 　　　　110111-5676014 공동담보 건물 강원도 홍천군 서면 　　　　팔봉리
10	9번근저당권설정등 기말소	2019년11월18일 제177293호	2019년11월18일 해지	
11	근저당권설정	2019년11월20일 제179012호	2019년11월20일 설정계약	채권최고액 금90,000,000원 채무자 　　정 　　　　서울특별시 서초구 반포대로 　　주식회사 　　　　서울특별시 동작구 노량진로 근저당권자 주식회사 　　　　110111-5676014 　　　　서울특별시 서초구 사임당로 공동담보 건물 강원도 홍천군 서면 　　　　팔봉리 　　　　갑구11번주식회사지한
12	근저당권설정	2020년1월23일 제13518호	2020년1월23일 설정계약	채권최고액 금150,000,000원 채무자 정 　　　　서울특별시 서초구 반포대로 근저당권자 정　　72　　****** 　　　　부산광역시 해운대구 해운대로
12-1	12번근저당권가처분	2020년3월25일 제53224호	2020년3월25일 서울중앙지방법 원의 가처분결정(202 0카단804866)	피보전권리 사해행위 취소로 인한 　　　　근저당권설정등기 말소등기청구권 채권자 기술보증기금 180171-0000028 　　　　부산 남구 문현금융로 33 (문현동) 　　　　(서울기술평가센터) 금지사항 양도, 기타 일체의 처분행위의 금지

13	11번근저당권설정등기말소	2020년2월19일 제28994호	2020년2월17일 해지	
14	8번전세권설정등기말소	2020년4월3일 제59714호	2020년4월3일 해지	
15	12-1번가처분등기말소			12번등기의 말소로 인하여 2020년5월12일 등기
16	12번근저당권설정등기말소	2020년5월12일 제79525호	2020년4월24일 해지	
~~17~~	~~근저당권설정~~	~~2020년6월25일 제109105호~~	~~2020년6월24일 설정계약~~	채권최고액 금200,000,000원 채무자 정○○ 서울특별시 서초구 반포대로 ○○○ 근저당권자 박○ 590○○○-○○○○○○ 서울특별시 서초구 서초중앙로 188, ○동
~~17-1~~	~~17번근저당권가처분~~	~~2020년8월20일 제146020호~~	~~2020년8월20일 서울중앙지방법원의 가처분결정(202 0카단814289)~~	~~피보전권리 사해행위취소에 의한 근저당권말소등기청구권 채권자 기술보증기금 180171-0000028 부산광역시 남구 문현금융로 33(문현동) 금지사항 양도, 담보권설정 기타 일체의 처분행위의 금지~~
18	17-1번가처분등기말소			17번 근저당권의 말소로 인하여 2020년12월21일 등기
19	17번근저당권설정등기말소	2020년12월21일 제224455호	2020년12월18일 해지	
20	4-4번근질권, 5-4번근질권, 6-4번근질권등기말소	2022년3월8일 제35219호	2022년3월8일 해지	

-- 이 하 여 백 --

을구는 소유권 이외의 권리에 대해 기록해놓은 것입니다. 모든 등기사항전부증명서에는 표제부와 갑구가 존재합니다. 부동산에 대한 설명과 소유권에 대한 내용은 필수이기 때문이죠. 하지만 소유권 외의 사항이 기재되는 을구는 부동산에 따라 포함되지 않는 경우도 있습니다. 이 부동산의 등기사항전부증명서에서는 을구를 볼 수 있네요.

1번의 '근저당권'은 소유자 정××씨가 2017년 11월 30일에 농협으로부터 이 부동산을 담보로 채권최고액 9억 1,200만 원을 설정하고 7억 6,000만 원을 대출받았음을 보여줍니다. 1-1에서는 2021년에 대출금 중 6,000만 원을 상환하여 채권최고액을 9억 1,200만 원에서 8억 4,000만 원으로 변경등기하였습니다. 그리고 2, 3번은 근저당권이 설정되었다가 말소된 것이고, 4번은 신한은행으로부터 채권최고액 1억 2,000만 원의 근저당권이 설정된 내용인데 특이점은 채무자가 현재 소유자가 아닌 한미×××라는 법인이라는 점입니다. 이 법인은 소유자가 대표이거나 특수관계인일 것으로 보이는데 해당 법인이 대출을 받을 때 소유자가 본 부동산을 담보로 제공한 것입니다.

이런 경우는 크게 두 가지로 나뉘는데, **1** 자신이 사업을 하며 법인대출을 진행할 때 은행에서 법인 신용만 가지고는 어려우니 다른 담보까지 제공하라고 요청하여 실행되는 경우와 **2** 개인의 부동산 담보대출을 규제하니 법인대출로 우회하는 경우 등이 있습니다(4-1~4-5는 초심자에게는 어렵게 느껴질 수 있고 지금 단계에서 중요한 내용은 아니니 가볍게 읽고 넘기셔도 좋습니다).

4-1은 채권자 신한은행에서 취급 담당 지점이 변경된 것입니다(가산디지털 금융센터 ⇨ 본점). 본점으로 채권이 이관된 것은 채권이 부실화(이자 또는 원금을 상환

근저당권

실제 채무액(대출액)과 등기사항전부증명서에 기록된 채권최고액은 다릅니다. 이는 근저당권을 알면 쉽게 이해할 수 있습니다. 근저당권은 은행이나 채권자가 부동산이나 동산을 담보로 채무자에게 돈을 빌려주었을 때 원금뿐만 아니라 이자에 대해서도 자신의 몫을 주장할 수 있는 권리입니다. 즉 빌려주는 시점에 이후 받을 돈을 확정하는 것이 아니라 받는 시점의 원금과 예상되는 이자를 합해 채권최고액의 한도 내에서 돈을 돌려받을 수 있도록 하는 것입니다.

그러나 은행에서 돈을 빌린 채무자들이 원금은 고사하고 이자도 제때 잘 납부하지 못하는 경우가 종종 발생합니다. 이런 경우를 대비해 은행은 이자까지 포함해 한도를 넉넉하게 정해두고 차후에 문제가 생겼을 때 그 한도 내에서 모든 채권을 돌려받으려고 합니다. 보통 제1금융권(시중 은행들)에서는 '대출액×120%'를, 제2금융권(신협, 새마을금고 등)에서는 '대출액×130%'를 채권최고액으로 설정합니다. 등기사항전부증명서에 기록된 금액은 실제 대출액이 아니라는 것, 잘 기억해두세요.

하지 못하는 상황)된 상황일 때가 많습니다.

　4-2는 부실화된 채권을 신한은행이 두리××××대부라는 곳으로 채권 매각한 것입니다(흔히 NPL 매각이라고 합니다). 4-3은 두리××××대부가 이 채권을 인수할 때 온전히 자기자본이 아니라 이 근저당권을 담보로 제이비××캐피탈로부터 대출을 받았다는 내용입니다. 즉, 소유자 정×× 씨는 신한은행으로 부터 1억 원을 대출 ⇨ 신한은행은 이 채권을 두리××××대부로 매각 ⇨ 두리××××는 이 근저당을 담보로 대출(근저당권부 근질권) 받은 구조입니다. 최초에는 부동산을 담보로 대출을 받았지만(근저당권), 뒤에 채권자는 근저당권이라는 채권을 담보로 하여 또 대출을 받은 재미있는 케이스입니다(근질권). 4-4(말소)와 4-5는 4-3과 마찬가지로 근저당권을 담보로 개인에게 추가 대출을 받았다는 내용입니다. 5번은 신한은행에서 한미××××라는 법인으로 대출해주며 본 부동산에 대해 담보를 제공받고 근저당권을 설정한 것인데, 위의 4번과 법인명만 조금 다를 뿐 내용은 같습니다.

　5-1~5-5 또한 4-1~4-5와 완전히 같은 내용입니다. 6번 또한 4번, 5번과 동일합니다. 7번은 소유자 정×× 씨가 개인인 전×× 씨로부터 자금을 빌리면서 또다시 근저당권을 설정하였네요. 이후 8~20번은 모두 말소된 내용이고 별로 중요하지 않은 내용이니 설명은 생략하겠습니다.

　등기사항전부증명서에 기록되는 권리들은 이 밖에도 많은데요, 그 항목들을 전부 다 외울 필요는 없습니다. '소유권에 관련된 사항은 갑구, 그 밖의 사항은 을구에 기록된다'는 것만 확실히 기억해두시면 되겠습니다.

정보를 가진 자만이 '땅땅'거리며 살 수 있습니다!

요즘은 직접 발품을 팔아 현장답사를 하지 않아도, 또 법원, 등기소, 구청을 방문해 이것저것 서류를 떼보지 않고도 많은 정보를 비교적 손쉽게 얻을 수 있습니다. 조금만 관심을 기울이고 수고를 하면 투자 전에 파악할 수 있는 정보는 충분히 많습니다. 그러나 알아보려고 노력도 하지 않고 무작정 투자를 한다면 경쟁에서 낙오될 수밖에 없을 것입니다. 반대로 다른 사람들은 모르고 있는 정보를 먼저 취득해 발 빠르게 움직인다면 투자 성공의 가능성은 훨씬 커질 것입니다. 그런 의미에서 아직 많이 알려지진 않았지만 유용한 정보를 얻을 수 있는 사이트들을 살펴보도록 하겠습니다.

1. 토지이음(www.eum.go.kr)

과거에는 한국토지정보시스템이라는 명칭으로 광역시 등 지자체 별로 별도로 구축되어 있었는데, 이제는 토지이음 사이트에서 전국 토지에 대한 다양한 정보

를 제공합니다.

　대표적으로 용도지역, 용도지구, 토지거래허가, 건폐율과 용적률, 층수-높이 제한, 건축선, 도로 조건, 도시계획, 공시지가, 토지이력 및 특성, 건축물 정보 같은 내용이 자세하게 담겨 있습니다. 어떤 부동산에 관심이 생겼을 때는 꼭 토지이음에 접속하여 그 토지에 관련된 내용을 손쉽게 조회하고 열람하는 습관을 길러보세요.

2. 서울부동산정보광장(http://land.seoul.go.kr)

서울부동산정보광장은 서울시 소재의 부동산과 관련된 거의 모든 정보를 제공한다고 해도 과언이 아닐 정도로 많은 정보를 열람할 수 있는 사이트입니다. 다음은 이 사이트에서 제공하는 서비스들입니다.

부동산에 대한 종합적인 정보 제공

주소만 입력하면 해당 부동산에 대한 종합적인 정보를 살펴볼 수 있습니다. 토지 위에 있는 건물에 관한 정보, 개별공시지가, 주택 공시가격도 즉시 확인 가능합니다. 상단 메뉴에서 '부동산 실거래가', 하위 메뉴에서 '실거래가/매물/시세'를 클릭하면 지역, 가격, 전용면적별로 부동산을 검색해볼 수 있습니다. 이 사이트에서 제공되는 정보는 양도소득세 신고를 위해 실제 신고된 가격을 바탕으로 한 것이기 때문에 신뢰도가 매우 높습니다. 관악구 신림동에 위치한 2022년 3분기(7~9월) 아파트의 실거래 내역을 검색하면 다음과 같은 결과를 볼 수 있습니다. 특이사항으로, 빨간 글씨로 (해제)라고 기재된 매물들이 있는데 계약 후 매도인 혹은 매수인의 사정으로 소유권이전을 하지 못하고 계약 해제한 경우입니다. 부동산 가격이 급등할 때는 매도인이 해제하는 경우가, 급락할 때는 매수인이 해제하는 경우가 많습니다.

단지 [준공년도]	지번	전용 면적	7월 계약일(거래유형)	7월 거래금액	7월 층	8월 계약일(거래유형)	8월 거래금액	8월 층	9월 계약일(거래유형)	9월 거래금액	9월 층	매물 시세
G밸리마인드 [2021]	1655-17	14.96				11 (직) 19 (직)	20,000 20,000	10 14	07 (중개) 10 (직)	19,500 21,000	13 14	부동산 11채
		20.06				14 (직)	21,000	11				
LIG대학마을(건영아파트3 차) [1996]	1703-1	84.82				13 (중개)	87,000 (해제)	11				NAVER 국민은행 부동산 11채
관악 [1983]	244	56.39	29 (중개)	51,000	4							NAVER 국민은행 부동산 11채
		62.69							14 (중개)	45,000	5	
관악산휴먼시아1단지 [2008]	1735-1	59.99	02 (중개)	65,000	3							NAVER 부동산 11채
		114.7	11 (중개)	90,000	9							

단지명 [연도]	지번	면적	날짜	가격	건	날짜	가격	건	날짜	가격	건	출처
관악 [1983]	244	56.39	29(중개)	51,000	4							NAVER 국민은행 부동산114
		62.69							14(중개)	45,000	5	
관악산휴먼시아1단지 [2008]	1735-1	59.99	02(중개)	65,000	3							NAVER 부동산114
		114.7	11(중개)	90,000	9							
관악산휴먼시아2단지 [2008]	1735	59.96	05(중개)	72,000	15							NAVER 국민은행 부동산114
		59.99				03(중개)	70,000	19				
						21(중개)	73,000	11				
		84.97	09(중개)	84,000	9							
		84.98	13(중개)	85,500 (해제)	17							
		114.7	05(중개)	90,000	5	23(중개)	98,000	12				
			09(중개)	95,500	5	31(중개)	85,000	2				
그대봉 [2003]	1727	59.6				03(중개)	65,000	18				NAVER 국민은행 부동산114
동부 [1993]	1695	60.38	06(중개)	85,400	2	04(중개)	78,000	5				NAVER 국민은행 부동산114
		78.43				01(중개)	97,000	4				
래디앙아파트 [2016]	244-21	67.88							29(중개)	62,000 (해제)	2	NAVER 부동산114
									29(중개)	62,000	2	
미래한건(1563-78) [2004]	1563-78	68.95							07(직)	33,000	4	NAVER 부동산114
보라매갑을 [2003]	1718	74.7	09(중개)	70,000	1				20(중개)	77,500	7	NAVER 국민은행 부동산114
보라매스카이아파트 (1739) [2016]	1739	82.18	18(중개)	70,000	4							NAVER 부동산114
보라매해담채 [2012]	497-5	12.89	01(직)	20,000	12							NAVER 부동산114
		13.23	09(중개)	12,900	7							
			11(중개)	13,200	3							
삼성 [2012]	1474-6	68.59				28(중개)	55,500	6				부동산114
삼성산주공(주공3단지) [2000]	1714	58.55	28(중개)	60,000	20	10(중개)	58,000	4				NAVER 국민은행 부동산114
		113.31				27(중개)	82,200	20				
삼성홈타운 [2002]	412-363	43.28				04(중개)	40,500	4				NAVER 부동산114
산림동신도브래뉴 [2003]	1722	115.6	05(중개)	103,000	12							NAVER 부동산114
산림스카이아파트 [2021]	1744	38.34	06(직)	45,000	6	04(직)	45,000	3				NAVER 부동산114
		53.51				08(직)	56,000	12				
		56.45	02(직)	59,900	4							
		56.46				04(직)	59,900	2	07(직)	59,900	3	
산림큐브 [2015]	1421-1	12.96				31(중개)	9,900	10	02(직)	16,000	8	부동산114
산림푸르지오 [2005]	1730	59.95				25(중개)	92,500	9				NAVER 국민은행 부동산114
		84.79	09(중개)	102,500	11				11(중개)	105,500	5	
			19(중개)	100,800	2							
			20(중개)	109,700	7							
		84.87	04(중개)	108,500	7							
		114.84	30(중개)	115,000	24							
		138.74	15(중개)	122,000	9							

단지[연도]	번지	면적	층(a)	금액(a)	건(a)	층(b)	금액(b)	건(b)	층(c)	금액(c)	건(c)	출처
신안 [1978]	10-10	55.21				21(층계)	54,000	5				NAVER 국민은행 부동산114
		56.86	04(층계)	50,000	5							
어대나 [2010]	534-1	17.94				25(층계)	12,000	2				NAVER 부동산114
		18	20 (직) 21(층계)	11,500 12,000	4 4	25(층계)	12,000	7				
		18.25				03(층계) 25 (직)	12,000 12,000	9 7				
		18.28				25 (직)	12,000	7				
엠밸리스아파트 [2020]	1743	73.13	22 (직) 22 (직)	74,500 74,500(세제)	3 3							NAVER 부동산114
우방 [1999]	1715	59.74				07(층계)	69,000	10				NAVER 국민은행 부동산114
청암두산위브센티움 [2005]	86-3	98.31							25(층계)	90,500	12	NAVER 국민은행 부동산114
초원 [1999]	1712	59.93				23(층계)	49,300	12	11(층계)	51,000	11	NAVER 국민은행 부동산114
코스모그린 [2012]	1425-4	12.21	25(층계)	9,500	8	19 (직) 30 (직) 30 (직)	13,500 11,000 11,000	11 9 9				NAVER 부동산114
푸리마타운 [2014]	1639-51	12.25				30(층계)	13,200	16				부동산114
프라비다트라움 [2013]	1433-55	14.05	05(층계) 08(층계)	13,000 12,800	8 6	27 (직)	16,000	4				부동산114
		14.06	16(층계)	12,900	11	19(층계)	12,500	5	18(층계)	14,000	10	
현대 [1991]	255-189	71.9				25(층계)	51,000	5				NAVER 국민은행 부동산114

　처음부터 '어느 지역, 어떤 아파트를 구입하겠다'라고 마음을 먹는다면 해당 지역의 몇몇 매물을 살펴보고 입찰에 참여할지 말지를 결정하기는 비교적 쉽습니다. 하지만 지역은 정했다고 하더라도 그 지역에 어떤 아파트가 있는지 잘 알지 못할 때도 많죠. 이럴 때 맞춤 검색을 활용하면 투자자가 현재 가진 자본으로 선택할 수 있는 부동산들을 쉽고 간편하게 찾아볼 수 있습니다.

전국 아파트, 단독주택, 다가구주택, 다세대주택, 오피스텔, 도시형 생활주택
그리고 상업용-업무용 부동산, 공장 및 창고 등에 대한 전·월세 및 매매 실거래가 제공

이제는 아파트를 포함한 주거용 부동산뿐만 아니라 상가, 공장, 창고, 오피스 등 다양한 비주거용 부동산에 대한 실거래가를 '국토교통부 실거래가 공개시스템'을 통해 확인할 수 있습니다. 다만, 서울시에 위치한 부동산이라면 국토교통부 부동산 실거래가 사이트보다 서울 부동산정보광장에서 좀 더 구체적이고 많은 정보를 얻을 수 있습니다. 다음은 서울부동산정보광장에서 제공한 2022년 3분기에 거래된 성동구 성수동2가에 위치한 상업/업무시설의 거래 내역입니다. 최근 핫하디 한한 성수동 지역이라 그런지 거래량도 많고 거래금액도 상당히 큰 편이죠?

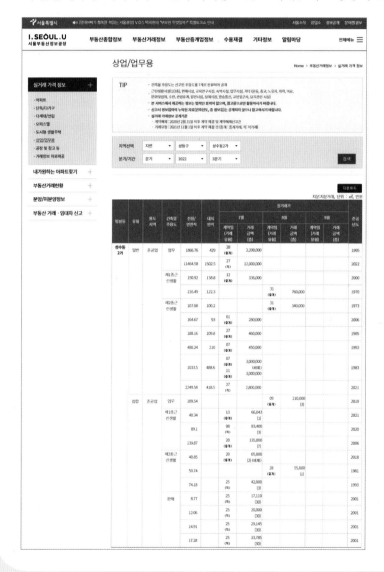

분양/미분양 정보

서울시에서 진행한 또는 예정된 분양 정보를 확인할 수 있습니다. 아파트, 오피스텔, 도시형생활주택, 상가, 지식산업센터의 분양/미분양 정보를 손쉽게 확인할 수 있는데 내가 투자를 생각하고 있는 분야의 부동산에 대한 분양 정보를 자주 체크하는 것, 그리고 미분양된 부동산 중에 옥석을 가리는 것 모두 현명한 투자를 위한 기본 미션입니다. 미분양 부동산의 경우 고분양가 같은 내재적인 문제점을 안고 있는 경우가 대부분이라 투자에 유의해야 함은 당연하지만, 반대로 그만큼 투자 조건, 대출 조건이 투자자에게 유리하게 제공되는 경우도 많습니다. 서초구의 대표 아파트 단지 중 하나인 '반포자이'도 2008년 금융위기 즈음에 분양하여 상당수 미분양되었다는 이야기는 많이 알려진 사례이죠. GS건설에서는 세대당 8억~9억 원 수준의 본 아파트 분양을 위해 미국 뉴욕을 비롯한 동부 지역까지 마케팅을 전개하며 미분양을 소진시킨 바 있습니다. 재미있는 점은 당시에도 지금과 비슷하게 원-달러 환율이 급등하여 미국 달러화로 한국 부동산을 취득하기에 상당히 유리한 환경이었다는 것입니다.

부동산 중개업 관련 정보 제공

부동산 중개업에 관한 다양한 기준 및 정보를 확인할 수 있습니다. 중개수수료율 등을 확인해 중개수수료도 쉽게 계산해볼 수 있습니다. 또한 최근 부동산 관련 법무비용을 절약하기 위해 셀프등기(나홀로 등기)하는 경우도 증가하고 있는데, 이를 지원하기 위해 나홀로 등기를 위한 내용도 지원하고 있습니다(매매, 분양, 증여, 상속 포함).

※ 경기도에서는 경기도 부동산포털(gris.gg.go.kr)을 통해 부동산가격 및 개발계획 정보를 제공하고 있습니다. 경기도 소재의 부동산 정보는 경기도 부동산포털을 통해 얻으세요.

3. 클린업시스템(http://cleanup.seoul.go.kr)

한때 전국적으로 재개발·재건축 붐이 불었던 시절이 있었습니다. 클린업시스템은 재개발, 재건축 등 정비사업의 추진 과정을 투명하게 공개하여 다양한 이해관계가 첨예하게 대립하는 정비사업에 대해 최대한 분쟁을 줄이고 신속하게 진행시키기 위해 구축되었습니다. 정비사업은 크게 재개발, 재건축, 가로주택정비, 소규모 재건축, 지역주택, 리모델링 등으로 분류할 수 있는데 2022년 9월 기준으로 재개발, 재건축처럼 대규모 사업장에 대한 투자는 남아 있는 기회가 상당히 적어졌고, 이제는 소규모 재건축이나 가로주택정비 사업처럼 개별적이고 소규모로 접근하는 편이 기회 면에서 유리합니다.

이 사이트에서는 각종 정비사업에 대한 진행 내용과 각 사업장에 대한 정보뿐 아니라 정비사업에 대해 공부할 수 있는 내용들도 다양하게 제공하고 있으니 재개발·재건축 같은 정비사업에 관심 있는 분은 꼭 자주 방문해보세요.

될성부른 부동산은 땅값부터 알아봐야 한다!

매물의 진가를 알아보는 법을 가르쳐주세요!

부동산의 가치와 가격은 뭐가 다른 건가요?

많은 사람이 '가치'와 '가격'을 혼동합니다. '가치'는 그 부동산이 갖고 있는 본질적인 유용성이라고 할 수 있는데요, 이는 현재가치와 미래가치로 구분할 수 있습니다. '가격'은 그 부동산이 시장에서 거래되는 시세를 말합니다. 부동산의 가격은 그 가치를 반영하죠. 가치는 주관적인 요소가 작용하는 반면, 가격은 현재 시점에서 결정된 객관적인 금액입니다. 즉, 어떤 부동산 하나를 놓고 이야기하자면 사람마다 생각하는 그 부동산의 가치는 제각기 다르지만 가격은 누구에게나 동일한 것이죠. 그렇다면 어떤 부동산이 가치 있는 부동산일까요? 어떤 부동산에 투자를 해야 수익을 얻을 수 있을까요? 간단합니다. 가치와 가격의 차이가 큰 부동산이 투자하기 좋은 부동산입니다.

모든 부동산은 가치와 가격이 다릅니다. 가격이 가치보다 높게 책정된 부동산은 '고평가되었다'고 하고, 가격이 가치보다 낮다면 '저평가되었다'고 합니다. 당연히 저평가된 매물에 투자해야 보다 낮은 가격으로 좀 더 많은 수익을 얻을 수 있죠. 또 아무리 가치가 있는 부동산이라고 해도 가격이 그 가치를 충분히 반영하고 있다면 좋은 투자 상품이 될 수 없습니다.

매출 규모, 브랜드 경쟁력, 영업이익 면에서 한국을 대표하는 기업인 삼성전자의 주식이 가치가 없다고 할 사람은 아무도 없을 것입니다. 하지만 현재 상황에서 삼성전자의 주가가 한 주당 30만 원이라면 어떨까요? 이는 분명히 가치보다 가격이 훨씬 높은 수준이라고 할 수 있습니다. 가치에 비해 가격이 상당히 고평가되어 있는 이런 때 투자한다면 절대 좋은 투자 결정을 했다고 할 수 없습니다. 마찬가지로 강남과 용산이 한국에서 가장 주목받는 지역들임은 분명하지만 투자에 있어 이 부동산들이 가장 좋은 선택이라고 말할 수는 없습니다. 다시 말하면 좋은 투자는 투자금액에 비해 높은 가치를 갖는 재화에 투자하는 것이고, 안 좋은 투자는 가치에 비해 가격이 더 높은 재화에 투자하는 것입니다.

이쯤이면 다들 눈치 채셨겠죠? 우리는 지금 투자를 할 때 고려해야 할 가장 중요한 두 가지 변수인 가격과 가치에 대해 살펴보고 있습니다. '시장에서 팔 수 있는 금액'인 가격은 투자 전에 조사를 통해 충분히 파악할 수 있는 변수인 반면, 가치는 객관적으로, 또 정확하게 판단하기 매우 어려운 변수입니다. 현재가치는 객관화할 수 있다고 쳐도 미래가치에 대해서는 주관적인 요소가 필연적으로 포함된다는 문제도 있고요. 현재가치와 미래가치를 함께 고려해야 하기 때문에 같은 재화에 대해서도 어떤 사람은 그 가치가 100원이라 생각하고, 또 다른 사람은 500원이라고 생각할 수 있는 것이죠. 낡고 기반시설도 부족한 재개발, 재건축 지역의 부동산 가격이 굉장히 높은 것은 그 부동산들의 현재가치는 비록 보잘것없지만 높은 미래가치를 가지고 있기 때문입니다.

우리의 투자는 '확실한 투자', '최대한 위험을 낮춘 투자'여야 합니다. 그러므로 가격 측면에서 미래가치(주관적 평가 요인)는 가급적 배제하거나 줄이고 현재가치를 최대한 많이 반영해 의사결정을 하는 것이 좋습니다.

저 역시 과거에 높은 경쟁률과 낙찰가로 인해 낙찰을 받지 못한 물건 중 소위 대박을 친 것들이 제법 있습니다. 돌이켜보면 '그때 좀 무리를 해서라도 높은 가격을 적어내 낙찰을 받았다면 수익이 엄청났을 텐데…'라고 생각되는 물건도 여럿 있었죠. 하지만 그런 식으로 계속 투자를 했다면 '대박' 물건도 얻었겠지만 분명 투자 손실을 입은 경우도 많았을 겁니다.

10만 원을 가지고 있을 때 100원을 잃는 것은 그리 큰 문제가 되지 않습니다. 손실을 보더라도 만회할 수 있는 그다음 기회가 있기 때문이죠. 그러나 부동산 투자 금액은 자산의 상당 부분을 차지하기 때문에 실패할 때에는 다음 기회를 영영 잃을 수 있습니다. 어떤 경우에는 전 재산을 걸기도 하고 빚까지 끌어와 투자를 하기도 하니까요. 그렇기에 우리의 투자는 설령 대박을 치지는 못하더라도 절대 쪽박을 찰 위험이 없는 투자여야 합니다. 위험하지 않은 투자, 확실한 투자를 지속해나가다 보면 한 번에 엄청난 수익은 얻지 못하더라도 작은 수익을 차곡차곡 쌓아올리며 큰돈을 모을 수 있을 것입니다.

토지소유권과 대지권은 뭔가요?

건물을 지으려면 토지가 필요합니다. 토지를 얻는 방법에는 직접 토지를 구입하거나 사용할 수 있는 권리를 취득하는 두 가지가 있습니다. 쉽게 말해 땅을 사서 그 위에 건물을 짓거나 땅 주인의 허락을 받아 그 땅 위에 건물을 짓는 것이죠. 어떤 사람이 토지를 구입하고 그 위에 건물을 지었다면 토지소유권 또는 대지권을 갖습니다. 토지를 구입하지 않고 땅 주인의 허락을 받거나 법률규정에 의해 건물을 지은 경우에는 지상권 또는 무상사용권을 갖게 되고요. 그럼 남의 땅에 몰래 건물을 지은 경우에는 어떻게 될까요? 토지에 대해 어떤 권리도 주장할 수 없고, 지어진 건물을 철거당한다고 해도 어쩔 도리가 없습니다. 이 부분에서는 먼저 토지소유권과 대지권의 차이에 대해 살펴보도록 하겠습니다.

토지소유권과 대지권의 공통점과 차이점

두 권리 모두 건물이 위치해 있는, 다시 말해 효력이 미치는 범위 내에 있는 땅의 소유자가 갖는 권리라는 점은 같습니다. 그러나 토지소유권은 단독건물일 때, 즉 토지소유자도 한 명, 건물소유자도 한 명인 건물(예: 단독주택, 단독빌딩, 다가구주택 등)에서 발생하고, 대지권은 집합건물(예: 아파트, 근린상가, 오피스텔 등)에서 인정되는 권리라는 것이 다릅니다.

▼ 토지소유권

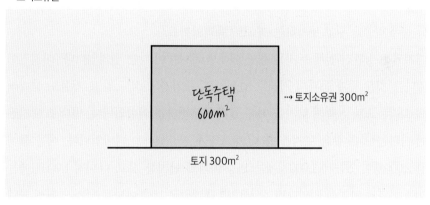

▼ 대지권

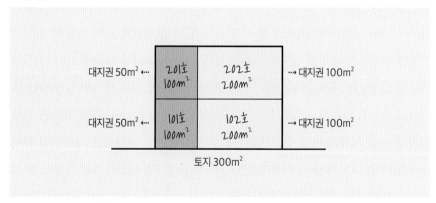

또 다른 차이점은 단독건물의 토지소유권은 건물과 분리될 수 있지만, 대지권은 일단 건물소유권과 합쳐지면 절대 분리되지 않는다는 것입니다. 단독건물에 사는 사람이 만약 지금 당장 자금은 필요한데 이사는 갈 수 없다면 토지만 팔고 건물에는 계속 거주할 수 있습니다. 반면 집합건물에 사는 사람은 대지권만 따로 분리해서 팔 수 없습니다. 정리하면 '단독건물은 토지소유권을 갖고, 집합건물은 대지에 대한 권리, 즉 대지권을 갖는다'라고 이해하시면 됩니다.

같은 면적의 건물인데도 대지권이 크고 작다는 게 무슨 말인가요? 그럼 어느 쪽에 비중을 두고 투자하는 게 보다 유리할까요?

대지권은 정해진 전체 토지를 개별 세대별로 나누어 갖는 권리입니다. 대지권이 많다는 것은 동과 동과의 거리도 널찍하고, 주차장 면적도 넓고, 건물도 상대적으로 저층으로 건축해 토지를 여유 있게 활용했다는 의미입니다. 반대로 대지권이 작다는 것은 같은 토지를 좀 더 빡빡하게 활용했다는 의미입니다. 예를 들어 땅 2,000평이 있는데 1,000평에는 15층 아파트 단지를 짓고, 나머지 1,000평에는 30층 아파트 단지를 지었다면 각 세대별 대지권은 15층 아파트 단지가 훨씬 큽니다. 그럼 대지권이 큰 15층 아파트 단지의 매물이 30층 아파트 단지에 비해 가격이 비쌀까요? 꼭 그렇지는 않습니다. 지금까지 살면서 '대지권이 커서 참 살기 편하구나!' 하는 이야기를 들어보신 적 있으신가요? 대지권의 크기가 삶의 질이나 부동산 가격에 직접적인 영향을 미치지는 않습니다. 그러나 이 부동산이 다른 형태로 바뀔 때, 즉 재개발이나 재건축이 될 때는 그동안 별로 주목받지 못하던 대지권이 갑자기 화려한 조명을 받으며 주인공으로 등장합니다. 이때 건물은 허물어져 곧 다른 형태로 바뀔 것이므로 부동산 가격의 거의 대부분을 대지권이 차지하게 됩니다. 그렇기 때문에 아파트의 경우, 준공 후 10~15년까지는 새집이 헌 집이 되어가면서 가격이 완만하게 하락하다가 그 이후에는 재건축이나 리모델링에 대한 기대감으로 가격이 상승하는 경우가 많습니다.

대지권에 대한 시세는 어떻게 따져볼 수 있나요?

무슨 일이든 첫 단추를 잘 끼워야 합니다. 부동산 투자라고 예외는 아니죠. 부동산 투자에서의 첫 단추는 바로 '정확한 가격 파악'입니다. 가격을 평가할 때는 부동산의 종류에 따라 기준이 달라질 수 있기 때문에 상황에 맞는 기준을 잘 세워둬야 합니다. 예를 들어 아파트나 상가 같은 집합건물의 경우에는 '평당가'의 기준이 분양면적입니다. 즉 33평형 아파트가 1억 원이라고 하면 이 물건은 평당 300만 원이라는 것입니다. 50평형 상가가 5억 원이라면 이 부동산은 평당 1,000만 원이라는 것이고요.

전용면적 vs. 공용면적 vs. 분양면적, 어떤 걸 투자의 기준으로 삼아야 하나요? 다시 한번 확실히 개념을 정리해볼까요? 전용면적은 해당 부동산에 거주하는 점유자의 전용공간으로 쓰이는 면적을 말합니다. 아파트 등의 공동주택에서는 여러 사람이 함께 쓰는 공용면적을 제외하고 방, 거실, 주방, 화장실 등을 포함한 바닥 면적을 전용면적이라고 합니다. 분양면적은 공동주택의 전용면적과 공용면적을 합친 면적을 말합니다.

분양면적이 동일한 33평형의 아파트와 오피스텔을 비교해봅시다(일반적으로 오피스텔은 아파트보다 전용면적이 작습니다). 아파트는 전용면적이 25.4평이고, 공용 면적이 7.6평인데 반해 오피스텔의 전용면적은 아파트보다 훨씬 작고, 공용면적은 넓습니다. 똑같은 33평형이라고 해도 세대가 독립적으로 활용하는 공간이 아파트에 비해 오피스텔이 훨씬 작은 것이죠. 오피스텔이나 상가의 경우에는 평당가와 함께 전용률도 반드시 챙겨봐야 합니다. 전용률은 전용면적을 분양면적으로 나눠 계산합니다. 전용률이 100%에 가까울수록 전용면적의 비중이 큰 것입니다.

2021년 수도권의 서울 부동산시장의 특징은 수년간 서울시 아파트 인허가가 이뤄지지 않아 대단지 아파트 공급은 급감한 반면, 여기에 대한 틈새 수요를 노린 고급형 오피스텔 분양이 성공적으로 이뤄졌다는 점입니다.

오피스텔이 갖는 '임대수익형 부동산'의 속성과 투룸 이상과 거실을 갖춘, 그리고 강남권의 투자자 선호도가 높은 지역에서 운동시설, 수영장(인피니티 풀 같은) 등의 차별화 포인트를 담아 아파트를 신규 분양받기 어렵지만 자금력을 갖춘 투자자들에게 홍보하였고, 이는 과거에 사례가 없던 고분양가에 대한 우려 섞인 지적도 있었지만 결국 성공적인 분양 성적을 거뒀습니다. 그런데 당시 오피스텔 투자를 홍보하는 많은 광고가 '오피스텔의 평당가는 7,000만 원, 인근 아파트의 평당가는 8,000만 원'과 같이 평당가를 강조하는 문구로 많은 투자자를 현혹했습니다. 오피스텔의 낮은 평당가를 강조하기 위해 인근 아파트의 평당가를 더 높게 부풀리기도 했죠.

여기에는 많은 투자자가 미처 알지 못했던 함정이 하나 있습니다. 아파트의 전용률은 보통 75% 안팎인데 반해 오피스텔의 전용률은 50~60%밖에 되지 않습니다. 즉, 이 사례의 경우에도 아파트의 전용면적당 가격은 평당 1억 667만 원(8,000만 원÷75%)이고, 오피스텔의 전용면적당 가격은 평당 1억 1,667만~1억 4,000만 원(7,000만 원÷50~60%)인 것이었죠. 실제 거주할 수 있는 공간에 비해 오피스텔이 아파트보다 상당히 비싼 가격에 거래된 것이었습니다. 이처럼 부동산에 투자할 때는 평당가가 낮은 것에만 혹해서는 안 되고, 실질적인 부분까지 꼼꼼하게 따져봐야 합니다.

반면 수도권 이외 지역의 다세대주택이나 다가구주택 같은 경우에는 전용면적을 기준으로 가격을 산출하기도 합니다. 전용면적 18평의 다세대주택은 보통 21~24평형으로 칭하는데요, 타지에 가서 24평형 부동산을 둘러보는데 18평이라고 이야기를 듣는다면 면적 기준이 혼란스러울 수 있습니다. '실제로 봤을 때는 꽤 넓어 보였는데 왜 18평밖에 안 될까?'라고 의아하기도 할 것이고요. 이럴 때는 이 지역의 면적 기준이 전용면적인지 분양면적인지를 확실히 확인해야 합니다. 전용면적이나 분양면적이 아닌 대지권을 기준으로 시세를 평가하는 부동산도 있습니다. 앞에서 대지권은 평소에는 별로 인정받지 못하다가 재개발이나 재건축으로 건물 자체가 바뀌게 될 때 아주 중요해진다고 공부했습니다.

그렇다면 어떤 부동산이 대지권을 기준으로 시세를 평가할까요? 당연히 재개발 또는 재건축을 앞두었거나 그런 기대감을 갖고 있는 부동산일 겁니다. 서울·경기 인근의 뉴타운에 있는 다세대주택, 재개발에 대한 기대감이 있는 지역의 물건들, 그리고 향후 재건축 예정에 있는 아파트들은 대지 지분당 가격으로 평가합니다. 이때는 좋은 집 구조, 깨끗한 내부 등의 요건은 후순위로 밀리고 대지의 입지 조건, 면적, 평가 가격만이 부동산 가격에 영향을 미치는 변수로 작용합니다. 똑같이 '평당 얼마'라고 이야기하지만 지역과 상황에 따라 그 평당가가 전혀 다른 의미가 될 수 있음을 명심해야겠습니다.

대법원 경매정보 사이트에서 경매물건을 살펴보는 방법

—

지금까지가 부동산경매에 입문하기 전 입맛을 다시는 과정이었다면 이제는 본격적으로 요리를 해보고 시식을 해볼 차례입니다. 무엇부터 시작해야 하냐고요? 우선 대법원의 경매정보 사이트에 들어가서 얼마나 많은 매물 정보가 제공되는지, 경매물건을 어떻게 검색하는지부터 살펴보겠습니다.

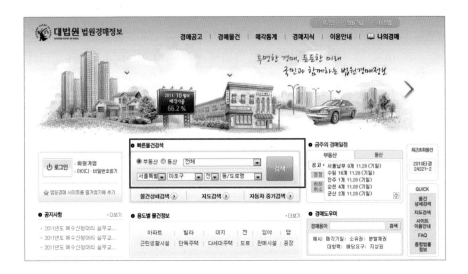

여기가 바로 경매물건들을 마음껏 조회해보고 열람할 수 있는 투자의 보고, 대법원 경매정보 사이트입니다. 회원가입을 하지 않아도 원하는 자료를 얼마든지 열람할 수 있고요, 모든 서비스를 무료로 이용 가능합니다.

이 사이트에서 경매물건을 찾아보는 방법은 굉장히 다양합니다. 계속해서 한 가지 방식으로만 매물을 찾는다면 놓치는 물건이 생길 수도 있으니 다양한 방법으로 검색해보시길 바랍니다.

1. 빠른 물건 검색

먼저 가장 보편적인 검색 방식인 원하는 지역 내에서 경매에 나온 부동산을 찾아 주는 기능을 사용해보겠습니다. '서울시 마포구'에 있는 부동산을 검색해보았습니다.

물건상세검색

검색조건 소재지(지번주소) : 서울특별시 마포구 [총 물건수 : 10건]

물건비교 관심물건등록 인쇄 결과내재검색

	사건번호▲	물건번호 용도	소재지 및 내역	비고	감정평가액▲ 최저매각가격▲ (단위:원)	담당계 매각기일▲ (입찰기간) 진행상태▲
☐	서울서부지방법원 2021타경11	1 아파트	서울특별시 마포구 연남로1길 84, 4층 401호 (연남동,리츠아파트) [집합건물 철근콘크리트구조 76.21 ㎡]		618,000,000 494,400,000 (80%)	경매1계 2022.09.27 유찰 1회
☐	서울서부지방법원 2021타경1120	1 다세대	서울특별시 마포구 토정로9길 14, 4층 405호 (상수동,그레이25) [집합건물 철근콘크리트구조 12.01 ㎡]	재매각임. 매수신청 보증금 최저매각가 격의 20%	128,000,000 65,536,000 (51%)	경매6계 2022.09.20 유찰 3회
☐	서울서부지방법원 2021타경2482	1 다세대	서울특별시 마포구 연남로13길 39, 지 하층101호 [집합건물 철근콘크리트조 38㎡]		117,000,000 117,000,000 (100%)	경매6계 2022.09.20 신건
☐	서울서부지방법원 2021타경2482	2 다세대	서울특별시 마포구 연남로13길 39, 지 하층102호 [집합건물 철근콘크리트조 38.39㎡]		118,000,000 118,000,000 (100%)	경매6계 2022.09.20 신건
☐	서울서부지방법원 2021타경3164	1 아파트	서울특별시 마포구 월드컵로29길 68, 4층403호 (망원동,망원동미원2차아파 트) [집합건물 철근콘크리트조 86.22㎡]	1. 감정평가서 기재 에 따르면, 제시목록 및 공부상 본건 소재 지는 '서울특별시 마 포구 망원동 433-9 번지 및 433-14번지 '이고, 대지권의 목적인 토지의 표시 는 '망원동433-9번 지 및 433-14번지'로 등재되어 있으나, 본 건 소유권대지권의 비율은 '1.망원동 43 3-9번지'에 대하여, 1,839.7분의 40.497 로 등재되어 있음.	850,000,000 850,000,000 (100%)	경매3계 2022.09.20 신건

2022년 9월 기준, 매각이 진행되고 있던 물건은 마포구에만 10건이 있었습니다. 마포구는 일반적인 상황에서는 매각 진행되는 물건이 보통 30~40건, 경기가

좋지 않을 때는 60~80건, 부동산 경기가 좋을 때는 10~20건 수준이었는데 진행 물건이 10건밖에 되지 않는다는 것은 경매가 시작되는 약 1년 전에 이 지역 부동산 거래가 상당히 활발했고 가격도 상승했을 것이라고 쉽게 추론할 수 있습니다.

10개 물건 중에서 5호선 마포역 역세권에 위치한 전용면적 75.70㎡(29.7평형)의 오피스텔을 살펴보았습니다. 감정가격은 11억 8,000만 원이었으나 한 차례 유찰되어 이번 최저가는 9억 4,400만 원입니다. 최근 3년간 급등한 가격이 상당 부분 반영된 가격이고, 다음 입찰기일은 2022년 9월 27일이라고 기재되어 있습니다. 해당 물건지의 사진과 지도, 전경도 등도 함께 제공되었네요.

무료로 누구나 이용할 수 있는 사이트임에도 참 알차고 많은 정보를 제공해주네요. 해당 부동산에 대한 현황조사서나 감정평가서도 여기에서 살펴볼 수 있습니다. 이외에도 입찰기일 내역, 부동산 목록, 감정평가서를 요약한 내용, 인근 매각물건 통계와 사례까지도 확인할 수 있습니다.

2. 물건상세검색

대법원 경매정보 사이트의 메인화면을 보면 '빠른물건검색' 기능 아래 '물건상세
검색' 기능을 볼 수 있습니다. '물건상세검색'을 클릭하면 다음과 같은 페이지로
이동합니다.

기본값은 '법원별 검색'으로 되어 있으나 주소지별로 검색하는 경우가 많으므
로 '소재지'를 선택합니다. 그리고 금액, 용도, 매각가격, 유찰 횟수, 최저매각가
율, 특이조건 등을 입력하여 검색해봅니다. 해당 부동산에 대해서 좀 더 구체적인
정보를 얻고 싶은 경우에는 '빠른물건검색' 대신 '물건상세검색' 기능을 활용하는
것이 좋습니다. 사건번호를 알고 있다면 사건번호를 입력해 바로 검색할 수도 있
습니다.

3. 지도검색

'지도검색'은 물건을 지역별로 검색하고 싶을 때 사용하는 방법입니다. 호재 지역
이나 그 인근에 투자하고자 할 때는 '지도검색'을 사용하는 것이 좋습니다. 관심물

건을 등록하면 지도상에서 내가 관심을 가지는 물건들의 위치를 종합적으로 살펴볼 수도 있습니다. 아래 화면은 부산광역시 해운대구에 있는 경매물건들의 검색 결과입니다. 지도상의 아이콘이나 좌측의 검색 결과 내용을 클릭하면 개별 물건들에 대한 자세한 내용을 살펴볼 수 있습니다.

04

'백문이 불여일견'이란 옛말은 하나도 틀리지 않다!

발품을 팔아 직접 확인해보는 것이 좋겠죠?

사전조사와 현장답사, 둘 중 어떤 게 더 중요한가요?

지금으로부터 70~80년 전만 해도 남녀가 서로 얼굴 한번 보지 못하고 양가 집안 어르신들의 뜻에 의해서 혼인을 치르는 경우가 많았습니다. 결혼 후에는 배우자가 마음에 들건 그렇지 않건 '모두 내 팔자다'라고 여기고 살았고요. 요즘 세상에 이렇게 결혼을 하는 남녀는 거의 없지만 투자 분야에서는 이런 사례들을 여전히 심심치 않게 볼 수 있습니다. 가전제품 하나를 구입할 때도 다른 브랜드의 제품과 비교해 장단점이 뭔지 살펴보고 가격을 비교해보면서 조금이라도 더 좋고 저렴한 제품을 구입하려고 애쓰는데, 보유자산의 상당 부분을 차지하는 부동산을 구입할 때는 왜 그런 최소한의 노력조차 하지 않는 사람들이 많은 걸까요?

첫째, 부동산의 특성상 가격 비교 자체가 쉽지 않기 때문입니다. 지역별, 종류별, 브랜드별, 입지 조건, 개발계획 등에 따라 부동산의 가치는 천차만별 다릅니다. 이것이 온라인상에 부동산 투자를 위한 가격 비교 사이트가 없는 이유이기도 하죠.

둘째, '주의 깊게 본다고 해도 어차피 잘 모르니까'라고 생각하는 분이 많기 때문입니다. 사람은 자기가 잘 아는 분야, 친숙한 것에 대해서는 집중력을 가지고 관찰하고 탐구하려고 합니다. 추가적인 정보를 취득하려는 의욕도 갖게 되고요. 반면 자신이 잘 알지 못하는 분야에 대해서는 관심도 많이 기울이지 않고, 자기 주관을 분명히 갖지 못합니다. 또 판단의 근거도 명확하지 않기 때문에 제3자의 말에 쉽게 마음이 흔들려 섣부른 결정을 내리기도 하고요. 사기꾼의 감언이설에 속아 길조차 없는 두메산골의 임야를 비싼 가격에 사고, 바다인 줄 모르고 썰물로 물이 빠져나간 땅을 매입하는 경우도 그래서 생기는 거죠.

셋째, '이 정보는 몇몇 사람밖에는 모르는 고급 정보일 거야'라는 착각에 빠져 있는 투자자들이 많기 때문입니다. 초보자가 아닌 어느 정도 부동산 공부를 해본 사람들이 이런 생각을 더 많이 합니다. 주식시장에 떠다니는 루머를 믿고 투자했다가 큰 손실을 보는 경우가 많은 개미 투자자들처럼 부동산시장에도 순진한 초보 투자자들이 많습니다. 아예 하나도 모르는 생초보라면 처음부터 포기하는데, 조금 공부를 하면 정체모를 자신감이 생겨 판단력이 흐려지게 됩니다. 그래서 아무것도 모르고 제3자에게 휘둘려 투자하게 되는 생초보보다 어느 정도 공부도 하고 의기양양해진 투자자가 큰 실패를 하게 되는 경우가 더 많습니다. 투자에 있어 가장 경계해야 할 것이 바로 이 대책 없는 '자만심'입니다.

투자의 세계에서 늘 대박을 치는 투자자, 승률 100%를 자랑하는 투자자는 없습니다. 그리고 좋은 투자 방식이나 대상은 끊임없이 변화하기 마련입니다. 작년에 성공을 거뒀던 투자 방식, 투자 대상이라고 해서 올해에도 꼭 성공하리라는 보장은 전혀 없습니다. 그러므로 언제나 충분히 조사하고 열심히 공부하며 확실히 이해한 다음에 확신을 갖고 투자 결정을 내려야 합니다. 투자에서는 아무것도 몰라 제3자에게 휘둘리는 것보다 자만으로 인해 실패하는 경우가 더 많다는 것을 꼭 명심하시기 바랍니다.

경매에 나온 부동산들 중 투자할 만한 물건을 찾게 되면 앞서 공부했던 방식대로 사전조사를 충분히 해야 합니다. 사전조사를 제대로 하면 현장에 나가서 확인해봐야 할 항목들에 대해서도 보다 확실하게 윤곽이 잡히죠. 직접 현장에 나가 부동산을 꼼꼼하게 둘러보는 것을 '임장'이라고 합니다. 그러나 임장은 일본식 표현이니 가급적 '현장답사', '현장조사'라는 단어를 사용하시길 권합니다. 언제나 필수적으로 조사해야 하는 항목들에 대해서는 이미 앞에서 살펴보았고 경우에 따라 추가로 알아볼 것들에 대해서는 이후에 자세히 가르쳐 드리겠습니다.

1960~1970년대는 거의 모든 부동산의 가격이 상승한 시기였습니다. 특히 서울과 수도권 지역의 매물들 중에는 오늘 사서 내일 팔아도 차익을 남기던 시기가 있었죠. 이때는 투자 상품을 선택하기도 매우 쉬웠습니다. 서울에 있는 부동산이라면 아무거나 사서 기다리기만 해도 가격이 쉽게 2~3배씩 상승했었으니까요. 하지만 그런 시기는 이제 지나갔습니다. 달라진 한국의 경제구조로 인해 앞으로 그런 시기는 다시 오지 않을 것입니다. 경제성장률도 과거에 비해 크게 낮아졌고, 투자 대상의 가격도 소득 수준 대비 크게 상승했기 때문이죠. 그러므로 우리는 막무가내식 투자가 아니라 돌다리도 두들겨 보고 건너는 안전한 투자, 스스로 확신할 수 있는 투자를 해야 합니다. 그래서 사전조사와 현장조사, 둘 중 어느 하나 더 중요하고 덜 중요한 것 없이 둘 다 똑같이 중요합니다.

현장답사는 많이 하면 할수록 좋은 건가요?

'현장에 모든 답이 있다.' 범죄 수사의 진리이자 범죄 수사물에서도 자주 나오는 말인데요. 부동산경매에서도 현장답사의 중요성은 절대로 얕잡아볼 수 없습니다. 그래서 어떤 분들은 현장답사는 선택이 아니라 반드시 해야 하는 필수적인 과정이고 많이 하면 할수록 좋다고까지 이야기하기도 합니다. 그러나 또 어떤 분들은 사전조사만 충분히 한다면 저 먼 지방의 부동산까지 둘러보고 올 필요도 없고, 굳이 여러 번 왔다 갔다 할 이유도 없다고 하시죠.

제 개인적인 의견으로는 현장답사는 한 번쯤은 꼭 해야 한다고 생각합니다. 그게 지금껏 제가 이야기했던 '돌다리도 두들겨보고 건너는 안전한 투자'이니까요. 하지만 바쁜 시간을 쪼개서 굳이 여러 번 현장을 둘러보고 올 필요는 없고요, 대신 한 번 현장답사를 갈 때 확실하게 조사를 하고 돌아오는 것이 낫다고 생각합니다. 물론 '나는 1년에 딱 한 번, 이 부동산 하나만 얻으면 된다'라고 생각하신다면 여러 번 조사하는 것도 나쁘지 않습니다. 노력하는 만큼 더 많은 정보를 얻고 보다 안전한 투자를 할 수 있을 테니까요.

계약을 통해 일반매매를 하는 경우에는 여러 번 현장답사를 가서 이것저것 물어보고 살펴보는 것이 좋습니다. 하지만 경매에 나온 물건이라면 하나의 매물에 너무 과하게 공을 들이는 것은 바람직하지 않습니다. 자꾸 보면 볼수록 정이 들고, 정이 들면 객관적이고 냉정한 입찰가 산정이 어려워지기 마련입니다. 또 그렇게나 정성을 많이 들였는데 입찰에서 떨어지기라도 한다면 입게 될 심적 타격도 클 것이고요.

그러므로 잘 아는 부동산의 종류나 지역일 때는 충분히 사전조사를 한 후 현장답사는 1회만으로 세부조사까지 다 마치고, 스스로 정보가 부족하다고 생각하거나 신중한 현장답사가 필요하다고 느낄 때는 2~3회 정도로 수고를 끝내는 편이 좋습니다. 하지만 모든 물건이 사전조사가 그렇게 간단하지만은 않을 테죠. 가장임차인, 유치권 등의 문제가 얽혀 있는 부동산은 좀 더 꼼꼼한 현장답사, 일명 '탐정놀이'가 필요할 것입니다. 이 내용은 3장 '권리분석 마스터하기'에서 자세하게 살펴보겠습니다.

정리하자면 특별한 경우를 제외하고는 현장답사는 가능한 1회, 많이 해야 2회 안으로 마치도록 해야 합니다. 한 번 조사할 때 확실히 하고 낙찰에 실패했을 경우를 대비해 다음 물건의 조사를 위한 체력과 정신력을 비축해두어야 하기 때문이죠. 또 현장에 갈 때 가능하면 두 개 이상의 비슷한 물건들을 함께 살펴보는 것이 좋습니다. 예를 들어 상계동의 33평형 한신아파트를 둘러봐야겠다고 생각했다면 사전조사 단계에서 먼저 그 주변에 비슷한 물건이 있는지 찾아보고 현장답사를 할 때 함께 살펴보는 겁니다. 다행히 상계 한신아파트 외에 다른 주공아파트의 물건이 2개 더 있다면 이때는 물건 3개를 한꺼번에 다 조사하는 것이 좋습니다. 첫 번째 물건을 낙찰받지 못하더라도 제2, 제3의 대안을 준비해둘 수 있으니 마음도 보다 여유로워지고 시간과 노력을 투자한 효과도 최대한 얻을 수 있기 때문이죠.

현장답사를 통해 가장 중점적으로 파악해야 할 것은 '정확한 시세'라고 앞에서도 여러 번 강조하였습니다. 시세 파악에 대한 내공이 쌓이면 어떤 부동산의 가격만 들어도 '싸다, 비싸다'라는 기준이 서게 될 겁니다. 이러한 내공을 쌓기 위해서는 가능한 한 많은 부동산의 가격을 살펴보고 비교해봐야겠죠. 이것이 현장답사를 갈 때 가능하면 둘 이상의 부동산을 조사해보라고 하는 또 다른 이유입니다.

현장답사 시 주의 깊게 살펴볼 것들은 무엇인가요?

현장답사 시 살펴봐야 할 항목들은 부동산의 종류에 따라 각기 다릅니다. 주택은 교통, 교육 여건, 편의시설, 도심으로의 접근성이 중요하고 상가는 유동인구와 상권이 가장 주요한 고려 항목인 것처럼 말이죠. 다음 페이지의 '나의 투자 지도'는 현장답사를 하면서 빠뜨리기 쉬운 중요 항목들을 사전에 정리해두고 이를 바탕으로 조사한 내용을 기입한 것입니다. 현장에서 조사하다 보면 놓치는 것들이 꼭 한두 개씩 있기 마련이니 충분한 사전조사를 통해 현장에서 꼼꼼히 확인해야 될 사항을 미리 적어두는 것이 좋습니다.

시간이 많아 여러 차례 다시 현장을 방문할 수만 있다면 문제될 건 없지만 1~2회 정도의 현장답사로 필요한 모든 것을 알아내고자 한다면 하나라도 놓치는 것이 있어서는 안 됩니다. 그러므로 현장답사를 하러 가기 전에는 반드시 확인할 사항을 적어두고 이를 꼭 지참해가시기 바랍니다. 현장에서는 순차적으로 항목을 하나씩 채워나가고 떠나기 전에 최종적으로 다시 한번 검토하는 시간을 가지십시오. 체크리스트에 기록해둔 사항만 빠뜨리지 않고 조사해도 흠잡을 데 없는 현장답사가 될 것입니다. 이렇게 꾸준히 연습을 하다 보면 현장답사 실력도 매일매일 쑥쑥 늘 겁니다. 실수를 할 가능성도 낮아질 것이고요.

나의 투자 지도(현장보고서)

사건번호	2021타경 106154	입찰일/현장조사일	2022-09-19(월) 조사일 2022-09-02 일
주소	부산시 해운대구 좌동 1450 에스케이뷰아파트 111동 17층 XXXX호		
면적	전용면적 49.98㎡(15.12평) 대지권 27.94㎡(8.,45평)	사용승인/방 개수	1998년 3월/방 2개, 욕실 1개
입찰 관련가	감정가 3억 500만 원, 최저가 3억 500만 원		
건물 체크리스트			
채광	남동향으로 빛은 잘 들어옴		
노후도	25년 된 아파트이나 1721세대 대단지이고 관리가 잘되어 있어 깨끗한 편임		
내부 구조	일반적인 아파트 구조, 거실과 발코니가 베란다까지 확장되어 있음		
주차장	주차장이 넓은 편. 지상 주차장 및 지하1, 지하2층 주차장 보유		
도시가스	열병합		
건물 균열	없음		
누수 여부	없음		
승강기 관리	없음		
미납관리비	70만 원		
주위 환경 체크리스트			
버스거리	2호선 장산역 도보 10분		

전철거리	2호선 장산역 843m		
편의시설 (마트, 은행 등)	단지 내에 슈퍼, 베이커리, 은행이 있음 인근에 근린공원 소재		
혐오시설	없음. 그러나 도로 옆이라 약간의 소음과 먼지가 있을 수 있음		
학교 수	동백초등학교, 신곡중학교		
학군 퀄리티	신도시라 학군 퀄리티가 뛰어나진 않으나 새로 생긴 학교들이라 깨끗하고 학생 수가 적으며 평판은 좋은 편임		
관공서	역 주변으로 나가야 함		
소음, 진동	도로 인접, 학교 근처라 약간은 있을 것으로 생각됨		
개발 가능성	주거 선호 지역		
이웃주민	대단지이나 중소형 평형대로 이뤄져 젊은 층 인구비중 높은 편		
동네 분위기	조용한 편임		
관리소 연락처	(051) 704-4008		
부동산 연락처	(051) 704-1171		
시세 파악			
매매	2억 8,000만~3억 2,000만 원	급매	
월세(개수)	보증금 2,000만 원, 월세 60만 원(6개)	전세(개수)	1억 7,000만 원(12개)
투자 POINT			
나의 의견	주거 선호도가 높고 생활 인프라가 잘 갖춰져 있어 목동 신시가지와 자주 비교되는 지역. 다만 중소형 평형대 위주라 지역 내 가격을 선도하기는 어려워 보임		
지역전문가 및 운영자 의견	대형 시공사라 시공품질이 우수함. 지어진 연수에 비해 깨끗하고 살기 좋다고 함. 최근 가격이 많이 상승하였고 조정기에 접어들었다고 함		

　　부동산 임대수익을 조사할 때는 단순히 '보증금 2,000만 원에 월세 60만 원이 되겠군' 정도로만 하면 안 됩니다. 최소한 '시세가 보증금 2,000만 원에 월세 60만 원인데 지금 월세 매물이 6개나 나와 있고, 이 중 두 개는 나온 지 두 달이 넘게 임대가 되지 않고 있는 물건들이니…. 내가 이 물건을 낙찰받아 빠른 시일 내 임대를 하려면 2,000만 원에 50만 원이나 1,000만 원에 60만 원 정도로 임대를 해야겠구나' 정도로는 조사가 이뤄져야 합니다. 그래야 낙찰을 받은 후에 오래도록 임대가 되지 않거나 뜻밖의 변수로 낭패를 입게 되는 일을 미연에 방지할 수 있습니

다. 매매가격도 마찬가지입니다.

예를 들어 2018~2021년에 이르는 아파트 가격 급등으로 서울에는 시세 3억 원 이하의 아파트가 큰 폭으로 감소했습니다. 부동산 가격이 상승하는 시기의 전형적인 현상이었죠. 이런 때는 시세가 3억 원이라 해도 그 가격에 나와 있는 일반 매물도 없고 경매시장에서의 경쟁도 치열하기 때문에 시세가 3억 원인 아파트의 낙찰가가 그보다 훨씬 높게 낙찰되는 경우가 빈번했습니다. 그러나 2022년 하반기에는 서울뿐만 아니라 전국적으로 아파트 가격이 조정기에 접어들었기 때문에 아파트 단지마다 매물이 대량으로 쌓여 있고 급매가 속출해도 통 매수세가 없습니다. 매물을 내놓고 2~3개월을 기다려야 하는 것은 기본이고, 6개월 이상 매도가 되지 않는 물건도 다수 존재합니다. 이런 시기에는 매도가격이 3억 원에 나와 있다 해도, 그 금액을 기준가격으로 잡았다가는 큰 낭패를 볼 수 있습니다. 이런 경우에는 시장에 나와 있는 가장 싼 가격의 매물들을 살펴보고 충분히 경쟁력 있다고 판단되는 가격으로 낙찰가를 정해야 합니다.

현장답사를 제대로 했는지는 어떻게 판단할 수 있을까요? 현장보고서의 빈칸을 모두 채웠다고 해서 완벽하게 조사했다고 말할 수는 없습니다. 이것은 스스로에게 물어보는 것이 가장 확실합니다. 현장답사를 다녀온 후에 해당 물건에 대해 확신이 생겼다면 사전조사와 현장조사가 충분히 이뤄진 것이니 얼마든지 입찰해도 좋습니다. 하지만 열심히 하긴 했는데 당최 확신이 들지 않고 아리송하기만 하다면 물건 자체가 별로이거나 조사가 제대로 이루어지지 않은 것입니다. 이때는 절대로 욕심을 부리거나 무리해서 입찰하지 마시길 당부드립니다. 성공하는 투자를 위한 첫걸음은 자신의 결정에 대한 확신이라는 것을 명심하세요.

감정평가서와 현황조사서를 100% 신뢰할 수 있나요?

인터넷을 통한 사전조사, 현장답사 외에도 우리가 정보를 얻을 수 있는 경로는 많습니다. 그러나 이 모든 것은 맛있는 음식을 만들기 위한 좋은 재료들이지, 그 자체로 하나의 요리가 되는 것은 아닙니다. 그러니 참고는 하되 100% 의지하고 신뢰해 모든 것을 결정하는 우는 범하지 마시기 바랍니다.

감정평가서 감정평가서는 앞에서 살펴본 바 있습니다. 경매사건이 접수되면 법원은 감정평가사에게 해당 부동산에 대한 조사와 평가를 요청합니다. 매물에 대한 감정을 의뢰받은 감정평가사는 해당 부동산을 조사한 후 일정한 기준에 따라 가격을 산정해 감정평가서를 작성하고 이를 법원에 제출합니다.

부동산경매 투자자들이 감정평가서를 통해 얻을 수 있는 정보는 굉장히 많습니다. 투자하려는 매물의 소재지나 부동산에 대해 잘 모르는 상태라면 감정평가서를 꼭 정독해보는 것이 좋습니다. 하지만 감정평가서만을 100% 믿고 투자를 결정해서는 안 됩니다. 특히 감정평가가격을 있는 그대로 받아들여서는 절대로 안 됩니다. 많은 부동산경매 투자자가 감정평가가격을 신뢰하는데, 이는 매우 위험한 믿음이라는 사실을 꼭 명심하셔야 합니다.

'낙찰가율'이라는 용어를 들어보셨을 겁니다. 부동산 전문가들도 자주 하는 말이고 언론에서도 빈번하게 사용하는 단어죠. 지금까지는 들어보지 못하셨던 분들도 앞으로는 자주 이 말을 듣고, 또 쓰게 되실 겁니다. 낙찰가율은 감정평가가격 대비 낙찰가의 비율, 즉 감정가에 비해 낙찰가가 높은지, 낮은지를 보여주는 지표입니다. 낙찰가율이 높으면 감정가에 비해 높은 가격으로 낙찰되었다는 것이고, 반대로 낮으면 감정가에 비해 낮은 가격으로 낙찰되었다는 것입니다.

그러면 어떤 부동산을 낙찰받았을 때 시세보다 비싼 가격으로, 또는 시세에 비해 싼 가격으로 구입한 것일까요? 이 명제가 충족되려면 반드시 필요한 조건이 있습니다. 바로 '감정가가 시세를 잘 반영하고 있어야 한다'는 것이죠. 그러나 실제로는 그렇지 않은 경우가 더 많습니다. 감정가가 시세와 꼭 맞아 떨어지는 경우는 열에 하나 정도밖에 되지 않고, 몇천만 원에서 몇억 원까지 차이가 나는 경우도 허다합니다. 그러므로 감정가와 비교해 '싸게 구입했다, 비싸게 샀다'는 것은 아무 의미가 없습니다. '실제 가격'과 비교할 때에만 그 의미를 가지기 때문이죠.

서울 양재동에 있는 하나의 다세대주택에서 여러 세대가 1년여에 걸쳐 하나씩 계속해서 부동산경매시장에 나온 적이 있었습니다. 면적은 모두 같고, 시세도 별반 차이가 없었죠. 하지만 가장 저렴한 매물은 2억 1,000만 원, 가장 비싼 매물은 3억 5,000만 원으로 감정가에서 큰 차이를 보였습니다. 이렇듯 감정평가서는 참고자료일 뿐, 절대적으로 신뢰하시면 안 됩니다. 낙찰가율 또한 입찰가격을 산정할 때 참고할 수 있는 지표일 뿐, 이를 투자 기준으로 삼으면 안 된다는 것을 명심하시길 바랍니다.

현황조사서 경매가 진행될 때 집행관이 현장을 방문하여 해당 부동산의 점유자 및 임차인 내역을 확인하여 작성하는 서류입니다. 이 현황조사서를 통해 그 부동산을 누가, 어떤 권리로 점유하고 있는지 확인할 수 있죠. 선순위임차인을 파악하고, 유치권을 조사하거나, 명도의 난이도를 가늠할 때도 현황조사서가 큰 도움이 됩니다.

감정평가서와 현황조사서는 경매가 진행될 때 우리의 투자 결정을 돕기 위해 반드시 첨부되는 서류이므로 입찰 전에 꼭 챙겨보는 습관을 기르시기 바랍니다. 요즘에는 신문 및 여러 언론매체에도 부동산경매와 경매물건에 대한 기사가 자주 게재됩니다. 이는 곧 부동산경매에 관심을 갖는 사람들이 그만큼 많아졌다는 것을 의미하죠. 그러나 언론 기사도 사실을 있는 그대로 전달하기보다는 기자가 인터뷰한 후 그 내용을 요약, 편집, 정리해서 작성하는 것이기 때문에 아무래도 주관적인 판단이 들어가고 내용이 첨삭되기 마련입니다. 그러므로 이 또한 있는 그대로 받아들이기보다는 비판적인 시각으로 살펴보는 것이 좋습니다.

구슬씨의 Level UP

주식 투자를 하다 실패한 일광 씨에게 부동산경매를 소개하다

차근차근 부동산경매를 위한 만반의 준비를 하던 구슬 씨는 은행 대출 건으로 재직증명서와 각종 서류가 필요해 인사팀을 찾았습니다. 오랜만에 입사동기인 일광 씨를 보았는데 안색이 매우 어두웠죠.

"일광 씨, 어디 안 좋아? 그간 얼굴이 너무 상했네."

"구슬 씨, 오랜만! 오늘 퇴근 후 저녁이나 같이 먹을까?"

"음… 선약이 있긴 하지만 미룰게. 요새 들어 부쩍 폭삭 늙은 듯한 우리 입사동기를 위해 오늘 내가 보양식 한번 사줘야겠네! 퇴근 후 저녁 같이 하자!"

"오케이, 그럼 이따 내 고민 상담도 좀 해줘. 내가 요새 심정이 말이 아니야."

퇴근 후 구슬 씨와 일광 씨는 회사 근처의 감자탕집을 찾았습니다. 일광 씨는 좀 더 고급스러운 음식을 사주겠다는 구슬 씨의 호의를 극구 사양하며 보양식도 보양식이지만 뜨거운 국물에 소주 한잔을 하고 싶다며 감자탕집을 고집했습니다. 눈치 빠른 구슬 씨는 심상찮은 기운을 느끼고 자리에 앉자마자 대체 무슨 일이 있었느냐며 빨리 속 시원히 털어놓으라고 일광 씨를 채근했습니다.

01 "구슬 씨, 나 최근에 주식 투자를 하다가 돈을 좀 많이 날렸어. 작년까지 계속 플러스 수익을 기록했는데 러시아-우크라이나 전쟁 여파에, 미국 금리인상 자이언트 스텝, 중국의 코로나로 인한 폐쇄 정책까지 무슨 사건이 그리도 많이 터지는지 작년 수익은 올해 초에 이미 다 까먹고 지금은 심각한 마이너스 상태야.

166

내년에 결혼하려고 모아놨던 돈까지 다 날렸지 뭐야. 투자가 잘될 때도 있고, 안될 때도 있는 거지만 손해 본 금액이 꽤 되니 답답하고 속상한 마음을 회복할 길이 없네. 작년에 기업분석까지 마스터하며 수익도 제법 짭짤하게 냈을 때는 내가 주식 투자에 천부적인 소질을 타고난 건 아닌가 했었는데…. 역시 초심을 잃고 자만했던 게 화근이었나 봐. 코인 투자가 좋다 해서 일부 자금을 넣은 것도 -99% 수익률을 기록하고 있고."

Answer "어쩌다가 장가갈 지참금까지 까먹었어?! 일광 씨가 주식 공부 시작했던 게 바로 1년 전이었지? 이번 일은 일광 씨가 부족하고 바보 같아서가 아니라 주식 공부와 내공이 부족하다는 걸 잠깐 잊고 자만했던 탓이 아닐까 싶네. 속상하겠지만 그래도 얼른 털고 다시 일어나야지. 이러다 돈 잃은 것도 모자라 몸까지 상하겠어. 그런데 여자 친구랑 내년 가을에 결혼하겠다고 했었잖아. 결혼 준비는 차질 없는 거야? 집 얻을 돈은 있어? 없다면… 일광 씨 이번 기회에 부동산경매 공부해보면 어때?"

02 "부동산경매? 나 이제 모아놓은 돈도 별로 남아 있지 않은데 주식보다도 더 많은 자금이 필요할 것 같은 부동산에 투자해보라고? 그리고 잘한다고 자부하던 주식 투자를 하면서도 지금 이 모양, 이 꼴이 됐는데 괜히 또 부동산경매까지 손을 댔다가 나 완전히 쪽박 차게 되는 거 아냐? 그리고 무엇보다 부동산경매가 주식 투자보다 훨씬 더 어렵지 않아?"

Answer "물론 쉽고 간단하진 않지. 하지만 일광 씨 지금 상황이 상황인 만큼 내년에 여자 친구랑 결혼해 살 집 하나 얻으려면 주식 투자로 대박을 터뜨려 손실금을 회복하고 엄청난 수익을 얻길 바라는 것보다 부동산경매 같은 좀 더 안전하고 손쉬운 투자 방법을 찾아보는 게 좋을 것 같아. 또 부동산경매를 공부해두면 경매 투자를 할 때뿐만 아니라 일반매매로 부동산을 구입할 때도 큰 도움이 될 거야. 세입자로 들어갈 때도 내 권리를 확실히 지킬 수 있게 될 테고. 왕년에 주식도 아주 조금 해봤던 내가 부동산경매를 공부하면서 느낀 건 주식에 비해 부동산경매가 훨씬 공부하기 쉽다는 거야. 무엇보다 불확실성이 낮다는 게 가장 큰 장점이지. 일광 씨도 잘 아는 것처럼 주식은 내가 아무리 열심히 조사하고 노력한 후에 투자를 해도 통제할 수 없는 외부 변수가 많잖아. 일광 씨가 금융위기, 그리스 부도 사태로 큰 피해를 본 것처럼 말이야. 하지만 부동산경매시장은 투자수익률을 뒤흔들 만한 변수가 훨씬 적어. 바꿔 말하면 사전에 준비만 확실히 하면 잘못될 가능성이 그만큼 낮아진다는 거지. 우크라이나 전쟁이 터지고 금융위기가 온다 해도, 주식시장은 혼돈이 오더라도 월세는 떨어지진 않잖아. 임대수익을 얻을 목적으로 부동산에 투자했다면 설령 세계 경제를 뒤흔드는 큰 사건이 터져도 거의 타격을 입지 않을 수 있고 말이야."

03 "부동산경매 거참 매력적이네? 이번에 워낙 큰 상처를 입어서 이제는 정말 위험한 투자는 하지 않겠다고 결심했거든. '내가 어떻게 모은 돈인데…'라는 생각이 머릿속에서 떠나질 않아서 더 힘든 거야. 부동산경매는 안전한 만큼 수익률은 낮겠지? 고위험 고수익, 저위험 저수익이니까."

Answer "꼭 그렇진 않아. 주식이나 일반 투자와 부동산경매가 다른 점은 시세보다 저렴한 가격으로 투자하는 것이기 때문에 충분히 싼 가격에 매수하기만 한다면 구입 시점부터 수익을 얻을 수 있다는 거야. 그에 반해 다른 투자는 구입한 후 시세가 오르면 수익을 얻고 내려가게 되면 손실을 입잖아. 부동산경매는 구입 시점부터 수익을 얻을 수 있으니 위험률이 낮으면서도 높은 수익을 얻는 것이 가능하지. 물론 모든 부동산이 다 고수익을 낼 수 있는 것은 아니니 수익을 낼 수 있는 좋은 물건을 보는 안목과 실력을 기르는 것이 필수일 테고."

04 "지금부터 부동산에 투자할 수 있을 만큼 돈을 모을 수 있을지는 모르겠지만 부동산경매를 공부해둬서 나쁠 건 없을 것 같아. 그런데 공부가 어렵진 않을

까? 기간을 얼마나 잡아야 하나? 필수적인 이론 공부는 얼마나 해야 할까?"

Answer "사실 나도 아직까지는 부동산경매에 대해 빠삭하게 아는 게 아니라서 얼마나, 어떻게 공부해야 하는지는 잘 모르겠어. 하지만 내가 한빛 씨에게 들은 바로는 책상 앞에서 공부해야 하는 건 그리 많지 않대. 이론적으로 공부할 내용이 좀 있긴 하지만 그걸 다 공부하고 투자하는 것보다는 기본적인 것, 필수적인 것만 공부하고 직접 현장에 나가서 조사하고 알아보는 게 훨씬 더 좋고, 효율적이고, 또 바람직하다고 들었어. 기간은 최소 3개월로 잡고 부동산경매에 관련된 서적들을 몇 권 정독하고, 집중적으로 공부해야 할 내용이 있다면 온·오프라인 강의를 찾아다니면서 듣고, 투자 커뮤니티 활동도 열심히 하면서 선배들의 투자 성공 경험담을 잘 새겨들으면 현장에 나갈 정도의 기초 실력은 닦을 수 있대. 부동산경매시장은 주식시장과 달리 체급별로 경기를 한다더라고. 그렇기 때문에 나만 철저하게 준비하고 뛰어들면 어느 정도 승률을 보장받을 수 있는 안전한 시장이래. 그러니 한번 찬찬히 시작해보도록 해."

05 "체급별로 경기를 한다고? 주식시장에서 초보 투자자들은 기관투자자들이나 작전 세력들과 맞서 싸워 이기기 어려운 게 사실이지. 난 부동산경매시장도 당연히 그런 줄 알았는데 아니야? 부동산경매시장에서 왜 투자 고수나 자산가들은 초보 투자자들의 시장에 뛰어들지 않는 거야?"

Answer "주식시장은 커다란 사각 링에서 모든 투자자가 똑같은 조건으로 싸우는 무한대결의 장이야. 엄청난 내공을 가진 고수이건, 대단한 자금 규모를 가진 자본가이건, 아무것도 모르는 생초보 투자자이건 공평하게 싸우는 거지. 체급별 차이에 대한 핸디캡이 적용되지 않으니 초보 투자자라도 고수와 자본가를 꺾고 수익을 내야 하잖아. 매우 어렵고 힘든 일이지.

그러나 부동산경매시장은 시장이 보이지 않는 유리막으로 분리되어 있다고 생각하면 돼. 초보 투자자나 자본이 적은 사람들은 몇천만 원 선의 주거용 부동산을 선호하고, 투자 고수와 자본가들은 규모가 큰 것을 좋아하기 때문이지. 진정한 투자 고수들은 권리관계가 복잡하게 얽혀 있는 매물도 별로 꺼리지 않아. 그래서 초보 투자자들은 같은 체급의 초보자들하고만 경쟁할 수 있는 거야. 물론 그 안에서도 실력 차이는 있을 테고 개인의 노력 여하에 따라 수익률은 달라지겠지.

일광 씨가 좋아하는 야구에 비교한다면 주식시장은 프로야구선수를 꿈꾸는 유치원 꼬마가 메이저리그의 선수들과 경쟁하는 곳이고, 부동산경매시장은 유치원 꼬마는 아동리그에서, 프로선수는 프로리그에서 따로따로 뛰는 거야. 상식적으로 생각해봐. 20억 원을 가지고 있는 자산가가 500만 원의 수익을 얻고자 5,000만 원짜리 부동산에 눈독을 들이겠어? 수익성이 보장된다고 해도 투자 고수나 자산가들은 작은 부동산에 투자할 자금, 시간, 노력을 아껴 규모 있는 부동산에 투자하는 데 쏟을 거야."

06 "부동산경매는 시장이 분리되어 있다는 게 참 좋구나! 처음부터 강한 상대와 맞붙는 것이 아니니 훨씬 더 승산이 있는 거고, 그러니 더 안전한 거겠지. 그런데 말이지…. 오늘 보니 구슬 씨 굉장히 똑똑하구나!"

Answer "이 사람이! 그럼 내가 원래는 좀 모자라 보였단 얘기야? (눈을 흘겼다가 웃으며) 나도 부동산경매에 관심을 가지게 된 것은 얼마 되지 않았어. 최근에 공부를 시작하게 돼서 한빛 씨에게 이것저것 한참 많이 배우고 있지. 오늘 내가 말한 내용들도 모두 한빛 씨가 가르쳐준 거야. 나도 이렇게 일광 씨에게 쭉 설명해주니 뒤죽박죽 섞여 있던 나의 부동산경매 지식들이 머릿속에 착착 체계적으로 정리되는 기분이야. 오늘 만남은 서로에게 도움이 많이 됐네." (웃음)

07 "구슬 씨, 오늘 정말 고마워! 신세 한탄 실컷 했더니 답답했던 가슴이 뻥 뚫리는 기분이야. 고민 상담하며 뜻밖에 큰 가르침도 얻었고 말이야. 이제 절망 속에서 희망이 조금 보인다! 얼른 기운 차리고 마음도 다시 다잡고 더 열심히 살아야지! 부동산경매에 먼저 입문한 선배로서 앞으로 많은 지도 편달 부탁해!"

Answer "나도 아직 한참 부족해. 한빛 씨를 통해 열심히 배우면서 나도 많은 정보와 지식을 일광 씨에게 전해줄게! 우리 부동산경매 공부 열심히 해서 성공하는 부동산 투자자가 되어보자고! '땅땅' 거리며 살게 될 그날을 위해 힘내자고! 아자아자, 파이팅!"

부동산경매의 늪에 빠지지 않기 위해 꼭 알아두어야 할 3가지

첫째, 부동산경매는 부자가 되기 위한 최고의 투자 방법이 아님을 명심하세요!

부동산경매는 부동산 투자를 하기 위한 방법 중 하나일 뿐입니다. 부동산경매를 공부했으니 앞으로는 무조건 경매를 통해서만 부동산에 투자해야 한다거나, 경매시장에서 낙찰받는 것이 가장 유리한 부동산 투자라고 착각하시면 절대 안 됩니다.

둘째, 아무리 열심히 부동산경매를 공부했다고 해도 투자 경험이 많지 않다면 절대 자만하지 마세요!

초보 투자자는 햇병아리와 같습니다. 머리도 커지고 몸집이 좀 좋아졌다고 해서 '나는 이제 갓 부화한 햇병아리들과는 노는 물이 달라!'라고 생각하시면 절대 안 됩니다. 아직도 한참 동안은 햇병아리들과 별 차이가 없기 때문이죠. 어린 병아리들은 시야도 좁고, 사고의 폭이 한정되어 있고, 위기에 대처해나갈 힘과 지식도 부족합니다.

그렇기 때문에 세상을 살아가기 위해서 배워야 할 많은 것을 가르쳐줄 어미닭이 꼭 필요합니다. 이런 역할을 하는 사람을 우리는 '투자 멘토'라고 부릅니다. 부동산경매에 입문하셨다면 투자 고수이건, 강사이건, 선배이건 꼭 한 명 이상의 투자 멘토를 만들도록 하세요. 그리고 투자 멘토가 "이제 그만 하산하거라"고 하기 전까지는 절대 자만하지 마세요.

셋째, 투자 멘토를 정했다면 정말 열심히 배우세요. 그리고 끊임없이 노력하세요!

저는 개인적으로 사람을 어떤 목적을 갖고 만나는 것을 무척 싫어합니다. 하지만 부동산경매 초보 투자자분들께는 투자 멘토로 모실 분을 정하셨다면 존경하는 마음을 가지고 마음껏 그분을 이용하라고 말씀드리고 싶습니다. 특히 투자를 결정하기 전에는 반드시 투자 멘토에게 자문을 구하시기 바랍니다. 투자한 다음에 확인차 하는 질문은 아무런 의미가 없습니다. 실력 좋은 투자 멘토라 해도 이미 엎질러진 물을 주워 담아줄 수는 없으니까요.

스스로 '나는 이제 클 만큼 컸다'라는 생각이 들기 전까지는 어미닭 곁에서 피가 되고 살이 되는 잔소리를 귀담아 들으시기 바랍니다. 투자의 세계에서 한 번의 실수는 바로 실패로 직결된다는 것을 명심하시고요. 궁금하거나 잘 모르는 것이 있다면 바로바로 투자 멘토에게 자문을 구하고 항상 신중하게, 조심, 또 조심하며 투자 결정을 내리시길 거듭 당부드립니다.

03

권리분석
마스터하기

지금까지 부동산경매를 시작하기 위해 기초체력을 닦고
준비체조를 했다면 이제부터는 실전경기 돌입을 위한
필살기, 권리분석을 배워봅시다!

"

권리분석을 왜 부동산경매의 꽃이라고 하는 걸까요?

그 어렵다는 권리분석, 정말 꼭 공부해야 하는 건가요?

권리분석은 부동산경매를 위해서뿐만 아니라

일반매매, 임대차계약을 위해서도 꼭 필요한 지식입니다!

권리분석을 배워서 날카로운 투자의 눈을 가집시다!

"

구슬 씨의 GrowUP

부동산경매 공부를 시작한 후 부딪힌 첫 번째 난관

한참 부동산경매 공부에 재미를 붙여가던 구슬 씨는 이제 어느덧 다른 사람들에게도 부동산경매와 관련된 내용을 술술 이야기해줄 정도가 되었습니다. 그러나 부동산경매의 꽃이라고 하는 권리분석만큼은 여전히 두렵고 자신이 없는 게 사실이었습니다. 그래서 구슬 씨는 주말을 이용해 권리분석에 대해 제대로 공부해보고자 마음먹고 특강을 신청했습니다.

기다리고 기다리던 주말, 강의실에서

강의실에는 남녀노소를 불문하고 많은 사람이 앉아 있었습니다. 빈자리가 거의 없었죠. 구슬 씨는 남은 자리 중 그나마 명당이라고 할 수 있는 앞쪽 중앙 자리에 앉았습니다. 그리고 강의 시작 전에 강사님의 이력과 교재를 훑어보았습니다. 또 그동안 궁금했던 내용들을 정리해둔 목록과 오늘 들을 강의 내용을 비교해보며 언제 이 질문들을 쏟아내야 하나 살펴봅니다.

수업이 시작되자 구슬 씨는 그 큰 눈을 더 동그랗게 뜨고 강사님의 수업에 집중했습니다. 오늘 들인 수업료가 하나도 아깝지 않을 만큼 권리분석을 완벽하게 마스터하고 가겠다는 다짐을 불태우면서 말이죠.

권리분석의 기초는 어느 정도 공부를 해둔 덕에 구슬 씨는 다행히도 수업 초반부의 내용은 대부분 이해가 잘되었습니다. 그러나 수업이 중반부에 접어들며 권리분석의 다양한 실전 사례를 공부하면서부터는 어려운 예제들을 보는 순간 숨이 턱턱 막혔습니다. 잠깐 정신이 아득해져 딴 생각을 하는 사이 구슬 씨의 영혼은 강의실을 떠나 저 먼 안드로메다로 향하는 것만 같았습니다. 강사님의 설명도 한 귀로 들어갔다가 다른 한 귀로 그대로 흘러나갔죠.

"1순위 근저당권자인 인천상호저축은행의 임의경매신청 사건입니다. 먼저 등기사항전부증명서에 등기된 권리에 대해서 살펴보겠습니다. 말소기준권리인 20××년 1월 28일에 설정된 인천상호저축은행의 근저당을 포함해 이후 등기된 모든 권리가 매각으로 깨끗이 소멸됩니다. 등기사항전부증명서에 등기되지 않는 권리에 대해서도 살펴보겠습니다. 이 부동산에는 현재 20××년 4월 11일자로 전입신고를 하고 확정일자를 받고 들어온 임차인 김인호 씨가 거주하고 있습니다. 김인호 씨의 대항력 발생일은 말소기준권리보다 늦기 때문에 후순위임차인이 되어 임차권이 말소기준권리와 함께 소멸됩니다. 말소기준권리 이하 모든 권리가 깨끗이 소멸되므로 입찰해도 좋은 안전한 물건입니다."

잠깐 정신을 놓았던 구슬 씨는 이렇게 권리분석과의 싸움에서 제대로 시작도 해보지 않고 포기할 수는 없다는 생각에 마음을 가다듬고 다시 강의에 집중합니다. 정신을 똑바로 차리고 강사님의 설명을 들으며 여러 사례를 살펴보다 보니 여전히 어려운 문제들도 있긴 했지만 제법 술술 풀리는 문제들도 있었습니다. 구슬 씨는 역시 뭐든 마음먹기에 달려 있다는 새삼 뻔한 교훈을 다시 한번 깨달으며 오늘 강의를 듣기 정말 잘했다고 생각합니다.

구슬 씨가 오늘 강의에서 배운 핵심 내용은 다음 세 가지입니다.

1 권리분석의 출발은 부동산 등기사항전부증명서다.
2 권리분석의 마무리는 매각물건명세서이다.
3 말소기준권리만 확실히 이해해두면 대부분의 경매물건은 손쉽게 권리분석을 할 수 있다.

하지만 오늘 강의를 통해 얻은 가장 중요한 교훈은 '대부분의 물건은 권리분석보다 매물 조사와 현장답사가 훨씬 중요하다'는 것이었습니다. 구슬 씨는 최근 들어 '부동산경매에서는 권리분석이 가장 중요하다는데 나는 이쯤에서 부동산경매 공부를 포기해야 되는 게 아닐까?' 하고 생각하고 있었습니다. 그런데 오늘 '역시 무슨 일이든 기본이 가장 중요하구나' 하고 불변의 진리를 깨닫고 다시 힘을 내게 되었죠. 구슬 씨는 앞으로 권리분석만큼이나 부동산 물건을 조사하고 시세를 파악하는 일을 절대 가벼이 여기거나 소홀히 하지 않겠다고 굳게 마음먹습니다.

01

권리분석, 알고 보면 참 괜찮은 녀석입니다!

권리분석이 정말
그렇게 어렵나요?

권리분석은 꼭 해야 하는 건가요?

부동산뿐만 아니라 모든 재화에 투자를 할 때는 반드시 권리관계를 확인해야 합니다. 15캐럿짜리 다이아몬드를 투자 목적으로 구입했다고 해봅시다. 만약 이 보석이 도난품이었다면 어떻게 될까요? 큰 낭패를 겪을 수 있겠죠? 계약을 통한 일반적인 부동산 거래도 마찬가지입니다. 물론 공인중개사에서 문제가 될 수 있는 사항들을 확인하고 조정해주긴 하지만 매수인도 자신이 구입하려는 부동산 등기사항전부증명서에 근저당권, 압류, 가압류 등의 여러 권리가 등기되어 있지는 않은지, 문제는 없는지 등을 꼭 살펴봐야 합니다.

이렇게 투자자가 투자 대상의 소유권을 취득하는 데 문제가 되는 부분들은 없는지를 살펴보는 일련의 과정을 '권리분석'이라고 합니다. 부동산경매시장에 나온 물건이나 권리분석이 필요하고, 일반적으로 거래되는 부동산은 그런 권리분석이 필요하지 않다는 생각은 잘못된 것입니다. 특히 임차인(부동산을 빌리는 쪽)이라면 임대차계약 전, 입주할 부동산에 대한 권리분석을 반드시 해봐야 합니다. 그럼 사례를 통해 권리분석의 필요성에 대해서 한번 살펴보겠습니다.

사회생활 3년 차 직장인 정민하 씨는 요즘 집 때문에 울상입니다. 현재 살고 있는 오피스텔의 2년 계약기간이 끝나면서 집주인이 전세금을 4,000만 원이나 올리겠다고 했기 때문이죠. 민하 씨는 갑자기 어디서 4,000만 원을 마련할 수 있느냐며 우는 소리를 했지만 집주인은 시세가 그렇게 올랐으니 자신도 어쩔 수 없다며 연장할 의사가 없으면 집을 비워달라고 합니다. 민하 씨는 1억 원이 넘는 전세금을 감당할 수 없어 이사를 나가겠다고 했고, 그래서 요즘 주말마다 새로 나온 전세 물건은 없는지 인근 부동산을 돌아다니며 열심히 알아보고 있습니다. 그러던 어느 날, 민하 씨는 공인중개사로부터 괜찮은 전셋집 매물이 나왔다는 연락을 받습니다. 혹시 누가 채갈까 싶어 그날로 당장 부리나케 달려가 살펴보았더니 신축건물에, 기존에 살고 있던 집보다 내부도 널찍하고, 가격도 9,000만 원밖에 하지 않았습니다. 민하 씨는 이 매물을 놓치고 싶지 않은 마음에 서둘러 계약했습니다. 공인중개사에서는 부동산 소유자가 제법 큰 규모로 사업을 하는 분이고, 권리상에도 큰 문제가 없으니 안심하고 계약하라고 이야기해주었습니다. 민하 씨 역시 특별히 걱정할 일은 없다고 생각해 서둘러 계약을 했던 것이었죠.

그런데 이사한 날로부터 약 7개월이 지난 어느 날, 법원에서 우편물이 하나 날아왔습니다. 불길한 예감을 애써 뿌리치며 '법원에서 나한테 무슨 일로 우편물을 보낸 거지?' 하고 살펴보던 민하 씨는 화들짝 놀라게 됩니다. 민하 씨가 살고 있는 부동산이 경매에 넘어간다는 내용의 공문이었기 때문이었죠. 민하 씨는 깜짝 놀라 주변 분들께 어떻게 이 문제에 대처해야 할지 자문을 구했습니다. 그러나 긍정적인 이야기는 하나도 듣지 못하고 보증금을 몽땅 잃을 수도 있으니 단단히 각오하라는 이야기만 몇 번을 들었는지 모릅니다.

민하 씨는 "내가 어떻게 모은 전세금인데! 내 집 마련은 못 하더라도 월세를 꼬박꼬박 내며 살고 싶진 않아서 전세를 얻었던 건데…. 왜 내게 이런 일이 일어난 걸까?" 하고 속상해했습니다. 그러나 이미 때는 늦어도 한참 늦은 뒤였습니다.

민하 씨가 잘못한 것은 무엇일까요? 전셋집을 구하면서 권리분석을 소홀히 했던 것이 민하 씨가 저지른 가장 큰 실수입니다. 부동산경매를 하지 않더라도, 부동산에 투자하지 않더라도, 셋방살이를 하더라도 이런 일은 충분히 일어날 수 있습니다. 그렇기 때문에 '나는 부동산경매를 하려는 게 아니니까. 뭐 내가 지금 당장 부동산에 투자할 것도 아니고. 해도 나중에 천천히 해야지'라고 생각하시는 분이 있다면 소 잃고 외양간 고치게 될 수도 있다는 것을 유념해두셔야 할 것입니다. 권리분석은 부동산에 대해 공부할 때 들어도 그만, 안 들어도 그만인 선택과목이 아니라 반드시 배워야만 하는 필수과목입니다.

권리분석을 하기 위해서는 먼저 투자 목적을 분명히 해야 합니다. 민하 씨처럼 임차인으로 집을 구하는 경우라면 입주할 부동산의 시세와 대출금을 확인하고 보증금을 안전하게 지킬 수 있을지를 파악하는 것이 우선적으로 할 일입니다. 예를 들어 대출금 2억 원이 들어가 있는 부동산의 가격이 3억 원이고, 전세보증금이 1억 2,000만 원이라면 이 임차인은 보증금을 손해볼 가능성이 큽니다. 그러나 똑같이 대출금이 2억 원이라도 시세가 5억 원인 집이라면 위험할 일은 별로 없죠.

본격적으로 권리분석을 하면 확인해야 할 사항들이 엄청나게 많아질 것입니다. 그러나 권리분석의 핵심만 알아도 복잡하고 어려운 문제들을 매우 쉽고 간단하게 풀 수 있을 것입니다. 권리분석의 핵심은 딱 두 가지, '소멸과 인수'입니다.

소멸과 인수 중에 어떤 게 더 좋은 건가요? 뭐가 더 중요하죠?

아무래도 뭐라도 얻는 것이 좋은 것이니 '인수'가 더 좋은 게 아니냐고 하시는 분들이 계실 수 있습니다. 앞으로 권리분석을 공부하면서 차차 알게 되겠지만 취득하기 좋은 부동산은 모든 권리가 깨끗이 소멸되어 인수할 권리가 없는 것입니다. 부동산경매는 등기사항전부증명서를 깨끗하게 세탁하는 유일한 방법입니다. 즉, 경매로 매각을 진행해 그 부동산에 등기되어 있던 갖가지 권리들을 모두 지우고 새 출발을 할 수 있도록 해주는 것이죠. 이 말소 기능 덕분에 오히려 일반매매보다 경매를 통해 부동산을 취득하는 것이 권리상 더 안전한 경우가 많습니다.

경매시장에 나와 있는 수많은 부동산 중에서 안전한 혹은 위험한 물건은 어떻게 구분하나요?

이에 대한 답 또한 '소멸과 인수'에서 찾을 수 있습니다. 매각을 통해 모든 권리가 소멸(말소)되는 물건은 안전한 물건입니다. 전체 경매물건 중 80~90%가량이 여기에 속하죠. 반면 소멸되지 않는 권리(인수)가 있는 것은 위험한 물건입니다. 권리분석은 인수되는 권리가 없는 안전한 물건을 골라내는 절차입니다.

권리에도 종류와 순위가 있다고요?

본격적으로 권리분석을 공부하고자 한다면 먼저 '물권과 채권'에 대한 개념을 정확하게 이해해둬야 합니다. 물권과 채권은 전혀 다른 개념이니 혼동해서는 절대 안 됩니다. 물권은 특정한 물건(부동산)을 직접 지배하고 사용하면서 이를 통해 수익을 얻을 수 있는 권리입니다. 채권은 채무자에게 일정한 금액이나 행위를 요구할 수 있는 권리이고요. 이렇게 정의만 봐서는 좀처럼 무슨 뜻인지 이해가 잘 안 되시죠? 좀 더 쉽게 설명해보겠습니다.

물권 vs. 채권

물권이란 처음부터 해당 부동산 자체에 설정된 권리입니다. 반면 채권은 부동산이 아닌 사람에게 발생하는 권리입니다. 이것만 잘 기억해두셔도 앞으로 물권과 채권을 혼동할 일은 없으실 겁니다. 그렇다면 물권과 채권 중 부동산에 대해 더 막강한 힘을 갖는 권리는 어떤 것일까요? 바로 물권입니다. 채권은 소유자(사람)에서부터 출발한 권리지만 물권은 처음부터 그 부동산을 목적으로 설정된 것이기 때문이죠. 갑이 을에게 1억 원을 빌려줄 때 **1** 을의 2억 원짜리 부동산을 담보로 저당권 1억 원을 설정하고 빌려주는 경우와 **2** 차용증 및 상환각서를 받고 1억 원을 빌려주는 경우를 비교해서 살펴보겠습니다.

저당권
채무자가 담보로 제공한 물건을 담보 제공자가 점유·이용할 수 있도록 하고 채무가 이행되지 않을 때 그 물건에서 우선적으로 변제받을 수 있는 권리를 말합니다.

　　1의 경우에는 갑이 을을 믿고 돈을 빌려주었다기보다는 을이 가진 부동산의 담보가치를 믿고 자금을 빌려줬다고 할 수 있습니다. 만약 을이 정해진 기간 내에 1억 원을 갚지 못하면 갑은 저당권*을 근거로 해당 부동산에 대한 경매신청을 할 수 있습니다. 별도의 소송이나 어려운 법적 절차도 전혀 없죠.

　　반면 **2**의 경우는 조금 다릅니다. 을은 정해진 기간까지 반드시 1억 원을 갚겠다고 확약을 하고 차용증과 상환각서를 작성합니다. 시일 안에 돈을 갚지 못하면 소유하고 있는 부동산을 넘겨주겠다고 호언장담하는 것이죠. 그러나 만약 을이 정해진 기간 내에 갑으로부터 빌린 돈을 상환하지 못한다면 어떻게 될까요? 이때 갑이 을에게 할 수 있는 것은 독촉전화를 하건, 찾아가서 으름장을 놓건 상환을 재촉하는 방법밖에는 없습니다. 처음부터 담보가 없었기 때문이죠.

　　그럼 대체 각서는 무엇에 쓰냐고요? 각서는 갑이 을에게 1억 원을 청구하는 소송에서 승소하는 데 기여할 유리한 증거자료이긴 하지만 그 자체가 강제로 돈을 받아낼 힘은 갖고 있지 않습니다. 만일 을이 2억 원 상당의 부동산을 소유하고 있다는 것을 갑이 알아냈다고 해도 각서를 근거로 그 부동산에 대해서 권리를 주장할 수는 없습니다. 대신 갑은 자신이 을에게 돈을 빌려주었다는 증거자료들을 근거로 가진 부동산에 가압류를 등기할 수 있습니다.

　　그러나 여기까지 힘들게 오더라도 을이 배짱을 부리며 돈을 갚지 않으면 돈을 받아낼 수 있는 마땅한 방법이 없습니다. 그러면 갑은 또다시 그 부동산을 경매로 매각하기 위한 소송을 제기해야 합니다. 이 소송에서 이겨야만 비로소 그 판결문으로 경매신청을 할 수 있죠. 이렇듯 채권은 물권에 비해서 억울한 경우를 많이 당합니다. 즉, '물권이 채권에 우선한다'고 생각하면 됩니다.

배타성과 순위

하나의 물건에 어떤 물권이 존재하면 이 물권과 양립할 수 없는 성격의 다른 물권은 존재할 수 없다는 것이 배타성입니다. 만약 갑이 을을 포함해서 여러 사람에게 1억 원씩 빌리면서 "내가 이 돈을 갚지 못하면 2억 원짜리 내 집을 가지시오"라고 했다면 돈을 빌려준 사람들은 모두 1억 원의 '채권'을 가질 수 있습니다. 채권은 배타적이지 않고 평등하기 때문이죠. 하지만 갑이 1억 원을 빌리는 대가로 을에게 그 집의 소유권을 넘긴 경우라면 다른 채권자들은 이 집의 소유권을 주장할 수 없습니다. 물권은 이런 배타성으로 인해 순서를 가집니다. 따라서 권리를 주장하는 것도 순서에 따라 이뤄지죠. 부동산이 경매를 통해 매각되면 그 낙찰대금으로 권리 순서에 따른 배당이 진행됩니다.

반면 채권은 1960년에 설정되었든, 2022년에 설정되었든 상관없이 똑같은 순서로 금액에 따라 평등하게 배당이 이루어집니다. 물권은 설령 같은 날에 등기되었다고 하더라도 등기사항전부증명서에 기재된 순위번호와 접수번호를 따져 앞선 순서대로 배당이 이루어지죠.

물권과 채권의 종류에는 여러 가지가 있지만 부동산경매를 하며 흔히 접하게 되는 것들은 그리 많지 않을 것입니다. 물권은 저당권, 근저당권, 담보가등기, 전세권 등일 것이고, 채권은 압류, 가압류, 가처분, 임차권 등일 것입니다. 이런 권리들에 대해서는 이번 장의 뒷부분에서 보다 자세히 다루도록 하겠습니다. 우선은 물권과 채권의 차이점과 그 종류만을 확실히 기억해두시면 되겠습니다.

등기사항전부증명서로 권리분석을 할 수 있나요?

앞으로 배울 권리들은 모두 이 물권과 채권 둘 중 하나에 속합니다. 그 권리가 물권인지, 채권인지에 따라 성격이 다르므로 각 권리들이 둘 중 어디에 속 하는지는 반드시 기억해두시는 것이 좋습니다. 권리분석의 첫걸음은 부동산에 대한 대부분의 권리가 등기되는 등기사항전부증명서를 살펴보는 것에서부터 시작합니다. 등기사항전부증명서에 등기되지 않는 권리들은 뒤에서 살펴보겠습니다.

등기사항전부증명서를 열람하는 방법은 모두 숙지하셨으리라 믿고 배웠던 내용을 되돌아보며 확실히 새기고 다음 진도를 나가겠습니다. 앞에서 살펴보았듯이 등기사항전부증명서는 표제부, 갑구, 을구로 구분되어 있습니다. 다시 한번 정리하면,

1 표제부는 부동산의 사실관계에 대한 설명이고
2 갑구는 해당 부동산의 소유권과 관련된 사항에 대한 설명이며
3 을구는 소유권 외의 권리에 대한 설명입니다.

그럼 이제부터 실제 등기사항전부증명서를 통해 자세히 살펴보겠습니다.

표제부를 통해 이 토지는 인천시 강화군에 위치한 542㎡의 밭이라는 것을 알 수 있습니다. 갑구를 통해 본 부동산은 몇 차례 임의경매와 강제경매신청이 되었다가 취하된 적이 있고, 2022년 2월에 임의경매가, 2022년 4월에 강제경매가 결정된 것을 알 수 있네요.

등기사항전부증명서 (말소사항 포함)
- 토지 -

고유번호 1245-1996-122685

[토지] 인천광역시 강화군 화도면 덕포리 410

【 표 제 부 】		(토지의 표시)			
표시번호	접 수	소 재 지 번	지 목	면 적	등기원인 및 기타사항
~~1~~ (전 1)	~~1926년10월8일~~	인천광역시 강화군 화도면 덕포리 410	전	164평	
					부동산등기법 제177조의 6 제1항의 규정에 의하여 1999년 03월 09일 전산이기
2		인천광역시 강화군 화도면 덕포리 410	전	542㎡	면적단위환산 2004년6월28일 등기

【 갑 구 】		(소유권에 관한 사항)		
순위번호	등 기 목 적	접 수	등 기 원 인	권리자 및 기타사항
1 (전 1)	소유권보존	1926년10월8일 제4342호		소유자 유현수 강화군 화도면 덕포리 406
				부동산등기법 제177조의 6 제1항의 규정에 의하여 1999년 03월 09일 전산이기
2	소유권이전	2004년6월24일 제19933호	1986년8월23일 협의분할에 의한 재산상속	소유자 유경자 600802-******* 서울 동작구 상도동 159-285 401호
2-1	2번등기명의인표시 변경	2015년12월8일 제33265호	2014년1월6일 전거	유경자의 주소 서울특별시 동작구 매봉로 134, 4동 503호 (본동,신동아아파트)
3	~~임의경매개시결정~~	~~2018년6월11일~~ ~~제16881호~~	~~2018년6월7일~~ ~~인천지방법원의~~ ~~임의경매개시결~~ ~~정(2018타경166~~ ~~54)~~	~~채권자 원클릭농산주식회사 170111-0421446~~ ~~대구광역시 달서구 월성로 77, 상가 가동~~ ~~205호 (월성동,월성주공아파트2단지)~~

[토지] 인천광역시 강화군 화도면 덕포리 410

순위번호	등 기 목 적	접 수	등 기 원 인	권리자 및 기타사항
4	3번임의경매개시결정등기말소	2018년6월29일 제18988호	2018년6월26일 취하	
5	임의경매개시결정	2019년10월14일 제28929호	2019년10월14일 인천지방법원의 임의경매개시결정(2019타경30350)	채권자 원클릭농산주식회사 170111-0421446 대구광역시 달서구 월성로 77, 상가 가동205호 (월성동,월성주공아파트2단지)
6	5번임의경매개시결정등기말소	2020년6월9일 제17050호	2020년6월4일 취하	
7	강제경매개시결정	2020년7월28일 제23190호	2020년7월28일 인천지방법원의 강제경매개시결정(2020타경16961)	채권자 ━━━━ 611218-******* 서울특별시 동작구 ▨▨▨▨▨
8	7번강제경매개시결정등기말소	2020년9월3일 제27063호	2020년9월1일 취하	
9	강제경매개시결정	2020년12월14일 제37018호	2020년12월14일 인천지방법원의 강제경매개시결정(2020타경529498)	채권자 오케이에프앤아이대부주식회사 110111-2343343 서울특별시 중구 수표로 23, 11층1102호, 12층1201호, 12층1202호 (저동2가,안동빌딩)
10	9번강제경매개시결정등기말소	2022년1월24일 제2028호	2022년1월19일 취하	
11	임의경매개시결정	2022년2월7일 제3181호	2022년2월7일 인천지방법원의 임의경매개시결정(2022타경1291)	채권자 원클릭농산 주식회사(변경전상호:원클릭농산대부 주식회사) 170111-0421446 대구 달서구 월성로 77, 상가 205호 (월성동, 월성주공2단지)
12	강제경매개시결정	2022년4월13일 제10035호	2022년4월13일 인천지방법원의 강제경매개시결정(2022타경509016)	채권자 주식회사 오케이저축은행 110111-5062289 서울 중구 세종대로 39, 10층 (남대문로4가, 서울상공회의소)

을구에는 근저당권 2건과 지상권 1건이 등기된 것을 볼 수 있습니다.

[토지] 인천광역시 강화군 화도면 덕포리 410

【 을 구 】 (소유권 이외의 권리에 관한 사항)				
순위번호	등 기 목 적	접 수	등 기 원 인	권리자 및 기타사항
1	근저당권설정	2005년7월21일 제19264호	2005년7월21일 설정계약	~~채권최고액 금18,200,000원~~ ~~채무자 유경자~~ ~~서울 동작구 상도동 159-285 401호~~ ~~근저당권자 화도농업협동조합 124536-0000147~~ ~~강화군 화도면 상방리 952-2~~

1-1	1번등기명의인표시
	변경
		2015년12월8일
		제33266호
			2015년1월27일
			합병
				화도농업협동조합의 성명(명칭)
				     강화남부농업협동조합
				강화남부농업협동조합의 등록번호
				    124536-0003109
				강화남부농업협동조합의 주소 인천광역시
				    강화군 길상면 길상로 298
				강화남부농업협동조합의 취급지점 화도지점

1-2	1번근저당권변경	2015년12월8일 제33267호	2014년1월6일 전거	유경자의 주소 서울특별시 동작구 매봉로 134, 4동 503호 (본동,신동아아파트)
1-3	1번근저당권변경	2015년12월8일 제33268호	2015년12월8일 변경계약	채권최고액 금25,000,000원
2	지상권설정	2005년7월21일 제19265호	2005년7월21일 설정계약	목 적 건물 및 공작물의 소유 범 위 토지의 전부 존속기간 2005년 7월 21일부터 만30년 지 료 없음 지상권자 화도농업협동조합 124536-0000147 강화군 화도면 상방리 952-2
3	근저당권설정	~~2006년1월25일~~ ~~제2060호~~	~~2006년1월25일~~ ~~설정계약~~	~~채권최고액 금7,500,000원~~ ~~채무자 유경자~~ ~~서울 동작구 상도동 159-285 401호~~ ~~근저당권자 양봉남 641120-*******~~ ~~서울 구로구 구로동 1256 구로현대아파트~~ ~~305-310~~
4	3번근저당권설정등 기말소	2009년9월25일 제30210호	2009년9월24일 해지	
5	근저당권설정	2016년7월28일 제18844호	2016년7월28일 설정계약	채권최고액 금30,000,000원 채무자 유경자

[토지] 인천광역시 강화군 화도면 덕포리 410

순위번호	등 기 목 적	접 수	등 기 원 인	권리자 및 기타사항

				서울특별시 동작구 매봉로 134,4동
				503호(본동,신동아아파트)
				근저당권자 원클릭농산대부주식회사
				    170111-0421446
				대구광역시 달서구 월성로 77,상가a동
				205호(월성동,월성주공2단지)
				공동담보 토지 인천광역시 강화군 길상면
				    온수리 662-2 유경자지분

-- 이 하 여 백 --

관할등기소 인천지방법원 강화등기소

앞으로 등기사항전부증명서를 살펴보실 때는 권리 순서에 따라 정리해서 보세요. 정리하는 방법은 간단합니다. 갑구와 을구에 등기된 내용들을 순서대로 적기만 하면 됩니다. 표제부의 내용은 따로 정리할 필요가 없습니다. 권리분석을 할 때는 권리사항에만 충실하면 되기 때문에 사실관계에 대한 내용을 보여주는 표제부는 딱히 필요가 없습니다. 그렇다고 표제부가 중요하지 않다는 이야기는 결코 아닙니다.

다음 표는 앞의 등기사항전부증명서를 정리한 것입니다. 등기사항전부증명서에서 빨간 줄이 그어져 있는 사항들을 제외하고 접수일자, 권리의 종류, 권리자, 채권금액에 따라 날짜 순서대로 쭉 정리하면 됩니다. 어려운 계산을 할 필요도 전혀 없습니다.

접수일자	권리종류	권리자	채권금액
2004.06.24	소유권이전	유××	
2005.07.21	근저당	화도농협	25,000,000원
2005.07.21	지상권	화도농협	
2016.07.28	근저당	원클릭농산(주)	30,000,000원
2022.02.07	임의경매	원클릭농산(주)	29,814,684원 (2022타경1291)
2022.04.13	강제경매	오케이저축은행	4,401,185원 (2022타경509016)

정리하다 보면 이런 의문이 드실 겁니다. '2005년 7월 21일의 근저당권과 지상권은 날짜가 같은데 어떻게 순서를 정하지?' 하고 말이죠. 이렇게 날짜가 같을 때는 등기사항전부증명서의 '순위번호' 또는 '접수번호'를 따져 선후를 정합니다. 근저당권은 1번과 19264호, 지상권은 2번과 19265호로 되어 있으므로 이 매물에서는 근저당권이 지상권보다 앞서는 권리입니다. 즉, 등기사항전부증명서에 등기된 권리는 우선은 날짜순으로, 날짜가 같다면 순위번호나 접수번호에 따라 그 순서를 정하면 됩니다.

등기사항전부증명서에 나타나지 않는 권리는 없나요?

등기사항전부증명서를 정리하는 일은 매우 중요합니다. 권리분석의 핵심인 소멸과 인수를 제대로 분별하기 위해서도, 앞으로 공부할 말소기준권리를 정확하게 알기 위해서도 반드시 필요하죠. 그러나 부동산에 관련된 모든 권리가 전부 등기사항전부증명서에 등기되는 것은 아닙니다.

등기사항전부증명서에 등기되지 않는 권리들 중에서 우리가 흔히 접하게 되는 권리에는 임차권이 있습니다. 임대차계약을 맺고 잔금을 치른 후 해당 부동산에 거주하면서 전입신고를 마치고 확정일자를 받으면 임차권이 생깁니다. 그러나 이 임차권은 등기되지 않는 권리이기 때문에 등기사항전부증명서 어디에도 그 내역이 나오지 않습니다. 임차권 외에도 유치권, 법정지상권, 분묘기지권 등이 등기사항전부증명서에 기재되지 않는 권리들입니다.

유치권은 물권의 한 종류로 타인의 물건이나 유가증권을 점유한 자가 이에 관하여 생긴 채권의 변제를 받을 때까지 물건 또는 유가증권을 유치할 수 있는 권리입니다. 법정지상권은 토지와 토지 위에 세운 건물의 소유주가 달라서 분쟁이 발생하게 될 때 건물주인이 토지주인에게 건물을 철거당하지 않을 권리를 말합니다. 분묘기지권은 토지 소유자는 아니지만 일정한 토지 위에 조상의 묘를 둔 자가 그 토지에 계속 묘를 둘 수 있도록 한 관습법상의 권리입니다. 지상권과 비슷한 개념이지요.

이쯤 되면 고민에 빠지시겠죠? '등기사항전부증명서를 살펴보는 것만으로는 권리분석을 완벽히 할 수 없는 것이구나!'라는 생각도 들고요. 그렇습니다. 등기사항전부증명서를 살펴보는 것만으로 권리분석을 마쳤다고 생각하는 것은 굉장히 위험합니다.

그렇다면 이렇게 '등기되지 않는 권리'는 어디서 확인할 수 있을까요? 바로 매각물건명세서를 통해 알아볼 수 있습니다. 매각물건명세서는 부동산경매를 할 때 꼭 확인하고 넘어가야 하는 매우 중요한 장표입니다. 우리가 반드시 유의해야 하지만 등기사항전부증명서에 기재되지 않는 권리들은 전부 이 매각물건명세서에 기재됩니다. 부동산경매를 하고자 한다면 등기사항전부증명서는 물론이고 매각물건명세서와도 꼭 친하게 지내야 하죠.

등기된 권리는 등기사항전부증명서로, 그 밖의 권리는 매각물건명세서를 통해 확인한다는 것, 잘 기억해두세요!

▼ 매각물건 명세서 1(소멸되지 않는 권리가 있는 경우)

청 주 지 방 법 원

2021타경56271

매각물건명세서

사 건	2021타경56271 부동산강제경매	매각물건번호	1	작성일자	2022.10.21	담임법관(사법보좌관)	송민하	
부동산 및 감정평가액 최저매각가격의 표시	별지기재와 같음	최선순위 설정	2017. 12. 8. 압류			배당요구종기	2021.12.15	

부동산의 점유자와 점유의 권원, 점유할 수 있는 기간, 차임 또는 보증금에 관한 관계인의 진술 및 임차인이 있는 경우 배당요구 여부와 그 일자, 전입신고일자 또는 사업자등록신청일자와 확정일자의 유무와 그 일자

점유자 성 명	점유 부분	정보출처 구 분	점유의 권 원	임대차기간 (점유기간)	보증금	차 임	전입신고일자, 사업자등록 신청일자	확정일자	배당 요구여부 (배당요구일자)
김형백	부동산 전부	등기사항 전부증명서	주거 임차권자	2016.4.8.~	7,000만원		2016.3.29.	2016.3.29.	
	전세	현황조사	주거 임차인		7,000만원		2016.03.29	미상	

〈비고〉

※ 최선순위 설정일자보다 대항요건을 먼저 갖춘 주택·상가건물 임차인의 임차보증금은 매수인에게 인수되는 경우가 발생 할 수 있고, 대항력과 우선변제권이 있는 주택·상가건물 임차인이 배당요구를 하였으나 보증금 전액에 관하여 배당을 받지 아니한 경우에는 배당받지 못한 잔액이 매수인에게 인수되게 됨을 주의하시기 바랍니다.

등기된 부동산에 관한 권리 또는 가처분으로 매각으로 그 효력이 소멸되지 아니하는 것
1. 갑구 순위번호 6번 소유권이전청구권가등기(2016. 9. 23. 제116207호)는 말소되지 않고 매수인에게 인수됨. 만약 가등기된 매매예약이 완결될 때에는 매수인은 소유권을 상실하게 됨.
2. 매수인에게 대항할 수 있는 을구 순위 3번 임차권등기(2019. 4. 2. 등기)있음(임대차보증금 7,000만원, 전입일 2016. 3. 29. 확정일자 2016. 3. 29.). 배당에서 보증금이 전액 변제되지 아니하면 잔액을 매수인이 인수함.

매각에 따라 설정된 것으로 보는 지상권의 개요

비고란

주1 : 매각목적물에서 제외되는 미등기건물 등이 있을 경우에는 그 취지를 명확히 기재한다.
　2 : 매각으로 소멸되는 가등기담보권, 가압류, 전세권의 등기일자가 최선순위 저당권등기일자보다 빠른 경우에는 그 등기일자를 기재한다.

서 울 중 앙 지 방 법 원

2021타경3688

매각물건명세서

사 건	2021타경3688 부동산강제경매		매각 물건번호	1	작성 일자	2022.09.16	담임법관 (사법보좌관)	이소영	
부동산 및 감정평가액 최저매각가격의 표시	별지기재와 같음		최선순위 설정	2020. 7. 20. 근저당			배당요구종기	2021.12.06	

부동산의 점유자와 점유의 권원, 점유할 수 있는 기간, 차임 또는 보증금에 관한 관계인의 진술 및 임차인이 있는 경우 배당요구 여부와 그 일자, 전입신고일자 또는 사업자등록신청일자와 확정일자의 유무와 그 일자

점유자 성 명	점유 부분	정보출처 구 분	점유의 권 원	임대차기간 (점유기간)	보 증 금	차 임	전입신고 일자, 사업자등록 신청일자	확정일자	배당 요구여부 (배당요구일자)
김원	A동 302호	현황조사	주거 임차인				2017.09.22	미상	
	302호 전부	권리신고	주거 임차인	2017.09.25~	450,000,000		2017.09.22.	2017.09.22.	2021.10.13

〈비고〉

※ 최선순위 설정일자보다 대항요건을 먼저 갖춘 주택·상가건물 임차인의 임차보증금은 매수인에게 인수되는 경우가 발생 할 수 있고, 대항력과 우선변제권이 있는 주택·상가건물 임차인이 배당요구를 하였으나 보증금 전액에 관하여 배당을 받지 아니한 경우에는 배당받지 못한 잔액이 매수인에게 인수되게 됨을 주의하시기 바랍니다.

등기된 부동산에 관한 권리 또는 가처분으로 매각으로 그 효력이 소멸되지 아니하는 것

매각에 따라 설정된 것으로 보는 지상권의 개요

비고란

주1 : 매각목적물에서 제외되는 미등기건물 등이 있을 경우에는 그 취지를 명확히 기재한다.
　2 : 매각으로 소멸되는 가등기담보권, 가압류, 전세권의 등기일자가 최선순위 저당권등기일자보다 빠른 경우에는 그 등기일자를 기재한다.

보이지 않는 권리를 찾아 분석하라!

말소기준권리를
가장 먼저 찾으라고요?

말소기준권리란 게 대체 뭐죠?

앞에서 등기사항전부증명서를 살펴보고 정리하는 방법을 공부하며 권리분석의
기본기를 닦았습니다. 등기된 내용과 그 밖의 위험한 사항들을 알려주는 매각물
건명세서가 중요하다는 것도 배웠고요. 이번에는 경매 절차가 진행될 때 등기사
항전부증명서가 어떤 기준에 의해 깨끗이 정리되는지를 살펴보겠습니다.

　일반매매로 부동산을 거래할 때는 매도인이 등기사항전부증명서에 등기된 권
리들을 책임지고 모두 말소처리해야 합니다. 말소처리되지 않은 권리가 있다면
매수인이 부동산을 인수하면서 지저분한 권리들까지 다 떠안게 될 수 있죠. 즉 매
수인 또는 매도인 중 누군가는 부동산에 등기된 권리를 책임져야 하는 것입니다.
하지만 부동산경매를 통한 소유권이전, 즉 매각은 조금 다릅니다. 경매시장에 어
떤 부동산이 매물로 나온 것 자체가 매도인이 그 권리들을 책임질 수 없다는 의미
죠. 그렇다고 매수인에게 책임지라고 할 수도 없습니다. 부동산과 함께 골칫거리
들을 떠안게 된다면 아무도 입찰하려 하지 않을 테니까요. 그러나 부동산경매시

장에 나온 매물들 중에는 부동산 가액보다 설정된 권리금액이 큰 것들도 제법 있습니다.

말소기준권리와 그 자격 요건

예를 들어 시세가 10억 원인 공장에 담보대출로 인한 근저당이 8억 원, 가압류가 20억 원 등기되어 있다면 이 부동산이 일반매매로 거래될 수 있을까요? 그 공장을 몹시 탐내는 사람이 있다 해도 매도인이 근저당과 가압류를 처리해주지 않으면 절대 구입하려고 하지 않을 겁니다. 매도인 입장에서는 10억 원에 판다고 해도 전체 채무액 28억 원을 청산해야 하므로 팔 엄두를 낼 수 없을 것이고요. 이런 부동산을 소위 '깡통 부동산'이라고 합니다. 매매를 통해 얻는 금액보다 채무 상환으로 갚아야 할 돈이 더 많기 때문에 사려는 사람도 없고, 또 판다고 해도 부동산 가액보다 더 많은 돈을 물어줘야 하므로 실익을 전혀 챙길 수 없는 부동산이라는 의미입니다.

이런 부동산들의 등기사항전부증명서를 깨끗이 정리하고 기사회생(?)시킬 수 있는 유일한 법적 절차가 바로 부동산경매입니다. 그래서 부동산경매는 채권과 채무 상환을 원칙으로 하는 것이 아니라 정해진 기준을 두고 이하 모든 권리를 말소시키는 방식을 취하고 있습니다. 이를 위한 기준이 바로 말소기준권리이죠.

말소기준권리는 경매를 통해 부동산이 매각될 때 소멸되는 권리들 중 가장 앞선 권리입니다. 말소기준권리를 포함하여 이보다 늦게 설정된 권리는 권리금액을 모두 받았는지 못 받았는지, 또 권리의 종류를 불문하고 매각으로 깨끗이 소멸됩니다. 말소기준권리보다 순위가 뒤에 있는 권리들은 묻지도 따지지도 않고 모두 소멸(말소)되는 것이죠. 다만, 등기사항전부증명서에 기재된 모든 권리가 말소기준 권리가 되는 것은 아니고요. 민사집행법에서 규정한 권리들만 말소기준권리가 됩니다. 말소기준권리가 될 수 있는 자격을 갖춘 권리에는 **1** 저당권(근저당권), **2** 담보가등기, **3** 압류(가압류), **4** 강제경매 기입등기, **5** 전세권이 있습니다.

　본래 민사집행법에서 규정한 말소기준권리는 저당권, 근저당권, 담보가등기, 압류, 가압류, 강제경매기입등기입니다. 전세권은 여기에 포함되지 않죠. 그러나 일정한 요건을 갖추면 전세권도 말소기준권리의 효력을 가질 수 있습니다. 이는 법률이 아닌 판례로 지지됩니다. 전세권을 말소기준권리로 보는 것이 합당한

말소기준권리와 관련 있는 비슷하면서도 다른 권리들

1 저당권　채무자가 담보로 제공한 물건을 담보제공자가 점유·이용할 수 있도록 하고, 채무가 이행되지 않을 때 그 물건에서 우선적으로 변제받을 수 있도록 한 채권자의 권리를 말합니다.
　근저당권　저당권의 일종으로 채무자와의 계속적인 거래계약 등에 의해 발생하는 불특정 채권을 일정액의 한도 내에서 담보하는 저당권을 말합니다.

2 가등기　부동산 물권 또는 부동산임차권의 변동을 목적으로 청구권을 보전하려는 경우, 청구권이 정지조건부이거나 장래에 확정될 것에 대비해 본등기의 순서 확보를 위하여 하는 등기를 말합니다.
　담보가등기　채권담보를 목적으로 하는 가등기를 말합니다.

3 압류　채권자 등의 신청을 받은 국가기관이 채무자의 재산 처분이나 권리행사 등을 못 하게 하는 절차를 말합니다.
　가압류　금전 또는 금전으로 환산할 수 있는 청구권을 그대로 두면 장래에 강제집행이 불가능하므로 이런 일을 예방하기 위해 미리 일반담보가 되는 채무자의 재산을 압류, 확보하는 보전절차의 일종을 말합니다.

4 기입등기　새로운 등기 원인(예: 매매에 의한 소유권이전, 토지나 건물의 저당권 설정)이 발생한 경우에 새로운 사항을 등기사항전부증명서에 기재하는 등기(일반적으로 등기라 하면 기입등기를 뜻합니다)를 말합니다.
　강제경매기입등기　경매를 통해 부동산을 매각하는 방법에는 임의경매와 강제경매가 있습니다. 임의경매는 스스로 경매신청권원이 있는 권리들(저당권, 근저당권, 전세권 등)의 신청에 의한 경매 절차이고, 강제경매는 소송에 의한 별도의 판결문을 통한 경매 절차입니다. 강제경매기입등기는 강제 경매가 시작되었다는 것을 등기사항전부증명서에 기입하는 것을 뜻합니다.

5 전세권　전세금을 지급하고 타인의 부동산을 일정 기간 그 용도에 따라 사용하거나 수익을 얻은 후, 계약기간이 종료되어 부동산을 반환할 때 전세금을 돌려받는 권리를 말합니다.

지, 그렇지 않은지는 아직도 끊임없는 논쟁거리지만 실무적으로는 기준을 충족한다면 말소기준권리로 보고 있습니다. 따라서 전세권까지 예외 없이 말소기준권리로 기억해두면 되겠습니다.

등기사항전부증명서에 지저분하게 적혀 있는 권리들은 다 뭐죠?

등기사항전부증명서에 적혀 있는 권리들 중에서 어떤 것이 말소기준권리인지, 또 소멸되거나 인수하게 될 권리는 무엇인지 꼭 따져봐야 합니다. 이를 살펴보는 방법은 아주 간단합니다.

1 등기사항전부증명서를 시간과 날짜순으로 정리합니다(같은 날짜에 2개 이상의 권리가 등기되었다면 순위번호와 접수번호가 낮은 권리를 더 먼저 적습니다).
2 말소기준권리 자격이 있는 권리들을 살펴보고 그중 가장 앞서는(먼저 등기된) 권리를 찾습니다. 이것이 바로 말소기준권리가 됩니다.
3 말소기준권리보다 뒤에 설정된 권리는 무조건 '소멸', 먼저 설정된 권리는 '인수'로 구분합니다.

여기서 잠깐! 그렇다면 권리상 안전한 물건은 무엇일까요? 경매를 통해 모든 권리가 소멸되어 '전과기록'이 하나도 남아 있지 않은 깨끗한 부동산이 '안전한 물건'이고, 지워지지 않고 남아 있는 권리가 하나라도 있으면 일단 요주의 인물, '위험한 물건'입니다. 이렇게 말소기준권리만 찾아내면 권리분석은 끝입니다. '권리분석이 가장 쉬웠어요!'라는 말이 나올 만큼 매우 쉽고 간단하죠?

다만 전세권이 말소기준권리가 되기 위해서는 세 가지 자격 요건을 충족시켜야 합니다. 즉, 전세권은 가장 앞에 등기되었다고 해서 무조건 말소기준권리가 되는 것이 아니란 말이지요. 전세권이 말소기준권리가 되기 위해서는

1 가장 먼저 등기되어야 하고

2 부동산 전체에 대해 설정되어야 하고

3 전세권자가 경매신청 또는 배당요구를 해야 합니다.

세 가지의 자격 요건 중 단 하나라도 충족하지 못하면 전세권은 절대 말소기준 권리가 되지 못합니다. 그리고 그 뒤에 있는 후순위 권리들 중에서 다시 말소기준 권리를 찾게 되죠. **1**은 다른 권리들에도 동일하게 해당되는 조건이고요. **2**는 주의 깊게 살펴봐야 할 내용입니다. 방 3칸짜리 아파트에 방 1칸 또는 방 2칸에 대해서만 전세권등기가 되어 있는 경우가 종종 있습니다. 이때는 부동산 전체가 아닌 일부에 대해서만 전세권이 설정된 것이므로 말소기준권리가 될 수 없습니다. 또 부동산 전체에 전세권이 설정되어 있고, 가장 먼저 등기되었다고 해도 배당요구 또는 경매신청을 하지 않았다면 말소기준권리가 되지 못합니다.

말소기준권리를 찾는 것은 권리분석의 기본이자 필수입니다. '말소기준권리 이전에는 인수, 이후에는 소멸'이라는 것만 알고 있어도 경매시장에 나온 80~90%의 매물들의 권리관계를 분석할 수 있습니다. 말소기준권리가 되는 저당권, 담보가 등기, 압류, 강제경매기입등기, 전세권이 뭔지에 대해서는 반드시 숙지하셔야 되고요. 196쪽을 다시 한번 살펴보세요.

등기사항전부증명서를 보면 온갖 권리들이 기재된 것을 볼 수 있습니다. 그중에는 우리가 들어봤고 잘 아는 권리도 있지만 생소한 용어도 있을 텐데요. 결론부터 이야기하면 이 용어들을 모두 정확하게 알아둘 필요는 없습니다. 우리에게 중요한 것은 조금 전에 살펴본 말소기준권리에 따른 소멸과 인수이지, 개별적인 권리 내용이나 금액이 아니니까요. 그렇다고 용어를 잘 알아두는 것이 아무런 의미가 없다는 뜻은 결코 아닙니다. 우리가 하는 부동산경매 공부는 시험을 위한 것이 아니라 성공 투자를 위한 것이므로 필요한 부분에 좀 더 집중해 힘을 쏟았으면 하는 바람이니 오해는 마시기 바랍니다.

여기서 몸풀기 문제 하나 나갑니다. 경매시장에 나온 시세 3억 원, 부채 30억 원, 등기사항전부증명서에 20여 개의 각종 권리들이 등기되어 있는 매물이 있습니다. 이 부동산은 위험한 물건일까요, 아닐까요?

정답: 말소기준권리 이하 모든 권리만 깨끗이 소멸된다면 등기사항전부증명서에 권리사항이 아무리 많이 기재되어 있더라도 안전한 물건입니다. 참 간단하죠? 물권과 채권의 차이를 이해하고, 말소기준권리만 찾을 수 있다면 여러분은 이미 권리분석의 8부 능선을 넘은 것입니다.

매각물건명세서와 친해져야 한다는 게 무슨 말이죠?

권리분석은 크게 **1** 등기된 권리에 대한 위험 분석과 **2** 등기되지 않은 권리에 대한 위험 분석, 이렇게 두 부분으로 나눌 수 있습니다. 등기된 권리는 등기사항전부증명서를 통해서도 확인할 수 있고 조금 전 공부한 말소기준권리에 의한 소멸, 인수도 쉽게 판단할 수 있습니다. 이와 함께 등기되지 않은 권리들도 자세히 살펴봐야 하는데요. 그렇다면 등기사항전부증명서를 아무리 살펴봐도 나오지 않는 권리들은 어떤 서류를 통해 확인할 수 있을까요? 앞에서 잠깐 이야기했었죠? 매각물건명세서에 바로 모든 답이 있습니다.

매각물건명세서란 경매 절차가 진행되는 부동산과 관련해 신고된 내역이나 조심해야 할 부분에 대해 설명해주는 장표입니다. 매각물건명세서에 기재되는 내용은 **1** 부동산의 표시, **2** 부동산의 점유자와 권원,* 점유기간, 임대료 및 보증금, **3** 등기된 부동산에 관한 권리(또는 가처분)로 매각에 의해 소멸되지 않는 권리, **4** 매각에 따라 설정된 것으로 보는 지상권 개요, **5** 기타 비고 등입니다.

등기되지 않은 권리들 중에서 위험할 수 있는 사항이 있다면 **2~5**번에 기재됩

> **권원**
> 재산 특히 부동산으로부터 향유할 수 있는 권리, 또는 그 권리가 발생한 원인이나 그것이 입증되는 수단을 말합니다.

니다. 바꿔 말해 매각물건명세서의 **2~5번**에 아무 내용도 기재되지 않았다면 등 기된 권리만 확인해도 된다는 뜻입니다. 권리분석을 위해서는 딱 두 가지 장표, 등기사항전부증명서와 매각물건명세서만 확실히 살펴보면 되겠습니다. 권리분석, 생각보다 참 쉽죠?

그러나 이쯤에서 또 한 가지 의문이 생기실 겁니다. 만약 매각물건명세서가 잘 못 작성된 경우에는 어떻게 될까요? 소멸되지 않는 권리가 있었는데 매각물건명세서에서 이런 내용이 누락되었다면 말이죠. 매각물건명세서는 경매가 진행될 때 담당 경매계에서 작성합니다. 담당 공무원이 언제나 만전을 기하며 작성하겠지만 사람이 하는 일이니 때때로 실수가 있을 수 있죠. 매각물건명세서를 작성한 이후에 새롭게 신고된 권리가 있을 수도 있고요. 어쩌면 서류상으로는 신고되지 않았지만 위험한 권리가 현장에 숨어 있을 수도 있습니다. 생각만 해도 아찔하죠? 하지만 이런 경우에는 법원에서 매각불허가 또는 매각허가결정에 대한 취소 등을 통해 반드시 책임을 지니 너무 지나치게 걱정을 하실 필요는 없습니다.

민사집행법 제127조 제1항은 "제121조(매각허가에 대한 이의신청사유) 제6호(천재지변 그 밖에 자기가 책임질 수 없는 사유로 부동산이 현저하게 훼손된 사실 또는 부동산에 관한 권리관계가 변동된 사실이 경매 절차의 진행 중에 밝혀진 때)에서 규정한 사실이 매각허가결정의 확정 뒤에 밝혀진 경우에는 매수인은 대금을 낼 때까지 매각허가결정의 취소 신청을 할 수 있다"라고 규정하고 있습니다. 즉, '매각이 진행된 후 부동산 가치에 심각한 변동이 생겼을 때는 매각 절차를 불허가하고 진행하지 않는다'는 민사집행법 규정을 마련해두고 매수자들을 보호해주는 것이죠.

🙋‍♀️ 매각물건명세서는 한 치의 의심도 없이 철석같이 믿어도 된다는 거죠?
네, 그렇습니다. 매각물건명세서에도 얼마든지 오류나 착오가 있을 수는 있지만

200

잘못된 내용에 대해서는 해당 경매법원에서 '불허가나 매각허가결정에 대한 취소'를 통해 책임을 지기 때문에 믿으셔도 됩니다. 제가 지금까지 다른 장표나 서류는 참고만 하고 100% 믿어서는 안 된다고 누차 강조했었죠? 하지만 매각물건명세서만큼은 의심의 눈초리를 거두고 신뢰의 눈길로 바라보셔도 됩니다.

매각물건명세서는 언제 확인할 수 있나요? 아무 때나 볼 수 있나요?

경매법원은 투자자들에게 감정평가서, 현황조사서, 매각물건명세서 등을 제공하고, 언제든 열람할 수 있도록 해주고 있습니다. 이 서류들은 입찰 전에 투자자들에게 해당 부동산에 대한 여러 정보를 제공해주는 정보의 원천이자 위험한 매물을 걸러낼 수 있도록 도와주는 최소한의 안전장치라고 할 수 있습니다. 매각물건명세서는 입찰기일 일주일 전부터 열람이 가능하고, 감정평가서와 현황조사서는 보통 매각물건명세서보다 일찍 열람할 수 있습니다.

그럼 입찰기일 일주일 전에는 매각물건명세서를 볼 수 없나요?

꼭 그렇지는 않습니다. 매각이 처음 진행되는 물건(이하 신건)의 경우에는 일주일 이내에만 열람할 수 있지만, 한 번이라도 유찰되었던 물건은 신건의 경매 진행 시에 제공된 매각물건명세서가 있기 때문에 입찰 전에 충분히 매물의 위험성을 확인해볼 시간을 가질 수 있습니다. 만약 신건이 유찰된 후 변동된 내역이 있는 경우에는 입찰기일 일주일 전에 매각물건명세서를 수정하여 다시 게시하게 됩니다. 드물긴 하지만 이런 경우에는 예전의 매각물건명세서만 본 후 아무 문제가 없다고 생각하고 입찰을 했다가는 낭패를 볼 수 있죠. 그러므로 실제 입찰일 당일에 입찰법정에서 다시 한번 매각물건명세서를 살펴보는 것이 좋습니다.

낙찰 전후로 달라지는 권리는 뭐가 있죠?

앞에서 간략하게 말소기준권리보다 앞서는 권리는 모두 인수되고, 뒤에 있는 권리는 전부 소멸된다고 배웠습니다. 아주 간단하면서도 중요한 원칙인데요, 이 원칙에 예외도 있을까요? 안타깝지만 그렇습니다. 예외 없이 모두 소멸된다면 공부하기도 쉽고, 권리분석도 참 간단해지련만 말소기준권리 이후에 등기되었는데(후순위) 소멸되지 않고 인수되는 권리들도 드물게 있습니다. 그러나 다음 다섯가지 외에 다른 예외사항은 없으니 너무 낙담하거나 좌절하진 마시기 바랍니다. 이 다섯 가지 권리는 순서와 무관하게 유의하시기 바랍니다.

[인수되는 권리]

등기된 권리

1 말소기준권리보다 먼저 설정된, 배당요구를 하지 않은 전세권 및 등기된 임차권

2 말소기준권리보다 먼저 설정된, 순위보전을 위한 가등기(보전가등기)

3 말소기준권리보다 먼저 설정된, 가처분 등기

4 말소기준권리보다 뒤에 설정됐더라도, 토지소유자가 지상 건물에 대해 철거를 위한 처분금지 가처분 등기

5 예고등기: 등기원인의 무효나 취소에 의한 등기의 말소, 또는 회복의 소가 제기된 경우 이를 제3자에게 경고해주기 위한 등기(예고등기는 소유권에 대한 직접적인 다툼(소송)이 있을 때, 법원 직권으로 등기하여 제3자의 피해를 막기 위한 제도였는데, 경매가격을 인위적으로 낮추려고 악용되는 사례가 많아지자 2011년 4월 12일부로 부동산등기법 개정과 함께 폐지되었습니다. 예고등기가 폐지된 지 10년이 지났으니 이제 경매물건에서 예고등기를 만날 가능성이 거의 없어졌지만 아직까지 매우 드물게 남아 있으니, 혹여 경매물건에 예고등기가 기입되어 있는 경우 유의하시길 바랍니다.)

등기되지 않는 권리(등기되지 않기 때문에 말소기준권리보다 먼저 성립하는지, 후에 성립하는지 선후를 가리지 않고 인수됩니다.)

6 유치권

7 법정지상권, 관습법상법정지상권 ← 내용이 잘 기억나지 않는다면 191~193쪽을 참고하세요.

8 분묘기지권

지금 당장은 용어 자체에 대한 거부감도 들고 뭐가 뭔지 알 수 없어 막막하시겠지만 일단 이 여덟 가지 권리는 위험할 수 있음을 인지해두시기 바랍니다. 그리고 모든 위험의 단서는 '매각물건명세서'에 있다는 것 또한 다시 한번 새겨두시기 바랍니다. 매각물건명세서는 친절하거나 상세하지는 않습니다. 하지만 위험한 내용을 알려주는 것만으로 투자자 입장에서는 무척이나 고마운 서류입니다.

머리에 쏙쏙 들어오는 실전문제 PART 01

그 어렵다는 권리분석, 실전문제로 배워봅시다!

다음 예제들은 부동산의 등기사항전부증명서를 정리한 내용입니다. 각 사례에서 말소기준권리를 찾고 소멸되거나 인수되는 권리가 무엇인지 살펴보세요. 이 10개의 예제만 확실히 이해해도 실전 투자에서 웬만한 권리분석은 어렵지 않게 하실 수 있을 겁니다. 이해가 되지 않는 부분은 몇 번이고 반복 학습해서 꼭 여러분의 지식으로 만들도록 하세요.

예제 1

일자	권리 종류	금액	소멸/인수 여부
2021.08.29	근저당권	1억 5,000만 원	( )
2021.09.25	가압류	3억 원	( )
2022.03.02	전세권(주택 일부)	8,000만 원	( )
2022.07.02	보전가등기		( )
2022.09.15	임의경매		( )

답안 및 해설 위에서부터 차례대로 말소기준권리, 소멸, 소멸, 소멸, 소멸입니다.
2021년 8월 29일에 설정된 근저당권이 말소기준권리가 되어 말소기준권리 이하 모든 권리가 소멸되므로
안전한 물건입니다.

예제 2

일자	권리 종류	금액	소멸/인수 여부
2020.05.03	가처분		( )
2020.12.08	가압류	7,000만 원	( )
2021.02.21	임차권(전입신고만 함)	5,000만 원	( )
2021.11.14	담보가등기	1억 원	( )
2022.07.07	강제경매		( )

답안 및 해설 위에서부터 차례대로 인수, 말소기준권리, 소멸, 소멸, 소멸입니다.
2020년 5월 3일에 설정된 가처분은 말소기준권리 자격이 없으므로 그다음에 등기된 가압류가 말소기준
권리가 됩니다. 가압류를 포함해 이하 모든 권리는 소멸되고 말소기준권리보다 앞서는 선순위 가처분은 인
수됩니다. 인수되는 권리가 있으므로 위험한 물건입니다.

예제 3

일자	권리 종류	금액	소멸/인수 여부
2021.04.15	가압류	1억 3,000만 원	( )
2022.01.03	임차권(전입신고+확정일자)	1억 5,000만 원	( )
2022.05.22	가처분		( )
20212.07.11	예고등기		( )
2022.12.24	강제경매		( )

답안 및 해설 위에서부터 차례대로 말소기준권리, 소멸, 소멸, 소멸, 소멸입니다.
2021년 4월 15일의 가압류가 말소기준권리가 되어 말소기준권리 이하의 모든 권리가 소멸되므로 안전한
물건입니다.

일자	권리 종류	금액	소멸/인수 여부
2015.04.14	저당권	3억 원	( )
2015.08.24	가처분		( )
2015.11.02	근저당권	2억 원	( )
2016.02.27	임의경매		( )

답안 및 해설 위에서부터 차례대로 말소기준권리, 소멸, 소멸, 소멸입니다.
2015년 4월 14일의 담보가등기가 말소기준권리가 되어 말소기준권리 이하 모든 권리가 소멸되므로 안전한 물건입니다.

예제 5

일자	권리 종류	금액	소멸/인수 여부
2017.11.06	전세권(주택 전체, 배당요구×)	1억 8,000만 원	( )
2018.03.14	가압류	2억 2,000만 원	( )
2019.12.11	강제경매		( )

답안 및 해설 위에서부터 차례대로 인수, 말소기준권리, 소멸입니다.
2017년 11월 6일의 전세권은 가장 먼저 등기되었고 부동산 전체에 대해서 설정된 권리이지만 배당요구를 하지 않았기 때문에 말소기준권리 자격이 없습니다. 그리하여 2018년 3월 14일의 가압류가 말소기준권리가 되어 가압류와 강제경매기입등기는 소멸되고 전세권은 인수됩니다. 소멸되지 않는 권리가 있기 때문에 위험한 물건입니다.

예제 6

일자	권리 종류	금액	소멸/인수 여부
2017.11.06	전세권(주택 전체, 배당요구○)	1억 8,000만 원	( )
2018.03.14	가압류	2억 2,000만 원	( )
2019.12.11	강제경매		( )

답안 및 해설 위에서부터 차례대로 말소기준권리, 소멸, 소멸입니다.
예제 5와 거의 같은 경우이지만 전세권자가 배당을 요구했다는 차이점이 있습니다. 2017년 11월 6일의 전세권이 말소기준권리가 되어 이하 모든 권리가 깨끗하게 소멸되므로 안전한 물건입니다.

예제 7

일자	권리 종류	금액	소멸/인수 여부
2017.11.06	전세권(주택 일부, 배당요구○)	1억 8,000만 원	( )
2018.03.14	가압류	2억 2,000만 원	( )
2019.12.11	강제경매		( )

답안 및 해설 위에서부터 차례대로 인수, 말소기준권리, 소멸입니다.
배당요구를 했지만 선순위전세권이 부동산 전체가 아닌 일부에 설정되어 있기 때문에 말소기준권리 자격이 없습니다. 따라서 2018년 3월 14일의 가압류가 말소기준권리가 되어 가압류와 강제경매기입등기는 소멸되나 전세권은 인수됩니다.
단, 예제 5와 차이점은 5번에서는 전세권자가 배당요구를 하지 않았기 때문에 전세권 금액 1억 8,000만 원을 낙찰자가 전액 책임져야 하는 반면, 예제 7에서는 배당요구를 하였기 때문에 배당을 받을 수 있다는 점입니다. 즉, 낙찰가격이 1억 8,000만 원보다 충분히 높다면 7번에서는 낙찰대금에서 전세보증금 전액을 배당받기 때문에 실제로 낙찰자가 책임질 금액은 없습니다.

예제 8

일자	권리 종류	금액	소멸/인수 여부
2014.10.19	강제경매		( )
2014.12.02	가처분		( )
2015.02.05	임차권(전입신고+확정일자, 배당요구○)	5,000만 원	( )

답안 및 해설 위에서부터 차례대로 말소기준권리, 소멸, 소멸입니다.
2014년 10월 19일의 강제경매기입등기가 말소기준권리가 되어 말소기준권리 이하 모든 권리가 소멸되므로 안전한 물건입니다.

배당계산

인수되는 권리라고 해서 모든 금액을 낙찰자가 무조건 책임져야 하는 것은 아닙니다. '소멸이냐, 인수냐?'를 따져서는 인수이지만 전액 또는 일부 금액을 배당받게 되는 경우에는 낙찰자가 그 나머지 금액만 책임지면 되기 때문입니다. 이를 위해서는 '배당계산'을 공부해야 합니다(배당계산에 대한 자세한 내용은 222~226쪽을 참고하세요).
또 전세권자가 배당에 참여할 수 있다고 해서 모든 권리가 소멸되는 것은 아닙니다. 한 번 '인수'는 영원한 '인수'라는 것을 꼭 기억하시고요. 배당과 소멸과 인수는 전혀 별개의 것으로 생각하시기 바랍니다.

예제 9

일자	권리 종류	금액	소멸/인수 여부
2017.04.21	임차권(전입신고만 함)	9,000만 원	( )
2019.01.09	가처분		( )
2019.09.01	보전가등기		( )
2020.02.22	저당권	1억 1,000만 원	( )
2020.08.14	임의경매		( )

답안 및 해설 위에서부터 차례대로 인수, 인수, 인수, 말소기준권리, 소멸입니다.
임차권, 가처분, 보전가등기는 모두 말소기준권리가 되지 못하기 때문에 2020년 2월 22일에 등기된 저당권이 말소기준권리가 됩니다. 저당권과 임의경매기입등기는 소멸되고 임차권, 가처분, 보전가등기는 모두 인수되므로 매우 위험한 물건입니다.

예제 10

일자	권리 종류	금액	소멸/인수 여부
2009.05.20	임차권(전입신고만 함)	3,000만 원	( )
2020.06.12	임차권(전입신고+확정일자+배당요구○)	6,000만 원	( )
2015.08.29	임차권(전입신고+확정일자+배당요구×)	6,000만 원	( )
2015.09.09	임차권(전입신고만 함)	4,000만 원	( )
2017.01.20	강제경매		( )

답안 및 해설 위에서부터 차례대로 인수, 인수, 인수, 인수, 말소기준권리입니다.
선순위임차권이 4개나 있는데 모두 말소기준권리 자격이 없습니다. 2017년 1월 20일에 등기된 강제경매기입등기가 말소기준권리가 되어 그 위의 임차권 4건이 모두 인수되기 때문에 매우 위험한 물건입니다. 다가구주택의 경우 이런 사례들을 많이 볼 수 있습니다.

예고등기와 가처분의 소멸주의 예외사항

예고등기와 가처분은 순위에 따라 무조건 소멸되지 않고 후순위라도 인수되는 경우가 있습니다 (소멸주의 예외). 여기서는 용어를 익히고 말소기준권리의 원칙에 대해 공부하고자 함이니 '말소기준권리보다 앞서는 권리는 인수, 뒤에 오는 권리는 소멸'이라는 것만 혼동하지 마시고 확실하게 기억해두시기 바랍니다(다만, 예고등기 제도는 2011년 4월 12일부터 폐지되었기 때문에 접할 기회가 드물 겁니다).

주택임대차보호법은 부동산이 아닌 사람을 위한 법입니다!

알면 힘이 되는 부동산
관련법을 알려주세요!

부동산 말고 임차인을 위한 권리도 있다고요?

우리나라의 총 가구수는 2021년 기준 약 2,300만에 이른다고 합니다. 2020년의 자가주택 점유율이 57.9%이니 약 1,300만 가구는 자기 집에, 나머지 1,000만 가구는 다른 사람의 집에 임대차계약을 통해 거주하고 있는 것으로 분석해볼 수 있습니다. 앞에서 임차인인 경우에는 부동산의 권리사항을 좀 더 꼼꼼히 따져봐야 한다고 했었는데요. 그 이유는 바로 앞에서 살펴본 말소기준권리와 이번 파트에서 공부할 주택임대차보호법 때문입니다.

　전세나 월세 등의 임대방식으로 집을 얻을 때 유의해야 할 점은 뭘까요? 집 자체에 하자가 없는지 살펴보는 것도 중요하지만 등기사항전부증명서를 잘 살펴보고 혹시라도 보증금을 돌려받지 못하게 될 상황이 발생하지는 않을지도 꼭 확인해봐야 합니다. 그리고 입주한 다음에는 바로 관할 주민센터를 찾아가 전입신고를 하고 확정일자를 받아야 합니다. 요즘에는 세상이 좋아져서 주민센터를 방문하지 않고도 범용 공인인증서만 준비하면 정부24 홈페이지www.gov.kr에서 편리하게 전입신고를 할 수 있습니다. 그러므로 업무가 바쁘고 주민센터에 갈 시간이 없다고 전입신고를 늦추는 일은 없도록 해야겠습니다. 확정일자는 기존에 임대차 계약서를 지참하고 관할 지역의 주민센터를 직접 방문해야 했지만 2015년 9월 14 일부터는 인터넷등기소www.iros.go.kr에서 온라인으로 확정일자를 받을 수 있게 되 었습니다. 계약서를 스캔하여 온라인으로 제출하는 방식인데, 이렇게 인터넷 등 기소에 확정일자가 부여된 계약서는 등기소 전산망에 등록되기 때문에 언제든지 계약서 및 확정일자 열람이 가능해졌습니다.

온라인 전입신고는 민원24에서, 온라인 확정일자는 인터넷등기소 꼭 기억해두 세요(단, 이 내용은 주거용 물건만 해당되고 상가는 여전히 온라인 신청이 불가합니다).

전입신고일과 확정일자도 등기사항전부증명서에 기재되나요?

구슬 씨처럼 알쏭달쏭하신 분들은 등기사항전부증명서를 다시 한번 살펴보시기 바랍니다. 임대차 내역은 등기되지 않는 대표적인 권리 중 하나입니다. 아무리 많은 사람이 전입신고를 했다 해도 등기사항전부증명서에는 전혀 기재되지 않 죠. 앞에서 등기사항전부증명서에 기재되지 않은 내용은 무엇으로 확인할 수 있 다고 했었는지 기억나세요? 네, 매각물건명세서입니다. 권리분석을 위해서는 등 기된 권리와 등기되지 않는 권리 두 가지를 모두 확인해야 한다고 했었습니다. 임 차권은 두 번째, 등기되지 않는 권리에 속한다는 것을 기억해두시기 바랍니다. 또 임차인은 비록 등기사항전부증명서에 자신의 권리를 등기하지는 못하더라도 전 입신고와 확정일자를 통해 자신의 권리를 지킬 수 있다는 것을 잊지 마세요!

만기가 두 달이나 지났지만 세입자가 구해지지 않는다는 이유로 집주인으 로부터 보증금을 받지 못하고 이사를 나가게 되었어요. 새로 이사 가는 집으로 전 입신고를 해도 보증금을 받는 데는 아무 문제가 없을까요?

이런 경우에는 만약을 대비해서 반드시 임차권등기를 하고 이사를 하셔야 합니 다. '임차권등기 명령제도'를 통해서 임차권도 등기가 가능해졌는데요, 이는 언제나 활용할 수 있는 제도는 아니고 임대차계약 기간이 끝난 이후에만 가능하다는 조건이 있습니다. 집주인이 당장 보증금을 줄 수 없다고 차일피일 미루는 상황에서 임차인이 이사를 나가버리면 임차권을 잃게 되고 보증금을 온전히 지킬 수 없게 됩니다. 때문에 이런 제도가 신설된 것이죠. 계약기간이 끝나고 나서도 소유자가 보증금을 돌려주지 않으면 즉시 계약서, 등기사항전부증명서, 건축물대장, 신분증을 지참하고 지방법원을 방문해서 임차권등기를 신청하시기 바랍니다. 임차권등기를 하면 등기사항전부증명서에 전입신고일, 확정일자, 보증금 등 임차권에 대한 상세한 내용이 기재됩니다. 그리고 등기 이후에 짐을 빼고 이사를 나가더라도 원래 전입일과 확정일자에 의한 권리가 그대로 유지되죠. 불가피한 상황으로 보증금을 받지 못하고 이사를 나가야 하는 경우에는 반드시 임차권등기를 해두고 이사하시기 바랍니다.

임차권등기처럼 임차인을 보호해주는 법에는 또 무엇이 있나요? 그걸 주택임대차보호법이라고 하는 거죠?

임차인은 임대인(소유자)에 비해 약자인 것이 사실입니다. 임차권은 등기되지 않는 권리인데다가 물권보다 불리한 채권이라 배타성도 없고, 순서를 온전히 지킬 수 없다는 한계가 있죠. 이것은 바꿔 말하면 임차인이 입주할 때 등기사항전부증명서를 살펴보고 아무 문제가 없음을 확인했더라도 이후 소유자에게 무슨 일이 생겨 그 부동산이 경매에 넘어가면 '해당하는 순서에 따라 보증금 전부를 지킬 수 없는 경우가 생길 수도 있다'는 것을 의미합니다. 임차인이 입주하기 전에 설정된 권리 때문에 문제가 생겼다면 부주의했던 임차인의 잘못이지만 입주한 다음에 발생한 문제로 인해 보증금을 돌려받지 못하게 되면 무척이나 억울하겠죠. 그래서 1981년에 사회적 약자인 임차인을 보호하기 위해 민법에 대한 특별법으로 주택임대차보호법이 제정되었고 이후 여러 차례 개정된 바 있습니다.

주택임대차보호법은 민법에 대한 특례법이지만 주거용 건물에 대해서는 민법에 우선합니다. 즉, 주택임대와 관련한 분쟁이 생겼을 때는 민법이 아닌 주택임대차보호법에 근거하여 시시비비를 판단한다는 것입니다. 이 법을 통해 채권이던 임차권은 물권으로 변합니다. 다시 말해 본래 자신의 순서를 지키지 못하고 배타성이 없는 임차권의 한계를 극복하고 물권처럼 자신의 권리를 공고히 지킬 수 있게 되는 것이죠. 비록 정통성에 조금 문제가 있는 군사정권 체제하에서 국가보위입법회의를 통해 제정된 법률이지만 그 취지나 내용은 매우 바람직하다는 의견이 지배적입니다.

대항력이란 게 무엇이고 어떻게 발생하나요?

주택임대차보호법에 규정된 임차인의 권리는 크게 **1** 대항력, **2** 우선변제권, **3** 최우선변제권 세 가지입니다. 대항력은 쉽게 말해 부동산의 소유자 및 제3자로부터 임차인이 현재 거주하고 있는 집에서 버틸 수 있는 권리입니다. 우선변제권과 최우선변제권은 경매가 진행될 때 배당에 참여해 임차인이 자신의 보증금을 돌려받을 수 있는 권리입니다(그 밖에 2020년 7월 31일 소위 임대차 3법이 제정되었습니다).

임대차 3법

계약갱신청구권 임대차 기간을 기존 2년에서 2+2년으로 연장하는 제도. 임대차 기간이 끝나기 전 임차인이 임대인에게 계약 갱신을 통지하면(협의가 필요 없이) 계약이 2년 더 갱신됩니다. 즉, 계약갱신청구권을 1회 사용하면 최대 4년까지 임대차 기간을 보장받을 수 있습니다(다만, 월세를 2회 이상 연체했거나 해당 부동산을 임대인 동의 없이 전대차하거나, 해당 부동산을 파손하거나, 임대인이 해당 부동산에 실제 거주하려는 경우 등 예외 조항이 존재합니다.)

전월세상한제 재계약의 경우 임대료 상승률을 연 5% 이하로 제한하는 제도

전월세신고제 신규 계약한 전월세 내용을 임대차계약서와 함께 지자체에 신고하는 제도

다만, 임대차 3법은 일반 임대차계약에서는 중요할 수 있지만, 경매물건에 대한 분석이나 권리분석과는 거의 관련이 없습니다. 딱 한 가지 계약갱신청구권에서 임차인이 선순위임차인+배당요구를 하지 않았다면 ⇨ 이때는 기존 임대차계약의 효력이 유지되는 것으로 보아 경매로 매각되어도 1회에 한해 계약갱신청구권을 사용할 수 있습니다.

먼저 대항력에 대해서 자세히 살펴보겠습니다. 주택임대차보호법에서 대항력은 임차인이 소유자 및 새로운 매수인(낙찰자)에게 자신의 임차권을 주장할 수 있는 권리입니다. 쉽게 말해 '버틸 수 있는 힘'을 말하죠. 임차인이 대항력을 가지고 있는 경우에는 경매를 통해 해당 부동산을 낙찰받은 매수인이 임차인에게 이사를 요구해도 보증금을 모두 돌려받을 때까지 합법적으로 거주할 수 있습니다. 반대로 부동산경매 투자자 입장에서는 임차인이 대항력이 있다면 '보증금을 모두 돌려주기 전까지는 저 임차인이 절대 이사를 나가려고 하지 않겠구나!'라고 생각하시면 됩니다.

그렇다면 대항력을 가지려면 어떻게 해야 할까요? 간단합니다. 해당 부동산을 임차인의 자격으로 점유하고 전입신고를 하면 게임 끝입니다. 전입신고를 한 다음 날 0시부터 바로 대항력이 발생하죠. 주의해야 할 것은 당일이 아니라 익일이라는 점입니다. 대항력을 얻기 위해 법원에 가서 법적 절차를 밟는다거나 수많은 서류를 준비해 세무서에 가서 신고할 필요도 없습니다. 이사를 마치고 관할 주민센터 또는 정부24 사이트에서 전입신고만 마치면 자연히 대항력을 갖게 됩니다. 적어도 이사 당일까지만 권리상 아무 문제가 없었다고 하면 이후에는 다른 문제가 생겨도 임차인은 피해를 입지 않습니다. 왜냐고요? 임차인이 대항력을 갖게됨으로써 임차권이 물권화되기 때문입니다.

많은 분이 대항력이라는 명칭 때문에 모든 임차인이 낙찰자에 맞서 대항할 수 있는 힘을 가진다고 오해하시곤 합니다. 임차인이 해당 부동산을 점유하고 전입신고를 마친 다음 날 0시부터 대항력이 발생하니 임차인보다 한참 뒤에 부동산을 낙찰받은 매수인에게 당연히 대항할 수 있다고 생각하는 것이죠.

하지만 모든 임차인이 매수인(낙찰자)에게 대항해 자신의 보증금을 지킬 수 있는 것은 아닙니다. 그래서 '진짜 대항력'과 '가짜 대항력'에 대해서 알아둬야 합니다. '진짜 대항력'과 '가짜 대항력'은 정식 법률용어는 아니고요, 이해를 돕기 위해 사용하는 용어라는 점 참고하세요.

점유와 전입신고를 한 다음 날 0시부터 모든 임차인이 대항력을 갖게 되는 것은 맞지만 대항력에도 예외사항은 있습니다. 말소기준권리와 대항력에 따라 임차인은 크게 두 종류로 구분됩니다. 첫 번째는 말소기준권리보다 대항력 날짜가 빠른 임차인이고, 두 번째는 말소기준권리보다 대항력 날짜가 늦은 임차인이죠. 첫 번째 임차인은 '선순위 임차인'이라고 하고 두 번째 임차인은 '후순위 임차인'이라고 합니다. 선순위 임차인은 진짜 대항력이 있기 때문에 어떤 경우에도 자신의 보증금을 잃어버리지 않고 온전히 지킬 수 있습니다. 반대로 후순위 임차인은 매각절차를 통해서 자신의 보증금을 다 받지 못하더라도 낙찰자에게 대항할 수 없습니다. "보증금을 다 받기 전에는 이 집에서 절대 못 나가!"라고 큰소리치며 버틸 수는 있겠지만 법률적 근거가 없기 때문에 언제가 되었건 반드시 나가야만 하죠. 협의에 의해 소유권이전이 이뤄지지 않으면 인도명령제도에 의해 강제집행됩니다. 이 내용은 5장 341~351쪽에서 자세히 살펴봅니다.

우선변제권은 무엇이고 어떻게 행사하나요?

이제 우선변제권에 대해 살펴볼 차례입니다. 우선변제권은 임차인이 권리를 신고하고 경매 절차에 참여해 순서에 따라 배당을 받을 수 있는 권리를 말합니다. 임차인 입장에서는 소유자나 낙찰자들을 독촉해 임차보증금을 지급해달라고 계속해서 요구하는 것보다 정해진 기일에 법원을 통해 깔끔하게 보증금을 돌려받는 것이 여러모로 편리하고 좋겠죠? 이를 위해서 필요한 것이 바로 우선변제권입니다. 우선변제권을 갖기 위해서는 반드시 확정일자를 받아야 합니다. 확정일자는 임대차계약서를 지참하고 주소지를 관할하는 주민센터를 방문하면 즉시 받을 수 있습니다. 확정일자는 임대차계약서가 특정 날짜에 존재하고 있었다는 사실을 확인해주는 효력을 가집니다.

확정일자는 꼭 관할 주민센터에서만 받아야 하는 건가요?

관할 주민센터(읍·면·동사무소) 외에도 **1** 공증기관, **2** 관할 법원, **3** 관할 등기소에서 확정일자를 받을 수 있습니다. 그러나 전입신고와 동시에 확정일자를 받을 수 있는 곳은 주민센터 한 곳뿐입니다. 그리고 앞서 설명한 것처럼 2015년 9월부터는 인터넷등기소에서도 확정일자를 받을 수 있게 되었습니다. 확정일자를 받으면 바로 당일에 우선변제권이 발생합니다. 우선변제권을 갖기 위해서는 점유와 전입신고를 해야 합니다. 이는 대항력을 갖기 위한 조건과도 동일하죠. 즉, 우선변제권을 갖기 위해서는 대항력을 먼저 가져야 한다는 말입니다. 예를 들어보겠습니다. 오늘 전입신고를 하고, 확정일자를 받고, 이삿짐을 옮겨놓고 해당 부동산을 점유하였다면 우선변제권은 언제 생길까요? 확정일자를 받는 날에 바로 생긴다고 했으니 오늘 아니냐고요? 아닙니다. 방금 전 우선변제권은 대항력이 있어야만 발생한다고 했던 것 기억하시죠? 대항력이 발생하는 다음 날 0시부터 우선변제권도 함께 발생합니다. 대항력이 없으면 우선변제권도 없는 것이죠.

우선변제권이 생겼어요. 배당에는 어떻게 참여하는 건가요?

우선변제권이 발생하면 그 즉시 배당에 참여할 수 있는 하나의 물권이 생기게 됩니다. 즉, 2022년 5월 3일에 우선변제권을 얻었다면 다른 등기된 권리와 이 날짜를 기준으로 경합하여 선과 후를 가리게 되는 것이죠. 우선변제권은 대항력 요건(전입과 점유)을 갖추고 확정일자를 받은 후부터 자격을 얻게 되고 배당을 요구했을 때 비로소 효력이 생깁니다.

백 번 듣는 것보다는 한 번 눈으로 보는 편이 낫고, 백 번 글로 읽는 것보다는 한 번 문제를 풀어보는 것이 더 이해가 빠릅니다. 말소기준권리와 함께 대항력, 우선변제권은 권리분석의 핵심이니 이 실전문제들을 풀어보고 100% 숙지한 후 다음 단계로 넘어가시기 바랍니다.

대항력과 우선변제권, 공부해서 정복합시다!

모든 예제에서는 임차인이 전입일자에 점유를 시작하였고 배당요구를 하였다고 가정합니다.

예제 1

설정일	권리자	권리 내용
2016.05.16	갑	전입신고+확정일자
대항력 발생일은? (		)
우선변제권 성립일자는? (		)

답안 및 해설 대항력 발생일과 우선변제권 성립일자는 둘 다 2016년 5월 17일 0시입니다. 대항력은 전입신고일 다음 날 0시에 발생하므로 17일 0시에 발생, 우선변제권은 대항력이 있어야 발생하므로 17일 0시에 대항력과 동시에 발생합니다.

예제 2

설정일	권리자	권리 내용
2016.05.16	갑	전입신고
2016.05.17	갑	확정일자
대항력 발생일은? (		)
우선변제권 성립일자는? (		)

답안 및 해설 대항력은 2016년 5월 17일 0시, 우선변제권은 2016년 5월 17일에 발생합니다. 17일 0시에 대항력이 생긴 이후 확정일자를 받았기 때문에 갑은 17일 당일에 우선변제권을 갖게 됩니다. 17일 0시와 17일은 어떤 차이가 있을까요? 17일 0시가 더 빠른 시점입니다. 17일은 일과시간을 의미하는 반면, 17일 0시는 날짜가 바뀌는 시점을 의미하죠. '0시나 일과시간이나 무슨 차이가 있나요?'라고 하실 수도 있지만 이 기준 때문에 몇천만 원, 몇억 원의 보증금이 왔다 갔다 하기도 합니다. 이번 예제를 모두 풀어보시면 이 이야기가 무슨 뜻인지 알게 되실 겁니다.

예제 3

설정일	권리자	권리 내용
2016.05.16	갑	전입신고
2016.06.08	갑	확정일자
대항력 발생일은?	(	)
우선변제권 성립일자는?	(	)

답안 및 해설 대항력은 2016년 5월 17일 0시, 우선변제권은 2016년 6월 8일에 발생합니다. 갑은 전입신고를 한 다음 날인 17일 0시에 대항력을 갖고, 확정일자를 받은 6월 8일 당일에 우선변제권을 갖게 됩니다. 전입신고 후 20여 일 후에 확정일자를 받았기 때문이죠. 실제로 이런 경우도 흔합니다. 확정일자는 가급적 전입신고를 하면서 바로 받으시기를 권합니다.

예제 4

설정일	권리자	권리 내용
2016.09.05	갑	전입신고
2016.05.16	갑	확정일자
대항력 발생일은?	(	)
우선변제권 성립일자는?	(	)

답안 및 해설 대항력은 2016년 9월 6일 0시, 우선변제권은 2016년 9월 6일 0시에 발생합니다. 이번에는 갑이 확정일자를 먼저 받고 전입신고를 뒤늦게 했네요. 상식적으로 납득이 안 가는 상황입니다. 임대차계약서를 두고 와서 전입신고만 하고 확정일자는 나중에 받는 경우도 종종 있지만 확정일자를 받으며 전입신고를 하지 않을 이유는 전혀 없기 때문이죠. 5월 16일에 확정일자를 받고 전입신고도 같이 마쳤는데 어떤 사정으로 전출을 했다가 9월 5일에 다시 전입한 경우라고 볼 수 있습니다.

5월 16일에 확정일자를 받고 전입신고를 했다면 17일 0시에 대항력과 우선변제권이 모두 발생합니다. 그러나 중간에 전출을 하면 대항력과 우선변제권이 사라져 전입신고를 한 9월 5일을 기준으로 9월 6일 0시에 다시 대항력과 우선변제권이 발생합니다. 임차인이 전출을 하면 그와 함께 대항력과 우선변제권도 사라지는 것이죠. 중간에 전출을 했다가 다시 전입신고를 했을 때 큰 문제가 될 건 없지만 처음 확정일자를 받고 전입신고를 했던 시점이 아닌, 이후에 다시 전입한 날짜를 기준으로 권리관계가 재배열되는 것은 유념해야 합니다.

만약 갑이 전출한 사이 소유자에게 문제가 생겨 거액의 가압류나 근저당권이 등기된다면 어떻게 될까요? 갑은 본래 말소기준권리보다 앞서는 선순위 임차인이었는데 순식간에 후순위 임차인으로 지위가 추락합니다. 따라서 진짜 대항력을 잃고 가짜 대항력을 갖게 되죠. 그러므로 가능한 입주 후에는 중간에 전출을 하지 않는 것이 좋습니다. 그러나 정말 어쩔 수 없는 사정으로 전출을 해야 한다면 어떻게 해야 할까요? 본인뿐만 아니라 가족과 함께 전입했다면 다른 가족은 두고 갑 혼자 전출했다가 다시 전입하면 됩니다. 그러면 전혀 문제될 것이 없습니다. 세대 구성원 중 한 사람이라도 남겨두면 이후 다시 전입했을 때 본래의 대항력이 그대로 승계, 유지되기 때문이죠. 만약 갑 혼자 사는 단독세대라면 가족 중 한 사람을 자신의 주소지로 전입(동일 세대로)시킨 다음에 전출하면 됩니다. 그다음 갑이 다시 전입할 때 같은 세대로 등기하면 처음의 대항력과 우선변제권을 그대로 유지할 수 있습니다.

216

설정일	권리자	권리 내용
2016.05.16	갑	전입신고
2016.05.16	을	근저당
대항력 발생일은?	(	)
우선변제권 성립일자는?	(	)
선순위 권리는?	(	)

답안 및 해설 대항력은 2016년 5월 17일 0시에 발생하고, 우선변제권은 없으며, 선순위 권리는 을의 근저당권입니다. 갑의 대항력 발생일은 5월 17일 0시인데 근저당권은 5월 16일에 등기되었습니다. 말소기준권리는 16일에 설정된 근저당권이 되어 이후 모든 권리는 경매 절차로 깨끗하게 소멸됩니다. 따라서 갑은 후순위 임차인이 되고 그가 가진 대항력은 가짜 대항력이 됩니다. 이로써 보증금 배당 여부와 무관하게 낙찰자가 갑에게 명도를 요구하면 갑은 대항할 수 없습니다.

설정일	권리자	권리 내용
2016.05.16	갑	전입신고
2016.05.17	을	근저당
대항력 발생일은?	(	)
우선변제권 성립일자는?	(	)
선순위 권리는?	(	)

답안 및 해설 대항력은 2016년 5월 17일 0시에 발생하고, 우선변제권은 없으며, 선순위 권리는 갑의 대항력입니다. 갑의 대항력이 발생한 날짜는 17일 0시이고 근저당권은 17일에 등기되었습니다. 등기는 아무리 빨라도 오전 9시 이후에나 가능하기 때문에 17일 0시가 앞서는 권리입니다. 근저당권이 말소기준권리가 되어 근저당권은 소멸되지만 갑의 대항력은 소멸되지 않고 인수됩니다. 즉, 갑은 진짜 대항력을 가진 선순위 임차인이 되어 보증금 전액을 돌려받을 때까지 이 부동산을 합법적으로 점유할 수 있습니다.

설정일	권리자	권리 내용
2016.05.16	갑	전입신고+확정일자
2016.05.16	을	근저당
대항력 발생일은?	(	)
우선변제권 성립일자는?	(	)
선순위 권리는?	(	)

답안 및 해설 대항력과 우선변제권은 2016년 5월 17일 0시에 함께 발생합니다. 선순위 권리는 을의 근저당권입니다. 16일에 전입신고를 마치고 확정일자를 받았지만 갑의 대항력과 우선변제권은 모두 17일 0시에 발생됩니다. 근저당권은 16일에 등기되었기 때문에 이 근저당권이 말소기준권리가 되어 근저당권을 포함한 갑과 을의 모든 권리가 소멸됩니다. 따라서 갑은 경락인(낙찰자)에게 대항할 수 없습니다.

예제 8

설정일	권리자	권리 내용
2016.05.16	갑	전입신고+확정일자
2016.05.17	을	근저당
대항력 발생일은?	(	)
우선변제권 성립일자는?	(	)
선순위 권리는?	(	)

답안 및 해설 대항력과 우선변제권은 2016년 5월 17일 0시에 함께 발생합니다. 선순위 권리는 갑의 대항력과 우선변제권입니다. 을의 근저당권 매각으로 근저당권이 소멸되고 갑의 대항력과 우선변제권이 선순위 권리가 됩니다. 근저당권이 17일에 등기되었기 때문에 갑은 선순위 임차인으로서 대항력을 가질 뿐 아니라 을이 가진 근저당권보다도 권리가 앞서기 때문에 배당도 우선으로 받게 됩니다. 다시 말해 낙찰대금 중에서 경매비용 등을 제하고 권리 순서에 따라 갑이 자신의 보증금을 먼저 모두 받고 남는 금액을 을이 배당받게 되는 것입니다. 만약 배당금이 부족해 갑이 보증금의 일부만 배당받게 된다면 나머지 금액은 낙찰자가 책임을 지고 물어줘야 합니다.

예제 9

설정일	권리자	권리 내용
2016.05.16	갑	전입신고
2016.05.17	갑	확정일자
2016.05.17	을	근저당
대항력 발생일은?	(	)
우선변제권 성립일자는?	(	)
선순위 권리는?	(	)

답안 및 해설 대항력은 2016년 5월 17일 0시, 우선변제권은 2016년 5월 17일에 발생합니다. 선순위 권리는 대항력에서는 갑이 우선이며 배당에서는 갑의 우선변제권과 을이 동순위입니다. 17일에 등기된 근저당권은 말소기준권리가 되어 근저당권 이하의 모든 권리가 소멸됩니다. 하지만 갑의 대항력은 근저당권보다 앞서기 때문에 인수됩니다.

문제는 우선변제권 성립일과 근저당권 설정일이 같다는 점입니다. 이때는 순위를 어떻게 정해야 할까요? 같은 날짜에 등기되어 순위번호와 접수번호로 선후를 가릴 수 있습니다. 그러나 근저당권은 등기되는 권리인 반면, 우선변제권(확정일자)은 등기되지 않는 권리입니다. 따라서 이런 경우에는 등기를 한 시간이나 확정일자를 통해 선후를 가리지 않고 동순위로 간주합니다.

갑의 대항력은 말소기준권리보다 앞서는 선순위 권리가 되고, 배당을 위한 우선변제권은 근저당권과 동순위가 되어 같은 채권금액에 따라 평등하게 배당을 나눠 받게 됩니다.

갑과 을이 배당금을 평등하게 나눠 가진다면 둘 다 전액을 받기는 어려울 것입니다. 그러나 갑이 억울하거나 섭섭해할 일은 없습니다. 예제 8과 마찬가지로 갑이 배당받지 못한 보증금은 낙찰자가 모두 책임을 지고 배상해줘야 합니다.

예제 10

설정일	권리자	권리 내용
2016.05.16	갑	전입신고
2016.05.17	을	근저당
2016.05.18	갑	확정일자
대항력 발생일은? (		)
우선변제권 성립일자는? (		)
선순위 권리는? (		)

답안 및 해설 대항력은 2012년 5월 17일 0시, 우선변제권은 2012년 5월 18일에 발생합니다. 선순위 권리는 대항력에서는 갑이 우선이며 배당에서는 을이 우선입니다. 17일에 등기된 을의 근저당권이 말소기준권리입니다. 갑의 대항력은 말소기준권리보다 앞서기 때문에 진짜 대항력입니다. 하지만 우선변제권이 18일에 발생해 을보다 순위가 뒤에 있으므로 배당은 을이 우선순위로 받게 됩니다. 갑은 을이 배당을 받고 난 후 나머지 금액에서 배당을 받습니다. 이때 금액이 부족하다면 낙찰자가 책임지고 나머지 금액을 갑에게 지불해야 합니다.

예제 1~10까지 상황 중, 투자자 입장에서는 세 가지 경우가 유리합니다.
1) 임차인이 대항력도 있고, 우선변제권의 순위도 가장 높아 전액을 배당받는 경우
2) 대항력이 말소기준권리보다 늦은 후순위 임차인이지만 낙찰가가 충분히 높아 전액을 배당받는 경우
3) 2)번과 같은 후순위 임차인이고 배당금을 일부 또는 하나도 받지 못하는 경우

임차인이 점유하고 있는 경우에는 1)~3)번이 안전한 경우입니다. 3)번 같은 경우 임차인이 보증금을 전부 받지 못한다고 해도 낙찰자에게는 보증금을 지급해야 할 책임이 전혀 없습니다. 대신 그 임차인은 전 소유자에게 돌려받지 못한 보증금을 청구할 수 있는 권리를 가집니다.

투자자 입장에서 각별히 조심해야 하는 경우는 두 가지가 있습니다.
1) 대항력이 있는 선순위 임차인인데 우선변제권이 없거나 순위가 늦어 배당을 전혀 받지 못하는 경우
2) 선순위 임차인인데 보증금 전액을 받지 못하고 일부만 배당받는 경우

진짜 대항력이 있는 선순위 임차인이 점유하고 있는 경우라면 그 임차인이 얼마를 배당받느냐 하는 것이 투자자 입장에서도 매우 중요한 문제입니다. 배당에 대한 공부를 해야 하는 이유가 바로 여기에 있는 것이죠 (배당계산 방법은 222~226쪽에서 자세히 살펴보겠습니다).

임차인의 특권이라는 최우선변제권은 어떻게 누릴 수 있나요?

최우선변제권에 대해 설명하기 전에 지금까지 배운 주택임대차보호법에 대한 내용들을 한번 정리해보겠습니다.

첫째, 임차권은 본래 채권이지만 주택임대차보호법이라는 특별법을 통해 물권화됩니다. 덕분에 임차인은 자신의 권리 순서를 굳건히 지킬 수 있게 되었죠.

둘째, 임차인이 전입신고와 점유를 마치면 다음 날 0시부터 대항력을 갖습니다. 이를 통해 소유자 및 제3자로부터 보증금을 돌려받기 전까지는 그 부동산에 합법적으로 계속 거주할 수 있는 권리를 갖게 되죠. 대항력을 갖게 되는 시점이 말소기준권리보다 빠른지 늦은지에 따라 낙찰자(경락인)에게 대항할 수 있는 진짜 대항력과 그렇지 못한 가짜 대항력을 가지게 됩니다.

셋째, 임차인이 대항력을 가질 수 있는 자격 요건을 얻고 확정일자를 받으면 우선변제권을 갖게 됩니다. 우선변제권은 해당 부동산이 경매로 매각될 때 배당에서 자신의 권리 순서대로 보증금을 돌려받을 수 있는 권리입니다.

이제 임차인을 위한 진정한 특권이라 할 수 있는 최우선변제권에 대해서 살펴보겠습니다. 많은 분이 최우선변제권과 우선변제권을 혼동하시는데요. 최우선변제권과 우선변제권은 배당을 통해 보증금을 돌려받을 수 있는 권리라는 것은 동일하지만 자격 요건, 보호 범위 등에서는 차이점이 많습니다. 이 둘은 전혀 다른 개념이므로 정확하게 구분해서 이해해야 합니다.

최우선변제권은 사회적 약자인 임차인을 보호하기 위해 제대로 된 법적 장치가 있어야 한다는 취지에서 만들어졌습니다. 임차인에게 임차권의 물권화, 대항력, 우선변제권 외에 가공할 만한 힘을 가진 능력을 한 가지 더 부여한 것이죠. 최우선변제권을 통해 소액임차인이 되면 권리 순서 같은 건 묻지도 따지지도 않고 가장 최우선적으로 배당을 받을 수 있습니다. 설령 거액의 채무가 설정된 부동산의 후순위 임차인이더라도 일정한 기준에 따라 소액임차인으로 인정받으면 보증금 중 일정액을 최우선적으로 받을 수 있습니다.

왜 최우선변제권 같은 법적 보호장치가 만들어졌을까요? 원칙적으로 부동산 가액에 비해 설정된 채권액이 크면 그 부동산에는 임차인으로 들어가선 안 됩니다. 선순위 채권금액과 임차보증금을 합한 금액이 예상 낙찰가의 80~85%를 넘으면 임차인으로 들어가서 살면 안 되는 위험한 매물이라고 볼 수 있죠. 예상 낙찰가를 모르는 경우에는 선순위 채권금액과 임차보증금을 합한 금액이 시세의 70%를 넘지 않는지 확인해봐야 합니다. 임차권이 말소기준권리보다 늦어 소멸되면 배당을 통해 보증금도 돌려받지 못하고, 낙찰자에게도 강력하게 대항할 수 없습니다. 결국 보증금을 한 푼도 돌려받지 못하고 이사를 나가야 하죠.

하지만 보증금이 부족한 경우에는 어쩔 수 없이 위험한 것을 뻔히 알면서 시세보다 저렴한 전셋집에 입주할 수밖에 없습니다. 그중에는 자신이 얻은 집이 위험한 매물이라는 것을 전혀 모르고 운 좋게 싸고 좋은 집을 구했다고 기뻐하는 사람들도 있을 테고요. 이런 순진무구한 임차인들을 보호해주지 않으면 심각한 사회문제가 발생할 수 있습니다. 이들 대부분이 임차보증금이 가지고 있는 전 재산이거나 재산의 상당 부분을 차지하는 경우가 많기 때문입니다. 그래서 이러한 임차인들을 보호하기 위해 '소액임차인 최우선변제권'을 만들어 일정 요건만 충족되면 가장 먼저 배당을 받을 수 있도록 특권을 부여한 것입니다. 그러나 모든 임차인이 이 권리를 행사할 수 있는 것은 아닙니다. 대항력과 우선변제권은 모든 임차인이 그 권리를 누릴 수 있지만 최우선변제권은 소액임차인만 해당됩니다.

임차인이 이렇게 최우선변제권을 통해 극진한 대접을 받으면 부동산경매 투자자들이 피해를 고스란히 다 떠안는 것 아닌가요?

소액임차인 최우선변제권으로 피해를 보는 사람은 바로 선순위 채권자입니다. 민법에 규정된 순서대로 배당이 이뤄지면 누구도 불만을 품지 않을 것입니다. 그러나 특별법으로 소액임차인에게 가장 먼저 배당이 돌아가기 때문에 상대적으로 선순위 채권자가 손해를 보는 상황이 생길 수 있죠. 이 법으로 인해 선순위 채권자가 받을 배당금을 소액임차인이 가장 먼저 배당받게 됩니다. 선순위 채권자는 억울하긴 하겠지만 법이 그러하니 어쩔 도리가 없죠. 낙찰자가 납부한 낙찰대금으로 임차인에게 배당을 해주기 때문에 낙찰자는 이 규정으로 인한 금전적인 피해는 전혀 없고 오히려 명도 면에서 더 유리합니다.

소액임차인 자격, 어디 한번 따져봅시다!

날짜와 지역에 따라 소액임차인으로 삼는 기준 금액인 보증금의 범위에는 조금씩 차이가 있습니다. 이 금액보다 적어야 소액임차인이 될 수 있죠. 최우선변제금은 소액임차인이 되었을 때 가장 먼저 배당받을 수 있는 금액입니다. 소액임차인은 1984년 1월 1일부터 최우선변제권을 통해 보호받고 있습니다. 이전에는 보증금 300만 원 이하의 임차인은 거주하는 집이 경매에 넘어갔을 때 누구보다 먼저 보증금을 배당받을 수 있었죠. 광역시 외 지역은 보증금 200만 원까지 전액 배당해주었고요. 시간이 흘러 물가가 상승하고 임대료도 상승하자 1987년 말부터는 소액임차인으로 인정되는 보증금이 500만 원으로 상향 조정되었습니다. 1990년에도 보증금의 기준금액이 크게 상승했습니다. 그래서 광역시는 보증금 2,000만 원, 그 외 지역은 1,500만 원까지 소액임차인으로 인정받을 수 있게 되었죠. 그러나 이때부터는 보증금 전액이 아닌 일부 금액(광역시 700만 원, 그 외 지역 500만 원)에 한해서 최우선변제를 해주게 되었습니다.

▼ 소액임차인 최우선변제표

담보물권설정일	지역	보증금 범위	최우선변제액
1984.6.14~1987.11.30	특별시, 직할시	300만 원 이하	300만 원 까지
	기타지역	200만 원 이하	200만 원 까지
1987.12.1~1990.2.18	특별시, 직할시	500만 원 이하	500만 원 까지
	기타지역	400만 원 이하	400만 원 까지
1990.2.19~1995.10.8	특별시, 직할시	2,000만 원 이하	700만 원 까지
	기타지역	1,500만 원 이하	500만 원 까지
1995.10.19~2001.9.14	특별시, 직할시	3,000만 원 이하	1,200만 원 까지
	기타지역	2,000만 원 이하	800만 원 까지
2001.9.15~2008.8.20	수도정비계획법 중 과밀억제권역	4,000만 원 이하	1,600만 원 까지
	광역시(군지역과 인천광역시 지역 제외)	3,500만 원 이하	1,400만 원 까지
	기타지역	3,000만 원 이하	1,200만 원 까지
2008.8.21~2010.7.25	수도정비계획법 중 과밀억제권역	6,000만 원 이하	2,000만 원 까지
	광역시(군지역과 인천광역시 지역 제외)	5,000만 원 이하	1,700만 원 까지
	기타지역	4,000만 원 이하	1,400만 원 까지
2010.7.26~2013.12.31	서울특별시	7,500만 원 이하	2,500만 원 까지
	수도권정비계획법에 따른 과밀억제권역 (서울특별시는 제외)	6,500만 원 이하	2,200만 원 까지
	광역시(수도권정비계획법에 따른 과밀억제 권역에 포함된 지역과 군지역은 제외) 안산시, 용인시, 김포시, 광주시	5,500만 원 이하	1,900만 원 까지
	기타지역	4,000만 원 이하	1,400만 원 까지
2014. 1. 1~	서울특별시	9,500만 원 이하	3,200만 원 까지
	수도권정비계획법에 따른 과밀억제권역 (서울특별시는 제외)	8,000만 원 이하	2,700만 원 까지
	광역시(수도권정비계획법에 따른 과밀 억제권역에 포함된 지역과 군지역은 제외), 안산시, 용인시, 김포시, 광주시	6,000만 원 이하	2,000만 원 까지
	기타지역	4,500만 원 이하	1,500만 원 까지
2016.03.31.~ 2018.09.17	서울	1억 원	3,400만 원
	수도권과밀억제권역	8,000만 원	2,700만 원
	광역시(과밀억제권역 제외), 안산시, 용인시, 김포시, 광주시, 세종시	6,000만 원	2,000만 원
	기타 지역	5,000만 원	1,700만 원

2018.09.18.~ 2021.05.10	서울	1억 1,000만 원	3,700만 원
	수도권과밀억제권역, 세종시, 용인시, 화성시	1억 원	3,400만 원
	광역시(과밀억제권역 제외), 안산시, 김포시, 광주시, 파주시	6,000만 원	2,000만 원
	기타 지역	5,000만 원	1,700만 원
2021.05.11~	서울	1억 5,000만 원	5,000만 원
	수도권과밀억제권역, 세종시, 용인시, 화성시	1억 3,000만 원	4,300만 원
	광역시(과밀억제권역 제외), 안산시, 김포시, 광주시, 파주시	7,000만 원	2,300만 원
	기타	6,000만 원	2,000만 원

　2001년부터는 수도권 과밀억제권역, 그 외 광역시, 기타 지역으로 소액임차인의 기준이 세분화되었습니다. 이는 2000년대로 접어들면서 수도권의 부동산 가격과 임대료의 상승폭이 다른 지역을 압도했기 때문입니다. 그 후 2014년부터는 서울과 수도권 지역의 임대료 격차가 벌어지면서 서울시, 과밀억제권역, 광역시, 기타 지역으로 구분해 적용했습니다. 2016년에는 세종시의 임차보증금이 많이 상승한 것을 반영하여 광역시 기준과 동일하게 적용되었고, 2018년에는 세종시, 용인시, 화성시는 수도권 과밀억제권역이 아니지만 소액임차인 기준에는 과밀억제권역과 동일하게 적용되었습니다. 이는 해당 지역이 그간 전·월세 가격이 크게 상승한 것을 의미합니다. 그렇게 2021년 5월에 지금까지 마지막 주택임대차보호법이 개정되었습니다.

　이 표를 암기할 필요는 전혀 없으나 기준을 찾는 방법만은 꼭 숙지하시기 바랍니다. 그러면 소액임차인 최우선변제의 적용 기준에 대해 한번 살펴보겠습니다. 앞으로는 '소액임차보증금 기준권리'라 칭하겠습니다. 소액임차보증금 기준권리가 될 수 있는 권리에는 **1** 저당권(근저당권), **2** 담보가등기, **3** 전세권, **4** 확정일자부 임차권 네 가지가 있습니다.

이 네 가지, 어디에선가 본 듯 익숙하지 않은가요? 네, 바로 말소기준권리에서 공부한 바 있습니다. 말소기준권리 중에서 압류, 가압류, 강제경매기입등기가 빠지고 대신 확정일자부 임차권이 들어왔네요. 확정일자부 임차권은 확정일자를 받고, 전입신고를 마치고 해당 부동산을 점유하는 임차인의 권리를 말합니다. 따라서 전입신고만 한 임차인이나 점유만 하고 있는 임차인은 해당 사항이 없습니다.

전세권이 가장 먼저 설정되었다고 하더라도 말소기준권리가 되기 위해서는 **1** 부동산 전체에 대한 전세권이어야 하고, **2** 경매신청 또는 배당요구를 해야 한다고 앞서 설명했었는데요. 하지만 소액임차보증금 기준권리는 그런 조건을 굳이 따지지 않습니다. 위의 네 가지 권리와 전세권 중에서 가장 먼저 설정된 권리가 소액임차보증금 기준권리가 되고, 소액임차보증금 기준권리가 설정된 날짜에 따라 소액임차보증금이 정해집니다. 소액임차보증금 기준권리 설정일은 임차인이 전입신고를 한 날짜를 기준으로 하는 것이 아님을 꼭 유념해두시기 바랍니다. 이 기간에 대한 기준을 혼동하시는 분이 무척이나 많은데요. 심지어 공인중개사에서 부동산의 입주 날짜를 기준으로 소액임차보증금에 대한 액수를 안내해주는 경우도 종종 있으니 주의하시기 바랍니다. 소액임차보증금 기준권리 설정일에 대해서 예를 들어 살펴보겠습니다.

2022년 3월 11일, 박선혜 씨는 서울에 있는 보증금 7,000만 원의 주택에 임대차 계약을 맺고 입주했습니다. 선혜 씨는 이삿짐을 정리하느라 힘들고 지쳐 당일에 바로 주민센터를 찾아가지 못하고, 바로 다음 날인 3월 12일에 전입신고를 하고 확정일자를 받았습니다. 자, 여기서 문제 나갑니다. 만약 이 집이 경매에 넘어 가게 된다면 선혜 씨는 소액임차인이 될 수 있을까요?

사실 이 내용만 가지고는 선혜 씨가 소액임차인인지, 아닌지 그 여부를 정확히 파악할 수 없습니다. 등기사항전부증명서를 열람해 소액임차보증금 기준권리를 찾아보고 그 권리가 설정된 날을 기준으로 소액임차인인지 아닌지 여부를 판단해봐야 정확한 내용을 알 수 있죠.

만약 2000년 1월 5일에 해당 부동산에 근저당권이 설정되었다면 보증금 3,000만 원까지의 임차인은 최우선변제를 받게 됩니다. 그러나 선혜 씨는 보증금이 7,000만 원이므로 소액임차인이 될 수 없습니다. 즉, 이 집이 경매로 매각된다면 선혜 씨는 소액임차인 최우선변제를 받지 못합니다. 물론 우선변제권을 통해 권리 순서에 따른 배당에는 참여할 수 있습니다.

반대로 다른 상황은 모두 같고 소액임차보증금 기준권리가 2011년 12월 5일에 설정된 근저당권이라면 선혜 씨는 소액임차인이 될까요? 2010년 7월 26일 이후, 서울 소재의 부동산이라면 보증금 7,500만 원까지 소액임차인으로 인정하므로 이때는 소액임차인 자격을 갖게 됩니다. 그러면 이 부동산이 경매로 매각될 때 누구보다 먼저 2,500만 원을 배당받을 수 있죠.

그렇다면 소액임차보증금 기준권리가 2021년 5월 20일에 설정된 저당권이라면 어떨까요? 이때는 보증금 1억 5,000만 원까지 소액임차인이 되고, 최우선변제로 5,000만 원을 배당받습니다. 같은 시점에 같은 집에 이사와도 이렇게 배당금이 천차만별이 될 수 있으니, 소액임차보증금 기준권리의 날짜 기준은 계약일자나 입주날짜가 아니라는 것, 다시 한번 잘 새겨두세요.

머리에 쏙쏙 들어오는 실전문제 PART 03

말소기준권리를 복습하면서 배당에 대해서도 알아봅시다!

다음 예제들은 매각이 진행되는 부동산들의 등기사항전부증명서를 정리한 것입

니다. 각 사례에서

1 말소기준권리를 찾고 소멸과 인수 여부를 따져보세요.

2 또 소액임차보증금 기준권리를 찾고, 임차인이 소액임차인에 해당되는지, 해당된다면 배당금을 얼마나 받을 수 있을지 답해보세요.

예제 1 서울 소재의 부동산

일자	권리 종류	채권금액	소멸과 인수
1999.10.05	근저당권	3,000만 원	( )
2002.02.02	전입신고+확정일자(배당요구O)	2,500만 원	( )
2003.01.10	임의경매		( )

답안 및 해설 위에서부터 차례대로 말소기준권리(소액임차보증금 기준권리), 소멸, 소멸입니다.
1) 말소기준권리가 될 수 있는 것은 근저당권과 임의경매기입등기인데요, 1999년 10월 5일에 설정된 근저당권이 말소기준권리가 되어 이하 모든 권리는 매각으로 소멸됩니다. 따라서 권리상 문제가 없는 안전한 물건입니다.
2) 소액임차보증금 기준권리도 1999년 10월 5일에 설정된 근저당권입니다(전입일이 아닙니다). 이 날을 기준으로 서울 지역은 보증금 3,000만 원까지 소액임차인으로 인정되고 1,200만 원을 최우선변제 받게 됩니다. 이 임차인은 보증금이 2,500만 원이기 때문에 소액임차인이 되고 1,200만 원을 가장 먼저 배당받을 수 있습니다.

예제 2 서울 소재의 부동산

일자	권리 종류	채권금액	소멸과 인수
2001.03.15	가압류	2,500만 원	( )
2003.10.20	전입신고+확정일자(배당요구○)	3,000만 원	( )
2004.12.12	강제경매		( )

답안 및 해설 위에서부터 차례대로 말소기준권리, 소멸(소액임차보증금 기준권리), 소멸입니다.
1) 2001년 3월 15일에 설정된 가압류가 말소기준권리가 됨으로써 모든 권리가 매각으로 소멸되는 안전한 물건입니다.
2) 가압류는 말소기준권리는 되지만 소액임차보증금 기준권리는 될 수 없습니다. 그래서 2003년 10월 20일의 확정일자부 임차권이 소액임차보증금 기준권리가 됩니다. 서울 지역에서는 이 날짜를 기준으로 보증금 4,000만 원까지 소액임차인으로 인정되므로 본 임차인은 소액임차인이 됩니다. 그리고 3,000만 원 중 1,600만 원을 가장 먼저 배당받습니다.

문제풀이 TIP

권리분석에서 가장 기본이 되는 것은 말소기준권리에 의한 소멸과 인수입니다. 그러므로 예제들을 풀 때는 가장 먼저 말소기준권리를 찾아 소멸과 인수를 가려내고 안전한 물건인지, 위험한 물건인지를 판단하고 접근하는 것이 좋습니다. 권리분석을 공부하기 위해서는 관련 내용을 여러 번 읽고 암기하는 것보다 직접 문제를 풀어보며 하나하나 이해하는 방법이 훨씬 더 효과적입니다.

처음에는 분명 어렵게 느껴지고 이해가 잘 안 되는 부분도 많을 것입니다. 그래도 포기하지 마시고 다음 문제들을 이해가 갈 때까지 3~5차례 다시 풀어보시기 바랍니다. 이 문제들만 충분히 이해해도 기본적인 권리분석 문제들은 95% 이상 쉽게 해결할 수 있습니다.

예제 3 서울 소재의 부동산

일자	권리 종류	채권금액	소멸과 인수
1994.01.03	담보가등기	5,000만 원	( )
1997.02.01	전입신고+확정일자(배당요구○)	2,500만 원	( )
2004.08.05	강제경매		( )

답안 및 해설 위에서부터 차례대로 말소기준권리(소액임차보증금 기준권리), 소멸, 소멸입니다.

1) 담보가등기는 말소기준권리가 될 수 있습니다. 그렇기 때문에 1994년 1월 3일의 담보가등기가 말소기준권리가 되어 이하 모든 권리가 깨끗이 소멸되는 안전한 물건입니다.

2) 담보가등기는 소액임차보증금 기준권리도 될 수 있습니다. 1994년 1월 3일 기준으로 서울 지역의 소액임차인 보증금 한도는 2,000만 원입니다. 전입일자인 1997년 2월 1일이 아니라는 것 다시 한번 새겨두시기 바랍니다. 이 임차인은 보증금이 2,500만 원이기 때문에 소액임차인 자격이 되지 않고 최우선변제도 받을 수 없습니다.

예제 4 서울 소재의 부동산

일자	권리 종류	채권금액	소멸과 인수
1991.04.21	근저당	8,000만 원	( )
1996.08.08	전세권(전입신고×, 배당요구○)	1,500만 원	( )
1997.09.10	임의경매		( )

답안 및 해설 위에서부터 차례대로 말소기준권리(소액임차보증금 기준권리), 소멸, 소멸입니다.

1) 1991년 4월 21일에 설정된 근저당권이 말소기준권리가 되어 이하 모든 권리가 소멸되는 안전한 물건입니다.

2) 근저당권이 소액임차보증금 기준권리도 됩니다. 1991년 4월 21일자, 서울 지역 기준으로 보증금 2,000

만 원까지 소액임차인이 됩니다. 본 임차인은 보증금이 1,500만 원이므로 소액임차인이 될 보증금 기준을 충족합니다. 하지만 전입신고를 하지 않았기 때문에 대항력이 없어 소액임차인이 될 수 없습니다. 앞에서 전세권은 주택임대차보호법의 보호를 받지 못한다고 설명한 바 있습니다. 물론 근저당권에 설정된 금액을 모두 배당한 후 순서에 따른 배당은 가능합니다.

예제 5 서울 소재의 부동산

일자	권리 종류	채권금액	소멸과 인수
1991.04.21	근저당	8,000만 원	( )
1996.08.08	전세권(전입신고+점유, 배당요구○)	1,500만 원	( )
1997.09.10	임의경매		( )

답안 및 해설 위에서부터 차례대로 말소기준권리(소액임차보증금 기준권리), 소멸, 소멸입니다.
1) 1991년 4월 21일에 설정된 근저당권이 말소기준권리가 되어 이하 모든 권리가 소멸되는 안전한 물건입니다.
2) 예제 4와 마찬가지로 근저당권이 소액임차보증금 기준권리도 됩니다. 예제 4와 임차인 보증금도 같네요. 임차인이 대항력 요건(전입과 점유)을 갖추었고 배당요구를 하였으므로 소액임차인 자격을 가집니다. 따라서 700만 원을 최우선변제 받게 됩니다.

예제 6 서울 소재의 부동산

일자	권리 종류	채권금액	소멸과 인수
1988.10.01	압류	6,000만 원	( )
1996.11.04	저당권	4,000만 원	( )
1999.03.22	전입신고+확정일자(배당요구○)	4,800만 원	( )
2001.07.13	강제경매		( )

답안 및 해설 위에서부터 차례대로 말소기준권리, 소멸(소액임차보증금 기준권리), 소멸, 소멸입니다.
1) 말소기준권리 자격이 있는 권리들은 압류, 저당권, 강제경매 기입등기입니다. 이 중 가장 먼저 설정된 1988년 10월 1일의 압류가 말소기준권리가 됨으로써 이하 모든 권리는 매각으로 깨끗하게 소멸되어 입찰해도 좋은 안전한 물건입니다.
2) 압류는 소액임차보증금 기준권리가 될 수 없으므로 1996년 11월 4일의 저당권이 소액임차보증금 기준권리가 됩니다. 서울 지역은 보증금 3,000만 원까지만 소액임차인으로 분류되므로 이 임차인은 소액임차인이 될 수 없고 최우선변제도 받지 못합니다. 다만 우선변제권에 의한 배당은 받을 수 있습니다.

일자	권리 종류	채권금액	소멸과 인수
1988.10.01	압류	6,000만 원	( )
2009.11.04	저당권	4,000만 원	( )
2010.03.22	전입신고+확정일자(배당요구○)	4,800만 원	( )
2012.07.13	강제경매		( )

답안 및 해설 위에서부터 차례대로 말소기준권리, 소멸(소액임차보증금 기준권리), 소멸, 소멸입니다.

1) 예제 6과 마찬가지로 1988년 10월 1일의 압류가 말소기준권리가 됨으로써 이하 모든 권리가 매각으로 깨끗하게 소멸되는 안전한 물건입니다.

2) 예제 6과 동일하게 저당권이 소액임차보증금 기준권리가 됩니다. 그러나 저당권이 설정된 날짜가 다르네요. 2009년 11월 4일, 서울 지역을 기준으로 6,000만 원까지 소액임차인으로 인정되므로 4,800만 원 중 2,000만 원을 가장 먼저 배당받게 됩니다. 예제 6과 보증금, 입주일, 경매신청일까지도 모두 같지만 소액임차보증금 기준권리의 차이로 예제 7의 임차인은 소액임차인이 되고, 예제 6의 임차인은 그렇지 못한 얄궂은 운명에 처하게 되었네요.

일자	권리 종류	채권금액	소멸과 인수
1988.10.01	압류	6,000만 원	( )
2009.11.04	저당권	4,000만 원	( )
2010.03.22	전입신고+확정일자(배당요구○)	4,800만 원	( )
2012.07.13	강제경매		( )

답안 및 해설 위에서부터 차례대로 말소기준권리, 소멸(소액임차보증금 기준권리), 소멸, 소멸입니다.

1) 예제 6, 7과 마찬가지로 1988년 10월 1일의 압류가 말소기준권리가 됩니다. 이하 모든 권리는 매각을 통해 깨끗이 소멸되므로 안전한 물건입니다.

2) 예제 8에서도 소액임차보증금 기준권리는 2009년 11월 4일의 근저당권입니다. 그러나 지역이 '기타 지역'으로 분류되는 송도네요. 기타 지역은 소액임차인 기준금액이 4,000만 원입니다. 따라서 소액임차보증금을 초과하기 때문에 이 임차인은 소액임차인 자격을 갖지 못합니다. 예제 7과 모든 상황이 같지만 지역적인 차이로 소액임차인이 되지 못하는 것입니다. 여기서 알 수 있는 사실은 같은 날짜에, 같은 금액으로 입주했다고 해도 소액임차보증금 기준권리에 따라 소액임차인이 될 수도 있고 그렇지 않을 수도 있다는 것입니다. 임차인의 자격으로 집을 얻을 때는 등기사항전부증명서를 살펴보고 소액임차보증금 기준권리를 파악하여 소액임차인의 자격 유무를 꼭 따져봐야 합니다.

일자	권리 종류	채권금액	소멸과 인수
1990.01.15	가처분		( )
1993.05.06	보전가등기		( )
1997.08.03	전세권(부동산 전체, 전입신고+배당요구○)	2,300만 원	( )
2000.02.25	강제경매		( )

답안 및 해설 위에서부터 차례대로 인수, 인수, 말소기준권리(소액임차보증금 기준권리), 소멸입니다.

1) 가처분과 보전가등기는 말소기준권리가 될 수 없으므로 1997년 8월 3일의 전세권이 말소기준권리가 됩니다. 부동산 전체에 대한 전세권이고 배당요구를 했으니 자격도 충분하죠. 경매를 통해 전세권과 강제경매는 소멸되지만 말소기준권리보다 앞서는 가처분과 보전가등기는 인수됩니다. 인수되는 권리가 있으므로 위험한 물건이라고 판단됩니다.

2) 이 예제에서 소액임차보증금 기준권리가 될 수 있는 권리들 중 가장 앞서는 것은 전세권입니다. 일자는 1997년 8월 3일, 지역은 서울 기준으로 3,000만 원까지 소액임차인이 되는데 본 임차인은 보증금 2,300만 원에 전입신고와 점유를 마치고 배당요구까지 했기 때문에 소액임차인으로서 가장 먼저 1,200만 원을 배당받을 수 있습니다.

일자	권리 종류	채권금액	소멸과 인수
1990.01.15	가처분		( )
1993.05.06	보전가등기		( )
1997.08.03	전세권(부동산 일부, 전입신고+배당요구○)	2,300만 원	( )
2000.02.25	강제경매		( )

답안 및 해설 위에서부터 차례대로 인수, 인수, 인수(소액임차보증금 기준권리), 말소기준권리입니다.

1) 전세권이 부동산 전체가 아니라 방 1칸 또는 방 2칸처럼 부동산의 일부에 설정되었다는 것이 예제 9와 다른 점이네요. 부동산의 일부이기 때문에 가처분, 보전가등기, 전세권 모두 말소기준권리 자격이 없으므로 2000년 2월 25일의 강제경매가 말소기준권리가 됩니다. 강제경매기입등기는 매각으로 소멸되지만 그 위의 권리들은 모두 인수해야 하므로 매우 위험한 물건입니다. 절대 입찰해서는 안 됩니다.

2) 전세권의 범위가 부동산 일부이기 때문에 본 전세권은 말소기준권리가 되지 못합니다. 하지만 소액임차보증금 기준권리는 부동산 전체여야만 한다거나 배당요구를 해야 한다는 등의 추가 요건이 필요 없고, 가처분, 보전가등기는 소액임차보증금 기준권리 다섯 가지 중에 포함되지 않으므로 전세권이 소액임차보증금 기준권리가 됩니다. 이 날짜를 기준으로 서울 지역에서는 3,000만 원까지 소액임차인으로 인정되므로 이 임차인은 1,200만 원을 최우선변제를 받을 수 있습니다.

일자	권리 종류	채권금액	소멸과 인수
1990.01.15	가처분		( )
1993.05.06	보전가등기		( )
1997.08.03	전입신고+확정일자(배당요구○)	2,300만 원	( )
2000.02.25	강제경매		( )

답안 및 해설 위에서부터 차례대로 인수, 인수, 인수(소액임차보증금 기준권리), 말소기준권리입니다.
1) 일반 임차권(전입신고와 확정일자) 또한 말소기준권리 자격이 없으므로 이 예제에서 말소기준권리는 2000년 2월 25일의 강제경매가 됩니다. 가처분, 보전가등기, 확정일자부 임차권이 모두 인수되기 때문에 입찰해서는 안 될 위험한 물건입니다.
2) 확정일자부 임차권은 소액임차보증금 기준권리가 될 수 있습니다. 따라서 예제 9, 10과 마찬가지로 1997년 8월 3일자 기준, 보증금 3,000만 원의 한도 내에서 1,200만 원을 최우선변제 받을 수 있습니다.

일자	권리 종류	채권금액	소멸과 인수
1990.01.15	가처분		( )
1993.05.06	보전가등기		( )
1997.08.03	전입신고○, 확정일자×(배당요구○)	2,300만 원	( )
2002.02.25	강제경매		( )

답안 및 해설 위에서부터 차례대로 인수, 인수, 인수, 말소기준권리(소액임차보증금 기준권리는 없음)입니다.
1) 예제 11과 마찬가지로 위의 세 권리는 말소기준권리 자격이 없으므로 2002년 2월 25일의 강제경매가 말소기준권리가 됩니다. 세 가지 권리 모두 인수되므로 위험한 물건입니다.
2) 예제 12의 임차인은 확정일자를 받지 않았다는 것이 예제 11의 임차인과 다른 점입니다. 이 임차인의 권리는 확정일자부 임차권이 아니기 때문에(전입과 점유만 한 상태) 소액임차보증금 기준권리가 될 수 없습니다. 이렇게 우리가 공부한 네 가지 기준권리가 없을 때는 경매기입등기(여기서는 2002년 2월 25일의 강제경매기입등기)를 기준으로 소액임차인 여부를 판단합니다. 2002년 2월 25일은 보증금 4,000만 원까지 소액임차인이 될 수 있으므로, 본 임차인은 소액임차인으로 1,600만 원을 최우선변제를 받습니다.

예제 9~12는 비슷비슷한 상황임에도 결과가 모두 다른 사례들이니 비교해가며 꼼꼼하게 살펴보시기 바랍니다.

일자	권리 종류	채권금액	소멸과 인수
2014.04.26	담보가등기	9,000만 원	( )
2014.12.10	전입신고+확정일자(배당요구×)	5,000만 원	( )
2015.01.05	근저당권	2,000만 원	( )
2017.12.09	임의경매		( )

답안 및 해설 위에서부터 차례대로 말소기준권리(소액임차보증금 기준권리) 소멸, 소멸, 소멸입니다.
1) 가등기는 크게 두 가지로 나눌 수 있습니다. 채권 반환이 목적인 담보가등기가 있고, 소유권 이전을 주목적으로 하는 (순위)보전가등기가 있습니다. 빌려준 금액을 정해진 기한까지 돌려받지 못하게 되면 가등기를 신청하게 되는데요. 담보가등기는 경매를 통해 자신의 채권을 돌려받는 것이고, 보전가등기는 소유권 자체를 인수하는 것이라고 이해하면 되겠습니다. 담보가등기는 말소기준권리가 될 수 있습니다. 따라서 2014년 4월 26일의 담보가등기가 말소기준권리가 되어 이하 모든 권리가 소멸되므로 안전한 물건입니다.
2) 2014년 4월 26일의 담보가등기가 소액임차보증금 기준권리가 되고, 서울 지역의 보증금 기준이 9,500만 원이므로 소액임차인이 됩니다. 그런데 이 임차인은 배당을 요구하지 않았네요. 확정일자만 없는 임차인은 최우선변제를 받을 수 있지만 배당을 요구하지 않은 임차인은 배당을 받지 못합니다. 이는 아무리 소액임차인이라도 최소한의 권리 행사(배당요구)를 포기한 사람까지 보호해줄 수는 없다는 의미입니다.

일자	권리 종류	채권금액	소멸과 인수
2014.09.16	보전가등기		( )
2014.11.14	저당권	5,000만 원	( )
2014.12.26	전입신고○, 확정일자×(배당요구○)	7,000만 원	( )
2016.01.03	임의경매		( )

답안 및 해설 위에서부터 차례대로 인수, 말소기준권리(소액임차보증금 기준권리), 소멸, 소멸입니다.
1) 저당권과 임의경매기입등기는 말소기준권리 자격이 있습니다. 2014년 11월 14일의 저당권이 말소기준권리가 되어 그 이하 권리들은 소멸되고 이보다 앞선 보전가등기는 인수됩니다. 선순위 보전가등기는 낙찰 및 소유권이전 후에도 소유권을 빼앗아갈 수 있는 아주 무서운 권리입니다. 그러므로 이 물건은 절대 입찰해서는 안 될 매우 위험한 매물입니다.
2) 2014년 11월 14일의 저당권이 소액임차보증금 기준권리가 됩니다. 서울 지역에서는 보증금 9,500만 원까지 소액임차인이 될 수 있습니다. 그러나 이 임차인은 확정일자가 없네요. 앞에서 살펴보았듯이 설령 확정일자를 받지 못했다 하더라도 대항력 요건만 갖추고 배당요구를 했다면 최우선변제를 받을 수 있습니다. 우선변제권만 가지지 못할 따름이지요. 그래서 이 임차인은 배당재원(매각 절차로 나누어줄 돈) 중 3,200만 원을 가장 먼저 배당받을 수 있습니다.

일자	권리 종류	채권금액	소멸과 인수
2007.07.16	보전가등기		( )
2008.06.14	전입신고○, 확정일자×(배당요구○)	2,000만 원	( )
2008.12.26	전입신고+확정일자(배당요구○)	3,000만 원	( )
2009.01.03	강제경매		( )

답안 및 해설 위에서부터 차례대로 인수, 인수, 인수(소액임차보증금 기준권리), 말소기준권리입니다.

1) 2009년 1월 3일의 강제경매기입등기가 말소기준권리가 됩니다. 위에 3개의 권리 모두 인수되므로 위험한 물건입니다.

2) 2008년 6월 14일의 임차권은 확정일자가 없기 때문에 소액임차보증금 기준권리가 되지 못합니다. 따라서 2008년 12월 26일자의 확정일자부 임차권이 소액임차보증금 기준권리가 됩니다. 보증금 6,000만 원까지 소액임차인이 될 수 있으므로 두 임차인 모두 2,000만 원씩 최우선변제를 받게 됩니다.

만약 2008년 6월 14일의 임차인도 확정일자를 받았다면 소액임차보증금 기준권리 일자가 2008년 6월 14일이 되어 1,600만 원을 받을 수 있습니다. 두 임차인 모두 최우선변제로 1,600만 원을 받게 되는 것입니다.

한 지붕 아래에 두 가족이 살 때 최우선변제는?

한 집에 둘 이상의 소액임차인이 거주한다면 누가 최우선변제를 받을 수 있을까요? 다가구주택의 경우에는 집은 하나인데 임차인은 10명 이상이 되는 경우도 많습니다. 이렇게 임차인이 많으면 후순위 임차인들이 최우선변제를 통해 배당금을 대부분 또는 전부 가져갈 수 있습니다. 이때는 선순위 채권자가 무척 억울해지죠. 사회적 약자인 임차인을 보호하기 위한 특별법이 어떤 상황에서는 채권자를 무척이나 딱하게 만들기도 하는 것입니다.

그래서 이런 경우를 막기 위해 소액임차인 최우선변제로 지급되는 금액은 배당재원의 2분의 1을 넘기지 못하도록 규정하고 있습니다. 즉, 무조건 배당금의 절반까지는 정상적인 순위 배당이 이뤄지도록 하는 것입니다. 이를 통해 임차인도 보호하고 채권자의 권리도 어느 정도 지키고자 하는 것이죠.

여기서 한 가지 궁금한 점이 생기실 겁니다. 은행은 다가구주택을 담보로 대출을 받으려는 임차인에게 어느 정도 선에서 대출을 해줄까요? 경우에 따라 차이는 있지만 이때도 대출액이 담보물 가치의 절반을 넘기지는 않습니다. 다른 부동산들은 낙찰가의 70~80%를 대출해주는 경우가 흔하지만 다가구주택은 50%의 대출 선을 꼭 지킨다는 것을 참고로 기억해두세요.

일자	권리 종류	채권금액	소멸과 인수
2008.05.15	압류	3,000만 원	( )
2009.01.14	가압류	5,000만 원	( )
2011.09.25	저당권	7,000만 원	( )
2012.02.27	전입신고+확정일자(배당요구○)	6,000만 원	( )
2012.07.13	임의경매		( )

답안 및 해설 위에서부터 차례대로 말소기준권리, 소멸, 소멸(소액임차보증금 기준권리), 소멸, 소멸입니다.
1) 2008년 5월 15일의 압류가 말소기준권리가 되어 모든 권리가 매각을 통해 깨끗하게 소멸됩니다. 고로 투자해도 좋은 안전한 물건입니다.
2) 압류와 가압류는 말소기준권리가 될 수 있지만 소액임차보증금 기준권리는 말소기준권리가 되지 못하므로 2011년 9월 25일의 저당권이 소액임차보증금 기준권리가 됩니다. 이 일자를 기준으로 서울 지역에서는 보증금 7,500만 원까지 보호해주므로 본 임차인은 소액임차인으로서 2,500만 원을 가장 먼저 배당받을 수 있습니다.

> **문제풀이 TIP**
>
> 모든 권리분석의 기본이자 핵심은 말소기준권리를 찾고 소멸과 인수를 따져보는 것입니다. 그다음으로 소액임차인 여부를 살펴볼 때는 소액임차보증금 기준권리와 일자, 지역을 잘 구분해 잘못 판단하지 않도록 유의해야 합니다.

일자	권리 종류	채권금액	소멸과 인수
2010.05.15	압류	3,000만 원	( )
2011.01.14	가압류	5,000만 원	( )
2014.09.25	저당권	7,000만 원	( )
2014.02.27	전입신고+확정일자(배당요구○)	6,500만 원	( )
2015.07.13	임의경매		( )

답안 및 해설 위에서부터 차례대로 말소기준권리, 소멸, 소멸(소액임차보증금 기준권리), 소멸, 소멸입니다.
1) 2010년 5월 15일의 압류가 말소기준권리가 되어 모든 권리가 매각을 통해 깨끗하게 소멸됩니다. 고로 투자해도 좋은 안전한 물건입니다.
2) 2014년 9월 25일의 저당권이 소액임차보증금 기준권리가 됩니다. 지역을 살펴보니 과밀억제권역이 아닌 성장관리권역에 속하는 경기도 용인시네요. 지역 기준으로 보증금 6,000만 원까지 소액임차인 자격을 갖게 되므로 이 임차인은 소액임차인이 될 수 없습니다.

일자	권리 종류	채권금액	소멸과 인수
2010.05.15	압류	3,000만 원	( )
2011.01.14	가압류	5,000만 원	( )
2018.09.25	저당권	7,000만 원	( )
2019.02.27	전입신고+확정일자(배당요구○)	6,500만 원	( )
2020.07.13	임의경매		( )

답안 및 해설 위에서부터 차례대로 말소기준권리, 소멸, 소멸(소액임차보증금 기준권리), 소멸, 소멸입니다.
1) 2010년 5월 15일의 압류가 말소기준권리가 되어 모든 권리가 매각을 통해 깨끗하게 소멸됩니다. 고로 투자해도 좋은 안전한 물건입니다(소멸-인수는 예제 17번과 동일합니다).
2) 2018년 9월 25일의 저당권이 소액임차보증금 기준권리가 됩니다. 용인시는 2022년 현재에도 성장관리권역이지만, 주택임대차보호법상으로는 2018년 9월 18일 이후로 과밀억제권역과 동일하게 적용받습니다. 고로 보증금 1억 원까지 소액임차인 자격을 갖고 3,400만 원을 최우선변제 받습니다.

일자	권리 종류	채권금액	소멸과 인수
2020.05.15	압류	3,000만 원	( )
2021.01.14	가압류	5,000만 원	( )
2021.09.25	저당권	7,000만 원	( )
2022.02.27	전입신고+확정일자(배당요구○)	6,500만 원	( )
2022.07.13	임의경매		( )

답안 및 해설 위에서부터 차례대로 말소기준권리, 소멸, 소멸(소액임차보증금 기준권리), 소멸, 소멸입니다.
1) 2020년 5월 15일의 압류가 말소기준권리가 되어 모든 권리가 매각을 통해 깨끗하게 소멸됩니다. 고로 투자해도 좋은 안전한 물건입니다.
2) 2021년 9월 25일의 저당권이 소액임차보증금 기준권리가 됩니다. 세종시는 2018년 9월 18일부터 과밀억제권역과 동일하게 적용받습니다. 고로 보증금 1억 3,000만 원까지 소액임차인 자격을 갖고 4,300만 원을 최우선변제 받습니다.

일자	권리 종류	채권금액	소멸과 인수
2020.05.15	가처분	-	( )
2021.01.14	압류	4,000만 원	( )
2021.09.25	근저당권	1억 원	( )
2022.02.27	전입신고+확정일자(배당요구○)	6,500만 원	( )
2022.07.13	임의경매		( )

답안 및 해설 위에서부터 차례대로 인수, 말소기준권리, 소멸(소액임차보증금 기준권리), 소멸, 소멸입니다.
1) 2021년 1월 14일의 압류가 말소기준권리가 되어 이하 권리들은 모두 소멸되지만, 2020년 5월 15일의 가처분등기는 인수되기 때문에 위험한 물건입니다. 입찰에 참여해서는 안 됩니다.
2) 2021년 9월 25일의 근저당권이 소액임차보증금 기준권리가 됩니다. 김포시는 2010년 7월 28일부터 광역시와 동일하게 적용받습니다. 고로 보증금 7,000만 원까지 소액임차인 자격을 갖고 2,300만 원을 최우선변제 받습니다.

소액임차인 최우선변제에서 놓쳐서는 안 될 핵심사항

구슬 씨와 한번 알아볼까요?

👤 최우선변제권을 얻기 위해 갖춰야 할 특별한 자격 요건이 있나요?

우선변제권은 대항력 요건(전입신고+점유)에 확정일자를 갖춰야만 얻을 수 있지만 최우선변제권은 대항력 요건을 갖추고 배당요구를 하면 가질 수 있습니다. 두 가지 모두 소액임차인을 보호하기 위해 국가에서 팔을 걷어붙이고 나서서 만든 것들이죠.

👤 월세 세입자와 전세 세입자 모두 소액임차인이 될 수 있나요?

소액임차보증금이 6,000만 원일 때 보증금 5,000만 원에 월세 200만 원을 집세로 내며 거주하는 사람과 전세금 6,500만 원으로 계약해 사는 사람 중 누가 소액임차인일까요? 보증금 5,000만 원에 월세 200만 원의 부동산에 사는 임차인은 소액임차인이지만 전세금이 6,500만 원인 부동산에 사는 임차인은 소액임차인이 될 수 없습니다.

주택임대차보호법에서는 더 많은 임차인을 보호하기 위해서 환산보증금을 적용하지 않고 순수하게 보증금만을 기준으로 소액임차인 자격을 따집니다. 반면 상가임대차보호법에서는 월세를 보증금으로 환산한 환산보증금으로 소액임차인 여부를 결정합니다. 환산비율은 월세 1만 원당 보증금100만 원입니다.

👤 지역 구분에서 과밀억제권역은 어떤 지역을 말하나요?

투자와 자원이 수도권에만 집중되는 현상을 막기 위해 우리나라에서는 수도권정비계획법에 따라 수도권을 '과밀억제권역', '성장관리권역', '자연보전권역'으로 구분하고 있습니다. 과밀억제권역은 서울 및 수도권에서 조금 번잡하다 싶은 도시들이라 생각하시면 됩니다. 이 지역에 각종 규제들이 집중되는 경향이 있죠. 다른 지역들은 모두 시별로 포함 여부가 결정되는데 반해, 남양주시와 인천광역시는 시내에서도 과밀억제권역인 곳과 그렇지 않은 곳이 구분되어 있어 혼동을 가져오기도 합니다.

예를 들어 김은영 씨가 인천광역시 송도동에 위치한 한 아파트를 보증금 5,000만 원, 월세 150만 원에 임대차계약을 맺고 살고 있다고 가정해봅시다. 이 집이 경매에 넘어가게 되어 등기사항전부증명서를 확인해보니 소액임차보증금 기준권리 날짜가 2011년 3월 2일이네요. 이 경우 은영 씨는 소액임차인일까요?

소액임차인에 해당되지 않습니다. 같은 금액이지만 바로 건너편인 연수동에 위치한 건물을 임차했다면 어떨까요? 연수동은 과밀억제권역에 해당되어 보증금 6,500만 원 이하이면 소액임차인이 될 수 있습니다. 따라서 2,200만 원을 최우선적으로 배당받을 수 있는 것이죠. 송도동은 인천경제자유구역에 포함되어 있어 과밀억제권역이 아닙니다. 그렇기 때문에 인천에서 가장 부동산 가격이 높은 지역임에도 불구하고 '기타 지역'에 해당되죠. 그래서 소액임차인 자격도 보증금 4,000만 원밖에 되지 않습니다. 그러므로 소액임차보증금을 따져볼 때는 해당 부동산이 어느 지역에 있는지도 꼭 확인해봐야 합니다.

최우선변제로 배당해줄 보증금보다 임차인의 보증금이 더 적으면 어떻게 되나요?

예를 들어 김은영 씨의 보증금이 1,000만 원이라고 가정해봅시다. 송도동은 기타 지역으로 분류되어 있어 보증금 4,000만 원까지 소액임차인으로 인정되고 1,400

만 원을 최우선변제 받습니다. 만약 은영 씨의 보증금이 1,400만 원보다도 적은 1,000만 원밖에 되지 않는다면 이때는 얼마를 배당받을 수 있을까요? 최우선변제 배당액보다 보증금이 적으면 당연히 그 보증금까지만 배당됩니다. 따라서 1,000만 원만 배당받을 수 있겠죠.

전세권자도 소액임차인 자격이 있나요?

앞에서 전세권과 확정일자부 임차권을 비교해 살펴본 것 기억하시죠? 다시 한번 설명하면, 전세권은 등기사항전부증명서에 기재되는 물권이고 임차권은 등기되지 않는 물권화된 채권입니다. 그래서 대부분의 경우 전세권을 갖는 게 더 유리합니다. 하지만 소액임차인에 관해서는 그렇지 않을 때도 많습니다.

최우선변제권을 얻기 위해서는 소액임차인으로서 전입신고와 점유를 마치고 배당요구를 해야만 합니다. 주택임대차보호법은 그 취지가 자금이나 정보가 부족한 임차인을 보호하기 위한 특별법이기 때문에 민법에 규정된 전세권은 해당되지 않습니다. 그래서 전세권자는 보증금이 아무리 적더라도 소액임차인이 될 수 없습니다.

전세권을 설정하고 전입신고도 한 임차인도 있을 수 있겠죠? 이런 경우에는 임차인이 점유를 한 상태에서 배당요구까지 했다면 최우선변제를 받을 수 있습니다. 전세권과 임차권은 상충되는 권리가 아니므로 한 사람이 두 권리를 모두 누릴 수 있는 것이죠.

전세권과 확정일자부 임차권은 어떻게 다른가요?

임차인이 자신의 권리를 지킬 수 있는 방법에는 크게 두 가지가 있습니다. 첫째는 전세권 등기를 하는 것이고, 둘째는 점유 및 전입신고를 하고 확정일자를 받아 주택임대차보호법의 보호를 받는 것입니다. 둘 다 권리 보호를 위한 방법이라는 점은 같지만 실제 보호 범위나 규정에는 조금씩 차이가 있습니다. 많은 분이 전세와 전세권을 혼동하시는데요. 이는 엄연히 다른 개념입니다. 예를 들어 설명해보죠.

어떤 아파트를 전세금 1억 5,000만 원에 계약했다고 하면 많은 분이 '1억 5,000만 원에 대한 권리'를 전세권이라고 생각하십니다. 보증금 5,000만 원에 월세 100만 원으로 계약했다면 이것을 임차권이라고 생각하고요. 그러나 이는 잘못된 생각입니다. 보증금액과 무관하게 임대인의 동의와 서류를 얻어 등기사항전부증명서(을구)에 전세 계약 내용을 등기하는 것이 '전세권'이고, 등기되지는 않았지만 전입신고를 하고 확정일자를 받아 주택임대차보호법에 의해 보증금을 보호받는 것이 '확정일자부 임차권'입니다.

전세권과 확정일자부 임차권에 대해서 자세히 살펴보겠습니다.

▼ 전세권과 확정일자부 임차권

구분	전세권	확정일자부 임차권
규정법령	민법	주택임대차보호법
등기사항전부 증명서	기재	미기재
발생 요건	등기	점유+전입신고+확정일자
배당 범위	건물에만(집합건물인 경우에는 건물+토지)	건물 및 토지
설정	임대인의 동의 및 서류 필요	주민센터 등에서 즉시 가능 (임대인 동의 필요 없음)
최우선변제	해당 없음	소액임차인에 해당되면 가능
전대차 *	양도, 재임대, 전대차 가능	임대인(소유자)의 동의 없이 임차권 양도, 전대차 불가능
경매신청권	보증금 체납 시 별도 소송 없이 임의경매 진행 가능	보증금 체납 시 별도 소송을 통해 강제경매 신청 가능

> **전대차**
> 임대인이 임차물을 제3자에게 유상 또는 무상으로 사용, 또는 이를 통해 수익을 얻을 수 있도록 하는 계약. 임대인과 임차인 간에 임대관계는 존속되며 임차인과 전차인 간에 새롭게 임차관계가 발생합니다. 임차권자가 전대차하기 위해서는 반드시 임대인의 동의가 필요합니다!

1. 물권 vs. 채권

전세권은 민법에 규정된 물권입니다. 반면 확정일자부 임차권은 주택임대차보호법을 통해 1981년 이후에야 비로소 지금의 개념이 확립된 권리이죠. 즉, 확정일자부 임차권은 본래는 채권이었지만 이 법을 통해 물권화된 것입니다.

2. 등기 vs. 비등기

전세권은 등기되는 권리입니다. 등기사항전부증명서의 을구에 전세권의 범위, 금액, 권리자 등에 대한 내역이 상세하게 기재되죠. 소유권을 다투는 내용이 아니기 때문에 '갑구'가 아닌 '을구'에 기재되는 것입니다. 반면 확정일자부 임차권은 아주 간혹 등기되는 경우도 있으나 임차권을 등기했을 경우 거의 대부분은 등기사항전부증명서에 등기되지 않습니다. 그래서 등기사항전부증명서를 아무리 뚫어지게 본다 해도 임차인에 대한 내역은 절대 알 수 없죠. 임차인에 관한 사항은 매각물건명세서를 통해 파악해야 합니다.

3. 권리 획득의 조건

전세권은 일단 등기만 하면 굳이 점유와 전입신고를 하지 않아도 획득할 수 있습니다. 그러나 확정일자부 임차권은 점유와 전입신고를 마치고 확정일자를 받아야만 얻을 수 있죠. 아니면 최소한 점유와 전입신고를 해야만 대항력을 가질 수 있습니다. 점유를 하지 않거나 다른 곳으로 전출하면 임차권 자체가 사라져버린다는 것도 꼭 알아두시기 바랍니다.

4. 토지와 건물에 미치는 효력

전세권은 해당 건물을 사용하거나 이를 통해 수익을 얻기 위한 목적을 가진 권리이므로 건물에만 그 효력이 미칩니다. 이것은 해당 부동산이 경매로 매각될 때 건물가액에 대해서만 배당을 받을 수 있음을 의미합니다.

예를 들어 경매시장에 나온 한 단독주택의 감정평가액이 3억 원인데 그중 건물가액이 1억 원, 토지가 2억 원이라고 가정해봅시다. 2억 원의 전세권이 있고 다른 권리자는 없는 상태로 매각이 진행되어 3억 원에 낙찰되었다면 전세권자는 건물 부분 1억 원에 대해서만 배당을 받고 토지에 대해서는 배당을 받지 못합니다. 1억 5,000만 원에 낙찰되었다면 건물가액이 전체의 3분의 1이므로 5,000만 원만 배당받을 수 있고요. 다만, 이것은 토지와 건물 소유권이 별개로 나뉘어져 있는 단독건물에만 해당되고, 건물과 대지권이 한 몸으로 붙어 있는 집합건물에는 해당되지 않습니다. 즉, 위의 사례가 단독주택이 아니라 아파트, 상가, 오피스텔이었다면 낙찰가 전체에 대해서 권리를 주장할 수 있는 것이죠. 반면 확정일자부 임차권은 건물의 형태와 무관하게 토지와 건물 전부에 그 효력이 미칩니다.

5. 부동산 소유자의 동의 여부

전입신고를 하고 확정일자를 받는 일은 관할 주민센터나 법원 등에서 손쉽게 할 수 있습니다. 설령 해당 부동산의 소유자가 반대를 한다고 해도 가능하죠. 심지어 임차인이 해당 부동산의 소유자와 전입하지 않는 조건으로 계약을 하고 계약서에 이 조건을 삽입한 경우라 해도 전혀 무방합니다. 강남권의 부동산이나 1기 신도시 오피스텔들은 양도소득세 때문에 임차인이 전입신고를 하지 않는 조건으로 임대차계약을 맺는 경우가 많았죠. 그러나 임차인이 전입하지 않는 조건으로 입주했다고 하더라도 주민센터에서는 전입신고와 확정일자를 모두 인정해줍니다. 실제로 효력도 발생하고요. 다만, 소유자가 나중에 이를 알게 된다면 노발대발할 테죠.

그러나 전세권을 설정하기 위해서는 반드시 소유자의 동의를 얻어야 합니다. 동의뿐만 아니라 몇 가지 서류(등기권리증, 인감도장 날인, 인감증명 등)도 요청해 받아야 하고요. 소유자 입장에서는 자신의 등기사항전부증명서에 '전세권'이라는 하나의 권리가 추가되는 것이기 때문에 이를 별로 달가워하지 않습니다.

6. 주택임대차보호법의 적용 여부

소액임차인 최우선변제권은 주택임대차보호법에만 규정된 특별법입니다. 때문에 주택임대차보호법상에 해당하는 소액임차인이라면 법적으로 보호받을 수 있습니다. 반면 전세권자는 보증금의 액수와 무관하게 이 법으로 보호받지 못합니다.

7. 전대차 가능 여부

임대차 기간을 다 채우지 못하고 이사를 나가야 할 때 종종 임차인이 직접 제3의 임차인을 구하는 경우가 있습니다. 이때 새로운 임차인은 소유자와 직접 계약을 맺고, 기존 임차인은 소유자와의 계약을 매듭짓고 이사를 나가는 것이 일반적입니다. 임차인이 직접 새로운 임차인과 계약하는 경우도 종종 있습니다. 앞서 간략히 설명하였지만 이것을 전대차라고 합니다.

임차권은 소유자의 동의가 없으면 전대차를 할 수 없습니다. 반면 전세권은 전세권의 매매나 전대차가 자유롭습니다. 등기된 전세기간이 남아 있다면 소유자의 동의도 필요 없습니다. 이 때문에 전세에 비해 월세 수요가 많은 소형 주거용 부동산이라면 전세권 등기 후 월세로 전대차하여 높은 수익률을 거둘 수도 있습니다.

8. 경매신청권의 존재 여부

경매신청권이란 채무자가 빌려간 대금을 약속한 기일 내에 갚지 않으면 채권자가 소송 없이 채무자의 부동산을 경매로 매각하여 자신의 채권을 돌려받을 수 있도록 하는 것입니다. 이를 '임의경매'라고도 하죠.

전세권에는 경매신청권이 있는데요, 이것은 전세권 약정기한(보통 2년)이 지났는데도 소유자가 보증금을 돌려주지 않을 때 즉시 부동산을 경매로 매각하여 보증금을 돌려받을 수 있도록 한 권리입니다. 다만, 부동산 전체에 대한 전세권이어야만 경매신청권을 사용할 수 있죠. 부동산 일부에 대한 전세권은 경매신청권을 가질 수 없습니다. 반면 임차권은 경매신청권이 없기 때문에 보증금을 돌려받지 못하면 소송을 거쳐 판결문을 받고 이를 통해 경매신청을 해야 합니다. 이를 '강제경매'라고 합니다.

지금까지 전세권과 임차권의 차이점을 비교, 분석해보았습니다. 어떤 경우에는 임차권이 유리하고(4~6번), 또 다른 경우에는 전세권이 유리한 것을 볼 수 있었습니다(7~8번). 그렇다면 어떤 권리를 갖는 것이 좋은 걸까요?

가장 좋은 것은 원칙대로 전세권 등기를 마치고, 전입신고를 하고, 확정일자를 받는 것입니다. 이렇게 세 가지 미션을 완수하면 전세권자와 임차권자의 지위를 함께 누릴 수 있고, 경우에 따라 둘 중 유리한 쪽을 취사선택할 수도 있습니다. 전세권이 유리한 경우도 일부 있지만 전세권을 꺼리는 임대인들이 많기 때문에 이를 얻기는 쉽지 않습니다. 임차인으로서 내 권리를 보호하기 위한 목적이라면 전세권을 설정하지 않더라도 전입신고, 확정일자에 의한 임차권만으로도 충분할 것입니다.

똑 부러지게 내 권리를 주장하다

부동산경매 생초보였던 구슬 씨는 이제 부동산경매에 대해 조금씩 감을 잡아가고 있습니다. 어렵기만 했던 권리분석도 요즘 들어 부쩍 자신감도 생기고 실력도 일취월장했죠. 그러던 어느 날이었습니다. 회사에서 열심히 일을 하고 있던 구슬 씨에게 전화 한 통이 걸려왔습니다. 발신자를 보니 '집주인'이네요. '무슨 일이지?' 하고 떨리는 마음으로 전화를 받은 구슬 씨는 집주인으로부터 집을 비워달라는 청천벽력 같은 이야기를 듣게 됩니다.

2년간 지방에 파견 근무를 나가 있던 아들 내외가 이번에 본사로 발령이 나서 서울로 올라오게 되었다는 것이었죠. 그래서 결론인즉슨, 현재 구슬 씨가 살고 있는 집을 두 달 이내로 비워달라는 것이었습니다. 구슬 씨는 2년의 임대기간으로 집을 계약한 임차인으로서 대항력을 갖고 있으므로 '못 나가겠다!'고 버티면 집주인이라 해도 어쩔 수 없다는 것을 알고 있었습니다. 하지만 6개월 뒤면 계약기간이 만료되고, 계약갱신청구권을 활용하여 2년 더 거주할 수도 있겠지만, 소유자가 직접 입주하는 경우에는 (버티지 못하고) 이사를 해야 하는 것도 이번에 임대차보호법을 공부하면서 알게 된 사실입니다.

'이번 기회에 회사 근처로 이사를 갈까?' 하는 생각도 들고, 집주인도 정중하게 부탁을 하니 막무가내로 버티는 게 꼭 이롭지만은 않겠다고 생각이 들었죠. 그래서 조금 더 고민해본 후 내일 다시 말씀드리겠다고 말하고 전화를 끊었습니다.

다음 날, 집주인에게 전화를 건 구슬 씨

"안녕하세요. 세입자입니다. 어쩔 수 없는 사정이 있으시니 말씀하신 대로 제가 이사를 가도록 할게요. 두 달 이내로 이사 갈 집을 최대한 구해보겠지만 늦어질 수도 있으니 여유는 좀 더 주셨으면 해요."

"그래야죠. 저도 본의 아니게 이렇게 갑작스럽게 이사를 나가달라 말씀을 드렸으니…."

"부동산 중개수수료와 이삿짐센터 이용비는 집주인께서 부담하셔야 되는 것 알고 계시죠? 제가 주택임대차보호법으로 2년간의 계약기간 동안 정당하게 보호를 받는 임차인이잖아요. 계약기간 중에 일방적인 계약해지를 통해 이사를 나가게 된 것이니 반드시 금전적 손실 없이 이사를 갈 수 있도록 해주셔야 합니다. 그러면 이번 주말부터 이사 갈 집을 알아볼게요."

"네, 그래야죠. 그런데 젊은 아가씨가 아는 것도 많고 참 똑 부러지네요. 아무튼 번거롭게 해서 미안하고요, 이렇게 빨리 결정 내려줘서 고마워요."

통화를 마친 구슬 씨는 왠지 어깨가 으쓱했습니다. 부동산경매 공부를 하며 알게 된 주택임대차보호법이 투자뿐만 아니라 실생활에서도 이렇게 요긴하게 쓰일 줄은 미처 몰랐죠. 그러나 우쭐함도 잠시, 두 달 안에 이사 갈 집을 구해야 하니 마음이 조급해집니다. 예전 같았으면 무조건 공인중개사부터 헤매고 다녔겠지만 이제는 부동산에 대해 좀 안다면 아는 어엿한 초보 투자자이니 공부했던 내용들을 써먹어보기로 합니다.

가장 먼저 국토교통부 실거래가 사이트rt.molit.go.kr에 들어가 시세를 살펴봅니다. 여기는 한빛 씨가 알려주었던 사이트인데, 기존에는 아파트 매매가, 전·월세 자료만 제공되었지만 2011년 12월부터는 다세대주택, 다가구주택, 단독주택에 대한 전·월세 거래 내역도 제공되고, 2014년부터는 오피스텔과 분양권, 입주권 거래 정보까지 공개되었기 때문에 살펴보면 유용한 정보들이 많습니다. 이제는 분양권/입주권과 상가 및 오피스, 공장, 창고 그리고 토지의 실거래가까지 제공된다 하고요. 일단 구슬 씨는 대출을 받지 않고 현재 가지고 있는 보유자금으로 마련할 수 있는 주거용 부동산을 찾아보고자 합니다.

▼ (구)실거래가공개시스템

한빛 씨가 알려준 국토교통부 실거래가 사이트에 들어갑니다. 현재는 지도 중심으로 개편되었는데, 지역별, 금액별로 검색하기 위해서는 현재 사이트보다 (구)국토교통부 실거래가 공개시스템이 훨씬 보기 편리하다는 조언에 화면 우측 상단을 클릭하여 기존 실거래가 사이트에 접속하여 검색합니다.

현재 모아둔 자금과 전세자금대출을 활용했을 때 보증금 5,000만~1억 원 선으로 예상하고 있는데 아무래도 직장이 위치한 강남 지역은 부동산 가격이나 생활비가 감당이 안 될 것 같습니다. 그래서 지하철 2호선으로 출퇴근하기도 쉽고 비교적 땅값도 저렴한 관악구 신림동 쪽을 알아봤습니다. 신림동에 위치한 보증금 5,000만~1억 원 사이의 다세대 주택을 검색해봤고, 검색결과를 좀 더 많게 하기 위해 월세는 0~5만 원 사이로 입력합니다.

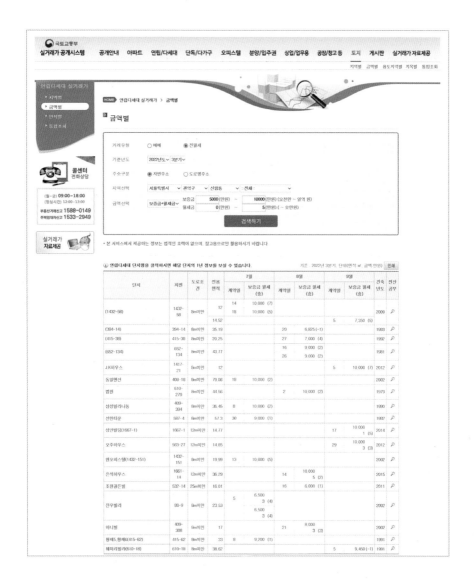

　물건에 대한 설명은 건물명, 지번(중요), 인접 도로, 전용면적(중요), 월별 계약일, 보증금, 월세, 건축년도, 전산공부 순으로 나열되어 있습니다. 마지막에 돋보기 모양의 '전산공부'를 클릭해보니 '토지이용계획 확인원'. '토지대장', '건축물대장' 내용을 요약하여 보여줍니다. 이 서류들은 부동산 공부하는 데 큰 도움이 되는 중요한 서류라고 한빛 씨에게 들었던 기억이 나 하나하나 꼼꼼히 살펴봅니다.

금액에 맞는 다세대주택들을 살펴보니 주로 전용면적 15~40㎡ 안팎으로 방 2칸에 주방 겸 거실이 있는 구조네요. 구슬 씨는 이 정도면 혼자 살기에 충분하고, 다른 지역에 비해 보증금도 높지 않아 자신의 형편에 맞는 꽤 괜찮은 매물이라고 생각합니다.

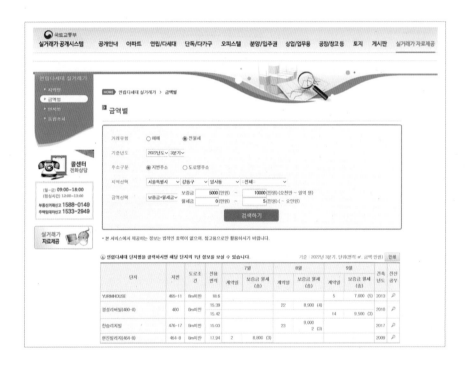

강남으로의 접근도 용이하고 거주 환경도 좋은 강동구 암사동 지역의 매물도 검색해봅니다. 같은 보증금액으로 임대가 가능한 주택들을 살펴보니 신림동에 비해 물건 수는 적지만 건축연도가 2013년, 2017년 등으로 신축건물이 좀 더 있다는 것을 알 수 있었습니다. 그러나 대부분 전용면적이 15~19㎡로, 신림동에서 같은 가격 선에서 구할 수 있는 전셋집에 비해 크기가 절반 정도밖에 안 되는 원룸형태의 주택들이었습니다. 그리하여 구슬 씨는 암사동의 다세대주택은 깔끔하게 포기합니다.

　구슬 씨는 지금까지 알아본 부동산 실거래가 정보를 바탕으로 네이버부동산 land.naver.com 사이트와 직방, 호갱노노 앱들을 돌아보며 여러 매물을 살펴보았습니다. 그리고 근처 공인중개사를 통해 몇 개의 매물을 직접 방문해서 꼼꼼하게 살펴본 후 최종적으로 마음에 드는 집 세 개를 골랐습니다. 미리 손품을 충분히 판 덕분에 발품은 많이 팔지 않아도 되었죠. 매물들을 둘러보고 나서 구슬 씨는 다시 공인중개사를 방문해 마음속으로 낙점해둔 세 개의 부동산에 대한 등기사항전부증명서를 보여달라고 요청하였습니다. 공인중개사 사장님은 젊은 여자가 혼자 찾아와서 계약도 하기 전에 등기사항전부증명서부터 보여달라고 하니 약간 놀라신 듯했습니다. 하지만 이내 흔쾌히 등기사항전부증명서를 보여주셨죠.

세 집의 등기사항전부증명서를 꼼꼼하게 살펴본 후

첫 번째 집은 국민은행에서 근저당권 9,600만 원이 설정되어 있었고, 두 번째 집은 아무 권리도 등기되어 있지 않았습니다. 마지막 세 번째로 살펴본 집의 등기사항전부증명서는 그야말로 화려했습니다. 저축은행에서 근저당권 1억 3,000만 원

과 가압류 5,000만 원, 그 외에도 세금 체납에 따른 압류가 5건이나 등기되어 있었죠. 전세가는 세 집 모두 8,500만 원으로 동일했습니다.

구슬 씨는 고민에 빠졌습니다. 집 내부는 세 번째 집이 가장 마음에 드는데 권리상 가장 위험한 매물이기 때문이었죠. 예상 낙찰가는 2억 원 선인데 이 집에 입주했다가 혹여라도 집이 경매에 넘어간다면 보증금은 거의 받지 못할 것이 뻔했습니다. 반면 첫 번째, 두 번째 부동산은 설령 경매에 넘어가더라도 8,500만 원의 보증금을 잃어버릴 염려는 절대 없을 것 같았습니다.

구슬 씨는 마음에 쏙 들진 않는 두 개의 매물 중 선택을 할까 하려다 마음을 고쳐먹습니다. 여기에서 단순히 가장 안전한 집을 선택하는 것도 경매를 공부한 덕분이지만, 한 발 더 나아가서 '위기 속에서 기회를?'의 좋은 생각이 떠올랐습니다. 문득 지난 주 내내 열심히 공부했던 '소액임차인 최우선변제권'에 대한 내용이 떠올랐기 때문입니다. 세 번째 부동산의 소액임차보증금 기준권리는 2016년 11월 4일에 설정된 근저당권이었습니다. 만약 구슬 씨가 이 집에 입주한 후 집이 경매에 넘어가더라도 보증금 1억 원까지는 소액임차인의 자격이 있고, 소액임차인이라면 보증금 3,400만 원까지는 가장 먼저 배당을 받을 수 있었죠(223쪽에서 공부했던 [소액임차인 최우선변제표]를 다시 확인해보세요). 그래서 구슬 씨는 이 집을 '보증금 3,400만 원 이하에 일부를 월세로 돌려 계약하면 어떨까?' 하고 생각합니다. 그렇게 하면 혹여 이 집이 경매에 넘어가더라도 배당을 통해 자신의 보증금을 모두 돌려받을 수 있으니까요.

"사장님, 전 세 번째 집이 마음에 드네요. 그런데 등기사항전부증명서가 너무 지저분해서 좀 걱정이 돼요. 이렇게 위험한 집에 누가 전세로 들어가 살려고 하겠어요?"

"아가씨가 부동산 안목이 좀 있네요. 그 집이 채광도 좋고 구조도 참 잘빠졌죠.

권리 문제만 없으면 계약이 되도 한참 전에 됐을 텐데 다들 이 집 등기사항전부증명서를 보고 나면 고개를 절레절레 젓고 다른 매물을 찾더라고요."

"그래서 말인데요, 이 부동산을 월세로 계약하면 어떨까요? 전세로 1억 원에 나왔으니 보증금 3,000만 원에 월세 30만 원 정도면 바로 계약하겠는데요. (구슬 씨 혼잣말: 회사에서 가까운 거리라 차비도 덜 들 테니 월세 30만 원 정도면 괜찮을 듯해. 나머지 자금은 투자금으로 활용할 수 있을 테고.) 사장님, 집주인께 좀 여쭤봐주세요."

"괜찮겠어요? 내가 봐도 이 집은 조금 위험하긴 한데. (집주인과 전화 통화를 마친 후) 그렇게 하자네요. 세 달 가까이 집이 안 나가니까 집주인도 여간 급한 게 아니었나 봐요. 보증금 3,000만 원에 월세 30만 원으로 계약하자네요. 그나저나 젊은 아가씨가 참 야무지네."

"네, 그리고 전세자금대출도 알아볼 테니 만약 받게 되면 협조 부탁드립니다!"

구슬 씨는 전입신고를 하고 확정일자를 받을지, 아니면 마음 편하게 전세권등기를 할지 고민합니다. 그러다가 전세권은 아무리 소액이라도 최우선변제를 받을 수 없기 때문에 전입신고를 하고 확정일자를 받는 편이 좋겠다고 생각합니다. 시세를 조사해 파악한 결과, 이 부동산 근처 다세대주택들의 낙찰가가 보통 2억 원은 충분히 넘었기 때문에 보증금 3,000만 원은 하늘이 두 쪽이 나도 우선적으로 배당받을 수 있을 것 같습니다.

구슬 씨가 일주일간 열심히 조사한 바에 의하면, 또 공인중개사 사장님으로부터 들은 바에 따르면 신림동에 보증금 3,000만 원에 월세 30만 원 하는 투룸 주택은 거의 없다고 봐야 했습니다. 구슬 씨가 똑 부러지게 권리분석을 한 덕분에 위험한 전세 매물을 안전한 월세 매물로 돌려 계약할 수 있었던 것이죠. 구슬 씨는 이 정도 계약금액이면 나중에 새로운 세입자를 들이는 것도 전혀 문제가 없을 테고, 집주인으로부터 보증금을 돌려받는 데도 큰 무리가 없다고 판단해 홀가분한 마음으로 계약서를 쓰고 계약금을 지불합니다.

한 달 뒤

구슬 씨는 새로 이사를 들어갈 신림동 집을 찾았습니다. 잔금을 치르기 전에 자신이 미처 보지 못했던 하자는 없는지 꼼꼼히 살펴보기 위해서였죠. 싱크대에서는 온수가 잘 나오지 않고 현관등은 아예 들어오질 않았습니다. 벽에 못질 자국도 많고, 화장실 변기는 조금 깨져 있었고요.

구슬 씨는 집주인에게 싱크대 온수, 현관등, 화장실 변기의 수리를 요청하고, 문제가 생길 소지가 있는 부분들은 사진을 찍어두었습니다. 그리고 혹시 몰라 공인중개사분을 통해 계약서상에도 해당 문제에 대한 내용을 기재해달라고 요청하였습니다.

한빛 씨로부터 이사를 들어가 살 때는 별 문제가 되지 않았던 것들이 이사를 나갈 때 소유자가 이의를 제기할 경우 구슬 씨의 발목을 잡을 수도 있으니 꼼꼼하게 확인하라는 이야기를 들었기 때문이었죠. 동행한 공인중개사분도 구슬 씨의 이런 치밀함에 혀를 내두릅니다.

구슬 씨는 다시 공인중개사를 방문해 잔금을 치르고 주민센터에 가서 전입신고를 했습니다. 그리고 가벼운 발걸음과 뿌듯한 마음으로 집으로 돌아왔습니다. 구슬 씨는 아무것도 모르고 남의 손에 모든 일을 맡겨 처리했던 자신이 이제는 스스로 전후사정을 판단해 합리적으로 결정하는 개념 있는 투자자로 성장한 것이 무척이나 자랑스러웠습니다.

그러나 이제 구슬 씨에게는 새로운 고민거리가 하나 생겼습니다. 월세에 대한 부담이냐고요? 아닙니다. 전세를 구하려고 하다가 월세로 돌리면서 남은 여유자금을 어디에 투자할지 지금부터 머리를 싸매고 고민해야 하기 때문이죠.

권리분석은 이렇게 하면 쉽고 간편해요!

—

같은 부동산에 대한 권리분석이라 해도 투자자일 때와 임차인 입장에서의 접근 방식은 전혀 다릅니다. 투자자의 권리분석 목적은 낙찰금 외에 자신이 추가로 책임질 금액이 있는지를 확인하는 데 있습니다. 반면 임차인은 자신의 보증금을 지킬 수 있는지의 여부를 확인하기 위해서 권리분석이 꼭 필요하죠.

비유하자면, 권리분석을 통해 투자자는 창을 다루는 법과 공격하는 방법을, 임차인은 방패를 다루는 법과 막아내는 방법을 배우는 것입니다.

투자자와 임차인 관점에서의 권리분석 방법을 잘 살펴보시고 이를 명심해두시기 바랍니다.

투자자라면

1 등기사항전부증명서를 순서대로 정리합니다.

2 말소기준권리를 찾습니다.

① 저당권(근저당권), ② 담보가등기, ③ 압류(가압류), ④ 강제경매 기입등기, ⑤ 전세권을 구분합니다.

3 경매 절차를 통해 모든 권리가 소멸(말소)되는지 확인합니다.

4 인수하는 권리가 없으면 안전한 매물이므로 정확한 시세 조사 후 투자하면 됩니다.

5 인수하게 되는 권리가 있다면 각각의 권리사항들을 한 번 더 꼼꼼히 살펴봐야 합니다. 조사 후에도 각각의 권리사항들이 위험하지 않은 것으로 판단되면 그때는 투자를 해도 괜찮습니다. 하지만 도저히 확인되지 않는 권리사항들이 있다면 과감히 투자를 포기하는 것이 좋습니다.

권리분석에서 투자자가 반드시 챙겨봐야 할 부분은 바로 말소기준권리입니다. 투자하고자 하는 부동산의 등기사항전부증명서를 날짜순으로 정리한 다음 그중 말소기준권리를 찾아 소멸과 인수를 따지는 것이죠. 경매를 통해 매각되는 부동산들의 대부분은 모든 권리가 소멸되는 안전한 물건이지만 일부 위험한 물건도 있기 때문에 반드시 권리분석을 마친 후에 투자 여부를 결정해야 합니다.

전셋집을 구하는 임차인이라면

1 등기사항전부증명서를 순서대로 정리합니다.

2 '소유권이전(또는 소유권보존)' 외 다른 권리들을 확인합니다('소유권이전' 외 다른 권리들은 위험할 수 있습니다).

3 소유권 외 권리들의 채권금액을 모두 더합니다.

4 3번에 자신의 보증금을 더합니다.

5 계약할 집의 정확한 시세를 확인합니다.

6 4번 금액이 '시세×70%'보다 낮으면 비교적 안전한 매물, 높으면 위험한 매물이므로 이를 잘 살펴 계약을 결정해야 합니다. 소유권 외 권리들의 채권금액에 보증금을 더한 금액이 '시세×70%'보다 높으면 다른 매물을 찾거나 보증금을 낮춰야 합니다.

계약을 통한 일반매매에서는 보통 매도인이 위험성이 있는 권리들을 모두 책임지고 말소시키기 때문에 권리분석에 대해서 특별히 염려할 사항은 없습니다. 그러나 말소기준권리를 알아두면 전·월세 계약을 할 때도 상당히 유용합니다. 등기사항전부증명서를 정리했을 때 소유권이전(또는 보전)등기 외에는 다른 권리사항이 없다면 해당 부동산에 임대차계약을 맺는 것은 안전하다고 판단할 수 있습니다. 말소기준권리가 없기 때문에 이 부동산에 전입신고를 하고 점유를 하면 최우선순위를 가지는 선순위 임차인이 될 수 있죠. 혹여 나중에 이 부동산에 여러 가지 권리가 설정되고 또 경매로 매각이 진행된다고 해도 임차인은 '진짜 대항력'을 가지고 있으므로 보증금을 잃을 염려가 없습니다.

그러나 계약을 위해 등기사항전부증명서를 열람해보니 이미 말소기준권리가 있는 경우도 있을 것입니다. 이때는 '가짜 대항력'의 후순위 임차인이 됩니다. 하지만 후순위 임차인이라고 해서 무조건 위험한 것만은 아닙니다. 먼저 설정된 권리가 저당권이나 근저당권이고 그 금액이 부동산 가격에 비해 상당히 적다면 위험하지 않습니다. 등기사항전부증명서에 설정된 근저당권의 채권 최고액과 보증금을 더한 금액이 부동산 시세의 70%를 넘지 않는다면 이 부동산에 임차인으로 들어가는 것은 안전합니다.

04

경매법원
찾아가기

경매법원에 가서 어떻게 입찰에 참여할지
막막하고 두려운 당신을 위해 입찰부터
낙찰과 패찰, 유찰까지 전 과정을 경험해봅니다!

"

부동산경매는 연습경기가 따로 없습니다.

입찰을 하는 순간 바로 실전경기가 시작되죠.

사전조사, 현장답사, 권리분석까지 잘 해놓고

입찰에서 실수한다면 너무나 억울하지 않을까요?

입찰에서 낙찰까지의 전 과정을 단계별로 살펴보면서

실전경기에 임하기 전에 최종 훈련을 마칩시다!

"

구슬씨의 GrowUP

생애 첫 입찰에 도전하다

주말 내내 어머니와 동생의 도움을 받아 이삿짐 정리를 한 구슬 씨는 여기저기 삭신이 안 쑤시는 데가 없었습니다. '월요일 하루 휴가를 쓸걸' 하고 후회했지만 이미 때는 늦었죠. 천근만근인 몸을 이끌고 회사를 향해 걸어가는 구슬 씨에게 한빛 씨가 다가와 반갑게 인사를 건넵니다.

"구슬 씨, 이사는 잘했어요? 얼굴이 엄청 피곤해보이네요. 고생 많았겠다."

"이사 만만하게 봤다가는 진짜 큰코다치겠더라고요. 원룸 오피스텔에서 뭔 짐이 그렇게 많이 나오는지 제가 다 깜짝 놀랐어요. 1.5톤 트럭으로 안 돼서 1톤 트럭을 하나 더 불렀다니까요. 가구도 별로 없이 잔짐들만 한 트럭 가득이더라고요. 안 그래도 나 한빛 씨한테 고민 상담할 게 있었는데! 이번에 이사를 하면서 5,000만 원 정도의 여유자금이 생겼는데 이걸로 수익형 부동산에 투자를 해볼까 해요. 좀 도와줘요!"

"구슬 씨, 정말 멋진데요? 전세를 월세로 전환하며 투자금을 마련했다더니 이사를 하면서 5,000만 원이라는 거금을 만든 거예요? 대단하네요! 그런데 제가 뭘 도와줘야 하나… 우리 다음 주에 경매법원 나들이 한번 가볼까요?"

"좋아요! 그럼 이번 주에는 저녁 약속 잡지 말고 열심히 경매물건들 좀 살펴봐야겠다! 그리고 주말에는 현장답사 하러 가고! 한빛 씨, 제 부동산경매의 스승님으로서 제자의 첫 투자를 위해 동행해줄 거죠?"

"그렇게 말씀하시니 이거 원… 도저히 거절할 수가 없는데요? 네. 이번 주, 다음 주 주말 일정 다 빼놓겠습니다. 후환이 두려워 동행하지 않을 수 없네요." (웃음)

퇴근 후 구슬 씨는 집에 오자마자 컴퓨터부터 켭니다. 그리고 금액대는 5,000만 원 이내, 투자 대상은 오피스텔이나 상가 등의 수익형 부동산으로 범위를 좁혀 이것저것 매물을 살펴봅니다. 그러던 중 인천 구청 주변의 한 상가가 구슬 씨 눈에 들어옵니다.

감정가는 1억 6,000만 원인데 4회 유찰되어 최저가 3,800만 원대 매물로 나왔네요. 주변에 구청, 대형 유통점, 오피스텔, 각종 근린생활시설 등이 있어 상권은 나쁘지 않은 듯하고 1차 권리분석상에서도 특별한 문제가 없어 보였습니다. 그래도 4번이나 유찰된 데는 뭔가 이유가 있을 것 같아 현장답사를 통해 직접 상가 내부, 인근 상권, 주변 분위기, 시세를 파악해봐야 할 것 같습니다. 구슬 씨는 인천까지 가서 물건 하나만 살펴보고 오기는 아쉬우니 주변에 몇몇 물건을 함께 답사해보려 마음먹습니다. 그리고 미리 한빛 씨에게도 전화를 걸어 주말 일정에 대해 이야기를 해둡니다. 본의 아니게 데이트 신청이 되어버린 건 아닌가 하는 걱정을 조금 하면서요.

주말, 인천에서

한빛 씨와 구슬 씨는 물건 4개를 현장답사를 통해 꼼꼼히 조사하며 장단점을 파악합니다. 구슬 씨는 4개 물건 중 처음 봤던 구청 주변의 6층 상가가 가장 좋다고 결론짓고 입찰까지 도전해보고자 마음먹습니다. 작은 상가라 해도 임대 수요는 충분할 것 같고, 보증금 500만 원에 월세 35만~40만 원의 임대수익 달성도 어렵지 않을 것 같았습니다. 구슬 씨는 한빛 씨와 수익률 분석을 마치고 입찰가격을 5,157만 원으로 결정했습니다. 입찰가격은 법원에 가서 분위기에 따라 정하는 게 아니라 입찰 전에 미리 정해놔야 한다는 한빛 씨의 조언을 따랐죠. 입찰날짜는 다음 주 금요일로 잡혔습니다. 구슬 씨는 이번에도 한빛 씨가 동행해줘야 마음이 놓일 것 같아 조금 어렵지만 한빛 씨도 꼭 연차휴가를 쓰게 해야 되겠다고 생각합니다.

일주일 후, 인천지방법원

구슬 씨는 입찰에 필요한 서류들을 꼼꼼히 챙겨 법원으로 향했습니다. 미리 알아본 바에 따르면 본인 명의로 직접 입찰할 때는 신분증, 막도장, 입찰보증금만 준비하면 된다고 하더라고요. 다른 사람을 대신해 입찰하는 대리입찰인 경우에는 본인의 인감증명서 1통과 위임장까지 지참해야 하고요.

　오늘 인천지방법원에서 진행되는 경매사건은 총 32건이었습니다. 입찰법정은 안팎으로 많은 사람으로 붐볐죠. 법원에 가면 본인이 가장 어리지 않을까 하고 막연히 짐작했던 구슬 씨는 생각보다 많은 또래의 젊은이들을 보고 놀랐습니다. 그 중에는 여성들도 꽤 있었습니다. 구슬 씨는 첫 법원 나들이에 정신이 하나도 없었지만 차분히 마음을 가다듬고 입찰표를 작성하는 데 집중했습니다. 혹시 작성하다가 실수라도 할까 봐 긴장이 많이 되었죠. 그 순간 '입찰표는 미리 작성해가는 것이 좋다'는 한빛 씨의 조언이 구슬 씨의 머릿속을 스쳤습니다. 아니나 다를까 한빛 씨가 옆에서 한마디를 하네요.

이제 입찰 마감시간인 11시 10분이 얼마 남지 않았습니다. 그런데 입찰함 안에는 입찰 봉투가 20여 장 정도밖에 되지 않아 보입니다. 모인 사람들은 100여 명이 훨씬 넘는 것 같은데 입찰 봉투는 많지 않은 걸로 보아 입찰법정에 있는 사람들 중 상당수는 한빛 씨처럼 동행인이거나 공부 삼아 온 사람들 같습니다. 구슬 씨는 한빛 씨와 신중한 논의 끝에 처음에 정한 대로 5,157만 원의 가격을 적어 입찰합니다.

11시 10분에 모든 입찰 절차가 마감되고 11시 30분까지 입찰 봉투를 정리하는 작업이 진행되었습니다. 그 후 앞에 앉은 사법보좌관이 아무도 입찰하지 않아 유찰된 물건들을 알려주었습니다. 총 15개의 물건은 유찰돼서 다음에 매각을 진행한다고 합니다. 오늘 입찰이 진행되는 물건은 17개라고 하네요.

구슬 씨는 초조하게 입찰 결과를 기다렸습니다. 사건번호 순서대로 개찰을 하기 때문에 구슬 씨가 입찰한 물건의 결과 발표는 조금 더 기다려야 했죠. 그동안 구슬 씨는 다른 경매물건의 개찰 결과를 재미나게 지켜보았습니다. 원하는 부동산을 낙찰받은 사람들은 애써 기쁨을 감추고, 패찰한 사람들은 무척이나 아쉬워하는 모습이었죠. 시간 가는 줄 모르고 경매 결과를 지켜보고 있었는데 드디어 구슬 씨가 입찰한 물건의 결과 발표 차례가 되었습니다. 구슬 씨는 갑자기 심장 박동이 빨라졌습니다.

그러나⋯ 최고가 매수신고인으로 불린 사람은 구슬 씨가 아니었습니다. 나중에 알고 보니 최고가 매수신고인이 된 분은 구슬 씨보다 423만 원이 더 많은 5,580만 원의 입찰가격을 적어냈네요. '조금 더 높은 가격을 적을 걸 그랬나? 그 물건의 가치를 내가 너무 낮게 평가했나?' 하는 후회가 구슬 씨에게 몰려왔습니다. 이때 누구보다도 그 마음을 잘 아는 한빛 씨가 조심스럽게 다가와 말했습니다.

"구슬 씨, 너무 낙담하지 말아요. 원하는 부동산을 낙찰받지 못했다고 절대 낙심할 필요는 없어요. 좋은 물건은 얼마든지 또 나오기 마련이에요. 부동산경매는 낚시 같은 거예요. 내 물건이 나타날 때까지 조금 더 참을성 있게 기다리는 사람이 최후에 월척을 낚을 수 있어요. 또 우리는 충분히 구슬 씨의 형편에 맞게, 투자 수익을 고려해 입찰가격을 적어냈어요. 여기서 금액을 더 높게 쓰는 것은 '반드시 구입 시점부터 수익을 얻어야 한다!'는 부동산경매의 제1 투자 원칙에 위배되는 일이죠. 입찰에 참여했다가 떨어지는 것은 실패가 아니에요. 좋은 공부를 한 것이죠. 오늘은 실전 투자 공부를 했다 생각하고 다음을 도모합시다!"

"네, 속상하긴 하지만 얼른 털어내야죠. 그리고 다른 좋은 매물을 노려야겠어요! 한빛 씨, 나 때문에 오늘 연차휴가까지 쓰고 같이 와줘서 정말 고마워요. 뭐 먹고 싶어요? 우리 맛있는 거 먹으러 가요!"

2등은 필요 없는 입찰법정에서 현명한 1등 되기!

법원 문턱이 마르고 닳도록
들락거려 봅시다!

매물을 관할하는 법원과 입찰일은 어떻게 알 수 있나요?

부동산경매를 진행하는 법원은 꽤 많습니다. 서울에서 제주지방법원까지 총 58 개 법원에서 경매물건의 입찰에 참여할 수 있죠. 서울에만 중앙, 남부, 북부, 동부, 서부지방법원 5개가 있습니다. 입찰 참여는 정해진 날짜에 해당 법원에서만 가능합니다. 대법원 경매정보 사이트에 들어가 구슬 씨가 새로운 보금자리를 꾸민 서울시 관악구 신림동의 경매물건들을 검색해보겠습니다.

　다음 쪽의 그림은 검색 결과의 일부입니다. 1번 열에는 관할 법원과 사건번호가 기재되어 있습니다. 신림동 지역은 서울중앙지방법원에서 관할하는 지역이군요. 우리가 주민등록번호를 가지고 있듯이 경매에 나오는 부동산들도 저마다 고유한 사건번호를 가지고 있습니다. '20××타경 ×××××'라고 적혀 있는 숫자가 바로 사건번호입니다. 2번 열에는 단독주택, 다세대주택, 연립주택, 아파트, 기타 물건 등 부동산의 종류가, 3번 열에는 물건지의 상세 주소와 전용면적이 적혀 있습니다. 4번 열에는 매각에 대하여 특별한 내용이 있다면 기재됩니다. 아무것도 기재되어 있지 않다면 특이사항이 없는 것입니다. 5번 열을 통해서는 감정가와 최저가를 알 수 있습니다. 서울 지역에서는 신건일 때 감정가를 최저가로 해서 매각을 진행하고 1회 유찰되면 감정가의 80%, 2회 유찰되면 감정가의 64%를 최저가로 매각을 진행합니다. 각각의 회차에서는 최저가와 같거나 그보다 더 높은 입찰가격을 적어내야 유효한 입찰이 됩니다. 6번 열에는 해당 매물을 담당하고 있

①	②	③	④	⑤	⑥
사건번호▲	물건번호 용도	소재지 및 내역	비고	감정평가액▲ 최저매각가격▲ (단위:원)	담당계 매각기일▲ (입찰기간) 진행상태▲
서울중앙지방법원 2020타경111025	1 다세대	서울특별시 관악구 은천로5길 8-16, 6층601호 (봉천동,노블레스) 🔨 [집합건물 철근콘크리트구조 29.9㎡]		300,000,000 98,304,000 (32%)	경매7계 2022.10.20 유찰 5회
서울중앙지방법원 2020타경111339	2 다세대	서울특별시 관악구 난곡로9길 12-6, 2층201호 (신림동,한나래) 🔨 [집합건물 철근콘크리트구조 49.71 ㎡]	특별매각조건 매수 신청보증금 최저매 각가격의 20%	257,000,000 67,371,000 (26%)	경매21계 2022.10.11 유찰 6회
서울중앙지방법원 2021타경214	1 다세대	서울특별시 관악구 난곡로34길 10, 7 층703호 (신림동,스위트캐슬) 🔨 [집합건물 철근콘크리트구조 29.53 ㎡]	확정일자부임차인있 음. 경매입찰시 대항 력유무 검토요함 배 당에서 보증금이 전 액변제되지 아니하 면 매수인이 인수함	360,000,000 230,400,000 (64%)	경매7계 2022.10.20 유찰 2회
서울중앙지방법원 2021타경1699	1 다세대	서울특별시 관악구 난곡로26길 115, 2층203호 (신림동, 대림아트빌) 🔨 [집합건물 철근콘크리트구조 37.77 ㎡]		313,000,000 200,320,000 (64%)	경매3계 2022.10.18 유찰 2회
서울중앙지방법원 2021타경1712	1 다세대	서울특별시 관악구 난곡로26길 115, 4층401호 (신림동,대림아트빌) 🔨 [집합건물 철근콘크리트구조 28.92 ㎡]	확정일자부 임차인 있음. 보증금을 배당 기일에 전액 배당받 지 못하면 매수인이 인수하게됨.	277,000,000 221,600,000 (80%)	경매7계 2022.10.20 유찰 1회
서울중앙지방법원 2021타경2142	1 다세대	서울특별시 관악구 난곡로 284, 5층5 01호 (신림동,위드비엠) 🔨 [집합건물 철근콘크리트구조 29.98 ㎡]	내부구조및 이용상 태등은 폐문부재로 건축물관리대장상의 도면및 외부관찰등 으로 작성함.	315,000,000 252,000,000 (80%)	경매7계 2022.10.20 유찰 1회
서울중앙지방법원 2021타경2371	1 아파트	서울특별시 관악구 쑥고개로 100, 11 층아1102호 (봉천동, 생모리츠타운) 🔨 [집합건물 철근콘크리트조 63.99㎡]		505,000,000 323,200,000 (64%)	경매3계 2022.10.18 유찰 2회
서울중앙지방법원 2021타경3633	1 다세대	서울특별시 관악구 난곡로26마길 28, 1층203호 (신림동,라임카운티) 🔨 [집합건물 철근콘크리트구조 28.52 ㎡]		313,000,000 313,000,000 (100%)	경매21계 2022.10.11 신건
서울중앙지방법원 2021타경3718	1 다세대	서울특별시 관악구 난곡로26길 28, 1층204호 (신림동, 라임카운티) 🔨 [집합건물 철근콘크리트구조 29.16 ㎡]		326,000,000 260,800,000 (80%)	경매3계 2022.10.18 유찰 1회

법원별 입찰 마감시간

경매에 참여하기 전에 법원별 입찰 마감시간을 한 번 더 확인하고 가세요!

서울권
서울 중앙지방법원 오전 11:10
동부지원법원 오전 11:10
서부지방법원 오전 11:10
남부지방법원 오전 11:20
북부지방법원 오전 11:10

경기권
인천 인천지방법원 본원 오전 11:20
인천지방법원 부천지원 오전 11:10
경기도 의정부지방법원 본원 오전 11:50
의정부지방법원 고양지원 오전 11:20
수원지방법원 본원 오전 11:40
수원지방법원 성남지원 오전 11:10
수원지방법원 여주지원 오전 11:10
수원지방법원 평택지원 오전 11:30
수원지방법원 안산지원 오전 11:40
수원지방법원 안양지원 오전 11:40

강원권
강원도 춘천지방법원 본원 오전 11:00
춘천지방법원 강릉지원 오전 11:15
춘천지방법원 원주지원 오전 11:20
춘천지방법원 속초지원 오전 11:10
춘천지방법원 영월지원 오전 11:10

충청권
청주 청주지방법원 본원 오전 11:30
청주지방법원 충주지원 오전 11:30
청주지방법원 제천지원 오전 11:30
청주지방법원 영동지원 오전 11:20
대전 대전지방법원 본원 오전 11:30
대전지방법원 홍성지원 오전 11:30
대전지방법원 논산지원 오전 11:30
대전지방법원 천안지원 오전 11:10
대전지방법원 공주지원 오전 11:30
대전지방법원 서산지원 오전 12:00

전라권
광주 광주지방법원 본원 오전 11:10
광주지방법원 목포지원 오전 12:00
광주지방법원 장흥지원 오전 11:30
광주지방법원 순천지원 오전 11:30
광주지방법원 해남지원 오전 11:30
전주 전주지방법원 본원 오전 11:30
전주지방법원 군산지원 오전 11:40
전주지방법원 정읍지원 오전 11:30
전주지방법원 남원지원 오전 11:30

부산권
부산 부산지방법원 본원 오전 11:20
부산지방법원 동부지원 오전 11:20

대구경북권
대구 대구지방법원 본원 오전 11:10
대구지방법원 서부지원 오전 11:10
대구지방법원 안동지원 오전 11:10
대구지방법원 경주지원 오전 11:10
대구지방법원 김천지원 오전 11:40
대구지방법원 상주지원 오전 12:00
대구지방법원 의성지원 오전 11:10
대구지방법원 영덕지원 오전 11:00
대구지방법원 포항지원 오전 11:10

경남권
울산 울산지방법원 본원 오전 11:30
창원 창원지방법원 본원 오전 11:10
창원지방법원 마산지원 오전 11:10
창원지방법원 진주지원 오전 11:30
창원지방법원 통영지원 오전 11:20
창원지방법원 밀양지원 오전 11:40
창원지방법원 거창지원 오전 11:30

제주권
제주 제주지방법원 오전 12:00

는 부서와 입찰기일이 적혀 있습니다. 낙찰을 받으면 낙찰 시점부터 명도를 하기 전까지 담당 경매계의 공무원을 한 번 이상 만날 가능성이 큽니다. 그리고 그 아래 유찰 횟수가 기재됩니다.

입찰 마감시간은 법원별로 조금씩 다릅니다. 법원에 가면 꼭 입찰 마감시간을 넘겨 부리나케 달려오는 분들을 심심치 않게 보게 되는데요, 그동안 많은 조사와 준비를 했는데 입찰 마감시간을 지키지 못해 입찰조차 못 해본다면 무척 허무하겠죠? 그러므로 입찰 전에는 반드시 미리 법원별 입찰 마감시간을 확인하시고 일찍 움직이시길 바랍니다. 간혹 입찰 마감시간이 변경되는 경우도 있으니 조금 번거롭더라도 법원에 문의해 한 번 더 확인해둘 필요가 있습니다.

입찰은 어떻게 진행되나요?

정해진 입찰기일에 해당 부동산을 관할하는 법원의 입찰법정을 찾아가 입찰 마감시간 이내에 입찰표를 접수합니다. 11시 10분에 접수가 마감되었다면 보통 20~30분 정도 입찰표를 정리하고 그 이후부터 개찰이 시작됩니다. 입찰자들이 입찰법정에 착석해 개찰이 시작되기를 기다리면 사법보좌관이 입찰 과정에서 유의할 점과 여러 가지 사항에 대해 설명합니다. 개찰 준비가 완료되면 바로 개찰이 시작됩니다. 개찰은 사건번호순으로 진행되는데 사법보좌관의 재량으로 입찰자 수가 많은 물건을 먼저 개찰하는 경우도 있습니다.

부동산경매의 입찰방식은 매우 간단합니다. 입찰에 참여하고자 하는 사람들이 정해진 입찰기일에 법원에 출석해서 입찰표와 입찰보증금을 제출하면 유효한 입찰자 중 가장 높은 가격을 적어낸 사람이 최고가 매수신고인으로 선정되는 것이죠. 그래서 입찰기일에 한 번만 출석하면 그 자리에서 바로 결과까지 알 수 있습니다. 이런 방식을 '기일입찰'이라고 합니다.

그러나 일부 예외적인 경우로 '기간입찰' 방식도 있습니다. 기간입찰이란 정해진 기간 동안 입찰표를 접수하여(보통 일주일) 개찰일에 한꺼번에 개봉해 최고가 매수신고인을 가리는 방법입니다. 오전부터 법원에 출석해 입찰에 참여하기 어려운 직장인들을 위한 제도죠.

과거에 서울서부지방법원과 부산동부지방법원에서 일부 물건에 한해 시범적으로 시행했지만 오히려 불편함이 부각되며 현재는 어느 법원에서도 기간입찰은 시행하지 않고 있습니다.

개찰 후 입찰법정을 둘러보면 최고가 매수신고인이 되어 뛸 듯이 기뻐하는 사람, 혹은 최고가 매수신고인이 되었음에도 2등과 가격 차이가 많이 나 떨떠름해하는 사람, 또 아주 작은 차이로 원하는 매물을 낙찰받지 못해 아쉬워하는 사람, 입찰표 작성에 실수가 있어 무효 처리되어 속상해하는 사람 등 다양한 표정의 사람들을 볼 수 있을 것입니다. 여러분은 원하는 매물을 적정한 가격에 낙찰받아 입찰법정에서 뛸 듯이 기뻐하실 수 있기를 바랍니다.

입찰 서류는 어떻게 작성하는 건가요?

매번 입찰에서 입찰표를 잘못 기재하여 낭패를 겪는 분들이 꼭 한두 분씩 계십니다. 여러분은 그런 실수를 하지 않도록 입찰 전에 입찰표를 미리 작성해가시거나 실수 없이 바르게 작성하는 법을 연습해두세요. 다음 페이지의 그림은 기일입찰표와 위임장입니다.

입찰표 작성법

1 관할 법원을 의미합니다. 입찰할 물건지에 맞게 법원명을 수정하면 됩니다.

270

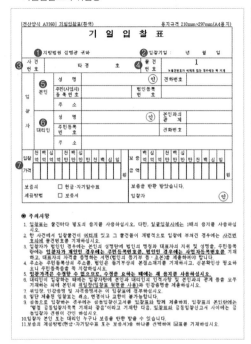

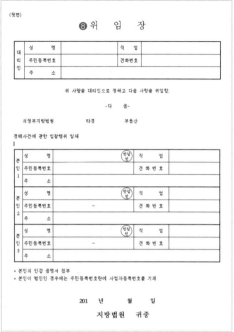

2 입찰기일을 기재합니다.

3 모든 경매 부동산에는 사건번호가 있습니다. 사건번호를 적지 않거나 잘못 기재하면 입찰이 무효 처리되니 주의하시기 바랍니다.

4 어떤 경매물건은 사건번호 하나에 두 개 이상의 부동산이 묶어서 따로 매각이 진행됩니다. 이를 '개별경매'라고 하는데요, 이때는 하나의 사건번호 아래에 여러 개의 물건번호가 존재합니다. 예를 들어 설명해보겠습니다. 어떤 4층짜리 다세대주택의 총 16세대가 한꺼번에 경매시장에 나왔습니다. 이때는 사건번호 '20××타경 ×××××'에 물건번호가 1번, 2번, 3번 … 16번으로 부여되어 매각이 진행됩니다. 이런 경우에 사건번호만 기입하고 물건번호를 적지 않으면 이 또한 무효 처리됩니다.

5 소유권을 취득할 사람(본인)의 인적사항을 적습니다. 본인이 직접 입찰하는 경

우에는 대리인 항목은 기재하지 않습니다.

6 소유권을 취득할 사람이 사정이 생겨 법원에 직접 가지 못하고 다른 사람을 보내게 될 때는 대리인란을 작성해야 합니다. 또 **8** 위임장도 작성해서 대리인에게 전해주고 이를 가져가도록 해야 합니다. 이때 혼동해서는 안 될 것은 '본인'은 법원에 출석한 사람이 아니라 그 부동산의 주인이 될 사람이고, 대신 입찰하는 사람이 대리인이라는 것입니다(대리입찰에 대한 자세한 내용은 273~275쪽을 참고하세요).

7 입찰가격을 정확하게 기재합니다. 입찰가격과 보증금액은 수정할 수 없습니다. 이를 수정하면 무효 처리됩니다. 입찰가격과 보증금액을 수정하고자 한다면 새로운 입찰표에 다시 작성해야 합니다. 입찰보증금은 해당 회차 최저가의 10%입니다. 입찰보증금은 가능한 정해진 보증금에 딱 맞게 수표 한 장으로 제출하는 것이 좋습니다. 정해진 보증금보다 적은 금액을 넣는 경우에도 무효 처리됩니다. 그러나 보증금 봉투에 입찰보증금 이상의 금액을 넣는 것은 괜찮습니다. 예를 들어 최저가가 2억 2,800만 원이라면 입찰보증금은 2,280만 원인데요. 입찰보증금 봉투에 2,200만 원을 넣으면 무효 처리되지만 2,300만 원이나 그 이상을 넣는 것은 문제가 되지 않습니다.

입찰표 양식을 잘못 작성해서 무효 처리가 된다면 그간 힘들게 매물 조사와 현장답사를 하고 법원에서 마음 졸이며 입찰에 참여했던 모든 과정이 수포로 돌아갑니다. 그런데 이렇게 무효 처리되는 것보다 더 가슴 아픈 경우가 있습니다. 입찰가격을 적을 때 초고가로 낙찰을 받는 경우입니다. 1억 5,000만 원으로도 충분히 낙찰을 받을 수 있는데 15억 원을 적어내는 것이죠. '말도 안 되고 있을 수도 없는 일'이라고 생각하실 수 있지만 이런 경우가 심심치 않게 일어납니다. 그러므로 입찰가격을 적을 때는 각별히 조심하시기 바랍니다. 이런 실수를 했을 때는 15억 원을 내고 해당 부동산을 구입할 수는 없으니 이미 제출한 입찰보증금을 포기해야 할 것입니다. 보증금이 크지 않으면 그나마 다행이지만 수천만 원을 넘을 때는 엄청난 손실을 보게 됩니다.

따라서 이 같은 순간의 실수로 부동산경매의 세계를 영영 떠나고 싶지 않으시다면 항상 입찰표를 작성하실 때 신중에 신중을 기하시기 바랍니다. 이런 실수를 사전에 방지하기 위해서는 포털 사이트에서 '입찰표 양식'을 다운로드해 출력한 다음 작성해가시길 바랍니다. 초보 투자자의 경우 입찰에 참여하기 위해 법원에 가면 사람도 많고 부산스러워 입찰표를 제대로 작성하기가 여간 힘들지 않을 것입니다. 그러므로 입찰표는 가능한 미리 작성해가시고 법원에서는 입찰보증금 봉투와 입찰 봉투만 받아 필수 기재사항들을 기재해 입찰에 참여하시길 바랍니다.

입찰 시 챙겨가야 할 준비물은 뭔가요?

입찰을 위해 필요한 서류들은 그리 많지 않습니다. 본인 명의의 부동산을 취득하기 위해 직접 법원에 가는 경우에는 신분증과 도장(인감도장이 아니어도 괜찮습니다), 입찰보증금(최저가의 10%)만 준비해가면 됩니다. 입찰표, 입찰보증금 봉투, 입찰 봉투는 법원에서 무료로 받을 수 있습니다. 그러나 앞서 이야기했던 것처럼 입찰표는 가능한 미리 작성해가는 편이 더욱 편리하고 안전합니다.

어떤 경우에는 다른 사람의 명의로 입찰에 참여하기도 할 것입니다. 부인 명의로 취득하려고 하는 부동산의 입찰에 남편이 대신 간다거나, 부모님의 집을 구입하는데 딸이 대리인으로 참석하는 경우죠. 이렇게 소유권을 취득할 사람과 입찰자가 다른 경우를 '대리입찰'이라고 합니다. 아무래도 본인이 직접 가지 않으니 대리입찰에는 필요한 서류들이 조금 더 많습니다. 대리입찰을 할 때는 대리인의 신분증과 도장은 물론, 소유권을 취득할 사람의 인감증명서, 인감도장, 위임장을 꼭

▼ 입찰보증금 봉투(앞)

▼ 입찰보증금 봉투(뒤)

▼ 입찰 봉투(앞)

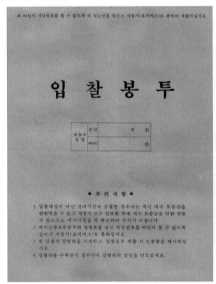

▼ 입찰 봉투(뒤)

지참해가야 됩니다. 입찰보증금도 당연히 챙겨야 하고요.

입찰표 뒷면에 있는 위임장을 작성하고 실소유자가 될 사람의 인감도장을 날인하면 인감도장은 따로 지참해가지 않아도 됩니다. 하지만 만에 하나의 상황에 대비해 되도록이면 인감도장도 함께 준비해가는 것이 좋습니다. 소유자가 될 본인의 인감증명서도 꼭 챙겨가셔야 합니다. 또 한 가지 유의해야 할 사항은 인감도장으로 알고 준비해간 도장이 인감도장이 아닌 경우도 종종 있으니 사전에 인감도장이 인감증명서의 날인과 일치하는지 반드시 확인하고 가시기 바랍니다.

대리입찰을 하기 위해 필요한 자격 요건은 따로 없습니다. 대한민국 성인이라면 누구나 가능하죠. 다시 한번 강조하건대 소유권을 취득할 사람이 '본인', 본인을 대신해 법원에 가서 입찰에 참여하는 사람이 '대리인'입니다. 혼동하시면 안 됩니다.

'부부 공동명의'로 주택을 구입하는 경우도 있을 텐데요. 부부가 공동으로 소유하면 크진 않지만 세금 혜택이 있습니다. 부부 공동명의로 부동산을 취득하고자 한다면 입찰표를 작성할 때 조금 더 유의해야 합니다. 입찰표 작성을 위해 부부가 함께 법원에 가는 경우라면 각자의 신분증만 지참해가면 되지만 둘 중 한 사람만 입찰에 참여할 때는 배우자의 인감증명서와 인감도장을 반드시 챙겨가야 합니다. 이 경우에도 다른 한 사람의 위임장이 반드시 필요합니다.

입찰표만 잘 작성했다거나 최고가를 적어냈다고 해서 다 낙찰을 받을 수는 없습니다. 매매계약을 할 때 보통 원금의 10%를 계약금으로 맡기는 것처럼 입찰할 때도 입찰표와 함께 최저가의 10%에 해당하는 입찰보증금을 제출해야 유효한 계약이 됩니다. 입찰보증금은 입찰 전에 미리 수표 한 장으로 발행해 가져가 입찰 시 입찰보증금 봉투에 넣어 제출해야 합니다.

입찰마감 후 개찰을 하면 최고가 매수신고인(낙찰자)이 낸 입찰보증금은 법원에서 가져갑니다. 그리고 낙찰을 받지 못한 사람들에게는 그 즉시 입찰보증금을 돌려줍니다. 이때는 입찰표만 법원에서 가져가고 입찰보증금과 대봉투는 제출한 그대로 돌려받습니다. 잔금을 치를 때는 입찰 시 제출한 입찰보증금을 제한 나머지 금액만 납부하면 됩니다.

떨리는 입찰! 실수하지 않으려면 어떻게 해야 하나요?

입찰 전에 물건 조사를 아무리 열심히 했다고 하더라도 입찰 과정에서 실수하게 되면 모든 노력이 수포로 돌아갈 수 있습니다. 입찰보증금을 포기하게 되는 엄청난 재앙을 맞이할 수도 있고요. 입찰 과정에서 저지를 수 있는 실수의 유형들을 잘 살펴보고 이를 각별히 유의해야 하겠습니다.

입찰표 작성의 실수

1 입찰표에서 입찰가격은 절대로 수정하면 안 됩니다. 수정을 원한다면 새로운 입찰표에 처음부터 다시 작성해야 합니다.

2 대리입찰의 경우에는 입찰표 뒷면의 위임장에 반드시 본인(소유권을 취득할 사람)의 인감도장을 날인해가야 합니다. 그리고 발급된 지 3개월이 넘지 않는 소유자의 인감증명서도 반드시 지참해가야 합니다. 입찰 전날에 이 두 가지는 반드시 한 번 더 확인하고 가도록 하세요.

3 입찰표, 입찰보증금 봉투, 입찰 봉투에 사건번호, 물건번호, 입찰자 이름을 모두 동일하게 적어야 합니다. 하나라도 잘못 기재했을 때에는 무효 처리되니 각별히 주의하세요.

4 사건번호와 물건번호를 혼동하지 말고 정확하게 적어야 합니다. 하나의 사건번호에 여러 개의 부동산이 묶여 매각이 진행되는 개별경매의 경우에는 같은 사건번호에 여러 개의 물건번호가 따로따로 붙게 됩니다(예: 다세대주택 3개가 개별경매로 매각될 때는 '2022타경12345'라는 사건번호에 물건번호 '1번', '2번', '3번'이 붙습니다). 이때는 입찰표, 입찰 봉투에 사건번호뿐만 아니라 물건번호도 반드시 기재해야 합니다. 잘못 기재하거나 빠뜨리면 이 역시 무효 처리되니 주의하

시기 바랍니다.

입찰 불능

1 법원별 입찰 마감시간을 사전에 숙지하고 반드시 그 시간 이전에 입찰서류를 제출해야 합니다. 어떤 이유로라도 입찰 마감시간에 늦어서는 안 됩니다. 이 사람, 저 사람 사정을 봐줘서 입찰 마감시간을 늦추는 경우는 절대 없으니 입찰 마감시간을 꼭 지키시기 바랍니다.

2 입찰일로부터 수일 전, 혹은 입찰 전일, 그리고 당일에도 경매사건이 취하, 변경, 연기되는 경우가 종종 있습니다. 그러니 입찰 전에는 다시 한번 해당 경매 사건의 진행 여부를 확인해 만에 하나 헛걸음하는 일이 없도록 해야 합니다.

기타

1 최고가 매수신고인이 잔금을 미납하여 다시 매각이 진행되는 것을 '재경매'라고 합니다. 재경매 사건은 입찰보증금이 최저가의 10%가 아니라 20%로 진행됩니다. 그러나 법원에 따라서 그대로 10%로 진행하기도 하고 최저가의 30%를 입찰보증금으로 정하는 곳도 있습니다. 어떠한 경우라도 정해진 입찰보증금보다 적은 금액을 제출하면 무효 처리됩니다.

3 경매로 농지를 구입할 때는 농지취득자격증명원(일명 농취증)을 발급받아 매각허가결정일 이전(낙찰 후 7일 이내)에 반드시 경매계에 제출해야 합니다. 농취증은 농지를 관할하는 읍·면·동사무소에서 신청해 발급받을 수 있는데, 이제는 정부24 사이트에서 온라인으로 신청 및 발급이 가능합니다. 2022년 5월 18일부터 농지취득 자격심사가 크게 강화되어 과거에 비해 일반인이 농지를 취득하는 것이 어려워졌습니다. 혹시 LH공사 일부 직원들이 내부 정보를 이용하여 농지 땅투기를 하였다는 기사를 접한 분 계실까요? 이는 국민 정서에 크게 반

하는 내용으로 이 공사 직원들의 일탈로 한동안 상당히 이슈가 되었고, 결국 농지법 개정으로 이어졌습니다. 농지법 개정의 핵심은 농지를 취득하려는 자에 대해 지자체가 농업경영 의지와 실현 가능성을 확인하여 발급해준다는 취지입니다.

발급까지 처리기간

1 농업경영 목적 : 7일 이내

2 주말 체험영농 목적 : 7일 이내

3 농지전용 목적 : 4일 이내

4 농지위원회 심의를 거쳐야하는 경우 : 14일 이내

1,000㎡ 미만 농지는 주말체험농장 목적으로 신청할 수 있지만, 1,000㎡ 이상의 농지는 농지위원회 심의를 거쳐야 하기 때문에 발급까지 14일이 소요될 수 있습니다. 문제는 매각허가결정 기일까지 농지취득자격증명원을 받아 법원에 제출하지 않으면 보증금을 몰취당한다는 점이죠.

이 난관을 어떻게 극복할 수 있을까요? 경매입찰 전에 충분히 시간을 두고, 정부24 사이트에서 '미리' 농취증을 신청하는 것입니다. 농지취득자격증명발급 심사요령에서 '4조-가'항을 보면 '농업인 또는 농업인이 되고자 하는 자라고 기재되어 있습니다. 즉, 아직 토지를 취득하지 않았어도 신청 자격이 있는 것이니 투자 가치를 확인한 부동산이 농지인 경우에는 입찰 전에 미리 농취증을 신청하여 발급받기 바랍니다.

02

입찰가격을 결정하기 전에는 이것만 꼭 기억합시다!

얼마를 써내야 저 부동산이
내 것이 될까요?

입찰가격은 어떻게 결정해야 하죠?

첫 입찰뿐만 아니라 수십 번, 수백 번째의 입찰이라 할지라도 입찰가격을 정하는 일은 늘 어렵고 힘듭니다. 경쟁자들이 어느 정도의 가격으로 입찰할지를 도무지 알 길이 없기 때문이죠. 그래도 입찰가격을 산정하는 데 나름의 원칙은 있습니다. '수익과 낙찰 가능성 사이의 균형점'을 찾으면 되죠. 입찰가격이 낮으면 낮을수록 낙찰받았을 때 수익은 커집니다. 반면 낙찰받을 가능성은 낮아지기 마련이죠. 그래서 입찰가격을 결정할 때는 심사숙고할 수밖에 없습니다.

그러면 수익과 낙찰 가능성 두 가지 중에 어떤 것을 더 중점적으로 고려해야 할까요? 둘 중 무엇이 더 중요하냐는 개개인이 처한 상황에 따라 얼마든지 달라질 수 있습니다. 순수한 투자 목적이라면 수익률이 가장 중요합니다. 혹여 낙찰을 받지 못하더라도 낮은 가격으로 승부수를 던져야 낙찰 시 높은 수익을 기대할 수 있을 테니까요. 반면 낙찰받은 부동산에 실제로 거주하거나 이를 활용할 목적이라면 낙찰 가능성이 더 중요합니다. 내 집 마련을 목적으로 낙찰을 받아 그 집에 몇 년간 거주할 생각이라면, 혹은 앞으로 더 좋은 집으로 옮겨가기 전에 2~3년간 살 집을 마련하고자 한다면 무조건 낮은 가격으로 낙찰받아야 할 필요는 없겠죠.

하지만 투자의 균형점을 정하는 데 가장 중요한 요소이자 큰 영향을 미치는 변수는 뭐니 뭐니 해도 여유입니다. 패찰해도 별로 상관이 없고 몇 번이건 낙찰될 때까지 다시 입찰에 참여할 마음을 가진 사람은 당연히 여유로울 수밖에 없을 것입니다. 이런 사람은 하나의 물건에 지나치게 집착하지 않습니다. 좋은 물건은 꾸준히 나온다는 진리를 알고 있는 투자자이기 때문이죠. 이제 5~8년간의 부동산 대세상승기가 저물고 2022년부터는 전 세계 금리인상과 세계적인 물가 폭등, 전쟁 등 정세 불안이 이어져 당분간 부동산시장도 침체될 가능성이 큽니다. 이렇게 부동산시장이 장기적인 침체가 지속될 때야말로 부동산경매가 빛을 발하는 시기이고 때문에 물건 하나하나에 집착하지 않는 여유 있는 마음가짐이 더더욱 필요합니다. 거래가 활발하게 이루어지지 않고 가격 하락에 대한 불안감이 시장에 팽배할 때일수록 더욱 여유로운 마음을 가져야 합니다. 이럴 때 서둘러 부동산을 매입하면 낭패를 볼 가능성이 큽니다.

입찰가격 결정을 위해 가장 중요한 것은 1장에서도 강조한 바 있듯이 시세를 정확하게 조사하는 것입니다. 부동산의 시세가 얼마인지를 정확하게 알아야 어느 정도의 가격으로 입찰할지를 결정할 수 있으니까요. 예를 들어 A라는 부동산의 시세가 2억 원인데 매도호가는 2억 1,000만 원이고 매수호가는 1억 7,000만 원이라고 해봅시다. 이 부동산의 가격을 얼마라고 생각해야 정확한 시세 판단을 한 것일까요? 공인중개사에서 말하는 2억 원일까요? 소유자가 시장에서 팔고자 하는 가격인 2억 1,000만 원일까요? 아니면 매수자가 사려고 하는 가격 중 가장 높은 1억 7,000만 원일까요?

경매를 통해 부동산을 낙찰받으면 그 부동산을 명도한 후 다시 매도자가 되므로 매도호가를 시세라고 생각하시는 분이 많습니다. 그러나 정답은 매수호가 1억

7,000만 원입니다. 매수 희망가가 정확한 시세인 것이죠. 특히 시장 분위기가 침체되어 있을 때는 철저히 매수자의 눈높이에 맞춰 매도전략을 짜야 합니다.

물론 예외도 있습니다. 2009~2013년에 수도권 부동산시장은 좀처럼 침체를 벗어나지 못했지만 수도권 외 지역의 부동산들은 대부분 크게 상승했습니다. 그중에서도 대구, 부산 및 경남, 창원, 광주, 강원 그리고 제주 지역의 부동산 가격이 큰 폭으로 상승했죠. 이런 국면에서는 매수자보다 매도자가 더 큰소리를 칠 수 있습니다. 당연히 가격 협상에서도 분위기를 주도하고요. 낙찰을 받은 후 명도를 하기 전까지 몇 개월 사이에 가격이 크게 오르기도 합니다. 그렇기 때문에 경매법원의 분위기도 상당히 뜨겁고 공격적이죠. 이들 지역의 매물을 입찰한다고 할 때 보수적인 자세로 접근한다면 낙찰을 받을 가능성은 굉장히 낮습니다. 이들 지역에 있는 부동산을 매수하고자 한다면 입찰가격을 공격적으로 산정해야 할 것입니다. 그러나 저는 이렇게 투자 열기가 뜨거운 지역은 기본적으로 덜 집중해서보고, 만약 투자하더라도 경매보다는 급매물이나 신탁사 공매 등 틈새시장을 통해 투자하는 것을 원칙으로 합니다.

입찰가격 결정에 왜 그토록 신중을 기해야 하죠?

누구나 시간을 되돌려 돌아가고 싶은 때가 있을 것입니다. 되돌리고픈 시간이 많은 사람일수록 삶에 대한 후회와 아쉬움도 많을 테죠. 입찰가격을 결정하는 일 또한 우리 삶에서 굉장히 중요한 하나의 사건이 될 수 있습니다. 다른 사람이 나보다 더 높은 가격을 적어내 낙찰받은 것을 알게 되었다면 그때 '조금만 더 높은 가격을 적어낼걸!' 하며 아쉬워하고 후회하며 시간을 되돌리고 싶을 수 있죠. 하지만 낙찰을 받지 못했다고 가슴 아파할 이유는 전혀 없습니다. 패찰은 실패가 아니라 그저

신중하고 또 신중하게!

도전의 한 과정일 뿐이니까요.

　처음 어떤 경매물건을 찾아서 자세히 조사하고 입찰하기로 결정하면 그 물건과 사랑에 빠지게 되는 경우가 많습니다. 이렇게 좋은 물건은 다시는 못 만날 것 같고, 이 매물을 놓치면 영영 괜찮은 투자를 하지 못할 것 같은 생각도 들고요. 하지만 우리가 살아가면서 만나는 좋은 인연이 딱 한 사람만은 아닌 것처럼 좋은 부동산도 꼭 그것 하나만은 아닙니다. 또 다른 좋은 매물들을 얼마든지 만날 수 있죠. 물론 한번 고배를 마시고 나서는 크게 좌절해 다시는 부동산경매를 하지 않겠다고 결심하는 사람도 있을 것입니다. 그러나 그건 그 사람이 부동산경매에 대한 투자 지식과 열정이 부족한 것이지, 좋은 부동산이 없기 때문은 아닙니다. 처음 부동산경매의 세계에 발을 들여놓았을 때의 마음가짐과 열정을 놓지 않는 이상, 좋은 매물은 언제든 또 만날 수 있습니다. 그러니 낙찰을 받지 못했다고 해서 결코 낙심하거나 체념할 필요는 없습니다.

　낙찰이 오히려 절망을 가져다주는 경우도 있습니다. 앞에서 잠깐 이야기했던 고가 낙찰이 바로 그런 경우죠. 부동산경매 공부를 시작할 때 고가 낙찰 사례들을 보며 '참 바보 같은 사람들이네. 나는 절대 저럴 리가 없어'라고 생각했던 사람들도 막상 실제 투자에 나서면 높은 가격에 낙찰을 받고 마음고생을 하는 경우가 많습니다. 시세 조사를 잘못했다거나, 기필코 낙찰을 받고 싶은 마음에 합리적으로 판단을 하지 못했거나, 입찰표 작성에 실수가 있었거나 이유는 각양각색이죠.

　하지만 크게 보면 모두 한 가지 이유로 정리할 수 있습니다. 바로 조급함 때문이죠. 투자자는 어떤 상황에서도 쫓기거나 조급해져서는 안 됩니다. 쫓기면 내몰리고, 내몰리다 보면 반드시 낙찰을 받아야 한다는 욕심과 부담감이 생기고, 그러면 꼭 높은 가격을 적어내게 되죠. 그러므로 앞으로 투자를 하실 때는 어떤 이유로든 스스로 조급해졌다는 생각이 든다면 그 투자는 과감하게 포기하시기 바랍니다. 백번 패찰한다고 해도 매수한 것이 없으면 손실은 전혀 발생하지 않습니다. 로또로 한 사람의 인생이 한순간에 역전될 수 있듯이 고가 낙찰 한 번으로 한 사람의 삶이 순식간에 피폐해지고 고단해질 수도 있음을 꼭 유념하시기 바랍니다.

낙찰률 100%의 전략이란 게 있나요?

원하는 물건을 100% 낙찰받을 수 있는 방법은 딱 한 가지 있습니다. 시세보다 엄청 높은 가격에 입찰하는 것이죠. 2억 원짜리 부동산에 20억 원쯤을 적어낸다면 낙찰을 받을 수 있는 가능성은 100%입니다. 하지만 어떤 투자자가 실수가 아니고서 이런 어리석은 행동을 할까요?

부동산경매의 세계에서 수익을 낼 수 있는 가격대에서 입찰하는 것을 전제로 했을 때 원하는 부동산을 100% 낙찰받을 수 있는 전략이란 딱히 없습니다. 경쟁자가 어느 정도의 가격을 적을지는 그 누구도 알지 못하기 때문이죠. 이를 '입찰가격의 불확실성'이라고 합니다. 이 불확실성이 입찰자들을 불안하게 만들기도 하지만 또 그만큼 부동산경매의 매력을 높여주기도 합니다.

같은 단지 내 같은 조건, 동일 면적의 아파트들의 낙찰 사례를 분석해보면 재미있는 경우를 많이 보게 됩니다. 똑같은 조건, 같은 시세의 아파트들이라도 경매시장에서의 낙찰가가 몇천만 원씩 차이가 나는 경우가 종종 있습니다. 권리상의 문제가 있어서 낮은 가격으로 낙찰되는 경우도 있지만, 문제가 전혀 없는 부동산임에도 유독 그 물건에만 경쟁자가 덜 몰려서 낮은 가격에 낙찰되는 일도 많죠. 또 같은 가격의 부동산이라도 몇 주 사이에 낙찰가가 수백에서 수천만 원 가까이 차이가 나기도 합니다. 그래서 좋은 물건을 낮은 가격에, 그리고 높은 낙찰 가능성으로 취득하기 위해서는 사람들이 덜 모일 것 같은 물건에 좀 더 관심을 기울여야 하죠.

하나의 경매물건에 입찰자가 10명이 넘어가는 순간 그 물건을 싸게 낙찰받기는 매우 어려워집니다. 그러므로 구입을 희망하는 부동산들을 몇 개로 추린 후에는 입찰 전부터 시장의 분위기를 살펴보고 경쟁자가 덜 몰릴 만한 물건에 역량을 집중하는 것이 좋습니다.

경쟁자가 적게 몰릴 만한 물건인지 아닌지는 어떻게 판단할 수 있을까요?

낙찰 사례를 분석해보면 좋은 매물이 보입니다

입찰에 참여하고자 하는 부동산이 있다면 그 물건이 과거에 얼마에 낙찰되었는지 검색해보는 것이 좋습니다. 사설 경매정보 사이트를 이용하면 최근 낙찰가와 시장의 분위기는 물론, 해당 지역이나 전체 부동산시장의 가격 변동 사이클까지도 확인할 수 있습니다. 대법원 경매정보 사이트에서 제공하는 정보로는 부족한 부분이 있으니 경매 관련 정보를 가공해 제공하는 사설 사이트에 가입하여 더 많은 정보를 얻는 것이 좋습니다. 사설 사이트는 유료로 이용하는 곳도 있고 무료로 서비스하는 곳도 있지만 아무래도 유료 사이트가 정보의 질이 우수한 것이 사실입니다.

경매 정보 사이트의 이용 방법을 강남구 대치동에 위치한 은마아파트의 낙찰 사례를 통해 살펴보겠습니다. 은마아파트는 31평형과 34평형으로 구성되어 있는데 그중 31평형 아파트들의 2005년부터 2011년까지의 낙찰 사례는 다음 쪽과 같습니다. 건물을 허물고 다시 짓는 재건축을 생각하는 투자 물건이기 때문에 향이나 층은 가격 형성에 별로 영향을 미치지 못합니다. 면적이 같다면 거의 동일한 가격으로 봐도 무방하죠.

2005년 4월 6일의 낙찰가는 6억 7,888만 8,000원입니다. 그런데 그로부터 불과 두 달 후인 6월 16일에는 무려 32명이 입찰에 참여해 8억 1,120만 원에 낙찰되었네요. 두 달 만에 낙찰가가 1억 4,000만 원 가까이 상승했음을 알 수 있습니다.

4월에 은마아파트가 시세보다 상당히 낮은 가격에 낙찰된 사실을 알게 된 투자

사건번호(물번) 물건종류	소재지	감정가 최저입찰가	진행 상태	입찰일자 (시간)
09-22304 아파트	서울특별시 강남구 대치동 316, 은마아파트 1동 2층 204호 [대지권 14.611평, 건물 28.792평]	**920,000,000** 736,000,000 769,999,000	낙찰 (80%) (84%)	2011.12.07 (10:00)
10-7189 아파트	서울특별시 강남구 대치동 316, 은마아파트 5동 6층 614호 [대지권 14.611평, 건물 28.792평 / 토지별도등기있음]	**1,000,000,000** 800,000,000 872,100,000	낙찰 (80%) (87%)	2011.05.04 (10:00)
10-32727 아파트	서울특별시 강남구 대치동 316, 은마아파트 17동 14층 1404호 [대지권 14.611평, 건물 28.263평]	**1,000,000,000** 800,000,000 852,700,000	낙찰 (80%) (85%)	2011.04.27 (10:00)
10-13382 아파트	서울특별시 강남구 대치동 316, 은마아파트 11동 2층 205 호 [대지권 14.611평, 건물 28.562평]	**850,000,000** 850,000,000 901,500,000	낙찰 (100%) (106%)	2010.12.23 (10:00)
10-16053 아파트	서울특별시 강남구 대치동 316, 은마아파트 19동 13층 1314호 [대지권 14.611평, 건물 28.665평]	**900,000,000** 720,000,000 895,111,000	낙찰 (80%) (99%)	2010.11.23 (10:00)
09-31261 아파트	서울특별시 강남구 대치동 316, 은마아파트 12동 14층 1407호 [대지권 14.611평, 건물 28.272평]	**920,000,000** 736,000,000 820,511,000	낙찰 (80%) (89%)	2010.08.17 (10:00)
09-25921 아파트	서울특별시 강남구 대치동 316, 은마아파트 5동 13층 1305 호 [대지권 14.611평, 건물 28.792평]	**1,000,000,000** 800,000,000 960,100,000	낙찰 (80%) (96%)	2010.01.19 (10:00)
09-23277 아파트	서울특별시 강남구 대치동 316, 은마아파트 20동 8층 806 호 [대지권 14.611평, 건물 27.812평]	**1,000,000,000** 800,000,000 897,000,000	낙찰 (80%) (90%)	2009.12.03 (10:00)
09-3006 아파트	서울특별시 강남구 대치동 316, 은마아파트 20동 13층 1311호 [대지권 14.611평, 건물 27.812평 / 토지별도등기있음]	**1,000,000,000** 800,000,000 972,000,000	낙찰 (80%) (97%)	2009.10.15 (10:00)
09-7091 아파트	서울특별시 강남구 대치동 316, 은마아파트 3동 12층 1214 호 [대지권 14.611평, 건물 28.792평]	**1,000,000,000** 800,000,000 951,110,000	낙찰 (80%) (95%)	2009.10.06 (10:00)
08-6350 아파트	서울특별시 강남구 대치동 316, 은마아파트 5동 3층 307호 [대지권 14.611평, 건물 28.792평 / 토지별도등기있음]	**1,050,000,000** 840,000,000 840,099,990	낙찰 (80%) (80%)	2009.09.10 (10:00)
08-27418 아파트	서울특별시 강남구 대치동 316, 은마아파트 11동 5층 501 호 [대지권 14.611평, 건물 28.562평]	**980,000,000** 784,000,000 986,300,000	낙찰 (80%) (101%)	2009.09.10 (10:00)
09-7527 아파트	서울특별시 강남구 대치동 316, 은마아파트 11동 3층 313 호 [대지권 14.611평, 건물 28.562평]	**850,000,000** 850,000,000 956,100,000	낙찰 (100%) (112%)	2009.09.08 (10:00)
08-28954 아파트	서울특별시 강남구 대치동 316, 은마아파트 8동 10층 1015 호 [대지권 14.611평, 건물 28.665평]	**830,000,000** 830,000,000 871,470,000	낙찰 (100%) (105%)	2009.05.19 (10:00)
08-17954 아파트	서울특별시 강남구 대치동 316, 은마아파트 2동 5층 503호 [대지권 14.611평, 건물 28.792평]	**990,000,000** 792,000,000 907,777,777	낙찰 (80%) (92%)	2009.01.28 (10:00)
08-4934 아파트	서울특별시 강남구 대치동 316, 은마아파트 17동 9층 903 호 [대지권 14.611평, 건물 28.263평]	**1,000,000,000** 800,000,000 838,800,000	낙찰 (80%) (84%)	2008.08.06 (10:00)
08-6367 아파트	서울특별시 강남구 대치동 316, 은마아파트 5동 11층 1113 호 [대지권 14.611평, 건물 28.792평]	**1,000,000,000** 800,000,000 823,500,000	낙찰 (80%) (82%)	2008.08.05 (10:00)
07-22546 아파트	서울특별시 강남구 대치동 316, 은마아파트 11동 14층 1401호 [대지권 14.611평, 건물 28.562평]	**1,050,000,000** 840,000,000 871,000,000	낙찰 (80%) (83%)	2008.01.31 (10:00)
04-44897 아파트	서울특별시 강남구 대치동 316, 은마아파트 11동 6층 606 호 [대지권 14.611평, 건물 28.562평]	**590,000,000** 590,000,000 631,600,000	낙찰 (100%) (107%)	2005.09.28 (10:00)
04-25667 아파트	서울특별시 강남구 대치동 316, 은마아파트 제30동 제14층 제1408호 [대지권 14.611평, 건물 28.665평 / 토지별도등기있음]	**600,000,000** 600,000,000 811,200,000	낙찰 (100%) (135%)	2005.06.16 (10:00)
04-26653 아파트	서울특별시 강남구 대치동 316, 은마아파트 8동 4층 413호 [대지권 14.611평, 건물 28.665평 / 토지별도등기있음]	**650,000,000** 650,000,000 678,888,000	낙찰 (100%) (104%)	2005.04.06 (10:00)

자들이 6월에 나온 매물의 입찰에 몰려 시세와 비슷한, 어쩌면 시세보다도 더 높은 가격에 낙찰되었던 것입니다. 이를 통해 이 기간에 강남 지역에서 재건축 물건들에 대한 투자 심리가 과열되었다는 것을 짐작해볼 수 있습니다.

그러나 세 달 후인 9월 28일에 낙찰된 물건은 7명의 입찰자가 참여해 6억 3,160만 원에 낙찰되었습니다. 세 달 사이에 부동산시장에 대체 무슨 일이 벌어졌던 것일까요?

이 시기에는 재건축 단지를 필두로 강남 전 지역의 시세 상승이 두드러졌습니다. 이에 정부에서 부동산 실거래가 제도와 양도소득세 및 종합부동산세 강화에 대한 내용을 핵심으로 한 8.31 부동산대책을 내놓았죠. 이 영향으로 부동산시장의 매수심리가 크게 위축되어 낙찰가격에 영향을 미쳤던 것입니다. 하지만 시장에 미친 충격의 여파도 잠시, 재건축시장은 정부의 각종 규제에도 상승세를 이어갑니다. 이때의 학습 효과로 정부에서 규제를 내놓을 때 잠시 가격이 하락하는 시점을 매수 타이밍으로 잡는 투자 기법이 나오게 되었죠.

이후 2006~2007년은 재건축시장의 전성기였습니다. 이 시기에는 시장에서 워낙 일반매매로 거래가 잘되고 계속해서 가격이 상승한 시기였기 때문에 경매 시장에 아예 물건 자체가 나오질 않았습니다. 그러나 2007년 하반기부터 부동산시장의 분위기는 다시 천천히 가라앉게 됩니다. 하지만 시세가 이미 크게 상승했기 때문에 이후의 낙찰가격은 8억~9억 원 선에서 조금씩 등락을 거듭하였습니다. 또 하나 눈에 띄는 사례는 2011년 12월 7일에 7억 6,999만 9,000원에 낙찰된 매물입니다. 이 물건에 입찰한 참여자는 고작 4명에 불과했죠. 2011년 11월 16일, 박원순 서울시장이 취임하면서 전임 시장에 비해 재개발 및 재건축에 대해 비우호적인 입장을 취할 것이라는 예상으로 재건축시장의 기대심리가 급격히 위축되었기 때문이었습니다.

재미있는 점은 낙찰일과 같은 12월 7일에 정부에서 12.7 부동산대책을 발표했다는 것입니다. 12.7 부동산대책의 핵심은 '다주택자에 대한 양도소득세 중과 폐지와 강남 3구에 대한 투기과열지구 해제'였죠. 이 두 가지 모두 강남 재건축시장의 상승세를 가져오는 직접적인 호재로 작용했습니다. 2011년 12월 7일의 낙찰가는 지난 3~4년간 거래된 가격에 비해 크게 낮았습니다. 앞으로 추가 악재만 없다면 이날 발표된 부동산 호재 정책의 영향으로 은마아파트의 낙찰가가 이보다 더 낮아질 일은 없을 것이라 예상할 수 있습니다.

11-28824 아파트	서울특별시 강남구 대치동 316, 은마아파트 11동 2층 205호 [대지권 48.3㎡, 건물 94.42㎡] [투기지역 / 투기과열지구 / 조정대상지역]	900,000,000 720,000,000 780,000,000	매각 (80%) (87%)	2012.03.21 (10:00)
11-27289 아파트	서울특별시 강남구 대치동 316, 은마아파트 20동 6층 601호 [대지권 48.3㎡, 건물 91.94㎡] [투기지역 / 투기과열지구 / 조정대상지역]	1,000,000,000 640,000,000 780,500,000	매각 (64%) (78%)	2012.05.02 (10:00)
12-1529(1) 아파트	서울특별시 강남구 대치동 316, 은마아파트 12동 4층 405호 [대지권 48.3㎡, 건물 93.46㎡] [투기지역 / 투기과열지구 / 조정대상지역]	900,000,000 720,000,000 771,300,000	매각 (80%) (86%)	2012.06.14 (10:00)
12-1529(2) 아파트	서울특별시 강남구 대치동 316, 은마아파트 12동 5층 503호 [대지권 48.3㎡, 건물 93.46㎡] [투기지역 / 투기과열지구 / 조정대상지역]	900,000,000 720,000,000 751,200,000	매각 (80%) (83%)	2012.06.14 (10:00)
12-670 아파트	서울특별시 강남구 대치동 316, 은마아파트 13동 14층 1403호 [대지권 53.9㎡, 건물 104.71㎡] [투기지역 / 투기과열지구 / 조정대상지역]	1,050,000,000 672,000,000 792,350,000	매각 (64%) (75%)	2012.07.19 (10:00)
12-2089(1) 아파트	서울특별시 강남구 대치동 316, 은마아파트 20동 6층 602호 [대지권 16.09㎡, 건물 30.65㎡ / 토지및건물 지분 매각] [투기지역 / 투기과열지구 / 조정대상지역]	310,000,000 198,400,000 248,005,200	매각 (64%) (80%)	2012.07.19 (10:00)
11-36214 근린상가	서울특별시 강남구 대치동 316 외 10필지, 은마상가 비(B)블럭 지층 8호 [건물 56.02㎡ / 대지권미등기이나감정가격포함평가됨] [투기지역 / 투기과열지구 / 조정대상지역]	1,040,000,000 665,600,000 756,138,000	매각 (64%) (73%)	2012.08.07 (10:00)
12-7046 아파트	서울특별시 강남구 대치동 316, 은마아파트 5동 11층 1110호 [대지권 48.3㎡, 건물 95.18㎡ / 토지별도등기있음] [투기지역 / 투기과열지구 / 조정대상지역]	860,000,000 688,000,000 735,700,000	매각 (80%) (86%)	2012.08.22 (10:00)
11-32960 아파트	서울특별시 강남구 대치동 316, 은마아파트 15동 12층 1206호 [대지권 53.9㎡, 건물 107.41㎡] [투기지역 / 투기과열지구 / 조정대상지역]	1,170,000,000 748,800,000 825,555,000	매각 (64%) (71%)	2012.09.06 (10:00)
12-2973(2) 아파트	서울특별시 강남구 대치동 316, 은마아파트 25동 8층 803호 [대지권 53.9㎡, 건물 105.46㎡] [투기지역 / 투기과열지구 / 조정대상지역]	1,200,000,000 768,000,000 823,970,000	매각 (64%) (69%)	2012.12.12 (10:00)
12-27446 아파트	서울특별시 강남구 대치동 316, 은마아파트 18동 9층 909호 [대지권 48.3㎡, 건물 95.18㎡] [투기지역 / 투기과열지구 / 조정대상지역]	800,000,000 800,000,000 800,000,000	매각 (100%) (100%)	2012.12.26 (10:00)
12-9936 아파트	서울특별시 강남구 대치동 316, 은마아파트 19동 1층 103호 [대지권 48.3㎡, 건물 94.76㎡] [투기지역 / 투기과열지구 / 조정대상지역]	850,000,000 544,000,000 667,336,000	매각 (64%) (79%)	2013.01.15 (10:00)
12-21486 아파트	서울특별시 강남구 대치동 316, 은마아파트 31동 8층 802호 [대지권 48.3㎡, 건물 94.76㎡] [투기지역 / 투기과열지구 / 조정대상지역]	810,000,000 648,000,000 700,650,000	매각 (80%) (87%)	2013.01.16 (10:00)

그렇게 2010~2014년까지는 서울의 재건축 아파트들은 완만한 보합을 유지하면서 가격 또한 안정세에 접어듭니다. 이는 여러 가지 요인이 복합적으로 작용했지만 큰 틀에서 봤을 때 2009년 세계 금융위기발 부동산시장 침체가 꼭 5년 동안 영향을 미쳤고 그 이후에야 다시 대세상승기에 진입했다는 사실을 엿볼 수 있습니다.

그리고 2013년부터 현재 2022년 하반기까지의 낙찰 사례입니다. 우선 크게 10년 동안 8억 원 수준에서 등락을 거듭했던 은마아파트가 2014년 하반기를 기점으로 8.억 5,000만 원을 돌파하더니 2015년에는 9억 원, 2016년에는 10억 원, 2017년에는 13억 원 선을 차례로 강하게 돌파합니다. 그리고 이후에는 5~6년 동안 경매시장에서 매각된 사례가 전혀 없고, 경매가 시작되었다가도 취하되

12-33991(1) 아파트	서울특별시 강남구 대치동 316, 은마아파트 27동 1층 101호 [대지권 53.9㎡, 건물 105.46㎡] [투기지역 / 투기과열지구 / 조정대상지역]	850,000,000 680,000,000 837,839,000	매각 (80%) (99%)	2013.05.01 (10:00)
13-12854 아파트	서울특별시 강남구 대치동 316, 은마아파트 11동 4층 404호 [대지권 48.3㎡, 건물 94.42㎡] [투기지역 / 투기과열지구 / 조정대상지역]	820,000,000 656,000,000 723,999,900	매각 (80%) (88%)	2013.10.10 (10:00)
13-15297 아파트	서울특별시 강남구 대치동 316, 은마아파트 16동 8층 803호 [대지권 48.3㎡, 건물 92.57㎡] [투기지역 / 투기과열지구 / 조정대상지역]	800,000,000 640,000,000 741,999,000.	매각 (80%) (93%)	2013.11.19 (10:00)
13-15303 아파트	서울특별시 강남구 대치동 316, 은마아파트 3동 14층 1412호 [대지권 48.3㎡, 건물 95.18㎡] [투기지역 / 투기과열지구 / 조정대상지역]	910,000,000 728,000,000 751,996,000	매각 (80%) (83%)	2014.01.09 (10:00)
14-1301 아파트	서울특별시 강남구 대치동 316, 은마아파트 31동 11층 1108호 [대지권 48.3㎡, 건물 94.76㎡] [투기지역 / 투기과열지구 / 조정대상지역]	830,000,000 664,000,000 791,110,000	매각 (80%) (95%)	2014.06.24 (10:00)
13-29104 아파트	서울특별시 강남구 대치동 316, 은마아파트 13동 11층 1105호 [대지권 53.9㎡, 건물 104.71㎡] [투기지역 / 투기과열지구 / 조정대상지역]	870,000,000 870,000,000 877,000,000	매각 (100%) (101%)	2014.07.16 (10:00)
14-10855 아파트	서울특별시 강남구 대치동 316, 은마아파트 11동 5층 507호 [대지권 48.3㎡, 건물 94.42㎡] [투기지역 / 투기과열지구 / 조정대상지역]	810,000,000 648,000,000 821,230,000	매각 (80%) (101%)	2015.01.20 (10:00)
14-15294 아파트	서울특별시 강남구 대치동 316, 은마아파트 13동 9층 901호 [대지권 53.9㎡, 건물 104.71㎡] [투기지역 / 투기과열지구 / 조정대상지역]	970,000,000 776,000,000 950,590,000	매각 (80%) (98%)	2015.01.27 (10:00)
14-11780 아파트	서울특별시 강남구 대치동 316, 은마아파트 6동 4층 404호 [대지권 53.9㎡, 건물 104.71㎡] [투기지역 / 투기과열지구 / 조정대상지역]	980,000,000 980,000,000 983,191,000	매각 (100%) (100%)	2015.04.28 (10:00)
15-15093 아파트	서울특별시 강남구 대치동 316, 은마아파트 5동 12층 1209호 [대지권 48.3㎡, 건물 95.18㎡ / 토지별도등기있음] [투기지역 / 투기과열지구 / 조정대상지역]	980,000,000 980,000,000 1,001,000,000	매각 (100%) (102%)	2016.05.17 (10:00)
17-101578 아파트	서울특별시 강남구 대치동 316, 은마아파트 30동 7층 705호 [대지권 48.3㎡, 건물 94.76㎡] [투기지역 / 투기과열지구 / 조정대상지역]	1,170,000,000 1,170,000,000 1,331,110,000	매각 (100%) (114%)	2017.07.25 (10:00)

었습니다. 현재 국토교통부 실거래가를 통해 확인하면 2022년 5월에 27억 7,000만 원의 고점을 찍고 이후 하락 반전하여 7월에 24억 원, 24억 8,000만 원에, 그리고 8월에 25억 7,000만 원을 마지막 거래로 이후 거래 자체가 끊겼습니다. 이후 2025년 즈음에 돌아보면, 서울의 재건축시장(여기서는 아파트시장의 흐름도 유사합니다)은 2022년 4~5월이 10년간 역사적 고점이었고 이후 지리한 하락 흐름을 보이게 될 겁니다.

먼저 위 기간 동안 가격이 크게 급등한 이유를 살펴보면 금융위기 이후 부동산시장이 급변동했고 공급을 늘리기 위해 뒷받침되어야 할 금융 구조가 한차례 크게 흔들려 수년간 서울 지역의 공급량 자체가 크게 줄었고, 꾸준한 금리인하로 2015~2021년까지 세계적인 초저금리가 이어져 시중에 유동성(현금)이 유례없이 증가했고, 당시 정부는 재건축시장을 풀어 공급을 늘리는 쪽보다는 상징성 있는 지역(압구정, 대치, 잠실 등)의 재건축을 옥죄는 쪽에 초점을 맞춰 오히려 해당 지역의 희소성이 부각되어 가격 상승으로 연결되었습니다.

비근한 예로, 강남역 일대 서초동 지역 또한 우성 1~5차 아파트와 무지개아파트 등 대규모 재건축 대상 아파트들이 즐비했는데(은마아파트보다 오히려 덜 낡은) 이 지역은 당시 정부의 규제 대상에서 제외되어 비교적 자유롭게 재건축이 진행되었습니다. 지리적·시대적 특징이 유사한 대치동·서초동 재건축 아파트 사례들을 비교해보면 서초동 지역은 철거하는 시점에 급등, 입주 시점에 조정받는 등 대치동처럼 비정상적인 상승곡선이 아닌 수요-공급에 따라 오르내리는 정상적인 움직임을 보입니다. 물론 서울 전 지역의 공급 부족으로 결국은 동반 폭등했지만요. 사람들이 선호하는 지역을 옥죄기만 하고 세금 폭탄, 대출규제, 토지거래허가구역 등 겹겹의 규제만을 양산하지 않았다면 지난 5년간 서울 지역, 그리고 전국의 비정상적인 가격 폭등은 발생하지 않았을 겁니다. 지난 5년간 서울 아파트 중 가격이 2배 상승하지 않은 단지가 드물고 3배 상승한 단지도 심심치 않게 발견할 정도이니까요(기존에는 5년간 30% 상승, 50% 상승을 폭등이라 칭하곤 했습니다).

역사적인 배경에 대해서는 이렇게 살펴봤고, 부동산경매를 공부하는 투자자 입장에서 이 사례를 통해 알 수 있는 점은 무엇이 있을까요? 제가 2005년부터 2022년까지 17~18년간의 낙찰 사례를 공유한 이유는 부동산경매시장과 부동산매매시장은 거래량/낙찰량 측면에서 정확히 반비례 관계라는 것을 보여드리기 위함입니다.

4,424세대의 초대형 단지인 은마아파트 사례로 시장의 흐름을 상당히 객관적으로 살펴볼 수 있는데, 2006~2007년도에는 경매를 통한 매각 사례가 없고, 반대로 실거래 물량은 굉장히 많습니다. 재건축시장이 그만큼 호황이었다는 의미겠지요. 이후 2008년도에서 2010년도까지는 매년 3건씩 매각 사례가 있고 실거래 물량은 상당히 줄어들었습니다. 2012년에는 1년간 매각 사례가 무려 11건이네요. 이 당시 매매시장에서는 아무도 서울 재건축 아파트를 찾지 않을 정도로 빙하기였습니다. 이후 2013년에 매각 사례 6건, 2014년에 3건, 2015년에 3건, 2016년 1건, 2017년 1건 그리고 이후 5~6년간 경매로 매각 사례가 전무한 것에 비해 2018~2021년에 은마아파트 일반매매의 연간 거래량은 15년간 최대치를 기록합니다. 즉, 2016년부터는 재건축시장, 나아가 서울 아파트시장이 회복되는 분위기가 완연했고 2018년부터는 본격적인 폭등을 시작했다는 의미가 됩니다. 우리 같은 부동산경매 투자자들은 1년에 1건 나오는 지역/물건과 1년에 10건 나오는 지역/물건을 비교했을 때 어떤 투자 대상을 더 눈여겨봐야 할까요? 기본적으로 후자 쪽에 더 열정을 기울이고 그중에서 옥석을 가리는 것이 올바른 투자 방향이라는 의미로 조금은 장황하게 설명드렸습니다.

앞의 은마아파트 매각 사례들을 보았듯이, 내가 입찰하고자 하는 물건에 대해 낙찰 가능성을 높이고자 한다면 이처럼 동일한 건물의 최근 거래내역이나 비슷한 가격 또는 조건의 부동산이 얼마에 낙찰되었는지를 살펴보고 이를 참고하는 것이 좋습니다. 이때 단순히 낙찰가만 확인하기보다는 '입찰자 수', '2등과의 가격 차이'도 함께 살펴보면 더욱 정확한 입찰가격을 산정할 수 있습니다. 입찰자 수가 많을수록, 2등과의 가격 차이가 작을수록 그 낙찰가는 합리적인 가격이라고 할 수 있습니다.

또 같은 매물이라 해도 시장의 분위기에 따라서 조금씩 다르게 접근해야 한다는 것을 명심하시기 바랍니다. 부동산가격이 계속해서 상승하는 시기에는 직전 낙찰가보다 더 높은 가격에 낙찰되는 것이 일반적입니다. 매수 희망자들이 이전의 낙찰가보다 더 높은 가격을 적어내기 때문이죠. 반대로 시세가 하락하는 시기에는 대부분 직전 낙찰가와 거의 비슷하거나 더 낮은 가격에 낙찰됩니다. 가격 상승에 대한 기대감이 없어 경쟁자도 그리 많지 않고 낙찰가도 꾸준히 하락하기 때문입니다.

최고가 매수신고인과 2등과의 가격 차이는 어떻게 알 수 있나요?
사설 경매정보 사이트에서는 전국 법원의 낙찰 결과를 당일 또는 그다음 날에 바로 제공합니다. 이 정보는 법원을 통해 입수하는 것은 아니고요, 사설 경매정보 사이트에서 직원이나 아르바이트생들을 고용해 법원에서 사건별로 낙찰가를 받아적게 한 후 취합해 제공하는 것입니다.

여기서 또 재미있는 사실 한 가지는 법원이나 사법보좌관에 따라 낙찰가의 공개 범위가 제각각이라는 것입니다. 얼마만큼 공개할지는 담당자 마음이죠. 어떤 법원에서는 입찰자들의 이름과 입찰가격을 모두 알려주고, 또 어떤 법원은 최고가만 공개하고, 또 다른 법원은 1등, 2등, 3등만 공개하기도 합니다. 따라서 최고가만 공개하는 법원에서는 2등의 낙찰가를 알 수 없습니다. 제 개인적으로는

1등, 2등, 3등까지는 낙찰가 및 입찰가격을 공개하는 것이 부동산경매시장의 투명성을 높이는 길이자 투자자들을 위한 바람직한 일이라고 생각합니다.

감정평가금액이 낮고 유찰횟수가 적은 물건을 잘 살펴보세요

시세보다 감정평가금액이 높아 여러 번 유찰된 물건에는 자연히 많은 사람이 몰리기 마련입니다. 부동산경매에 처음 입문해 공부하고 물건을 조사하다 보면 여러 번 유찰되어 감정가에 비해 최저가가 크게 낮아진 부동산에 가장 먼저 눈길이 가게 됩니다. 그러나 결론부터 이야기하자면 눈속임에 불과한 최저가에 현혹되어서는 안 됩니다. 예를 들어 설명해보겠습니다.

시세 5억 원짜리 부동산이 감정가 6억 원에 2회 유찰되어(64%) 최저가 3억 8,400만 원으로 경매가 진행됩니다. 그리고 같은 조건의 옆 건물은 감정가 4억 2,000만 원을 최저가로 신건으로 경매가 진행됩니다. 이런 경우 어떤 물건에 입찰하는 것이 투자자에게 좀 더 유리할까요? 많은 사람이 2회 유찰되고 최저가도 낮은 첫 번째 물건에 좀 더 주목할 것입니다. 하지만 현명한 투자자라면 두 번째 물건에 입찰할 것입니다. 두 물건의 경매가 같은 날에 진행된다면 첫 번째 물건이 더 높은 경쟁률 속에서 두 번째 물건보다 높은 가격으로 낙찰될 가능성이 큽니다.

그러므로 좋은 물건을 싸게 구입하고자 한다면 여러 번 유찰되어 최저가가 낮아진 물건보다 신건이나 1회 유찰된 물건 중에서 시세보다 저렴한 물건을 찾는 것이 좋습니다.

어떤 입찰에는 사람이 몰리고 어떤 입찰에는
파리만 꼬이는 이유가 뭔가요?

어떤 경매물건은 많은 사람이 몰려 치열한 경쟁률 속에서 입찰이 진행됩니다. 그러나 또 어떤 물건은 입찰하는 사람이 하나도 없어서 그대로 유찰되기도 합니다. 경매물건에 대한 기대감이 높으면 높을수록 경쟁률은 치열해지고 낙찰가도 높아집니다. 그리고 그 반대의 경우에는 경쟁자가 줄어들고 낙찰가도 낮아지죠. 이렇게 입찰자가 많이 몰리고 적게 몰리는 것은 대개 지역 부동산시장의 분위기에 따라 좌우되는 경향이 있습니다.

예를 들어 수도권의 부동산시장이 호황을 이루던 2017~2021년에는 서울에서 어떤 지역을 가더라도 경매법원이 사람들로 붐볐고, 하나의 물건당 10명 이상 입찰에 참여하는 것이 일반적이었습니다. 이 시기에는 전국의 광역시에서도 비슷한 양상이 이어졌는데 주택시장의 경우 이 시간에 대부분의 물건들의 가격은 크게 오르고 매매량도 크게 증가한 반면, 경매물건은 크게 감소했습니다. 즉, 경매 투자자들이 좋은 가격에 낙찰받기 어려운 시기였다는 의미입니다.

반면 시장이 침체될 때는 입찰자 수도 크게 감소합니다. 2010~2013년에는 수도권의 부동산시장이 불황에서 헤어나오질 못했습니다. 이 기간에는 일부 유망 물건에만 사람이 몰렸을 뿐, 대개의 부동산은 모두 고전을 면치 못했습니다. 이 시기 법원에는 사람들이 많았을까요, 적었을까요? 상식적으로는 적었어야 할 것 같지만 실제로는 사람들로 넘쳐났습니다.

특히 최근 수도권의 경매법원은 입찰일마다 많은 사람으로 붐비고 있습니다. 하지만 알아두셔야 할 것은 경매법원을 찾아온 모든 사람이 다 입찰에 참여하는 것은 아니란 점입니다. 물론 입찰을 위해 방문한 사람이 많겠지만 공부 삼아, 또 경험 삼아 와본 사람, 구경 온 사람, 친구 따라 온 사람, 대출중개인 등 실제 입찰과 관련 없는 사람들도 많이들 경매법원을 찾아옵니다. 그러므로 입찰에 참여하고자 법원에 갔을 때 생각보다 사람들이 많다는 이유로 긴장하거나 미리 정해 둔 입찰가격을 높여 쓰지 마시기 바랍니다.

아무래도 사람이 많이 몰리는 물건이 좋은 부동산인 경우가 많겠죠?

그런 인식을 버려야 부동산경매에서 성공할 수 있습니다. 경쟁률이 높은 부동산은 좋은 부동산이 아니라 '좋아 보이는' 부동산이라는 사실을 명심하십시오. 여러 번 유찰되어 최저가가 낮아졌거나 시장 분위기가 좋은 지역의 경매물건에는 자연히 많은 사람이 몰리기 마련입니다. 최저가도 낮고 사람들이 선호하는 만큼 좋은 매물이라 느껴지면서 앞으로 끝없이 가격이 상승할 것이라 생각되기 마련이고요. 그렇게 점점 경쟁자가 많아지면 그중 꼭 한두 명은 낙찰에 눈이 멀어 비정상적인 입찰가격을 적어내곤 합니다. 시세보다 충분히 싸게 사기 위해 부동산경매를 하는 것인데 이를 잊고 시세와 비슷하거나 시세 이상의 가격으로 입찰하는 것이죠. 경쟁률이 치열한 '좋아 보이는' 물건의 입찰에서는 이런 분들이 특히 많습니다.

높은 경쟁률을 뚫고 1등의 영광을 쟁취하는 것은 대학 입시와 고시에서나 매우 보람 있고 기분 좋은 일입니다. 그러나 부동산경매에서만큼은 절대적으로 예외죠. '사람들이 별로 좋아하지 않을만한 물건들 중에서 옥석을 가려내는 것'이 성공적인 부동산경매 투자를 위해 훨씬 유리하다는 것을 잊지 마시기 바랍니다.

03

낙찰은 끝이 아니라 새로운 시작입니다!

내 부동산이 생긴 후에
해야 할 일은 무엇인가요?

드디어 낙찰을 받았어요! 이젠 좀 마음을 놓아도 될까요?

낙찰을 받았다고 해서 그 즉시 바로 내 부동산이 되는 것은 아닙니다. 부동산경매를 통해 낙찰을 받는 것은 쉽게 말해 10%의 계약금으로 계약자의 자격을 얻는 것이라고 할 수 있습니다. 입찰에서 가장 높은 가격을 적어내 낙찰을 받으면 최고가 매수신고인의 지위를 얻습니다. 낙찰을 받은 날로부터 일주일 후 매각허가결정이 나면 그때야 비로소 매수인의 자격이 생기죠. 그리고 다시 일주일이 지나면 매각허가결정에 대한 확정판결이 나고 잔금납부기일이 정해집니다. 납부기일 안에 잔금을 납부하면 그때부터 진정한 소유자의 자격을 갖게 됩니다. 하지만 잔금을 납부했다고 하더라도 명도가 끝날 때까지는 아직 온전한 소유자가 되었다고 할 수 없습니다. 원만한 협의를 통해 현재 거주하고 있는 점유자를 이사 보내야 비로소 내 명의의 부동산을 얻었다고 할 수 있겠습니다.

낙찰 후에 발생할 수 있는 일에 대해서도 한번 살펴보겠습니다. 원하는 부동산을 낙찰받은 날로부터 일주일 후, 담당판사가 입찰부터 낙찰까지의 매각 절차가 문제없이 진행되었다고 판단하면 매각허가결정을 내립니다. 낙찰자가 아무런 잘못이 없더라도 검토 과정에서 매각 절차상에 흠결이나 하자가 발견되면 매각불허가결정이 날 수도 있습니다. 이때는 해당 매각 절차가 취소됩니다. 그리고 법원은 최고가 매수신고인에게 이미 납부한 보증금을 다시 찾아가라고 통지문을 발송합니다. 이런 경우 낙찰자가 입는 금전적 손실은 없지만 원하는 부동산을 낙찰받게 되어 한껏 들떠 있던 기분이 와르르 무너질 수 있습니다.

또한 경매 절차가 진행되는 중에도 채권자와 협의가 이뤄지거나 채무가 상환

임의경매와 강제경매 취소 절차

임의경매의 취소
① 경매를 신청한 채권자에 대한 채무를 변제합니다.
② 등기사항전부증명서의 근저당권(담보권)을 말소합니다.
③ 경매법원에 경매개시결정에 대한 이의신청서를 제출합니다.
④ 경매법원은 경매를 정지시키고 경매개시결정을 취소시키게 됩니다.

위 절차는 잔금납부 전까지 모두 이뤄져야 하고, 잔금납부가 이뤄지면 소유권이 이전되어 경매 절차가 취소될 수 없습니다.
만약 잔금납부 전 채권을 모두 변제하였으나, 근저당권 등기를 말소할 시간이 부족한 경우에는 경매신청 채권자의 완제증서를 먼저 제출하면, 경매법원은 잔금납부를 유예하고 일단 경매 절차를 정지한 다음 취소결정을 선고합니다.

강제경매의 취소
① 경매를 신청한 채권자에 대한 채무를 변제합니다. 만약 전액을 상환하려는데 채무자와 합의가 안 될 경우(이자 등에 대한 부당한 요구 등으로) 채권자 소재지 법원에 변제할 금액 전부를 공탁합니다.
② 경매신청에 대한 청구 이의의 소를 제기합니다(이미 채무를 전부 상환했으므로).
③ 청구 이의의 소 제기 증명원을 첨부하여 경매법원에 강제집행정지를 신청합니다.
④ 경매법원은 경매를 정지하고, 최고가 매수인은 잔금납부를 하지 못합니다.
⑤ 청구 이의의 소 승소 판결 후 확정판결문을 경매법원에 제출합니다.
⑥ 경매를 취소시키고 강제경매기입등기에 대해 말소촉탁 신청합니다.

되면 매각이 취하 또는 취소될 수 있습니다. 취소의 차이는 매수인(낙찰자)의 동의를 얻었다면 '취하', 매수인의 동의 없이 채무를 모두 변제한 경우 '취소'됩니다.

임의경매와 강제경매에 대해서는 앞에서 살펴본 바 있는데요, 다시 한번 간단히 설명하고 넘어가겠습니다. 임의경매는 경매신청권이 있는 권원에 의해 신청된 경매이고, 강제경매는 별도의 소송을 통해 얻은 판결문에 의해 신청된 경매입니다. 같은 임차인이라 해도 전세권을 등기한 전세권자는 경매신청권이 있기 때문에 계약기간 만료 후 보증금을 돌려받지 못하면 전세권을 근거로 즉시 임의경매를 신청할 수 있습니다. 반면 확정일자부 임차인은 경매신청권이 없으므로 계약기간이 끝나도 보증금을 돌려받지 못하면 법원에 소를 제기하여 판결문을 받고 그 판결문을 통해 해당 부동산의 강제경매를 신청할 수 있습니다.

투자자 입장에서는 해당 물건의 경매가 임의경매인지 강제경매인지 별로 중요하지 않습니다. 임의경매든, 강제경매든 배당에 끼치는 영향은 전혀 없기 때문이죠. 하지만 취하나 취소에서는 절차나 그 기간의 차이가 있습니다.

또 낙찰을 못 받았어요! 저는 안 되는 걸까요?

사전조사도 현장답사도 정말 열심히 했는데 자꾸 입찰에 실패하면 기분이 어떨까요? 지금까지 준비했던 모든 것이 다 물거품이 된 것 같아 실망스럽기도 하고, 허망하기도 할 것입니다. 그러나 낙담하고 주저앉아 포기하지는 마십시오.

> **80 대 20의 법칙**
> '상위 20%가 전체 소득의 80%를 차지한다'는 파레토 법칙을 말합니다.

저는 부동산경매의 세계에도 80 대 20의 법칙*이 작용한다고 생각합니다. 처음 경매에 호기심을 가졌던 사람들 100명 중 80명은 그냥 호기심에만 그치고, 20%인 나머지 20명만이 부동산경매 공부를 시작합니다. 이렇게 20명이 부동산경매에 뛰어들면 여기서 또 공부한 지식을 바탕으로 현장답사를 다니고 입찰에 참여하는 사람은 20명의 20%인 4명에 불과합니다. 나머지 80%는 부동산경매를 재테크 교양지식 정도로 공부하다가 "에라이! 너무 어려워서 못하겠다!" 하고 쉽게 포기하고 다시 자기 생활로 돌아가지요. 입찰에 참여하는 4명도 모두 낙찰까지 이어지는 순탄한 길을 걷지는 못합니다. 첫 입찰에 원하는 물건을 낙찰받는 사람은 거의 없습니다. 한 번 입찰에 바로 낙찰받는 것이 오히려 일반적인 경우가 아니죠. 그만큼 패찰하는 것이 당연하다는 뜻인데요. 개인마다 정도의 차이는 있지만 5번 안팎은 고배를 마신 후에 첫 낙찰의 기쁨을 누리는 것이 보통입니다. 그런데 그 4명 중 3명도 2~3번 정도 낙찰에서 실패하면 "부동산경매는 내 길이 아닌가 봐" 하면서 부동산경매의 세계를 떠나죠. 결국 처음 부동산경매에 호기심을 가졌던 100명 중 부동산경매로 성공 투자의 달콤함을 맛보는 사람은 고작 1명 정도에 불과합니다.

그러므로 원하는 물건을 여러 번 놓쳤다고 해서 결코 낙담하거나 좌절하지는 마세요. 실망스러운 것은 당연하겠지만 패찰은 투자에서 실패가 아니라 겪을 수밖에 없고 또 겪어야만 하는 과정이라는 것을 기억해두시기 바랍니다. 원하는 물건을 손에 넣기 위해 온라인상에서 많은 정보를 수집하고 분석하고 그 정보를 토대로 현장답사를 하며 많은 지식과 경험, 노하우를 쌓았다면 비록 낙찰을 받지 못했더라도 이를 통해 얻었던 경험만큼은 결코 헛되지 않은 것입니다. 두 번째, 세 번째 물건을 낙찰받지 못했다고 해도 마찬가지입니다. 그 하나하나의 과정들을 통해 내공이 차곡차곡 쌓여갈 테니까요.

이런 경험이 축적되면서 특정 지역의 시세나 가치에 대한 정보와 투자 감각까지 갖추게 되면 점점 더 고수의 반열에 가까워질 것입니다. 정을 잔뜩 주었던 물건을 낙찰받지 못한 점은 서운하겠지만 이 물건 덕분에 큰 비용 들이지 않고 차비와 시간 투자만으로 어디서도 배울 수 없는 좋은 공부를 했다고 생각하고 다시 힘을 내시기 바랍니다.

제가 과거 경매 강의를 할 때 수강생들 중에 100번 이상의 패찰 끝에 첫 낙찰의 기쁨을 누리신 분이 있었습니다. 3개월간 거의 매일 입찰했는데 거듭되는 패찰 속에서도 자신의 투자 원칙을 지키며 소신껏 입찰했고 100번 이상의 도전 끝에 드디어 원하던 부동산을 낙찰받게 되었죠(사실 이분은 굉장히 우직하고 어찌 보면 고집스럽게 자신의 원칙만 고집한 아주 예외적인 경우입니다. 입찰가 산정이나 지역 선정에는 유연한 사고가 필요하기도 하죠). 하지만 첫 낙찰 이후에는 낙찰이 꾸준히 이어져서 2013년 1년간 12건의 물건을 낙찰받아 11건이 매도되었습니다. 1억 원 미만의 실투자금으로 시작해 소형 물건에만 입찰했지만, 그분의 1년간 세후 수익은 일반 직장인 연봉의 몇 배를 크게 초과할 만한 수준이었습니다. 지금까지도 낙찰받고 매도될 때마다 사무실에 찾아와 즐거운 소식을 전해주는 고마운 분이기도 합니다. 이분처럼 100번의 패찰은 일반적인 경우도 아니고 보통사람에게 가능하지도 않습니다.

여러분에게는 철저한 투자 원칙에 입각해 딱 10번만 입찰해보실 것을 권합니다. 부동산경매 공부를 시작하는 단계에서 '내 소신껏 딱 10번만 입찰한다. 그래도 되지 않으면 미련 없이 포기하리라' 하고 마음을 굳게 다잡으시고 쉽게 포기하지 않으신다면 언제고 곧 짜릿한 낙찰의 기쁨을 맛보실 수 있을 겁니다. 포기하지 마시고 정진하세요!

낙찰 후에 잊지 말고 챙겨야 할 것들은 뭔가요?

낙찰 후 일주일이 지나 매각허가결정이 내려지면 이때부터 최고가 매수신고인은 정식으로 매수인의 자격을 갖게 됩니다. 최고가 매수신고인과 매수인의 지위는 하늘과 땅 차이입니다. 최고가 매수신고인이 해당 경매물건을 구입할 수 있는 예비 자격 정도를 가진다면, 매수인은 이 경매사건의 이해관계자가 되어 특별한 이변이 없는 한 그 물건을 취득할 자격을 갖게 됩니다. 그리고 다시 일주일 후에 매각허가결정이 확정되면 잔금납부기일이 잡히는데요, 정해진 잔금납부기일 이내에 잔금을 치르면 비로소 정식으로 해당 부동산의 소유자가 됩니다.

잔금은 최고가 매수신고인이 적어낸 낙찰가에서 이미 납부한 보증금을 제외한 금액입니다. 예를 들어 5,000만 원에 낙찰을 받았고, 납부한 보증금액이 500만 원이었다면 잔금 4,500만 원을 치르면 됩니다.

잔금 납부 후에 정식으로 내 소유의 부동산임을 법적으로 인정받기 위해서는 반드시 등기를 해야 합니다. 등기를 할 때는 **1** 법무사를 통해 대행하거나, **2** 셀프등기를 하는 방법이 있습니다. 다만 셀프등기를 하기 위해서는 전제조건이 있습니다. 대출을 받지 않고 100% 자기자본으로 낙찰받은 매물의 잔금을 치를 때만 셀프등기가 가능하죠.

잔금 납부를 위해 대출을 받게 될 경우 개인이 직접 등기를 하는 것은 불가능합니다. 은행에서 대출금을 보내줘야 잔금을 치를 수 있는데 은행 입장에서 100% 신원을 보증할 수 없는 개인에게 대출금을 송금해주는 것은 위험이 따르므로 승인해주지 않기 때문입니다. 등기 절차도 모든 법무사에서 진행이 가능한 것은 아닙니다. 은행에서 신뢰하는 혹은 지정한 법무사를 통해서만 등기가 가능합니다.

대출을 활용해 잔금을 충당하기로 했다면 잔금납부기일 전에 대출 조건을 상세하게 알아봐야 합니다. 이때는 직접 개별 은행을 일일이 방문해 상담을 받는 것보다 대출중개인을 활용하는 방법이 효과적일 수 있습니다. 이들을 통해 소개받은 여러 은행의 대출 조건 중에서 낙찰자에게 가장 유리한 은행의 대출 조건을 선택하면 됩니다. 은행과 대출 조건을 결정했다면 대출에 필요한 서류를 지참하고 해당 은행 또는 법무사 사무실을 방문하여 대출서류를 작성합니다. 이를 '자서'라고 합니다.

낙찰자는 자서 후 잔금납부기일 전까지 담당 법무사에 법무비용 내역을 요구해서 받아두는 것이 좋습니다. 대부분의 법무사들이 합리적인 수준에서 법무비용을 청구하지만 간혹 과다한 비용을 요구하는 경우도 있으니 잔금을 납부하기

셀프등기의 절차(경매를 통한 소유권이전)

1 본인 물건에 해당하는 법원의 담당 경매계를 찾아갑니다.
   ⟶ 신분증을 제시하고 사건번호를 이야기하면 법원보관금 납부명령서를 받을 수 있습니다.

2 은행으로 가서 법원보관금 납부서를 작성하고 조금 전 수령한 법원보관금 납부명령서를 첨부해 잔금을 납부합니다.
   ⟶ 법원보관금 영수필 통지서 2부를 수령합니다.

3 다시 담당 경매계 접수처로 가서 매각대금 완납증명원과 부동산 목록을 각각 2부 작성합니다.
   ❶ 그중 1부에 수입인지(500원)를 붙여 접수합니다.
   ❷ 은행에서 받은 법원보관금 영수필 통지서와 매각대금 완납증명원을 제출합니다.
   ❸ 접수처에서 법원 담당직인을 날인한 매각대금 완납증명원을 수령합니다.

4 관할 구청으로 갑니다.
   ❶ 세무과에 가서 취득세 신고서를 작성합니다. 취득세 감면 대상자라면 취득세 감면 신청서를 함께 작성합니다.
   ❷ 취득세 신고서와 매각대금 완납증명원, 부동산 목록을 제출하고 취득세 고지서를 수령합니다.
   ❸ 등록면허세 신고서를 작성하여 제출합니다. 기존 등기사항전부증명서에서 말소해야 하는 항목의 개수를 확인하여 이야기합니다(말소 1건당 3,600원).
   ❹ 등록면허세 고지서를 수령합니다.
   ❺ 취득세 고지서와 등록면허세 고지서를 지참하고 은행에 가서 납부합니다.
   ❻ 취득세 영수증에 기재된 시가 합계를 기준으로 국민채권을 매입합니다.
   ❼ 채권 보유는 실익이 없으니 매입 즉시 바로 할인가로 매도합니다.
   ❽ 소유권이전 신청등록세, 말소등록세만큼의 수입증지를 구입합니다.

5 다시 경매계 접수처로 갑니다.
   ⟶ 우체국에서 6,040원어치 우표와 대봉투 한 장을 구입하여 대봉투에 우표 3,020원을 붙이고 나머지 우표와 함께 제출합니다(우표 하나는 법원에서 등기소로 보낼 때 사용하고 나머지 하나는 법원에서 소유자에게 우편물을 발송할 때 사용).

＊부동산경매를 통한 소유권이전은 대출을 활용해 이뤄지는 경우가 많으므로 셀프등기에 대해서는 이 정도로 간략하게 설명하고 넘어가겠습니다.

전에 그 내역을 미리 확인해보고 과다 청구된 부분에 대해서 적극적으로 인하를 요구하는 것이 좋습니다(법무비용에 대한 자세한 내용은 328쪽을 참고하세요).

잔금납부일이 되면 낙찰자는 납부할 잔금에서 대출액을 제외한 비용과 세금 및 법무비용을 지정한 법무사의 계좌로 송금합니다. 그리고 대출 은행은 대출금을 낙찰자의 계좌로 송금합니다. 법무사 사무실에서는 낙찰자 통장에 들어온 대출금을 인출하여 송금받은 금액과 합쳐 법원에서 잔금을 치르고 등기 절차를 진행합니다. 모든 등기 절차가 끝나면 등기권리증(등기필정보)이 발급되어 낙찰자에게 등기우편으로 송부됩니다.

잔금납부기일까지 잔금을 치르지 못하면 어떻게 되나요?

이런 경우를 미납이라고 합니다. 미납이 되면 낙찰자가 처음에 납부한 최저가의 10%를 지불한 보증금이 몰수되고 다음 회차의 매각이 진행됩니다. 몰수된 보증금은 국고로 환수되는 것이 아니라 다음 회차 경매의 낙찰금액과 함께 배당재원으로 활용됩니다.

미납 사건은 경매계에서 다시 날짜를 잡아 매각 절차를 진행하게 되는데요. 재경매일 3일 전까지 기존의 낙찰자가 잔금을 치른다면 다시 정식으로 소유자가 될수 있습니다. 물론 이 경우에는 잔금뿐만 아니라 잔금에 대한 지연이자(연 20%)까지 함께 납부해야 하는 불이익이 따릅니다. 예를 들어 낙찰가가 1억 원인데 잔금납부기일에서 10일이 지난 후에 잔금을 치렀다면 '1억 원(잔금)×20%(연이자)×10일÷365일(연체일)'로 계산해 54만 7,945원의 연체이자를 추가로 납부해야 합니다. 그러므로 가능한 잔금납부기일을 지켜 잔금을 치르는 것이 좋습니다.

구슬씨의 Level UP

낙찰자로 이름이 불리는 순간 밀려오는 떨림과 두려움을 경험하다

구슬 씨는 첫 낙찰에 실패한 후 밤잠을 제대로 이루지 못했습니다. 한빛 씨의 말에 충분히 공감하고, 좋은 매물은 언제든 또 나오기 마련이라는 것은 알지만 아쉬움을 쉽게 떨쳐버리지 못했기 때문입니다. 그리고 이사를 하며 마련한 7,000만 원의 여유자금을 안전하게 은행에 맡겨 놓았음에도 불구하고 '하루라도 빨리 이 돈을 제대로 굴려야 하는데' 하는 마음에 괜히 초조해졌죠.

그러나 구슬 씨는 '이래서는 안 돼'라며 자신을 다독이면서 투자의 기본 원칙을 돌아보고 여유로운 마음을 가지고자 노력하고 있습니다. 그래서 바쁜 회사생활 속에서도 틈틈이 부동산경매 공부를 하고, 좋은 매물은 없는지 계속해서 살펴보고, 부동산시장의 동향도 지속적으로 모니터링하고 있죠.

한빛 씨가 투자를 시작한 몇 년 전만 해도 수도권 경매시장은 상당히 조용하여 입찰 경쟁률이나 낙찰가격이 높지 않아 경매 투자를 하기에 참 좋은 시기였다고 합니다. 요즘은 부동산시장이 위축되며 매매도 뜸해지니 점차 경매시장으로 나오는 물건도 증가하고 입찰자 수는 감소하여 예년에 비해 낙찰받기가 좀 더 쉬워졌다고 하네요. 이에 힘입어 불굴의 구슬 씨는 500만 원은 여유자금으로 놔두고, 자기자본 6,500만 원에 대출을 활용해 2억 원 초반의 부동산까지도 한번 공략해 보려고 합니다. 대출이야 더 많이 받을 수는 있지만 보유자금 대비 3배 정도의 부동산을 취득하는 것이 안전하다는 한빛 씨의 조언을 따르기로 한 것이었죠.

구슬 씨는 첫 낙찰에 실패한 후 속상한 마음을 떨쳐버리고자 더욱더 경매물건

검색과 현장답사에 열을 올렸습니다. 근무시간 외에 점심시간, 자투리시간, 퇴근 후에도 열심히 괜찮은 경매물건들은 없는지 살펴보고 주말에는 현장답사를 다니며 정신없이 바쁘게 살았죠. 퇴근 후에 친구들도 만나고, 집에서 텔레비전도 실컷 보다 잠들고, 주말에는 아무것도 안 하고 뒹굴거리며 푹 쉬고 싶은 마음이 굴뚝 같았지만 구슬 씨는 보다 중요한 인생의 목표를 위해 스스로를 채찍질하며 두 번째 입찰을 착실히 준비했습니다.

구슬 씨는 예상 낙찰가 2억 원대의 이하의 경매물건들을 찾아본 후 시세 조사 및 현장답사까지 마쳐 10개의 물건을 입찰 후보로 추렸습니다. 그리고 이를 엑셀 파일로 정리해 한빛 씨에게 매물에 대한 평가를 요청했죠.

"구슬 씨, 회사일도 바쁠 텐데 언제 이렇게 꼼꼼하게 조사를 했어요? 대단하네. 하지만 이 중에 2회 유찰된 오피스텔은 입찰 목록에서 제외해야 할 것 같아요. 이 지역의 소형 주거용 오피스텔 같은 물건은 요즘에 많은 사람이 선호하는 투자 대상인데 2회 유찰까지 되었으니 이번 회차에는 분명 치열한 경쟁 속에서 높은 가격에 낙찰될 거예요. 상가 2개도 경쟁률이 치열할 것 같고…. 이 6개 정도가 적당할 것 같아요. 가급적이면 이 6개 물건들 모두 입찰해보도록 해요."

구슬 씨는 한빛 씨의 조언을 통해 10개의 매물 중 6개를 본선 진출자로 결정했습니다. 구슬 씨는 투자 멘토가 곁에 있는 게 얼마나 든든하고 좋은 것인지 또 한 번 느끼게 되었죠.

입찰 전날 밤
잠도 안 오고 온갖 근심이 머릿속에 가득한 구슬 씨는 '이번에는 꼭 낙찰받을 수 있을까? 준비할 건 더 없을까? 낙찰을 받은 후에는 어떻게 하지?' 하는 걱정에 쉽사리 잠을 이루지 못했습니다. 아침이 되자 구슬 씨는 대법원 경매정보 사이트에 들어가 입찰하려는 물건을 다시 한번 살펴봅니다. 한빛 씨로부터 전날이나 입찰 당일에도 경매사건이 취하, 변경, 연기되는 일이 많으니 헛걸음하지 않으려면 출발 전에 확인하는 것이 좋다고 들었기 때문이죠.

구슬 씨는 대법원 경매정보 사이트에서 경매물건 메뉴의 '경매사건검색'을 클릭합니다. 그리고 관할 법원을 선택하고 사건번호를 입력한 후 검색을 클릭합니다.

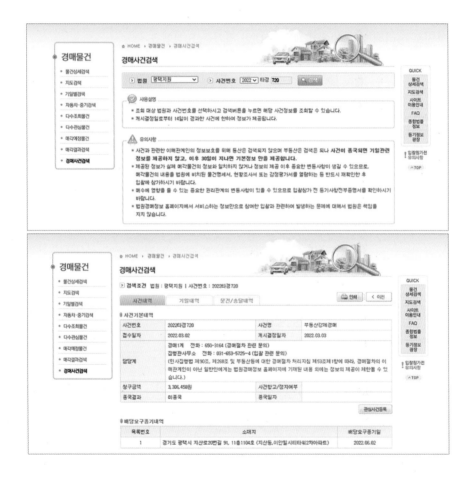

상단에서 '기일내역'을 클릭하여 변동된 사항이 있는지 확인해봅니다. 여기에 '변경', '취하', '연기' 등의 내용이 기재되어 있으면 입찰이 진행되지 않기 때문에 법원에 갈 필요가 없습니다. 다행히 아무 내용도 기재되어 있지 않으니 변동사항 없이 예정대로 입찰이 진행될 것 같습니다.

보다 확실히 해두기 위해 '문건/송달내역'을 클릭하여 최근에 취하, 연기를 신청한 문건 접수 내역은 없는지 확인해봅니다. 다행히 문건 접수 내역에도 별다른 내용은 없네요. 기왕 연기를 하려거든 미리 할 것이지 꼭 입찰 전날이나 당일 아침에 연기를 신청하는 채권자들이 있어 입찰자들을 고생시키는 경우가 많다고 들었기 때문이죠. 좀 더 만전을 기하기 위해서 출발 전 담당 경매계에 전화를 해 금일 진행되는 물건을 한 번 더 확인할까 했지만 설마 그러기야 하겠냐고 생각하며 그만둡니다. 이렇게까지 해도 법원에 가는 동안 채권자가 경매사건을 취하, 연기, 변경 신청하는 경우도 종종 있으니 법원 바로 앞에 살지 않는 이상 헛걸음을 할 가능성은 언제나 열려 있죠.

경매사건검색

검색조건   법원 : 평택지원 | 사건번호 : 2022타경720

| 사건내역 | 기일내역 | 문건/송달내역 | 🖨 인쇄 | < 이전 |

문건처리내역

접수일	접수내역	결과
2022.03.04	등기소 송0000 등기필증 제출	
2022.03.15	감정인 우000000000 감정평가서 제출	
2022.03.17	기타 국0000000 0000 교부청구서 제출	
2022.03.17	기타 최00 권리신고 및 배당요구신청서(주택임대차) 제출	
2022.03.18	압류권자 평0000 교부청구서 제출	
2022.03.21	집행관 김00 부동산현황조사보고서 제출	
2022.04.08	기타 롯000 0000 권리신고 및 배당요구신청서 제출	
2022.04.13	채권자 주000 0000 야간송달신청 제출	
2022.05.16	배당요구권자 주000 0000000 권리신고 및 배당요구신청서 제출	
2022.05.20	근저당권자 서00000000 채권계산서 제출	
2022.05.20	채권자 주000 0000 휴일 특별송달신청 제출	
2022.06.02	기타 평00 교부청구서 제출	
2022.08.10	임차인 최00 소가증명	
2022.08.23	채권자 주000 0000 특별송달신청 제출	
2022.08.25	채권자 주000 0000 공시송달신청서 제출	

2022.05.23	채무자겸소유자 1 어00 개시결정정본 발송	2022.05.29 수취인불명
2022.08.10	채권자 주000 0000 주소보정명령등본 발송	2022.08.16 도달
2022.09.05	채무자겸소유자1 어00 개시결정정본 발송	2022.09.20 도달
2022.10.13	채권자 주000 0000 매각및 매각결정기일통지서 발송	2022.10.13 송달간주
2022.10.13	채무자겸소유자 어00 매각및 매각결정기일통지서 발송	2022.10.14 도달
2022.10.13	배당요구권자 주000 0000000 매각및 매각결정기일통지서 발송	2022.10.13 송달간주
2022.10.13	배당요구권자 롯0000000 매각및 매각결정기일통지서 발송	2022.10.13 송달간주
2022.10.13	교부권자 평00 매각및 매각결정기일통지서 발송	2022.10.13 송달간주
2022.10.13	압류권자 국0000000 0000 매각및 매각결정기일통지서 발송	2022.10.13 송달간주
2022.10.13	압류권자 평00 00000 매각및 매각결정기일통지서 발송	2022.10.13 송달간주
2022.10.13	압류권자 평0000 매각및 매각결정기일통지서 발송	2022.10.13 송달간주
2022.10.13	근저당권자 서00000000 매각및 매각결정기일통지서 발송	2022.10.13 송달간주
2022.10.13	임차인 최00 매각및 매각결정기일통지서 발송	2022.10.13 송달간주
2022.12.27	최고가매수인 대금지급기한통지서(물건1) 발송	2022.12.30 도달

    한빛 씨의 도움 없이 혼자 하는 첫 입찰이라 구슬 씨는 유난히 떨렸습니다. 한빛 씨에게 또 연차휴가를 내고 함께 가달라고 할 수가 없어 구슬 씨는 사전에 되도록 한빛 씨에게 많은 것을 물어보고 철저하게 준비를 해두었죠. 행여 입찰표를 잘못 작성해 무효 처리될까 걱정되어 입찰표 양식도 회사에서 다운로드받아 미

리 작성해갔습니다. 법원에서는 입찰보증금 봉투와 입찰 봉투만 작성하니 시간도 별로 걸리지 않았습니다.

구슬 씨는 10시 20분에 경매법원에 도착해 입찰할 물건의 사건기록부를 살펴보았습니다. 입찰법정에 그날 매각이 진행되는 경매물건들의 사건기록부가 모두 비치되어 있으니 미심쩍은 사항이 있다면 입찰 전 최종적으로 확인해보라고 한 빛 씨에게 들었기 때문이었죠. 특별히 다시 확인할 부분은 없었지만 구슬 씨는 마지막으로 한 번 더 꼼꼼하게 살펴봅니다. 입찰하려는 사람이 별로 없어서 입찰표를 작성하고 제출하는 데도 시간이 얼마 걸리지 않았습니다. 사건기록부를 자세히 살펴보고 난 후에도 10시 40분밖에 되지 않았습니다.

11시 10분, 입찰이 마감되자 담당직원들은 입찰자들이 제출한 서류들을 모아 정리하기 시작했습니다. 아마도 사건번호별로 분류하는 것 같았습니다. 구슬 씨는 가슴이 두근거렸습니다. 11시 35분이 되자 상석에 앉은 사법보좌관이 "지금부터 개찰을 시작하겠습니다"라고 이야기하였습니다. 드디어 결과 발표가 시작된 것이죠.

구슬 씨가 입찰한 물건은 사건번호가 늦은 편이라 오늘 경매물건들 중에서도 나중에 결과가 발표될 것 같습니다. 오늘 진행될 경매사건들 중에는 아무도 입찰하지 않아 유찰된 물건, 입찰자가 1명인 단독입찰 물건, 입찰자가 10명 이상 되는 경쟁이 치열한 물건 등 다양한 매물이 있었습니다. 구슬 씨가 법원 구경에 흠뻑 심취해 있는 사이 갑자기 단상이 떠들썩해집니다. 이제 본격적인 개찰이 진행되려나 봅니다. 구슬 씨는 동그란 눈을 더 동그랗게 뜨고 개찰 결과를 지켜봅니다.

"사건번호 2022타경 ××××, 구의동에서 온 박지민 씨, 앞으로 나오세요."
"네, 여기 있습니다."
"3억 8,579만 원으로 이 물건에 입찰한 분 중 가장 높은 가격을 적어내셨습니다.

그런데 입찰가격과 보증금액을 거꾸로 기재하셨어요. 입찰가격에 보증금액을 적고, 보증금액을 적는 난에 입찰가격을 적으시면 어떻게 합니까?"

"그… 그럴 리가요! (본인의 입찰표를 확인한 후 땅이 꺼져라 한숨을 쉰다.) 그럼 전 어떻게 되는 거죠?"

"이런 경우에는 무조건 무효 처리됩니다. 이런 실수를 하시는 분들이 종종 있어요. 그리고 입찰용지에 입찰가격을 수정해 적으신 분도 있던데 입찰가격을 수정하려면 새 종이에 처음부터 다시 작성해야 합니다. 두 줄로 죽 긋고 다시 쓰거나 수정액을 사용하면 모두 무효 처리됩니다. 신사동에서 오신 김상민 씨 나오세요. 이번 사건, 2022타경 ××××는 박지민 씨의 입찰가격이 무효 처리되어 두 번째로 가장 높은 가격인 3억 8,120만 원을 적어내신 김상민 씨를 최고가 매수신고인으로 선언합니다."

박지민 씨의 어두운 표정과는 반대로 2등으로 낙찰에 성공한 김상민 씨는 무척 밝은 표정이었습니다. 2등으로 떨어질 뻔했는데 경쟁자의 실수로 어부지리를 하게 되었으니 뛸 듯이 기쁜 게 당연하겠죠.

또 다른 사건의 개찰이 진행되었습니다.

"2022타경 ×××××, 4억 5,500만 원에 입찰한 허민해 씨의 대리인 박서운 씨 앞으로 나오세요."

"네, 접니다."

"허민해 씨의 인감도장을 다시 가지고 오세요."

"네, 여기 있습니다."

(빈 종이에 도장을 찍어본 후) "인감증명에 날인된 도장과 다른데요? 직접 확인해보세요."

도장을 확인한 박서운 씨의 표정이 갑자기 어두워집니다.

"인감도장인 줄 알았는데 다른 도장이었나 봅니다. 지금 바로 집에 가서 다시 갖고 오겠습니다."

"안 됩니다. 지금 인감도장을 다시 날인하면 인정해줄 수 있지만 지금 도장을 가지고 있지 않다면 무효 처리됩니다. 오늘따라 실수하시는 분들이 왜 이렇게 많죠? 여기 계신 분들 모두 잘 들으세요. 입찰은 장난이 아닙니다. 열 번, 스무 번 확인하고 입찰해도 부족할 판에 이렇게 자꾸 실수를 하시면 어떻게 합니까? 대리 입찰을 하실 때는 소유자의 인감도장이 맞는지를 꼭 확인하고, 인감증명서도 반드시 지참하셔야 합니다."

박서운 씨 역시 가장 높은 가격을 적었지만 무효 처리됩니다. 서운 씨는 잔뜩 찌푸린 표정으로 보증금을 돌려받기 위해 줄을 섭니다.

"2022타경 ××××× 물건은 4억 4,700만 원에 입찰한 사당동에서 오신 나태호 씨에게 낙찰되었습니다. 이보다 높은 가격을 쓴 분이 없으시다면 나태호 씨를 이 사건의 최고가 매수신고인으로 선언합니다."

드디어 구슬 씨가 입찰한 경매사건의 차례가 돌아왔습니다. 구슬 씨는 심장이 마구 쿵쾅거리기 시작했습니다.

"2022타경 ××××× 물건에 입찰한 분들 모두 앞으로 나오세요. 신림동에서 오신 김구슬 씨, 1억 6,170만 원으로 최고가 매수신고인이 되셨습니다."

구슬 씨는 깜짝 놀랐습니다. 이게 꿈인가 생시인가 얼떨떨했죠. 기쁘기도 했지만 또 한편으로는 두려운 마음도 들었습니다. 원하는 부동산을 낙찰받으면 하늘을 날아갈 것만 같을 거라 생각했는데 낙찰의 기쁨도 잠시뿐, '내가 낙찰을 받다니! 무슨 문제가 있는 물건은 아니었을까? 내가 놓친 어떤 위험요인이 있는 건 아닐까? 다른 사람들은 왜 입찰을 하지 않은 걸까?' 하는 등의 불안한 마음이 훨씬 더 컸습니다. 무거운 마음으로 낙찰 영수증을 받고 법원을 나오며 구슬 씨는 한빛 씨에게 전화를 걸었습니다.

"한빛 씨, 저 낙찰받았어요."

"축하해요! 두 번째 입찰에 낙찰을 받다니! 구슬 씨 굉장히 운이 좋네요! 아니지, 노력한 만큼의 결과죠! 그런데 목소리가 왜 그래요? 무슨 일 있어요?"

"낙찰을 받으면 하늘을 날듯 기분이 좋을 줄 알았는데 지금은 얼떨떨하기도 하고 뭔가 제가 놓친 게 없을까 걱정이 많이 되네요."

"처음 낙찰을 받으면 누구나 그런 기분이 들게 마련이에요. 나 역시 그랬어요. 그런데 오늘 입찰했던 그 물건, 나랑 같이 꼼꼼하게 검토했던 거 아니에요? 문제될 것은 전혀 없으니 걱정하지 마요. 이제 차근차근 명도만 진행하면 되겠네요."

"모든 낙찰자도 처음에는 다 이런 기분이 드나요? 정말 아무 문제없겠죠?"

"우리가 조사한 시세만 정확하다면, 그리고 건물 자체의 하자만 없다면 문제될 건 전혀 없어요. 염려하지 말고 지금 이 순간을 즐겨요!"

"한빛 씨 말을 들으니 이제야 기분이 좀 나아지네요. 한빛 씨 정말 고마워요. 명도 끝나고 임대 마치면 근사한 곳에서 저녁 살게요."

"첫 낙찰을 받은 오늘 같은 날에 바로 한턱 쏘는 게 아니라요? 임대까지 다 끝내고나면 그때 산다고요? 허허! 이제 보니 구슬 씨 완전히 자린고비네요!"

"한빛 씨, 저 잔금 치르려면 허리띠 바짝 졸라매야 해요. 잘 아시잖아요!"

"잔금 치를 자금 계획도 다 짜두었으면서 엄살은! 알았어요. 아무튼 축하해요."

"다 한빛 씨 덕분이에요. 정말 고마워요. 한빛 씨 말대로 오늘은 이 짜릿한 낙찰의 기쁨을 마냥 즐겨야겠어요! 그럼 월요일에 봐요!"

구슬 씨는 한빛 씨와의 통화를 마치고 전보다 한결 편안해진 마음과 홀가분한 발걸음으로 집으로 향합니다.

입찰 시 주의해야 할 사항들을 다시 한번 짚어봅시다!

—

입찰가격은 법원에 가기 전에 미리 확실히 정해야 합니다

경매법원에 가보면 많은 사람을 볼 수 있습니다. 그중에는 실제로 입찰에 참여하는 사람들도 있지만 그렇지 않은 사람들도 많죠. 이렇게 수많은 사람으로 붐비는 경매법원에서 입찰표를 적다 보면 입찰가격을 높여 쓰고 싶은 유혹에 빠지기 마련입니다. 왠지 저 많은 사람이 다 내가 입찰하려는 물건에 입찰할 것만 같고 그중 한두 사람은 내가 적어낸 입찰가격보다 더 높게 적었을 것만 같아서죠. 혹여 옆 사람들이 내가 입찰할 물건에 대해 속삭이는 것을 듣기라도 하면 그때는 더욱 더 혼란스러워지게 됩니다.

그렇게 분위기에 좌우되어 입찰가격을 높여 썼더라도 패찰하면 그래도 괜찮습니다. 그러나 2등과의 입찰가격 차이가 수천만 원 이상 나거나 단독입찰로 낙찰을 받는 경우에는 말할 수 없이 커다란 후회가 밀려오게 됩니다. 원래 생각했던 가격을 그대로 적어냈어도 충분히 낙찰을 받을 수 있었으련만 괜히 가격을 높여 써서 수백에서 수천만 원의 추가 부담금이 들었기 때문이죠. 이처럼 입찰 당일에 법원에 가서 현장의 분위기를 파악한 다음 소위 '눈치 작전'으로 입찰가격을 결정하는 것은 결코 좋은 방법이 아닙니다. 입찰은 원하는 수익률에 맞춰 합리적인 가격을 제시하는 것이지, 눈치코치 싸움이나 007 작전이 절대 아닙니다.

입찰표는 법원에서 적는 것보다 미리 출력해서 작성해가는 것이 좋습니다

입찰법정에 가면 입찰표와 입찰보증금 봉투, 그리고 커다란 입찰 봉투를 받게 됩니다. 이 서류들에 입찰 내용을 적은 후 입찰표와 입찰보증금 봉투를 입찰 봉투

안에 넣어 입찰에 참여하는 것이죠. 이 세 가지 중에서도 입찰표를 적을 때 가장 많이 신경이 쓰이기 마련인데요. 경쟁자들이 흘깃 나의 입찰가격을 볼 수도 있고 필요한 서류를 빠뜨릴 염려도 있죠. 특히 처음 입찰을 할 때는 긴장을 해 실수를 하는 경우가 많으므로 입찰표는 법원에서 시간에 쫓기며 긴장 속에서 적는 것보다는 가능한 한 미리 작성해가는 편이 좋습니다. 입찰법정에서는 입찰보증금 봉투와 입찰 봉투만 받아 작성하면 시간도 절약되고 실수할 가능성도 크게 낮아집니다.

대리입찰의 경우에는 위임장에 반드시 소유자가 될 사람의 인감도장을 찍고, 인감증명서도 1통 첨부해가야 합니다

본인 명의로 취득할 부동산에 직접 입찰할 때는 신분증, 막도장, 입찰보증금을 준비해가야 합니다. 그러나 만약 입찰 당사자가 입찰당일에 참석하기 어려운 경우가 생긴다면 배우자나 형제, 부모님, 친구 등이 대리입찰을 할 수도 있습니다. 대리입찰을 할 때는 필요한 서류들이 조금 더 많아집니다. 입찰표 뒷면에 있는 위임장에 소유권을 취득할 사람의 인감도장을 찍고 그 인감도장과 일치하는 인감증명서 1통을 입찰표와 함께 입찰 봉투 안에 첨부해 제출해야 하죠. 설령 가장 높은 가격을 적었다 하더라도 위임장에 인감도장 날인이 없거나 인감증명서가 없다면 무효 처리됩니다.

입찰표 작성에 실수가 있었다면 수정하지 말고 새 종이에 다시 작성해야 합니다

입찰표에서 이미 적은 입찰가격이나 입찰보증금액을 수정하면 무조건 무효 처리됩니다. 인적사항이나 기타 내용은 얼마든지 수정이 가능하지만 입찰표 내용을 잘못 기재했다면 반드시 새 종이에 다시 작성해야 합니다.

입찰 마감시간은 법원별로 제각각이니 꼭 미리 확인해야 합니다

사전에 반드시 해당 경매사건을 관할하는 법원의 입찰 마감시간을 확인하여 입찰에 늦지 않도록 해야 합니다. 전국의 법원은 저마다 입찰 마감시간이 조금씩 다른데요, 입찰 마감시간까지 입찰하지 못하면 참여도 한번 못 해보고 왔던 길을 그대로 돌아가야 합니다.

입찰에 참여하기 위해 법원에 가면 입찰 마감시간을 조금 넘겨 헐레벌떡 달려오는 분들을 종종 목격하게 됩니다. 시간이 조금 넘었더라도 입찰에 참여하는 사람들이 많아서 아직 마감이 되지 않았다면 다행히 입찰에 참여할 수 있습니다. 하지만 앞에 있는 사법보좌관이 입찰 마감을 외친 다음에는 아무리 딱한 사정을 이야기하며 양해를 구해도 절대 입찰표를 받아주지 않습니다. 입찰 마감시간에 늦는 것은 지각이 아니라 결석 처리되는 것이나 마찬가지임을 꼭 명심하세요.

부동산경매의 목적은 '낙찰'이 아닌 '수익'이라는 점을 절대 잊지 말아야 합니다

몇 차례 입찰에서 떨어지면 많은 생각이 들게 됩니다. 그동안의 고생들이 다 헛수고인 것만 같고, 그간 들였던 시간과 비용이 아깝고, 뭔지 모를 억울함과 오기 같은 것도 생기게 되죠. 이때가 부동산경매 투자자들에게 가장 위험한 시기입니다. 낙찰을 받기 위해 스스로 조급해지기 때문에 실수를 하게 될 확률도 높아지죠. 고가 낙찰을 받게 된 분들 중 상당수는 낙찰을 받고 싶다는 간절한 소망이 앞서 잠깐 평정심을 잃었던 분들이 많습니다. 쓰라린 고가 낙찰의 경험이 있는 분들은 물론, 그렇지 않은 분들 모두 입찰 전에 반드시 부동산경매를 하는 목적이 무엇인지를 다시 한번 돌아보시기 바랍니다.

부동산경매를 공부하고, 현장답사를 다녀오고, 입찰을 하는 그 모든 행위의 목적은 투자 수익을 얻는 것에 있지 결코 낙찰 그 자체를 위한 것은 아닙니다. 무슨 일이 있더라도 반드시 낙찰을 받겠다고 한다면 낙찰률 100%의 비법은 있습니다.

스스로 정해놓은 합리적이라 생각되는 입찰금액에 숫자 '0'을 한 개 더 붙여 입찰하면 낙찰에서 실패하는 일은 절대 없을 것입니다. 하지만 이렇게 하면 낙찰 성공률은 100%가 된다고 해도 투자수익률은 마이너스가 될 게 뻔하죠. 부동산경매를 하는 목적은 낙찰을 받는 것이 아닌 수익을 얻는 것임을 절대 잊지 마시기 바랍니다.

05

진짜 내 것 만들기

낙찰을 받았다고 해서 끝이 아닙니다.
소유권이전부터 명도와 세금 납부까지 아직 해결해야 될 것이 많죠.
낙찰 이후에 해야 할 일들에 대해 알아봅니다.

"

원하는 부동산을 떡하니 낙찰받았다고 해서
이제 어엿한 부동산 소유자가 된 것일까요?
아닙니다. 온전히 내 부동산으로 만들기 위해서는
아직 해결해야 될 일들이 남아 있습니다.
지금까지의 두려움과 떨림을 온전한 기쁨으로 바꿀
그날을 위해 자만하지 말고 방심하지 말고 계속 정진합시다.

"

구슬씨의 Grow UP

낙찰받은 부동산을 온전히 손에 넣기 위한 준비를 하다

구슬 씨는 앞으로 남은 명도 과정에 대해 걱정이 많습니다. 조만간 낙찰받은 부동산을 방문해 세입자와 담판을 지어야 할 텐데 문제없이 순조롭게 명도를 할 수 있을까 불안했죠. 그래서 구슬 씨는 시간이 날 때마다 인터넷으로 명도에 관한 내용들을 훑어보았습니다. 그러나 인터넷에 떠도는 이야기들만 봐서는 여전히 뭐가 뭔지 잘 이해가 가지 않았습니다.

결국 구슬 씨는 혼자서는 도저히 안 되겠다 싶어 한빛 씨에게 도움을 청하기로 합니다. 아무래도 명도를 하고 임대까지 마치고서 근사한 저녁을 사는 건 무리일 듯해 한빛 씨에게 전화를 걸어 이번 주말로 약속을 잡았죠.

"자린고비 구슬 씨, 요새 명도 때문에 걱정이 많은가 봐요? 명도에, 임대까지 다 마치고나서 저녁을 사겠다더니 이렇게 날 불러낸 걸 보면 어지간히 뭐가 잘 안 풀리나 봐요? 맞죠? 그렇죠?"

"역시 한빛 씨! 바로 아시네요. 제가 아직 명도는 경험해보질 못했잖아요. 운좋게 낙찰은 받았지만 명도는 영 자신이 없네요. 관련 책들도 좀 뒤져보고 인터넷에서 여러 명도 사례를 찾아보기도 했는데 제가 뭘 몰라서 그런지 다 어렵기만 해요. 그래서 아무리 어려운 내용이라 해도 핵심만 콕콕 집어 알기 쉽게 풀어 설명해주는 한빛 씨의 도움이 절실해요."

"구슬 씨 오늘따라 칭찬이 좀 과한데요? (웃음) 맞아요. 명도 공부는 결코 쉽지 않죠. 우선 명도란 소유자가 점유자로부터 해당 부동산의 점유를 넘겨받는 것을 의미해요. 점유자와 원만한 협의를 통해 최대한 빠른 시간 내에, 적은 비용으로 이사 문제를 해결하는 것이 바로 명도의 목적이죠. 낙찰자들은 누구나 낙찰받은 부동산에 하루라도 빨리 들어가고 싶어 하고, 반대로 점유자들은 하루라도 더 이사 날짜를 늦추고 싶어 하죠. 이사비용도 최대한 많이 받기를 원하고요. 이렇게 서로의 입장 차이가 크기 때문에 한 번에 협의가 이뤄지긴 쉽지 않아요."

"이제 더 이상은 자기 집도 아닌데 안 나간다고 버티는 이들이 그렇게 많나요? 그런 경우에는 어떻게 해결해야 하죠? 소송을 하는 수밖에 없나요?"

"사람들이 다 나나 구슬 씨 같지 않기 때문에 명도가 어려운 거예요. 또 어느 누구나 절박한 심정이 되면 지푸라기 하나라도 더 잡으려고 애쓰기 마련이니 점유자와 낙찰자가 모두 만족할 만한 합의를 이끌어내기가 힘든 거고요. 그리고 부동산을 낙찰받은 후 며칠간 고민하고 방문하는 낙찰자와 달리 점유자는 경매가 진행되는 몇 달, 길게는 1년여간 주변 사람들에게 정보와 조언을 구하며 이사비용과 시간을 충분히 요구하라고 들었을 거예요. 그렇기 때문에 처음에는 낙찰자와 점유자의 입장 차이가 커서 원만히 협의를 하기가 쉽지 않아요.

2002년 이전에는 낙찰자와 점유자가 협의를 하지 못하면 명도소송을 하고, 승소를 해야 비로소 강제집행을 할 수 있었어요. 우리가 익히 알고 있듯이 소송은 비용과 시간이 꽤나 많이 소요되기 때문에 이를 악용하는 점유자들도 많았죠. 그래서 낙찰자를 위해 '인도명령제도'라는 보호장치가 만들어졌어요. 인도명령제도는 점유자가 대항력이 있는 경우가 아니라면 판사의 결정을 통해 신속하게 강제집행을 할 수 있는 제도예요. 강제집행은 낙찰자 입장에서 명도에 드는 비용과 시간을 단축시켜주고 보다 유리한 위치에서 점유자와 협의를 할 수 있게 도와주는 제도고요."

"점유자와의 협의 도출에 실패해 결국 어쩔 수 없이 인도명령을 통한 강제집행을 하게 된다면 기간은 얼마나 걸리나요? 또 비용은 얼마나 들까요?"

"서로 입장 차이가 너무 커서 협의가 안 되면 강제집행을 할 수밖에 없어요. 강제집행에도 절차가 있는데요. 먼저 인도명령 절차를 밟아야 해요. 인도명령은 보통 잔금을 납부하는 날에 법무사에서 신청을 해줍니다. 법원에 비치된 한 장짜리 양식만 작성해 접수하면 되는 매우 간단한 일이죠. 인도명령에 대한 결정은 바로 나진 않고 배당기일 즈음, 즉 잔금을 납부하고 나서 한 달가량 후에 내려집니다. 점유자가 임차인이 아닌 소유자라면 더 빨리 결정문이 나오고요. 결정이 나면 이 결정문을 갖고 강제집행을 신청하면 됩니다.

강제집행비용은 대략 '전용면적×10만 원가량'인데요. 강제집행비용을 미리 납부하고 기다리면 며칠 또는 1~2주 이내에 강제집행 날짜가 잡힙니다. 그렇다고 바로 강제집행이 이루어지는 것은 아니고요. 먼저 해당 부동산 내에 계고장을 부착하게 되어 있어요. 강제집행을 한다는 내용의 계고장이 부착되면 점유자들도 더 이상 자기주장만 내세우진 않아요. 완강하게 나가봐야 더 이상 자신에게 득이 될 게 없다는 것을 잘 알기 때문이죠. 이때라도 점유자 쪽에서 협의를 원한다면 원만하게 대화를 통해 해결하는 것이 좋아요. 하지만 이때까지도 점유자가 협상 테이블에 나오지 않고 여전히 강경한 입장을 취한다면 정해진 집행기일에 강제집행을 할 수밖에 없죠."

"비용이 생각보다 많이 들진 않네요. 시간도 그리 길게 소요되지는 않고요. 참 다행이네요."

"강제집행을 하게 되면 집행비용 외에 창고보관비가 필요해요. 수거한 점유자의 이삿짐을 보관하는 비용이죠. 일반 주거용 부동산이라면, 보통 1개월 정도를 보관하는 데 약 40만~50만 원이 소요돼요. 점유자가 불법으로 해당 부동산을 점유했기 때문에 이 모든 일이 벌어지게 된 것이므로 소유자는 점유자에게 강제집행을 하는 데 들어간 각종 비용을 청구할 수 있어요.

강제집행 절차가 예전에 비해 많이 손쉬워진 건 사실이지만 여전히 명도를 하는 최고의 방법은 아니에요. 현명하게 명도를 하기 위해서는 반드시 명심할 게 하나 있어요. 점유자는 나와 입장이 다른 사람일 뿐, 결코 적이 아니라는 것이에요. 원칙을 정해두고 지속적으로 대화를 통해 해결해나가고자 노력하다 보면 낙찰자와 점유자 모두에게 좋은 해결책을 찾을 수 있을 거예요. 명도는 점유자와의 전쟁이 아닌 대화의 과정이라는 것을 명심하세요."

"강제집행까지 가면 아무래도 복잡한 사항들이 많네요. 강제집행까지는 되도록 하지 않았으면 좋겠어요. 점유자의 집에 막무가내로 찾아가서 살림살이를 싹 옮기고 집에서 내쫓는 건 썩 마음이 내키지 않아요. 역시 명도의 왕도는 점유자와 원만히 협의를 하는 것이겠군요. 결론은 '조급한 마음을 버리고 차분히 대응해나가다 보면 결국 명도는 자연히 해결된다'는 거죠? 한빛 씨 설명을 들으니 마음이 한결 가벼워지네요. 역시 나의 영원한 부동산경매 스승이십니다!"

"구슬 씨 말처럼 가장 좋은 명도의 방법은 점유자와 소유자 양측 모두 타협을 통해 적당한 합의점을 찾는 겁니다. 무력 충돌은 피하는 게 좋잖아요! 시간이 얼마나 걸리건 점유자는 나갈 사람, 구슬 씨는 들어갈 사람이라고 생각하면 조급한 마음도 들지 않고 스트레스도 덜할 거예요. 에고! 하도 말을 많이 했더니 배가 너무 고프네요. 이제 우리 밥 좀 먹읍시다!"

"앗! 네, 어서 드세요. 음식 다 식겠어요."

구슬 씨는 명도에 대한 두려움을 어느 정도 떨쳐냈습니다. 어쨌든 점유자도, 구슬 씨도 모두가 좀 더 행복하게 잘살아보고자 하는 일이니 대화를 통해 원만하게 해결하는 것이 가장 좋은 일이라 생각했죠. 구슬 씨는 다음 주에 점유자를 찾아가서 그분의 사정을 충분히 들어보고 원만한 해결 방안을 찾아보겠다고 마음먹습니다.

어엿한 내 명의의 부동산이 생겼어요!

어떻게 내 부동산에
내 이름을 딱 새겨 넣나요?

소유권이전, 절차는 어떻게 되고 세금은 얼마나 드나요?

원하는 부동산을 낙찰받고 잔금도 전부 납부한 후에는 소유권을 이전해야 합니다. 소유권을 이전하기 위해서는 몇 가지 세금을 납부하고 주택채권을 구입해야 하죠. 이는 직접 등기를 진행하건 법무사에게 맡기건 간에 똑같이 발생하는 비용입니다.

조세의 종류에는 취득세, 교육세, 농어촌특별세(이하 농특세)가 있습니다. 예전에는 등록세도 따로 있었지만 2011년부터 모두 취득세로 통합되었죠. 교육세와 농특세는 취득세에 연동되는 조세입니다. 따라서 부동산을 매수할 때는 취득세가 가장 큰 비중을 차지하는 세금이라고 생각하시면 됩니다. 다음 페이지의 표는 지방세특례제한법 개정에 따라 변동된 2022년 부동산취득세율입니다. 취득세율은 부동산의 종류와 가격 그리고 면적에 따라 다르게 적용되었는데, 역대급 부동산 대책인 2020년 7.10대책으로 주택 수와 해당 지역에 따라서도 취득세율이 굉장히 다르게 적용됩니다. 간단히 이야기하자면, 취득세에 대해서는 2주택 이상부터 고가주택의 경우, 법인의 주택 취득에 대해서는 모두 대폭 인상되었습니다.

주택 취득의 개념	• 주택: 「건축법」에 따른 단독주택과 공동주택 등 • 취득: 유상취득인 매매와 무상취득의 상속·증여, 원시취득인 신축·증축 등을 모두 포함
납부대상자	• 주택을 취득한 자에게 부과하며, 등기·등록을 하지 않더라도 사실상 취득한 경우 납부대상자가 됨
과세대상 금액 (과세표준)	• 취득 당시의 가액. 단, 취득자가 신고한 가격이 없거나, 신고가액이 시가표준액*보다 적은 경우 시가표준액을 적용 *단독·공동주택 공시가격. 공시가격 없는 경우 시장·군수가 산정한 가액

세율

<표준세율>

과세표준		취득세	지방교육세	농어촌특별세
6억 이하		1.0%	0.1%	
6억 초과 9억 이하	6억 5,000만	1.33%	0.1~0.3%	전용면적 85㎡ 초과 시 0.2% 과세
	7억	1.67%		
	7억 5,000만	2.0%		
	8억	2.33%		
	8억 5,000만	2.67%		
	9억	3.0%		
9억 초과		3.0%	0.3%	
원시취득(신축), 상속*		2.8%	0.16%	0.2%
무상취득(증여)		3.5%	0.3%	0.2%

*무주택가구가 주택을 상속받은 경우에는 0.8% 세율 적용

<다주택자·법인 등 중과세율>

취득세	유상취득				무상취득 (3억 이상)
	1주택	2주택	3주택	4주택~법인	
조정지역	1~3%	8%	12%	12%	12%
비조정지역	1~3%	1~3%	8%	12%	3.5%

• 지방교육세: 중과분(8% 및 12%) 모두 0.4%
• 농어촌특별세 : 8% 중과분 0.6%, 12% 중과분 1%

생애최초 주택구입 시 감면	• 생애최초로 주택을 구입하는 자에 한해 2023년 12월 31일까지 취득세 감면 *취득가액 1억 5,000만 원 이하 시 면제하고, 1억 5,000만 원 초과 시 50% 경감
신고방법	• 취득일로부터 60일 이내에 주택 소재지 관할 시·군·구에 신고 [첨부서류] 매매계약서, 부동산거래계약 신고필증, [분양받은 경우] 분양계약서, 잔금납부 영수증 등

취득세와 양도소득세는 부동산대책이 나올 때마다 수정되는 단골 재료입니다. 경기가 크게 침체되고 부동산경기 진작을 통한 내수경기 부양이 필요한 시기에

는 취득세와 양도소득세가 인하-감면되는 방향으로, 반대로 부동산가격이 크게 상승하는 시기에는 두 세금이 인상-강화되는 방향으로 주로 움직였습니다. 그렇다면 2018~2022년에는 이 두 세금 제도는 완화와 강화 중 어느 쪽으로 향했을까요? 네, 부동산시장의 유례없는 폭등기(통계적으로 봤을 때 최근 30년간 최고 상승률)를 기록했기 때문에 조세정책도 강공 일변도였습니다.

앞의 표를 보며 간단히 설명하자면, 먼저 취득가액 기준 3단계로 나뉘는데 6억 원 이하 1%와 6억~9억 원 1.33~3%, 9억 원 초과 3% 그리고 여기에 지방교육세가 0.1~0.3%가량 추가 부과됩니다.

두 번째, 취득 부동산이 조정지역인지 비조정지역인지와 주택 수에 따라 1주택자는 전 지역 1~3%(앞에서 본 금액 기준으로), 2주택자는 조정지역 내의 주택인 경우 8%이고 비조정지역 주택인 경우 1~3% 적용됩니다. 3주택은 조정지역 내의 주택은 12%, 비조정지역 주택은 8% 적용되고요. 4주택 이상부터는 지역과 무관하게 12% 적용됩니다. 그리고 과거에는 양도세와 법인세 적용 면에서 유리함이 있었던 법인을 통한 부동산 투자를 근절(?)하고자 법인의 주택취득분은 일괄적으로 취득세 12%를 적용하였습니다(이는 전면적인 금지라고 봐도 무방한 수준입니다). 그리고 여기에 지방교육세가 0.4%, 농어촌특별세가 0.6~1% 추가 과세됩니다.

단, 취득세 중과에 대한 예외가 존재합니다.

1 공시지가 1억 원 이하 주택(지역 무관)
2 농어촌 주택(공시지가 6,500만 원 이하, 토지 660㎡ 이하, 건물 150㎡ 이하)
3 5년 이내 상속주택
4 3년 이상 사용한 가정어린이집

그리고 생애최초로 주택을 취득하는 경우 1억 5,000만 원 이하면 취득세 100% 감면, 1억 5,000만~3억 원(수도권은 4억 원 이하)이면 취득세가 50% 감면됩니다.

변경된 세금 제도하에서 우리의 투자 방향을 고민해본다면

1 과거처럼 작은 주택 여러 채를 매입하는 전략은 더 이상 유효하지 않다. 단, 공시지가 1억 원 이하 주택의 경우 일반세율로 적용받기 때문에 투자 가치가 있는 물건인 경우, 1억 원 이하 물건들은 여러 채도 검토해볼 가치가 있다(공시가격 확인은 부동산 공시가격 알리미www.realtyprice.kr에서 확인 가능).

2 취득세와 양도소득세 모두 1주택의 경우에는 일시적 2주택(1주택자가 기존 주택 처분을 예정하고 새로운 주택을 취득하는 경우)의 경우 일반세율(중과 X)로 적용된다(2주택 취득 후 기존 주택 3년 이내 매도 조건). 즉, 주택의 경우 똑똑한 한 채를 취득하여 2주택 취득 후 3년 이내에 기존 주택을 처분하는 사이클로 전략을 세울 수 있다.

3 강화된 세금 제도는 주택 부분을 대상으로 한 것이므로, 비주거용 부동산(상가, 토지, 오피스 등)도 관심을 가져보자.

4 조세 정책은 수시로 변경되고 강화/완화를 반복하는데, 이제 부동산 침체기에 접어들어 더 이상 강화될 가능성은 희박하고 조금씩 완화하는 기조로 변화될 확률이 높으므로 바뀌는 세금 정책에 계속 관심을 갖자.

그다음 부과되는 준조세에는 국민주택채권매입(또는 할인) 비용이 있습니다. 부동산을 등기할 때는 의무적으로 국민주택채권을 매입해야 합니다. 사실상 세금이나 다름없죠. 국민주택채권은 이자율이 높지 않아 보유하고 있어 봤자 별 이득이 없고, 목돈이 이 채권에 장기간 묶이기 때문에 대부분 구입 즉시 할인해 매도하는 경우가 많습니다. 부동산 종류, 소유권이전 형태, 금액에 따른 국민주택채권의 매입비율은 다음과 같습니다. 다음 표를 이용하면 부동산취득 시 매입해야

할 채권금액을 손쉽게 계산해볼 수 있습니다.

예를 들어 부산 소재의 낙찰가 2억 원짜리 다세대주택이라면 매입 대상(주택)에 해당하는 시가표준액(라)을 찾고 지역별 금액(특별·광역시)을 살펴보면 됩니다. 매입해야 할 국민주택채권 금액을 구해보면 '2억 원×2.3%'로 460만 원이네요.

▼ 국민주택채권 매입 비율

매입 대상	시가표준액	매입금액의 비율	
		특별·광역시	기타 지역
주택	가) 2,000만 원 이상~5,000만 원 미만	1.3%	1.3%
	나) 5,000만 원 이상~1억 원 미만	1.9%	1.4%
	다) 1억 원 이상~1억 6,000만 원 미만	2.1%	1.6%
	라) 1억 6,000만 원 이상~2억 6,000만 원 미만	2.3%	1.8%
	마) 2억 6,000만 원 이상~6억 원 미만	2.6%	2.1%
	바) 6억 원 이상	3.1%	2.6%
토지	가) 500만 원 이상~5,000만 원 미만	2.5%	2.0%
	나) 5,000만 원 이상~1억 원 미만	4.0%	3.5%
	다) 1억 원 이상	5.0%	4.5%
주택과 토지 외 부동산	가) 1,000만 원 이상~1억 3,000만 원 미만	1.0%	0.8%
	나) 1억 3,000만 원 이상~2억 5,000만 원 미만	1.6%	1.4%
	다) 2억 5,000만 원 이상	2.0%	1.8%
상속 (증여 및 무상으로 취득하는 경우 포함)	가) 1,000만 원 이상~5,000만 원 미만	1.8%	1.4%
	나) 5,000만 원 이상~1억 5,000만 원 미만	2.8%	2.5%
	다) 1억 5,000만 원 이상	4.2%	3.9%

별 효용가치도 없는 채권에 보통 5년이나 되는 긴 기간 동안 목돈을 묶어둘 필요는 없으므로 대부분의 사람이 당장은 조금 손해를 보더라도 구입 즉시 당일의 할인율로 매도합니다. 국민주택채권을 매도할 때 적용되는 할인율은 매일 조금씩 변동됩니다. 당일 할인율은 주택도시기금을 다루는 각종 사이트에서 매일 움직임을 볼 수 있는데 대표적으로 우리은행 사이트 내의 주택도시기금 항목을 보

면 즉시 확인 가능합니다(2022년 10월 14일 기준 할인율 15.92346%로 역대 최고 수준). 즉, 앞의 표에 따라 부산 소재의 낙찰가 2억 원짜리 다세대주택을 소유권이 전하기 위해 국민주택채권 460만 원어치를 구입하여 보유하고 있거나 할인 매각한다면 460만 원×약 16%=73만 6,000원을 즉시 부담해야 합니다. 2020년까지만해도 이 할인율이 1.6~2.3% 수준에서 오르내렸는데 거의 8배가량 폭등하였네요. 채권할인율은 금리인상 및 향후 금리인상에 대한 걱정까지 반영되어 결정되기 때문인데, 그만큼 2022년 하반기 금융시장이 매우 어렵고 불확실한 상황임을 짐작할 수 있습니다. 즉, 채권할인율이 높은 시기에 소유권을 이전하는 것은 불리하다는 것을 알 수 있고, 특히 이는 가액이 높은 부동산일수록 더욱 그러합니다.

아울러 법무비용 내역도 항목별로 살펴봐야 합니다. 다음 그림은 저희 수강생이 실제로 낙찰을 받은 물건의 법무비용 견적서입니다.

▼ 법무비용 견적서

사건번호 2015타경 xxxx		소유권 이전	근저당설정	말소	계	취득세 1.1%	
공과금	낙찰가	52,577,800					
	취득세 등	578,356			578,356		
					0		
					0	전화032-323-xxxx	
					0	팩스032-323-xxxx	
	소계	578,356			578,356		
	인지대					신한은행	
	등기증지	21,000			21,000	예금주 : xxx	
	주택채권	31,350			31,350	110-xxx-xxxxxx	
	이전등록서류	150,000			150,000		
	말소 2건	50,000			50,000		
	설정등록대행서류				0		
	송달료	200,000			200,000	*기일 하루전 입금바랍니다	
	등록대행	50,000			50,000		
	완납증명				0		
	소계	502,350			502,350		
	합 계	1,080,706			1,080,706	총비용의 계산	
보수액	보수액	242,320			242,320	잔금	5,677,780
					0	등기비	1,447,258
	부가세	24,232			24,232		
	교통비	100,000			100,000	은행인지	20,000
						설정채권	30,240

(단위 원)

항목은 상당히 많지만, 법무비용 내역에서 취득세, 교육세, 농특세와 등기증지, 국민주택채권의 할인 항목을 제외하면 대부분이 법무비용 혹은 은행비용이라고 할 수 있습니다.

여기에서는 정식보수와 부가세 외에도 이전등록 서류, 말소 2건, 송달료, 등록대행, 교통비 등의 항목이 실제 발생하지 않는 비용인데 청구했거나 과다하게 청구한 항목으로 볼 수 있습니다. 일반적으로 5억 원 이하이고 수도권의 일반적인 경매물건인 경우, 실제 발생하는 세금을 제외한 총 법무비용(위 항목들의 합)은 100~150만 원 선이면 무난합니다. 과도하게 책정된 법무비용은 조정도 가능하니 적정 법무비용 수준을 넘었다고 생각된다면 할인을 요구하시기 바랍니다.

소유권이전 과정에서 추가로 발생하는 비용은 없나요?

권리상 문제가 없는 부동산이라면 세금이나 법무비용 같이 절차상 어쩔 수 없이 발생하는 비용을 제외하고는 새로운 소유자가 낙찰가 외에 추가로 책임져야 할 비용은 따로 없습니다. 하지만 권리분석과는 별개로 낙찰 및 소유권이전 후에 추가적인 비용이 발생할 수는 있습니다. **1** 집합건물의 관리비, **2** 전기, 가스, 수도 요금 등의 공과금이 바로 그런 것들이죠.

단독건물인 경우에는 개별적으로 관리가 이루어지기 때문에 별도의 관리비가 발생하지 않습니다. 하지만 상가, 오피스텔, 아파트 같은 집합건물은 필수적으로 관리비가 발생하죠. 경매에 넘어간 부동산에 거주하는 점유자들 대부분은 관리비를 제때에 납부하지 않고 장기간 체납하는 경우가 많습니다. 이런 경우에 낙찰자가 점유자에게 그동안 밀린 관리비를 모두 정산하고 가라고 하면 점유자가 "네. 알겠습니다" 하고 체납한 관리비를 정산하고 이사를 갈까요? 그렇지 않을 가능성이 훨씬 더 큽니다. '양심이 있는 사람이라면 알아서 내고 가겠지'라고 생각하고 그대로 두었다가는 자칫 명도 진행이 안 될 수도 있고요.

설령 점유자와 이사에 대한 협상이 잘 끝나서 점유자가 이사를 나간다고 해도 관리비 정산이 안 되면 관리사무소에서 이사를 가지도, 오지도 못하게 막는 경우도 비일비재합니다. 그래서 낙찰자는 점유자가 이사를 나가기 전까지 조마조마할 수밖에 없죠. 원만한 협의를 통해 드디어 점유자가 이사를 가게 되었는데 관리사무소에서 체납 관리비를 이유로 점유자가 이사 가지 못하게 막는다면 대다수의 낙찰자는 하는 수 없이 그 자리에서 밀린 관리비를 모두 정산합니다. 점유자가 이사를 나가지 않고 다시 또 들어앉게 될 경우 낙찰자만 또 피해를 입게 되기 때문이죠.

이런 일을 방지하기 위해 원칙과 법률 및 관련 판례를 미리 숙지해야 합니다. 집합건물법 제28조 3항은 '집합건물의 관리규약은 구분소유자 이외 자의 권리를 해하지 못한다'라고 규정하고 있습니다. 즉, 전 입주자의 체납 관리비를 낙찰자(양수인*)에게 승계시킬 수 없다는 뜻입니다. 다만, 집합건물의 공용면적과 관련 있는 부분은 전체 공유자의 이익과 직결되는 것이기 때문에 이 채권만은 특별히 보장할 필요가 있어 집합건물법 제18조의 특별규정으로 낙찰자의 승계 의사 유무에 관계없이 청구할 수 있도록 하고 있습니다. 정리하면 낙찰자는 소유권을 이전하기 전에 발생한 체납 관리비는 승계할 이유와 의무가 없지만 공용 부분에 대한 관리비에 대해서만은 반드시 책임을 져야 합니다. 따라서 전 소유자 또는 이전 점유자가 관리비를 해결하지 않고 이사를 나갔다면 적어도 공용 부분에 대한 비용만큼은 낙찰자가 지불할 수밖에 없다는 것을 알아두시고 입찰 전에 이런 부분까지 염두에 두고 수익률을 계산해야 합니다. 체납 관리비의 유무 여부는 관리사무소에 전화만 한 통 걸어봐도 충분히 확인할 수 있습니다.

그러나 이렇게 확고하고 분명한 법률과 판례가 있음에도 불구하고 현실에서는 상황이 조금 다르게 전개되기도 합니다. 체납 관리비를 회수하는 임무는 관리소

> **양수인**
> 타인의 권리, 재산, 법률에서의 지위 따위를 넘겨받는 사람을 말하는 법률 용어입니다.

장에게 주어지는데요, 관리소장은 해당 건물의 관리단에서 임명하는 것이 일반적입니다. 관리소장이 관리비를 제때 잘 걷어야 관리단의 임금 지급이나 기타 제비용을 원활하게 충당하고 해당 건물을 문제없이 운영할 수 있습니다.

그러나 체납 등으로 관리비에서 지속적으로 결손이 발생하면 집합건물의 운영 측면에서 차질이 생길 수 있기 때문에 관리단 입장에서는 받아야 할 채권을 제때 받기 위해 관리소장에게 압박을 가하게 됩니다. 그리하여 관리소장과 낙찰자와의 마찰이 불가피해지죠. 낙찰자 입장에서는 '공용 부분에 대한 비용만 부담하면 되는데 왜 기존 점유자의 관리비까지 나보러 떠안으라고 하나?'고 할 것이고, 관리소장은 '관리비 전액이 정산되지 않으면 점유자도 이사를 가지 못하고 새로운 소유자도 들어올 수 없다'고 주장하는 것이죠. 상황이 좀 더 과격해지는 경우에는 관리사무소 측에서 체납 관리비를 정산하지 않을 경우 전기와 수도를 끊겠다고 으름장을 놓기도 합니다.

대부분의 경우 법은 점유자가 아닌 낙찰자의 편입니다

그러나 당황할 필요는 전혀 없습니다. 이런 경우에는 관리비를 체납한 점유자의 잘못도 크지만 관리비가 계속 체납되도록 내버려둔 관리사무소 측에도 분명 책임이 있으므로 낙찰자가 모든 체납 관리비를 다 떠안으며 책임을 질 필요는 없습니다. 체납된 관리비를 제대로 해결하지 못하고 있다가 돌연 낙찰자에게 그 비용을 전부 떠안으라고 하는 것은 말도 안 되는 일이죠.

그래도 관리사무소 측에서 막무가내로 낙찰자에게 체납 관리비를 모두 내놓으라고 하면 어떻게 해야 할까요? 관리사무소 측과 대화가 통하지 않을 때는 일단 만나서 이야기를 하는 것은 자제하고 내용증명과 같은 서류로 확실히 입장을 표명하는 것이 좋습니다. 어차피 결론이 분명한 소송이라면 소송비용은 물론 패소할 경우 양측의 소송비용까지 부담해야 할 테니 관리사무소 측에서도 막무가내로 소송을 진행하려고 하지는 않을 것입니다. 관리비 일부에서 손실이 나는 것도 속상한데 거기에 패소할 경우 양측의 소송비용까지 부담해야 한다면 관리소장이 소송을 원한다고 해도 위험부담 때문에 관리단에서 극구 만류할 테니까요.

또 점유자가 이사를 나가는 것을 막거나 새로운 점유자가 사용하지 못하도록 전기, 수도, 가스 공급을 차단하는 등의 행위는 엄연히 현행법에 저촉됩니다. 우리나라 민법에서는 문제나 분쟁이 발생했을 때 개인의 물리적인 힘이나 기타 개별적인 수단을 통해 처리하는 자력구제를 금지하고 있습니다. '눈에는 눈, 이에는 이'라며 받은 대로 갚아주겠다고 하는 것이 자력구제입니다. 자력구제가 인정된다면 그 나라는 법치주의 국가가 아니라 무법 국가가 될 것입니다. 즉, 분쟁에 대한 해결은 법률에 의해서만 가능하지 절대 개인이 스스로 해결할 수 없는 것이죠. 만약 관리사무소에서 이런 행동을 한다면 오히려 기뻐해도 됩니다. 이는 엄연한 불법행위이므로 법은 관리사무소의 편을 더는 들어줄 수 없게 되죠.

체납 관리비뿐만 아니라 미납 공과금도 꼭 살펴봐야 합니다. 공과금이 장기간 미납되면 그 액수가 생각보다 큰 경우가 많은데요, 특히 겨울철에 가스요금을 미납했다면 체납액이 수백만 원에 달하기도 합니다. 체납액을 완납하지 않으면 새로운 점유자가 해당 부동산을 이용하는 데 많은 제약을 받을 수 있죠. 그러나 다시 한번 말하지만 타인이 사용한 공과금 또는 소유권이 이전되기 전의 공과금에 대해서는 낙찰자가 책임질 이유가 전혀 없습니다. 이때는 담당 부서에 전화를 걸어 '요금 소멸'을 요청하면 됩니다. 등기사항전부증명서상에서 소유권이 이전되기 전에 발생한 요금은 낙찰자가 인수하지 않아도 된다는 것을 꼭 기억해두시고 손해를 보는 일이 없도록 하세요.

방심은 금물, 아직 해결해야 할 숙제가 남아 있습니다!

어떻게 해야 내 부동산에
내 발을 딱 들여놓을까요?

점유자가 이사를 가기 전까지는 끝이 아니라고요?

낙찰을 받고 잔금도 다 치렀다고 해서 곧바로 해당 부동산에 이삿짐을 짊어지고 들어갈 수는 없습니다. 거주하고 있는 점유자를 이사 내보내는 일련의 과정인 명도를 거쳐야만 비로소 당당하게 내 짐도, 내 발도 들여놓을 수 있죠. 잔금을 치르면 법적인 소유자가 되지만 점유자가 해당 부동산을 계속해서 점유하고 있다면 온전한 내 부동산이라 할 수 없습니다. 소유권을 취득하고 명도까지 완료해야 비로소 진짜 주인이 되는 것이죠.

권리분석이나 물건 조사는 왕도가 있고 어느 정도 매뉴얼이 정해져 있지만 명도는 그렇지 않습니다. 이는 점유자나 낙찰자나 각기 처한 상황과 갖고 있는 생각이 다르니 그 각양각색의 사람을 대하는 방법인 명도 역시 딱 정해진 답이 없기 때문입니다. 그런 면에서 명도는 개개인에게 물건을 판매하는 마케팅이나 영업 방식과 유사한 부분이 많습니다.

낙찰자 입장에서 명도는 '가급적 짧은 시간 내에, 적은 비용으로' 끝내야 좋습니다. 반면 점유자의 입장은 또 다르죠. 어떤 사람은 이사 기간을 충분히 길게 주길 원하고, 또 어떤 점유자는 많은 이사비용을 요구하기도 합니다. 물론 두 가지 모두를 원하는 사람도 있죠. 그렇기 때문에 부동산을 낙찰받은 후에는 최대한 빨리 점유자를 만나 원하는 사항을 충분히 들어보고 낙찰자의 상황과 원칙에 따라 수용할 부분은 수용하고, 협의할 수 없는 부분은 분명히 안 된다는 뜻을 밝히며 사전에 조율해야 합니다. 이것이 바로 명도의 기술이죠.

한 가지 명심할 점은 상대방이 전 소유자이건 임차인이건 혹은 또 다른 제3자이건 간에 점유자는 낙찰자의 '적'이 아니라는 것입니다. 서로 처한 상황이 다르고 반대편 입장에 서 있는 것뿐이지 처부수고 무찔러야 할 '악의 축'이 아니라는 말입니다. 흔히 입장을 바꿔 생각하면 이해하지 못할 것이 없다고 이야기하죠? '역지사지'는 명도에서 특히 꼭 필요한 자세입니다.

투자자가 경매물건을 발견한 후에 입찰을 하고 낙찰을 받기까지는 최소 1~2개월이 소요됩니다. 반면 점유자는 경매가 시작되고 최소 6개월 이상 신경 쓸 일도, 마음고생할 일도 많죠. 사업이 부도가 나 담보로 잡았던 부동산을 경매로 처분하게 된 점유자이건, 보증금의 일부 또는 전부를 받지 못하는 임차인이건 그동안 이 경매사건 때문에 얼마나 힘들었을지를 생각해보면 낙찰자분들도 기존 점유자분들의 심정을 어느 정도는 이해할 수 있을 것입니다. 물론 명도 시에 점유자의 과도한 요구사항은 딱 잘라 거절해야 합니다. 군이 들어줄 이유도 없고요. 하지만 명도의 전 과정에서 상대방을 이해하고 배려하는 마음만은 꼭 필요합니다. 부동산경매에서 대항력이 있는 경우를 제외하고는 낙찰자는 '강자'이고 점유자는 '약자'입니다. 이 힘의 구도를 기억하고 점유자가 아무리 강하게 나오더라도 여유를 갖도록 하세요.

명도의 대전제는 '점유자는 반드시 언젠가 나간다'는 것입니다. 한 달 뒤건 6개월 후건 시간이 길고 짧다는 차이가 있을 뿐, 점유자는 기필코 이사를 가게 되어 있습니다. 이 원칙을 항상 명심하세요. 점유자가 원하는 대로 이사 날짜를 맞춰줄 수는 없지만 사실 1~2주 일찍 나가든, 1~2개월 늦게 나가든 대세에 별 지장은 없습니다. 낙찰자의 기회비용, 이자비용이 조금 더 소요되긴 하겠지만 말이죠. 점유자가 이사 날짜를 늦춰주기를 간절히 원한다면 낙찰자가 어느 정도는 양보해줘도 큰 무리가 되진 않는다는 의미입니다. 이사 날짜를 양보하였으니 이사비용은 크게 줄이거나 지급하지 않는 식으로 서로 협의를 할 수 있겠죠.

명도는 어떻게 진행되나요?

원하는 부동산을 낙찰받은 후 점유자를 만나러 가게 되면 참 많은 생각이 드실 겁니다. '몸에 문신을 휘감은 형님들이 살고 있지는 않을까?', '점유자가 내가 제시하는 조건을 수용하지 않고 이사를 못 나가겠다면 어떻게 하나?' 하고 걱정이 되기도 할 것이고요. 하지만 정작 두려움이 큰 쪽은 낙찰자가 아니라 점유자입니다. 영화나 드라마를 보더라도 이사를 들어가는 사람이 거칠고 무자비하며 인정머리 없는 사람들로 나오지, 그 반대의 경우는 거의 못 보지 않았나요? 즉, 긴장되는 것은 낙찰자만이 아니라 점유자도 마찬가지이니 지나치게 걱정하실 필요는 없다는 겁니다. 다만, 점유자를 만나기 전에 사전준비는 꼭 하셔야겠죠.

경매사건의 진행 과정, 점유자의 예상 배당금액, 이사날짜 등 앞으로 협의를 해야 할 만한 사안에 대해서는 미리 충분히 공부하고 대비해 가서야 합니다. 명도를 위한 첫 만남에서 점유자와 이야기를 나누게 되면 틀림없이 이런저런 질문들이 쏟아질 겁니다. 대부분의 점유자는 낙찰자가 이후의 절차에 대해서도 당연히 많이 알고 있을 것이라고 선입견을 가지고 있죠. 그러므로 낙찰자는 점유자에게 진행 상황을 차분하게 설명해주고, 자신이 피해를 입지 않는 선에서 가급적 점유자에게 유리한 방향으로 도움을 주겠다는 확신을 심어줘야 합니다. 낙찰자에게 이러한 리더십과 배려하는 마음씨가 느껴져야 명도 협상도 보다 수월하게 진행되기 마련이죠. 낙찰자 중에서 카리스마가 넘치고, 처음 보는 순간 점유자가 위압감을 느끼게 하는 외모와 체격을 가진 사람은 그리 많지 않을 겁니다. 명도에서 주도권을 가지는 쪽은 이렇게 위압적인 인상을 가진 사람이 아닙니다. 명도 과정을 온전히 꿰뚫고 있는 사람이 명도 과정에서 주도권을 손에 쥘 수 있죠. 이를 꼭 명심하시기 바랍니다.

앞에서도 이야기한 바 있듯 시일이 문제일 뿐 결국 명도는 됩니다. 서두른다고 해서, 조급해한다고 해서 더 빨리 해결되는 것이 아니란 것이죠. 점유자에게 명도의 원칙을 분명히 제시했다면 그 이후로는 편안한 마음을 가지고 차분히 기다리면서 서로 조금씩 조정해가시기 바랍니다. 정말 도저히 협의가 안 되는 막무가내 점유자라 해도 낙찰자에게는 인도명령에 의한 강제집행이라는 최후의 보루가 있으니 너무 지나친 걱정과 염려는 하지 않으셔도 됩니다. 하지만 강제집행을 하면 서로 마음도 불편해지고 좋지 않은 감정을 가지게 되기 마련이므로 가능하면 협의를 통해 명도를 하시는 것이 좋습니다.

협의에 의한 명도를 위한 4가지 원칙

1. 가급적 빠른 시일 안에 점유자를 만나세요!

점유자를 만나는 시점은 투자자의 성향마다 조금씩 다릅니다. 잔금을 치르고 방문하는 사람도 있고, 배당기일이나 인도명령결정이 난 후에 점유자를 만나는 사람도 있죠. 그러나 가급적이면 최대한 빠른 시일 안에 점유자를 만나는 것이 좋습니다. 낙찰일로부터 잔금납부일까지는 통상 한 달 정도의 시간이 소요됩니다.

배당기일이나 인도명령결정은 잔금납부일로부터 또다시 1개월가량이 더 걸리고요. 부동산을 낙찰받은 후 며칠 이내에 점유자를 만나서 이야기를 하면 좋건 싫건 점유자는 그날부터 이사를 나갈 마음의 준비를 하게 됩니다. 반면 낙찰자가 낙찰일로부터 2개월 정도 시간이 흐른 후에 점유자를 만난다면 점유자는 그때부터 고민을 시작하게 될 것이고요. 낙찰일 즈음에 만난다면 낙찰자가 점유자에게 "앞으로 2~3개월 시간을 드리겠습니다"라는 말을 부담없이 할 수 있지만 잔금납부일 또는 배당기일 이후에 만나게 되면 점유자에게 몇 주 시간을 주기도 만만치 않아지죠. 점유자 입장에서도 빠듯한 시간 내에 이사를 가기 힘들 것이고요. 낙찰자와 점유자가 일찍 만나면 만날수록 점유자도 충분한 시간을 가질 수 있고, 낙찰자도 보다 여유롭게 기다릴 수 있습니다.

요즘에는 점유자들도 사전에 여러 경로를 통해 낙찰자에 대한 대비를 충분히 하는 경우가 많습니다. 해당 부동산이 경매에 넘어가기까지 소요되는 시간은 최소 6개월 이상입니다. 그 기간 동안 점유자는 법원으로부터 수차례 각종 통지문을 받게 됩니다. 그렇게 오랜 시간 동안 아무것도 알아보지 않고 손을 놓고 있었다면 오히려 그게 더 이상한 일이죠. 부동산경매에 대해 어느 정도 알고 있는 점유자라면 낙찰자와 처음 만나거나 통화를 할 때 "잔금이나 다 치르고 오신 후에 다시 말씀하시죠"라고 이야기를 할 겁니다. 잔금을 치르기 전에는 해당 부동산의 정식 소유자가 된 것이 아니니 명도를 주장할 자격 자체가 없다는 의미죠. 뭐 틀린 이야기는 아닙니다.

이런 경우에는 점유자와의 만남을 잔금납부일 이후로 미루는 것도 하나의 방법입니다. 하지만 잔금을 납부하지 않았다고 해서 점유자와 대화 자체를 하지 못할 이유는 없습니다. 일반매매 거래에서도 계약금 10%를 지불하면 계약이 성사되고 그와 함께 잔금납부일이나 이사 일정을 협의를 통해 정하곤 합니다. 부동산 경매도 엄연한 소유권이전 방식 중 하나이니 마찬가지로 이사에 대한 협의를 못할 이유가 전혀 없습니다.

잔금납부일 전에 점유자와 만나 협의를 하는 것은 법적으로나, 도의적으로나 전혀 문제될 게 없습니다. 따라서 점유자가 잔금을 납부하고 올 때까지는 낙찰자와 대화할 필요도 없고, 또 하지 않겠다고 나온다면 "제가 점유자분을 만나려는 것은 지금 당장 부동산을 비워달라고 이야기를 하기 위해서가 아닙니다. 우리가 서로 불편하게 지낼 사이는 아니니 물건지에서 만나 허심탄회하게 서로가 원하는 바에 대해서 대화를 나눴으면 합니다" 정도로 이야기하면 되겠습니다. 참고로 제가 직접 낙찰을 받고 명도까지 끝낸 100여 건의 부동산 중에서 잔금납부일 이전에 점유자를 만나지 못한 사례는 고작 3건에 불과합니다.

해당 물건지에 방문했을 때 점유자를 만나지 못하는 경우도 허다한데요. 이때는 메모지에 간단한 인사와 연락처를 써서 물건지에 남기고 돌아오는 것이 좋습니다. 그러면 이후 2~3일 내로 연락이 오는 경우가 50%, 연락이 없는 경우가 50%입니다. 명도에서 상대방이 어떤 식으로든 연락을 해오거나 반응을 보이는 것은 좋은 경우입니다.

점유자가 깜깜무소식으로 연락이 없으면 낙찰을 받은 날로부터 일주일 후의 매각허가결정을 기다립니다. 매각허가결정 이후에는 낙찰자의 지위가 격상되어 매수인이 됩니다. 매수인이 되면 해당 경매사건의 이해관계자가 되어 채무자와 소유자에 대한 개인정보, 대출계약 내용, 임차인 및 이해관계자들의 각종 신청서가 모두 담긴 사건기록부를 열람할 수 있습니다. 사건기록부를 통해 점유자의 연락처를 파악하면 바쁜 시간을 피해 12시에서 2시, 또 5시에서 7시 사이에 전화를 합니다. 이때는 "안녕하세요. 이번에 ×××빌라를 낙찰받은 ×××라고 합니다" 하고 인사를 건넨 뒤 상대방의 반응을 잘 살펴 조심스럽게 이야기를 꺼내야 합니다. 낙찰자가 "한번 찾아뵙고 향후 진행 내용에 대해 이야기를 좀 나누고 싶습니다"라고 하면 대부분의 점유자는 갑작스럽고 당황스러워 만남을 꺼릴 것입니다. 그러나 가급적 빠른 시일 안에 만남을 가져 대화를 나누는 편이 점유자와 낙찰자 모두에게 좋다는 것을 조심스럽게 인지시킨 후 약속날짜를 잡고 통화를 마치는 것이 좋습니다. 어디서 만나야 되느냐고요? 당연히 낙찰받은 물건지이죠.

2. 점유자의 이야기를 충분히 들어주세요!

대부분의 심리치료는 마음의 병을 겪고 있는 사람이 자신의 고민을 속 시원히 털어놓는 데에서부터 이루어진다고 합니다. 신뢰하거나 의지할 수 있는 사람에게 자신의 고민을 이야기하는 것만으로도 마음이 홀가분해지고 상처의 상당 부분이 치유된다고 하네요. 명도 역시 마찬가지입니다. 처음 만난 자리에서 낙찰자가 '나는 분명 이야기했으니 얼른 이사 갈 준비나 하세요'라는 식의 입장을 취하면 점유자는 현재 상황만으로도 충분히 심경이 복잡한데 낙찰자가 안겨준 불쾌감으로 인해서 이후의 과정에 비협조적으로 응하기 쉽습니다.

그러므로 첫 만남에서는 최대한 예의를 갖춰 정중히 인사를 하고 점유자의 이야기를 충분히 들어주는 것이 좋습니다. 살던 집이 하루아침에 경매로 넘어가게 된 구구절절한 사연이라도 30분이든, 1시간이든 점유자의 이야기를 귀 기울여 들으며 고개를 끄덕여보세요. 공감대가 형성되면 이후의 대화는 훨씬 수월해지기 마련입니다. 또 점유자가 경매 과정에 대해 궁금해하는 점들도 최대한 성심성의껏 답변해주시기 바랍니다. 가는 말이 고와야 오는 말이 고운 것처럼 낙찰자의 태도에 따라서 점유자의 마음은 얼마든지 바뀔 수 있습니다.

명도 과정에서 점유자에게 심한 욕설을 듣거나 서로 언성을 높이다가 몸싸움까지 하게 되었다는 이야기도 가끔씩 접하긴 합니다. 이는 열이면 열, 낙찰자와 점유자가 서로의 입장을 이해하지 못한 채 팽팽하게 줄다리기만 하다 감정이 상해서 그렇게 되는 것이죠. 낙찰자가 점유자의 이야기에 충분히 귀 기울여 들어주며 이야기를 풀어나가는 데 어느 점유자가 웃는 낙찰자의 얼굴에 침을 뱉고 욕을 하겠습니까? 명도의 핵심은 대화와 소통에 있다는 것을 꼭 명심하시기 바랍니다.

3. 점유자가 무엇을 원하는지 파악하세요!

점유자의 이야기를 충분히 들었다면 원하는 바가 무엇인지도 잘 알 수 있을 것입니다. 낙찰자와 점유자가 협상을 하고 조율할 수 있는 사안은 딱 두 가지입니다. 첫째는 시간, 둘째는 돈이죠. 이사에 필요한 시간을 넉넉히 원하는 점유자가 있는가 하면 거액의 이사비용을 요구하는 이도 있습니다. 물론 두 가지 모두를 요구할 수도 있고요. 첫 만남에서 점유자의 사연을 충분히 들어줬다면 이후에는 그가 바라는 것이 무엇인지를 정확히 파악해야 합니다.

점유자가 이사비용에 대한 이야기를 하지 않는 이상 낙찰자가 굳이 먼저 이야기를 꺼낼 필요는 없습니다. 아무 언급 없이 넘어간다면 이사비용은 0원이죠. 이사 날짜 또한 가급적이면 점유자가 원하는 대로 들어주는 것이 좋습니다. 그래서 낙찰일로부터 가급적 빠른 시일 안에 점유자와 만나 이야기를 끝내야 하는 것이죠. 점유자가 낙찰일로부터 2개월을 요구한다 해도 어차피 '배당기일 이전일 테니까요. 하지만 점유자가 과도하게 긴 이사 기간을 요구한다면 배당기일 전후에는 강제집행이 가능하므로 가급적이면 그전까지는 이사를 가야 한다'고 사전에

'이걸 내가 먼저 이야기를 꺼내야 되나, 말아야 되나?'

점유자가 이야기를 하지 않는 이상은 낙찰자가 굳이 먼저 이사비용에 대한 이야기를 하지 않는 것이 좋습니다. 어떤 상황이건 간에 먼저 이야기를 꺼내는 쪽이 불리한 입장이 되기 때문이죠. 부부나 친구 사이에서 싸움을 하고 난 후 먼저 사과를 하거나 말을 건네지 않으려는 것은 서로 자존심을 지키려 하기 때문입니다. 먼저 이야기를 하는 쪽이 지는 것이라고 생각하는 것이죠.
어떤 사안에 대해 먼저 이야기를 꺼낸다는 것 자체가 쉽지 않은 일이기도 하지만 말을 꺼낸 이상 상대방에게 동의나 해결을 구하는 입장이 되므로 일단 한 수 물러서는 것입니다. 다시 한번 말하지만 점유자가 물어보지 않는 이상은 이사비용에 대해 낙찰자가 굳이 먼저 이야기를 꺼낼 필요는 없습니다.

설명하고 이사날짜를 못 박아둬야 합니다. 낙찰자 측에서 시간 여유가 있을 때는 배당기일 이후까지 시간을 주어도 되겠지만 어쨌든 이사의 원칙은 배당기일 이전이어야 한다는 것을 점유자에게 확실히 주지시켜야 하는 것이죠.

점유자의 사정이 딱해서, 봐주다가 또는 생업이 바빠서 미처 신경을 쓰지 못하고 있다가 잔금 납부 후 6개월이 넘도록 명도를 마치지 못하는 낙찰자들도 종종 있는데요. 이런 경우에는 인도명령에 의한 강제집행 시행 가능 기일이 지났기 때문에 명도소송까지 가야 합니다. '소송'이라는 단어만으로도 알 수 있듯이 명도소송은 인도명령제도에 비해 보다 많은 시간과 비용이 소요됩니다. 명도를 6개월 이상 끌고 가는 것은 '인도명령'이라는 낙찰자를 위한 좋은 제도를 스스로 포기하는 것이나 마찬가지이므로 어떤 일이 있더라도 명도는 최대 6개월을 넘기지 말아야겠습니다.

4. 여유와 원칙을 가지고 끝까지 소통하세요!

어찌 보면 뜬구름 잡는 이야기일 수도 있으나 '여유와 원칙'은 명도에서 가장 중요한 사항입니다. 여러 차례 강조했듯 점유자는 언젠가는 나갈 사람, 낙찰자는 들어갈 사람이라고 생각하시고 여유를 가져야 합니다. 그래야 속끓을 일도 없고 마음도 편하죠. 점유자가 며칠 내지는 1~2주 더 빨리 이사를 나가면 낙찰자는 원래 목적대로 신속하게 임대 또는 매매를 할 수 있을 것입니다. 하지만 그 1~2주 사이에 투자수익률이 크게 오르락내리락하는 일은 사실 별로 없습니다. 며칠 더 빨리 점유자를 내보내려고 발을 동동 구르면 낙찰자 자신만 더 피곤해지죠. 또 필요 이상으로 점유자를 압박하고 독촉하다가는 오히려 역효과가 날 수도 있고요. 낙찰자인 이상 언제나 좀 더 여유로운 입장, 배려할 수 있는 처지임을 보여주시기 바랍니다. 다만, 원칙은 반드시 있어야겠죠. 상대방을 무한정 배려해주기만 하면 명도 자체가 어려워질 수 있으니 '이사 날짜는 아무리 늦어도 배당기일 이전에, 이사비용은 강제집행비용 이내의 수준으로'와 같이 원칙을 정하고 협의하세요. 물론 상황에 따라 이사 날짜가 조금 늦어지거나 이사비용이 좀 더 소요될 수는 있겠지만 점유자에게 자신의 원칙을 이해시키고 추가로 양해해주는 것과 주도권을 점유자에게 빼앗기고 하는 수 없이 원하는 바를 다 들어주는 것과는 하늘과 땅 차이라는 것을 명심하시기 바랍니다.

대화가 통하지 않는 점유자는 어떻게 해야 하나요?

예전에는 인도명령제도가 없었습니다. 그래서 점유자가 강경하게 나오면 낙찰자는 속수무책으로 점유자의 요구사항들을 다 들어줄 수밖에 없었습니다. 거액의 이사비용을 지급하는 일도 많았고요. 정 해결이 안 되면 명도소송 외에 대안이 없었죠. 사실 명도소송은 경매사건뿐만 아니라 일반 부동산시장에서 분쟁을 처리하는 방법으로 폭넓게 쓰입니다. 세입자가 월세를 납부하지 않으면서 이사도 가지 않는 경우, 제3자가 타인의 부동산을 점유한 경우, 경매를 통해 낙찰받았으나 잔금을 치르고 6개월이 지나도록 명도를 하지 못하는 경우, 명도소송을 통해 해결 방법을 모색할 수 있죠.

그러나 말 그대로 소송이기 때문에 개인 입장에서는 무척 부담스럽고 불편한 일이 많았습니다. 변호사나 법무사를 선임해야 하기 때문에 비용 부담도 적지 않았고요. 인도명령제도가 만들어지기 전인 2002년 이전에는 협의에 의한 이사가 이뤄지지 않을 때는 명도소송을 하는 것 외에 다른 해결 방법이 없었습니다.

이렇게 낙찰자 입장에서 어렵고 불편한 점이 많았기 때문에 경매물건의 낙찰가가 낮았고, 자연히 채권 회수를 목적으로 하는 부동산경매가 활성화되기도 어려웠습니다. 그래서 이 같은 폐단을 막기 위해 민사집행법이 새롭게 개정되었죠. 그리하여 2002년 7월 1일 이후 등록된 경매사건(현재 진행되는 경매물건의 99% 이상)부터 인도명령제도를 시행할 수 있게 되었습니다. 인도명령은 낙찰자가 부동산을 낙찰받은 후 점유자와 협의가 원만히 이루어지지 않을 때 번거롭고 복잡한 소송 절차 대신 신청을 하는 것만으로 바로 강제집행이 가능하도록 한 제도입니다. 임차인이 '진짜 대항력'이 있는 경우만 아니라면 신청만 해도 인도명령결정이 나고 인도명령결정 후 짧은 시일 이내(약 14~30일 이내)에 적은 비용으로(전용면적 평당 4~5만 원+α) 실제 집행까지 가능합니다. 이로써 낙찰자 입장에서는 막강한 무기가 하나 생긴 셈이죠. 하지만 이 막강한 무기를 마음껏 휘두르는 것은 그리 바람직하지 않습니다.

'상대방과 전쟁을 해서 이기는 것은 하책이고, 싸우지 않고도 이기는 것이 가장 좋은 전략이다'라는 말이 있습니다. 이와 마찬가지로 명도에서도 대화와 협의를 통한 이사가 가장 좋습니다. 앞서 살펴본 것처럼 대화를 통해서만으로도 얼마든지 대부분의 점유자와 큰 마찰 없이 명도를 진행할 수 있습니다. 간혹 대화가 어려운 점유자도 드물게 존재하긴 합니다. 어떤 점유자일까요? 욕설을 내뱉으며 막무가내로 행동하는 점유자냐고요? 아닙니다. 낙찰자 입장에서 가장 다루기 어렵고 대응하기 곤란한 점유자는 계속해서 대화를 피하는 묵묵부답형입니다. 이런 점유자는 어떻게 다뤄야 할까요?

묵묵부답형 점유자를 다루는 3가지 방법

1. 내용증명 작성 및 발송
내용증명은 잔금납부 이전에도 얼마든지 보낼 수 있지만 잔금납부 당일에 보내는 것이 가장 좋습니다. 아무래도 매수인 자격보다는 소유자의 지위를 얻은 후 점유자와 이야기하는 것이 보다 유리할 테니까요.

내용증명서

일시: 20XX년 01월 29일
수신자: 장XX
주소: 경기도 △△시 △△동 759 △△마을 20△동 16△△호
연락처: 011-XXX-XXXX

사건번호: 20XX타경 XXXXX
발신자: 신XX
주소: 서울시 XX구 XX동 479 XX아파트 11X동 30X호
연락처: 010-XXXX-XXXX

대리인: ㈜XX컨설팅
주소: 부천시 XX구 X동 581 XX오피스텔 501호
연락처: 0505-XXXX-XXXX

제목: 주택 명도 관련 내용증명

해당 부동산: 경기도 △△시 △△동 759 △△마을 20△동 16△△호

1. 귀하의 무궁한 발전을 기원합니다.

2. 본인은 정식 경매절차를 거쳐 위 부동산을 경락받은 현 소유주입니다.

3. 귀하는 위 부동산에 대한 대항력이 없음을 인지하였음에도 명도를 차일피일 미루며 현재 본 건물을 무단 점유하고 있으므로 본인은 본 내용증명을 통해 마지막으로 해당 건물을 명도할 것을 요구합니다. 귀하는 본 내용증명을 송달받는 12일 이내로(2월 10일限) 본 건물에서 퇴거하고 명도할 것을 독촉하는 바입니다.

4. 해당 사건에 대한 경매 건은 잔금이 모두 납부되어 1월 13일자로 인도명령에 대한 결정이 확정되었습니다. 때문에 1월 20일 이후부터 인도명령으로 인한 강제집행이 가능하게 되었습니다. 따라서 부디 상호 간에 불미스러운 일이 발생하지 않도록 협조 부탁드립니다.

전 소유자가 약속한 이사날짜를 4번이나 연기하고 차일피일 이사를 미루어 내용증명을 발송한 사례입니다. 일 처리를 보다 확실하게 해줄 제3자가 있다는 것을 점유자에게 인지시키기 위해 대리인란에 '㈜××컨설팅'을 기재하였습니다. 사실 ㈜××컨설팅은 가공의 회사였습니다.

내용증명서

일시: 20XX년 02월 24일

수신자: 석XX

주소: 인천시 △△구 △△동 277-17 △△빌라 30△호

연락처: 010-XXXX-XXXX

사건번호: 20XX타경 XXXXX

발신자: XX하우징(경락인 XXX의 대리인)

주소: 서울시 XX구 XX동 1588-1 XX빌딩 A동 909호

연락처: 010 -XXXX-XXXX

제목: 주택 명도 관련 내용증명

해당 부동산: 인천시 △△구 △△동 277-17 △△빌라 30△호

1. 귀하의 무궁한 발전을 기원합니다.

2. 본인은 정식 경매절차를 거쳐 위 부동산을 낙찰받은 현 경락인입니다.

3. 귀하는 위 부동산에 대한 대항력이 없음과 소유자와 귀하 간에 채권 채무관계가 없음을 인지하였음에도 불구하고 터무니없는 이사비용을 소유자에게 부당하게 요구하며 이사할 수 없음을 낙찰자에게 주장하고 있는 바, 본인은 본 내용증명을 통해 마지막으로 귀하가 본 내용증명을 송달받은 15일 이내로 건물에서 퇴거하고 명도할 것을 독촉하는 바입니다.

4. 또 귀하는 2월 5일 경락인과의 만남 이후, 김XX이라는 인물을 본 세대에 '전입신고'하여 경락인에게 정신적인 압박을 가하고 있습니다. 그러한 전입신고는 귀하에게 어떤 실익도 가져다주지 않으며 그러한 행동은 상황을 더 악화시킬 따름이라는 것을 유념하시고 2월 26일까지 다른 주소로 퇴거할 것을 요청합니다.

5. 귀하는 ××.03.12일에 설정된 근저당(말소기준권리)보다 후에 전입, 점유한 후순위 임차인으로 인도명령 대상자가 됩니다. 아울러 배당 순서에서도 후순위가 되어 현재 배당재원으로는 전혀 배당을 받지 못하나 임대차보호법에 의한 소액임차인으로 2,000만 원을 최우선변제 받길 기대하며 전입하였습니다. 이는 지난번 ××× 씨와의 대면에서 귀하가 스스로 구술한 부분입니다. 그 내용은 녹음하여 보관 중입니다 (이 부분은 본인이 스스로 가짜 임차인임을 인정하는 것과 다름없습니다). 주택임대차보호법(이하 주임법) 8조 1항은 소액임차인에 해당되면 해당 소액임차보증금을 최우선적으로 배당하게 되어있으나 이를 악용하는 임차인에 대해서는 배당에 참여시키지 않을 뿐 아니라 경매방해죄 및 사기죄 등으로 형사처벌하도록 되어 있는 것도 다시 한 번 주지시켜 드립니다. 본인은 귀하가 선의의 임차인임을 의심하지 않으며 원만하게 배당에 참여하기를 간절히 바라고 있습니다. 그러나 귀하가 계속 명도에 협조하지 않고 터무니없는 이사비용을 요구하며 경락인을 압박할 경우에는,

1) 경매절차의 이해관계인 자격으로 배당배제신청을 하고,
2) 증거자료 등을 XX은행 채권관리팀에 제출하여 배당배제를 통한 채권 확보를 독려할 수도 있습니다.

6. 귀하가 정상적인 방법으로 배당을 받기 위해서는 해당 부동산에서 퇴거한 후 경락인에게 '명도확인서' 및 '인감증명서'를 받아 배당기일에 법원에 출석해 제출하여야 합니다. 하지만 지금처럼 명도 과정에 협조를 하지 않으시면 경락인으로서 해당 서류를 귀하에게 드리기 어렵다는 것을 알아주시기 바랍니다.
만약 서로 불필요한 충돌로 강제집행(인도명령)을 하게 되면 강제집행에 소요되는 비용은 귀하의 동산에 취해진 압류를 통해 동산경매로 충당될 수 있습니다. 또 배당금을 압류하여 경락인에게 귀속하는 것도 가능합니다. 그렇게 되면 설령 진짜 임차인임을 인정받는다고 하여도 귀하는 임차보증금을 수령하기가 굉장히 어려워질 뿐 아니라 금전적인 손실도 입을 수 있습니다. 그러므로 부디 상호 간에 불미스러운 일이 발생하지 않도록 많은 협조 부탁드립니다.

위 사례는 후순위 임차인이 거액의 이사비용을 요구하며 명도를 미루고 제3의 인물을 전입시킨 경우입니다. 첫 번째 만남에서 점유자는 대화에 성실히 임했고, 이사에 대해서도 아주 긍정적인 태도를 보였습니다. 그러나 주변 지인들로부터 이런저런 이야기를 듣고 난 후 본 물건의 규모에 비해 터무니없는 액수인 500만 원을 주지 않으면 이사를 나가지 않겠다고 큰소리치며 차일피일 이사를 미루었

내용증명의 법적 효력

안타깝게도 명도에서 내용증명은 법적 효력이 전혀 없습니다. 이 내용증명을 통해 법적인 지위가 바뀌거나 변동될 사항이 전혀 없다는 것이죠. 단지 점유자에게 현재의 상황을 바로 인지시키고 설득하기 위한 서류에 지나지 않습니다. 누구든 얼굴을 보고 이야기하거나 유선상으로 이야기할 때는 자신의 주장만을 앞세우기 쉽습니다. 그래서 온전한 대화가 이루어지기 어렵죠. 하지만 서류를 통해 의사를 전달하면 현 상황에 대해 차분하면서도 상세하게 설명할 수 있고, 내용증명을 작성한 사람의 의지를 고스란히 담아 보다 효과적으로 전달할 수 있습니다.

또 내용증명은 낙찰자가 직접 점유자에게 전달하는 것이 아니라 우체국을 통해서 전달되는데요, 지금까지 경매가 진행되면서 관련 서류를 법원에서 모두 송달해 우편배달원이 전달해준 것처럼 법적 구속력이 없는 내용증명이라 해도 점유자로 하여금 마치 법원에서 보낸 것 같은 착각에 빠지게 하기도 합니다. 해당 부동산을 관할하는 법원 내 지역의 우체국에서 내용증명을 송달해 전달하면 그 효과가 더욱 배가되죠. 따라서 내용증명을 발송하는 것이 낙찰자가 직접 이야기하는 것보다 더 효과적일 수 있습니다.

죠. 그래서 저는 점유자가 최우선변제를 통해 보증금 일부를 배당받을 수 있는 임차인이긴 하지만 낙찰자의 명도확인서 없이는 절대 배당을 받을 수 없다는 점을 상세히 설명해 내용증명을 발송했습니다. 그리고 다음 날 즉시 항복 선언을 얻어 냈죠.

2. 부동산 점유이전금지 가처분 신청

점유자가 내용증명을 송달받은 후에도 묵묵부답으로 일관하고 대화를 원치 않는다면 더 기다리는 것은 별 의미가 없습니다. 이때는 바로 다음 절차에 돌입해 현재 점유자가 또 다른 제3자에게 점유를 넘기는 것을 금지하는 '부동산 점유이전금지 가처분 신청'을 해야 합니다.

▼ 부동산 점유이전금지 가처분 결정문

고 시

사건: 20XX카 XXX(3부)
채권자: 신XX
채무자: 장XX
집행권원: 수원지방법원 성남지원 20XX카단 XXXX

위 집행권원에 기한 채권자 신XX의 확인에 의하여 별지로 표시 부동산에 대하여 채무자의 점유를 배제하고 집행관이 이를 보관합니다.
그러나 이 부동산의 현상을 변경하지 않을 것을 조건으로 하여 채무자가 사용할 수는 있습니다.
채무자는 별지표시 부동산에 대하여 그 점유를 타인에게 이전하거나 또는 점유명의를 변경하지 못합니다.
누구든지 집행관의 허가없이 이 고시를 손상 또는 은닉하거나 기타의 방법으로 그 효능을 해하는 때에는 처벌을 받을 수 있습니다.

20XX. XX. XX
수원지방법원 성남지원
집행관 이XX
(전화번호: 031-XXX-XXXX)

점유이전을 금지하는 이유는 여러 가지가 있는데요. 가장 첫 번째 목적은 인도명령결정을 받아 강제집행을 하기 위해 해당 부동산을 방문했을 때 혹시라도 점유자가 바뀌어 있는 경우를 방지하기 위해서입니다. 사전에 인도명령이 신청된 점유자가 아닌 제3자가 그 부동산을 점유하고 있는 경우에는 원칙적으로 그 제3자 앞으로 다시 인도명령결정문을 받아 강제집행을 재신청해야 합니다. 일이 여간 복잡해지는 것이 아니죠. 점유이전금지 가처분을 신청하면 며칠 이내에 받아들여집니다. 점유이전금지 가처분이 내려지고 난 후에는 설령 점유자가 바뀌더라도 절대 인정되지 않습니다.

두 번째 목적은 점유자로 하여금 낙찰자를 잊지 않게 하기 위해서입니다. 점유이전금지 가처분 신청이 받아들여지면 집행관이 해당 부동산을 방문해 가처분 결정문을 집 안에서 가장 잘 보이는 곳에 부착하게 됩니다. 그러면 점유자는 싫든 좋든 집 안을 오가며 그 부착물을 볼 때마다 낙찰자를 생각하게 되죠. 이를 통해 대화를 원치 않는 점유자라 하더라도 협상 테이블로 나와 낙찰자와 이야기를 나눠야 할 필요성을 확실히 깨닫게 만들 수 있습니다.

집행관이 결정문을 부착하기 위해 해당 부동산을 방문했을 때 점유자가 순순

내용증명 발송과 가처분·인도명령신청의 시점은?

내용증명 발송, 가처분과 인도명령신청 시점에 대해서 법률로 정해진 바는 없습니다. 하지만 가처분과 인도명령신청은 소유권이전 후에나 가능하기 때문에 잔금을 납부하기 전에는 신청 자체가 불가합니다. 내용증명은 언제든지 보낼 수는 있지만 잔금을 모두 치르고 소유자가 된 이후에 송부하는 것이 더 효과적입니다.

그러므로 세 가지 모두 잔금납부 시점부터 순차적으로 진행해나가면 됩니다. 다만 인도명령결정 후에는 '강제집행신청'이라는 절차가 하나 더 있으므로 잔금납부와 동시에 인도명령을 신청하는 것이 일반적입니다. 가처분은 미리 요청하면 등기신청을 대리하는 법무사 측에서 대신 접수해주기도 합니다.

히 문을 열어주면 집 안으로 들어가 가처분 결정문을 부착합니다. 그러나 점유자가 문을 열어주지 않거나 아무도 없는 경우에는 열쇠기술자를 대동해 문을 열고 들어가 집 내부에 부착하게 됩니다(개문 비용 10~18만 원 선). 문을 강제로 여는 경우에는 본인(또는 대리인) 외 증인 2명이 필요한데요. 함께 갈 대리인이 없는 경우에는 열쇠기술자에게 미리 부탁하면 증인 2명을 따로 불러주기도 하니 참고하시기 바랍니다(보통 일인당 5만 원 선의 비용이 소요됨).

그동안 대화를 원치 않았던 점유자들 중에서도 상당수는 이 단계에서 낙찰자에게 연락해오는 경우가 많습니다. 처음 전화통화에서 상대방이 어떤 태도로 나오건 이는 별로 중요하지 않습니다. 계속 대화를 회피하던 점유자가 먼저 연락을 해왔다는 것만으로도 70% 이상 성공에 다다른 것이니까요. 이때부터는 앞서 살펴본 대화의 원칙에 입각해 협상을 진행해나가면 됩니다. 물론 다음 3단계도 병행해야겠죠.

3. 인도명령에 따른 강제집행(계고)

인도명령에 따른 강제집행은 명도의 종착역입니다. 협의가 되지 않는 점유자에 대해서는 인도명령신청이 필수적입니다. 많은 사람이 인도명령과 강제집행에 대해 혼동하는 경우가 많은데요, 둘은 분명히 다릅니다. 인도명령제도는 앞서 설명했듯 명도를 돕는 편리한 도구이고, 강제집행은 인도명령결정 이후 이 결정문에 의해 실제로 집행하는 것입니다. 즉, 인도명령결정 후에 강제집행이 진행되는 것이 순서죠.

인도명령이나 강제집행을 신청했다고 해서 명도의 협상 과정이 완전히 끝나는 것은 아닙니다. 이는 마치 양국이 전쟁은 선포했지만 양측 모두 아직 총은 쏘지 않은 상황과 비슷하죠. 언제든지 전쟁을 철회하고 악수를 할 수도 있는 것입니다. 인도명령과 강제집행은 낙찰자가 가진 힘을 보여줌으로써 점유자가 협상 테이블에 앉도록 압박하는 것입니다. 물론 점유자가 끝까지 협상 테이블에 앉지 않

부동산 인도명령신청

사건번호

신청인(매수인)

XX시 XX구 XX동 XX번지

피신청인(점유자)

XX시 XX구 XX동 XX번지

위 사건에 관하여 매수인은   .   .   . 에 낙찰대금을 완납한 후 채무자(소유자, 부동산점유자)에게 별지 매수부동산의 인도를 청구하였으나 채무자가 불응하고 있으므로, 귀원 소속 집행관으로 하여금 채무자의 위 부동산에 대한 점유를 풀고 이를 매수인에게 인도하도록 하는 명령을 발령하여 주시기 바랍니다.

년   월   일

매수인   (인)

연락처(☎)

지방법원   귀중

─────────────────────────────

☞유의사항

1) 낙찰인은 대금완납 후 6개월 내에 채무자, 소유자 또는 부동산 점유자에 대하여 부동산을 매수인에게 인도할 것을 법원에 신청할 수 있습니다.

2) 신청서에는 1,000원의 인지를 붙이고 1통을 집행법원에 제출하며 인도명령정본 송달료(2회분)를 납부하셔야 합니다.

❦ 인도명령결정문

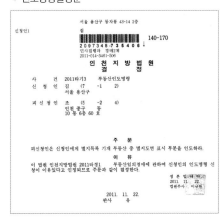

으려고 한다면 어쩔 수 없이 물리력을 행사할 수밖에 없죠.

인도명령을 신청하면 보통 배당기일 이후에 인도명령결정문이 낙찰자(현 소유자)와 점유자(전 소유자 또는 임차인) 모두에게 송달됩니다. 다만 점유자가 소유자이거나 배당을 전혀 받지 못하는 임차인일 때는 배당기일 이전에 송달됩니다. 송달증명원을 발급받은 후에는 강제집행을 신청할 수 있습니다. 점유자가 사정이 있어서 결정문을 송달받지 못했거나 혹은 고의로 송달을 받지 않으면 2차례 재방문 후 공시송달 처리되고, 14일이 지난 후부터 송달의 효력이 발생합니다.

강제집행신청은 절차가 비교적 간단합니다. 해당 부동산을 관할하는 법원의 집행과에 신청서를 접수하고, 은행에 집행비용을 납부하면 모든 절차가 끝나죠. 이후 집행관이 해당 부동산에 계고장을 부착하게 됩니다. 계고장에는 '××월 ××일에 강제집행 예정이니 그전까지 낙찰자와 잘 협의하라'는 내용이 적혀 있습니다. 일종의 경고장이라고 생각하시면 됩니다. 낙찰자의 마지막 선전포고라고도 할 수 있죠. 강제집행 계고장도 점유이전금지 가처분 결정문을 부착하는 것과 마찬가지로 집행관이 열쇠기술자를 대동하고 해당 부동산에 방문하여 부동산 내부의 가장 잘 보이는 곳에 부착합니다.

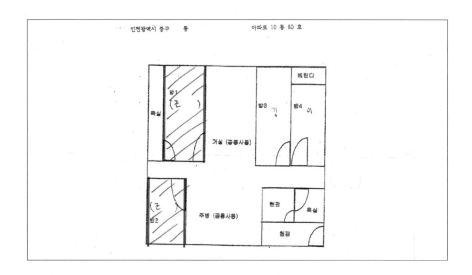

제 경험에 의하면 내용증명 발송도 필요 없이 대화를 통해 원만하게 명도를 마친 점유자가 90%, 내용증명을 발송하고 협상을 통해 명도를 한 점유자가 6%, 계고장 부착 후에 협상을 하고 명도를 끝낸 점유자가 4%입니다. 강제집행까지 간 사례는 이제껏 단 한 번도 없었죠. 대화가 어려운 점유자도, 협상을 원치 않는 사람들도 있었지만 시점이 달랐을 뿐, 결국 모두 협상을 통해 명도하였습니다. 그럴 수 있었던 이유는 강제집행을 신청하는 시점까지도 점유자와 감정적인 충돌이 없었기 때문입니다. 점유자와의 첫 만남부터 계고장을 부착할 때까지도 점유자는 낙찰자의 적군이 아닌 나와 다른 입장을 가진 사람일 뿐이라고 생각하셔야 합니다. 그리고 조금 더 여유를 갖고 상대방을 이해하고자 노력해보시기를 바랍니다. 그렇다고 무조건적으로 점유자를 이해해주고 사정을 봐줘야 한다는 것은 아닙니다. 내 원칙은 지키고, 할 일은 하며 점유자를 기다려줘야 한다는 말이죠.

그러면 결국 언제가 되었건 점유자는 협상 테이블로 나와 앉게 되어 있습니다. 강제집행을 하면 낙찰자도 손실을 입지만 점유자 또한 금전적, 정신적 손실이 불가피합니다. 자신이 손해 보는 것이 명백한 상황에서는 누구라도 대화를 통해 원만히 해결하고 싶어 하기 마련이죠. 다만 낙찰자와 감정적인 대립이 있었다면 상황이 달라질 수는 있을 것입니다. 점유자 입장에서 낙찰자가 꼴도 보기도 싫고, 낙찰자만 생각하면 증오심과 적개심이 불타오른다면 금전적 손실이 발생하더라도 '어디 한번 누가 더 손해인지 끝까지 해보자!'라는 오기가 발동할 수 있으니까요. 점유자와 입장이 '다름'을 이야기할 수는 있지만 굳이 '다툼'을 만들 필요는 없다는 것을 다시 한번 명심하시기 바랍니다.

낙찰자에게 점유자들이 가장 많이 물어보는 3가지 질문

다음 세 가지 질문과 답변은 명도를 위한 점유자와의 첫 만남을 가지기 전에 충분히 숙지하고 가도록 하세요. 사전에 달달 외워두신다면 더욱 좋고요!

1. 언제까지 이사를 가야 하나요?

법적으로 정해진 이사 날짜는 없습니다. 낙찰자와 점유자가 합의를 통해 정하는 것이 원칙이고, 협의가 되지 않을 때는 인도명령제도를 통해서 신속하게 강제집행을 할 수 있을 뿐이죠. 통상 배당기일 전에 이사를 마치면 비교적 빨리 명도한 축에 속하고, 배당기일로부터 1개월이 지난 이후에 명도를 끝마쳤다고 하면 시간이 조금 많이 걸렸다고 봅니다.

모범답안 "저도 선생님이 충분히 시간 여유를 가지고 이사를 가실 수 있도록 해드리면 좋겠지만 무한정 기간을 드릴 수는 없습니다. 보통 잔금을 치르고 한 달가량 후에 배당기일이 잡히는데요, 이때 채권자나 모든 이해관계자가 배당을 받아가게 됩니다. 그리고 이때까지도 명도가 되지 않았을 때는 인도명령에 의한 강제집행이 가능해집니다. 강제집행을 하게 되면 아무래도 저나 선생님이나 번거로운 일들이 많아집니다. 그래서 통상 배당기일 전까지는 이사를 가주시는 것이 일반적입니다."

TIP 간단한 대화의 기술인데요, "~ 해주세요"보다는 "~이 원칙입니다" 또는 "~ 이 일반적입니다"라는 말이 훨씬 효과적입니다. 내용 전달 방식이 상대방에게 내 사정을 봐달라거나 요청하는 것이 아니라 설명해주는 방식이기 때문입니다.

354

2. 이사비용은 얼마나 주실 건가요?

이사비용 또한 법적으로 정해진 바는 전혀 없습니다. 경매가 진행되면 점유자는 주변에서 많은 이야기를 듣게 됩니다. 그중에는 소위 '진상'을 부리면 이사비용을 두둑이 받아낼 수 있다는 잘못된 조언도 있을 것이고요. 그래서 점유자들 중에 이사비용 이야기만 나오면 얼굴에 생기를 띠고 터무니없이 큰 금액을 제시하는 분들도 많습니다. 이때 무조건 "안 됩니다" 내지는 "내가 왜 댁한테 이사비용을 드립니까?"라는 식의 답변은 좋지 않습니다. 이사비용의 지급 조건은 크게 둘로 나눌 수 있습니다.

배당을 받는 임차인(보증금 전액 또는 일부 배당은 무관)

임차인이 배당을 받기 위해서는 낙찰자의 명도확인서(인감도장이 날인된 명도확인서, 인감증명서)가 반드시 필요합니다. 명도확인서는 점유자가 낙찰자와의 원만한 협의를 통해 이사를 했다는 것을 확인해주는 서류죠. 점유자에게 명도확인서의 쓰임새와 발급 조건에 대해 자세히 설명하면 대부분의 경우 이사비용 없이 순조롭게 명도할 수 있습니다.

배당을 통해 돌려받지 못하고 소멸되는 보증금은 어떻게 할까요? 말소기준권리 이후에 등기된 권리를 가진 임차인이라면 매각을 통해 인수할 수 있는 금액이 전혀 없습니다(말소기준권리 파트를 떠올려보세요). 그러나 보증금을 청구할 수 있는 권리까지 소멸되는 것은 아닙니다. 낙찰자에게는 보증금을 배상할 책임이 없지만 전 소유자에게는 보증금을 청구해 받을 수 있죠. 물론 전 소유자로부터 보증금을 돌려받는 것이 쉽지는 않겠지만 낙찰자가 매수인의 신분을 십분 활용하여 점유자가 보증금을 돌려받을 수 있도록 도움을 준다면 점유자는 해결 여부와는 별개로 낙찰자에게 무척 고마워할 것입니다. 그러면 점유자가 명도 과정에 적극 협조할 가능성도 보다 커지겠죠.

배당을 전혀 받지 못하는 임차인 또는 소유자

이 경우에는 명도를 위한 가장 편리한 도구인 명도확인서를 활용할 수 없기 때문에 사전에 어느 정도의 이사비용을 염두에 두는 것이 좋습니다. 모든 협상에는 이익의 균형이 필요합니다. 낙찰자가 물질적으로나 정신적으로나 뭐라도 점유자에게 도움을 줄 만한 게 있을 때 점유자도 기꺼이 협상에 응하고자 하는 것이지, 낙찰자가 '법으로 정해진 바가 없으니 나는 당신에게 한 푼도 줄 수 없다!'라는 식으로 나오면 점유자도 협상에 적극적으로 응할 의지나 이유가 없어지겠죠. 낙찰자가 점유자에게 지급하는 이사비용은 강제집행 시 소요되는 비용 정도가 적당합니다. 협의가 원만하게 이루어지지 못해 강제집행까지 가게 되면 집행비용이 소요됩니다. 굳이 서로 시간은 시간대로 들이고, 돈은 돈대로 더 쓰고, 마음까지 상하면서 강제집행까지 가는 것보다는 집행비용 수준의 이사비용을 주고받으며 웃으면서 명도하는 편이 낫죠. 참고로 강제집행비용은 해당 부동산의 전용면적×4~5만 원 수준입니다. 또 이삿짐의 양에 따라 다르지만 강제집행비용의 50~80% 수준으로 창고 보관비용까지 소요됩니다. 그러므로 이 모든 시간과 비용을 감안한다면 적정한 수준에서 이사비용을 지급해 점유자를 이사시키는 것이 여러모로 바람직합니다.

모범답안 낙찰자 : "법적으로 정해진 이사비용은 없습니다. 제가 선생님께 이사비용을 드려야 할 의무도 없고요. 선생님께서도 제게 이사비용을 요구하실 수 있는 어떤 명분도 없습니다. 2002년 이후부터는 명도 협의가 원만히 이루어지지 않는 경우에 인도명령에 의한 강제집행을 통해 법적으로도 명도 해결이 손쉬워졌습니다. 하지만 저는 강제집행을 할 생각은 전혀 없습니다. 협의를 통해 명도하는 것이 제 원칙이고, 또 저는 지금껏 늘 그렇게 해왔습니다. 앞으로 낙찰일로부터 약 두 달 후에는 배당기일이 잡히는데요, 이때까지는 보통 점유자분께서 이사를 하

시는 것이 원칙입니다. 선생님께서 그때까지 이사를 가주신다고 하면 저도 감사 표시는 최대한 하겠습니다."

점유자 : "그럼 얼마를 주실 건가요?"

낙찰자 : "이사비용의 범위 또한 정해진 바는 없습니다. 일반적으로 강제집행했을 때 소요되는 비용 정도의 선에서 정하고 있죠. 강제집행비용은 전용면적×8만 ~10만 원 수준인데 이 집은 33평형이니 강제집행 시 200~300만 원가량이 들겠네요. 배당기일 전까지 이사를 가주신다고 하면 약소하지만 그 정도 비용은 제가 마련해보겠습니다."

3. 저는 얼마나 배당받을 수 있나요? 그리고 언제 받나요?

배당 문제는 채권자와 배당에 관련된 이해관계자들에게 매우 중요한 문제입니다. 하지만 낙찰자에게는 '인수하는 권리가 있을 때'를 제외하곤 별로 관계가 없는 이야기죠. 그러나 순탄한 명도를 위해서 배당금을 계산하는 방법은 꼭 알아두셔야 합니다. 모든 채권자의 배당금액을 계산해볼 필요는 없지만 점유자가 어느 정도의 금액을 배당받을 수 있는지는 반드시 점유자와 만나 이야기를 하기 전에 미리 확인해서 가야 합니다.

부동산 가액보다 채권 금액이 더 커서 한 푼도 배당받지 못하는 소유자를 제외하고는 모든 점유자가 낙찰자에게 이 세 번째 질문을 합니다. 이 질문에 미리 답변을 준비해가지 못했다면 "배당은 이 부동산을 관할하는 경매계에서 전적으로 담당합니다. 저는 배당에 대해서는 잘 모르니 자세한 내용은 담당 경매계에 문의하세요"라고 답변할 수도 있겠죠. 하지만 낙찰자가 직접 점유자에게 예상 배당금액을 설명해줬을 때와 무슨 내용인지를 잘 몰라 제대로 답변해주지 못했을 때, 점유자의 낙찰자에 대한 신뢰도는 현격한 차이를 보이게 됩니다.

배당일정은 같은 법원이라도 경매계마다 조금씩 다릅니다. 예를 들어 1계는 월

초에 입찰, 월중에 잔금 납부, 월말에 배당일정을 몰아두는 데 반해 2계는 월초에 배당, 월중에 입찰, 월말에 잔금을 납부하는 것으로 일정을 정해두었을 수 있습니다. 그러므로 배당일정은 사전에 담당 경매계에 문의하여 확인해보시는 것이 좋습니다.

모범답안 "아직 확정되진 않았지만 예상 배당기일은 5월 20일에서 25일 사이라고 알고 있습니다. 배당기일이 잡히면 법원에서 선생님께 정확한 일정을 통지해드릴 겁니다. 혹시 모르니 날짜가 확정되면 저도 사전에 연락을 한번 드리겠습니다. 배당기일 3일 전에 법원에서 채권자들의 배당순서와 실제 배당금액을 계산해둔 서류인 배당표를 공지하는데 이 배당표를 봐야 정확한 배당금액을 알 수 있습니다. 만약 배당에 이의가 있다면 반드시 배당기일에 법원에 출석하여 이의를 제기하셔야 합니다. 배당은 배당기일 이후에 언제든지 받을 수 있지만 이의신청은 배당기일에만 가능합니다.

　제가 계산해본 바에 따르면 선생님의 예상 배당금액은 5,700만 원 정도입니다. 지금 상황에서 이 배당금액이 바뀔 만한 특별한 변수는 없어 보이지만 여기서 약간의 변동은 있을 수도 있다는 점, 참고로 말씀드립니다."

반드시 챙겨 살펴봐야 할 양도소득세 절세 비법

—

양도소득세를 모르고 부동산 투자를 하는 것은 지도와 나침반 없이 항해를 떠나는 것과 다름없습니다. 부동산이 다른 어떤 재화보다 세금 부담도 크고, 체계도 복잡하다는 것은 모두들 잘 알고 계실 겁니다. 구입할 때는 취득세, 지방교육세, 농어촌특별세를 내고, 보유할 때는 재산세와 금액에 따른 종합부동산세를 납부하며, 팔 때는 또 양도소득세를 내죠. 부동산 가액을 감안했을 때 이 중 가장 부담이 큰 세금은 단연 양도소득세일 것입니다. 그다음은 취득세일 테고요. 부동산에 관련된 다른 세금들은 부동산의 가격(시가, 기준시가 등)에 따라 그 액수가 변동됩니다. 그러나 양도소득세는 양도차익에 연동해 세금이 결정되기 때문에 비싼 부동산이라고 해서 더 많은 세금을 내진 않죠. 양도소득세는 구입한 가격보다 판 가격이 높을수록 세액이 커지는 조금 특별한 세금입니다. 그래서 매도 이후에 신고하고 납부하긴 하지만, 매수 이전에 미리 예상해 자금계획을 세워야 하죠. 사례를 통해 좀 더 자세히 살펴보겠습니다.

양도소득세만 알았어도 1억 5,000만 원을 절약할 수 있었는데!

최정규 씨는 2009년 1월, 자신이 보유하고 있던 3억 원과 아들 최병욱 씨의 종잣돈 2억 원을 합해 서울 소재의 A주택을 5억 원에 구입했습니다. 이런 경우에는 정규 씨 5분의 3, 병욱 씨 5분의 2씩 공동지분으로 A주택을 취득해야 하지만 군이 그럴 필요를 느끼지 못해 정규 씨 단독명의로 등록을 했죠. 이후 서울 소재 역세권을 중심으로 도시형 생활 주택붐이 불면서 일부 단독주택의 가격이 큰 폭으로 상승했고, 정규 씨가 구입한 A주택의 시세도 8억 원으로 크게 올랐습니다. 그리하여 정규 씨는 2021년 2월에 8억 원을 받고 기분 좋게 A주택을 매도하였습니다.

양도소득세를 신고하니 1세대 2주택으로 비과세 요건도 안 되고, 2년 이상 보유+지역이 서울이라 조정대상지역에 해당하여 일반세율 6~45%에 20%를 가산하여 26~65% 세율이 적용된다고 합니다. 양도차익 3억 원이고 조정대상지역 내의 2주택자라 장기보유특별공제도 적용되지 않습니다. 공제되는 것이라곤 1년에 1회 활용할 수 있는 기본공제 250만 원뿐이라 이것을 차감하면 2억 9,750만 원이고, 이것을 구간별로 나눠 1,200만 원×26%+3,400만 원×35%+4,200만 원×44%+6,200만 원×55%+1억 4,750만 원×58%=1억 5,315만 원의 양도소득세가 산출됩니다. 즉, 정규 씨가 최종적으로 납부해야 할 세금은 1억 5,315만 원이나 됩니다.

만약 정규 씨가 처음부터 아들 병욱 씨 명의로 A주택을 구입했었다면 어땠을까요? 병욱 씨는 직장이 있고 소득 활동을 하고 있기 때문에 정규 씨로부터 세대분리가 가능합니다. 병욱 씨가 세대분리를 하고, 본인 자금 2억 원에 은행대출 3억 원으로 A주택을 구입하고 3년 후인 2021년에 8억 원에 매도했다고 가정해봅시다. 이 경우 병욱 씨는 1세대 1주택으로 2년 이상 보유한 것이 인정되므로 양도소득세가 비과세 적용됩니다(단, 2017년 8월 2일 대책으로, 그 이후 조정대상지역 내의 주택을 취득한 경우에는 양도세 비과세를 위해 2년 보유 및 2년 거주 요건 또한 필요하다. 병욱 씨 경우에는 2017년 8월 2일 전에 취득했기 때문에 비과세를 위해 2년 거주 요건은 요구되지 않았다).

똑같이 A주택을 구입하여 3년 후에 같은 가격으로 팔았는데 전자는 1억 5,315만 원을 세금으로 납부하고, 후자는 양도소득세를 단 한 푼도 내지 않게 되는 것이죠. 물론 3억 원을 대출받으면 5% 이자로 계산할 때 3년간 4,500만 원의 이자비용이 소요되긴 하지만 이 경우에는 정규 씨의 3억 원을 다른 곳에 투자할 수 있는 기회가 생기기 때문에 이자 부분에 대한 기회비용은 따로 감안하지 않았습니다.

중요한 점은 세금을 줄일 방안은 부동산 매도시점에는 아무리 고민해봐야 별 뾰족한 수가 없다는 것입니다. 정규 씨 부자가 부동산을 구입하기 전에 앞으로의 매도 계획이나 절세 방안을 고민하고 A주택을 취득하기 위한 구체적인 방법들을 결정했다면 1억 5,315만 원이나 하는 양도소득세는 전혀 낼 필요가 없었죠.

사례를 통해서도 살펴보았듯이 양도소득세를 절감하기 위해서는 파는 시점이 다 되어서, 또는 매도한 다음이 아니라 부동산을 구입하기 전부터 미리 계획을 잘 세워두어야 합니다. 부동산을 매도하려는 시점에서 세금을 줄일 방안을 묻는다면 제 아무리 뛰어난 세금전문가라고 해도 딱히 알려줄 방법이 없습니다. 그러므로 다음의 양도소득세 계산 방법을 숙지해두시고, 부동산을 구입하기 전에 세금 계획을 잘세우고 충분히 검토한 후 결정을 내리시기 바랍니다. 굵은 글씨로 표시한 부분은 특히 중요한 항목이니 더욱 유념해서 살펴보세요.

▼ 양도소득세 계산 방법

양도가액	실지양도가액
(-) 취득가액	■ 실지취득가액 ⇨ 매매 사례 가액·감정가액·환산가액
(-) 필요경비	자본적지출액+양도비 ⇨ 개산공제액(취득기준시가 3%)
(=) 양도차익 ❶	수 개의 부동산 양도 시 합산
(-) 장기보유특별공제	양도차익×공제율 (10~30%, 1세대 1주택 24~80%)
(=) 양도소득 금액 ❷	
(-) 양도소득 기본공제	연간 250만 원
(=) 과세표준 ❸	
(×) 세율	일반세율: 6~45% 일반세율+10%(20%, 30%), 40%, 50%, 60%, 70%
(=) 산출세액 ❹	지방소득세 10% 별도

매도금액에서 구입한 금액과 제반경비를 차감한 금액이 **1** 양도차익입니다. 여기에 3년 이상 보유한 부동산에 대해적 용되는 장기보유특별공제를 빼면 **2** 양도소득 금액이 산출됩니다. 2년 이상 1세대 1주택을 보유 및 거주하면 비과세되기 때문에 12억 원 이상의 고가 주택이 아닌 이상, 1세대 1주택에 대한 장기보유특별공제는 별로 활용될 일이 없습니다. 우리는 '그 외'에 대한 장기보유특별공제 혜택을 받을 일이 더 많죠. 이는 주택은 물론, 주택 외에 다른 부동산에도 동일하게 적용됩니다. 양도소득 금액에서 기본공제 250만 원을 차감하면 **3** 과세표준을 구할 수 있습니다. 기본공제는 1인당 1년 1회에 한해서만 250만 원으로 일괄적용됩니다. 전 국민에게 무조건 주어지는 아주 작은 세금 혜택이죠. 과세표준에 양도소득세율을 곱한 금액이 **4** 양도소득산출세액입니다. 특별한 변수가 없는 이상 이 양도소득산출세액은 우리가 납부하는 양도소득세 금액과 거의 일치합니다. 적어도 여기까지의 내용은 확실히 이해해두는 것이 좋습니다.

양도소득세 계산법에 대해서는 이제 어느 정도 이해가 되셨죠? 그렇다면 이제부터는 양도소득세를 줄일 수 있는 방법들을 살펴보겠습니다. 양도소득세에 대해 고민할 때는 양도차익과 세율, 딱 이 두 가지 변수만 고려하면 됩니다. 양도차익이 적을수록, 세율이 낮을수록 납부할 양도소득세는 적어집니다. 양도차익과 세율만 잘 관리해도 투자 이익의 대부분을 세금으로 납부하게 되는 일을 막을 수 있습니다.

양도차익

양도차익은 팔아서 남는 금액입니다. 이를 인위적으로 줄이기는 쉽지 않습니다. 잘못하면 절세가 아니라 탈세가 될 수도 있고요. 다만, 실제 발생한 경비에 대해서는 가급적 최대한 증빙서류를 갖춰 비용 처리를 해야 합니다. 특히 부동산을 대대적으로 수리하거나 리모델링하는 경우에는 반드시 증빙서류를 갖춰 신고해야 합니다. 단순한 유지, 보수, 수리비용은 양도소득세 항목에서 필요경비로 인정되지 않습니다. 부동산의 가치를 증대시키는 자본적 지출만이 필요경비로 인정되죠. 각 항목을 구분해 살펴보세요.

취득가액 및 부대비용 취득세, 지방교육세, 인지세, 농어촌특별세, 증지세, 법무비용, 중개수수료, 채권할인금액

자본적 지출 발코니 확장, 베란다 섀시, 붙박이장 설치, 구조 변경, 냉난방시설 설치 및 교체, 상하수도 배관 교체, 홈오토메이션 설치, 엘리베이터 설치, 개발부담금, 재건축분담금 등

지출한 비용을 인정받기 위해서는 증빙서류를 갖춰야 합니다. 자본적 지출로 인정되는 공사 후에는 반드시 세금계산서를 발급받으시기 바랍니다.

세금계산서 발급 vs. 부가가치세 10% 납부, 뭐가 더 유리할까요?

세금계산서 발급을 요구하면 부가가치세 10%를 추가로 지급해달라고 하는 경우가 많습니다. 지금 당장 10%의 추가 비용이 발생하는데 그래도 세금계산서를 발급받아야 할까요?

크게 두 가지 경우를 생각해서 결정을 내릴 수 있습니다. 양도소득세 비과세를 받을 예정이라면 굳이 10%를 더 부담하며 세금계산서를 발급받지 않아도 됩니다. 또 2년 이상 보유할 예정인데 양도차익이 1,200만 원 이하일 것 같다면 양도소득세율이 6%이므로 10%를 추가로 부담하지 않는 편이 더 이익입니다. 하지만 그밖의 모든 경우, 특히 2년 안에 부동산을 매도하여 중과세될 것이라고 예상된다면 반드시 세금계산서를 받아둬야 합니다. 양도소득세 40~50%(주택은 60~70%)보다는 부가세 10%를 부담하는 편이 훨씬 더 유리하니까요.

매도시점에서 급하게 양도차익을 줄여볼 요량으로 실제 매도가격보다 낮은 가격에 또 하나의 계약서를 작성하고, 이 계약서로 세금신고를 하는 경우도 종종 있습니다. 이런 계약서를 '다운계약서'라고 하는데요. 다운계약서는 소멸기간(제척기간)이 10년이고, 제2, 제3, 제4의 매수인을 거치더라도 모든 매도인이 일제히 적발될 수 있기 때문에 다운계약서를 통한 거래는 매우 위험하고 현명하지 못한 미봉책입니다. 특히 거래가가 비교적 투명하게 공개된 대단지 아파트의 경우 다운계약서의 적발 가능성은 한층 커집니다. 다운계약서를 통한 거래는 반드시 지양해야 하겠습니다.

세율

세율은 본래 주택 수에 따라, 보유기간에 따라 달리 적용되었습니다. 먼저 가장 좋은 것은 당연히 비과세이고 1세대 1주택자가 2년 이상 보유(조정대상지역 주택의 경우 2년 이상 거주까지)하는 경우 양도소득세에 대해 비과세받을 수 있습니다. 비과세 다음으로 유리한 것은 일반세율(초과누진세율이라고도 함) 적용이고, 일반세율은 양도차익에 따라 6~45%까지 차등 적용됩니다. 보통 비주택(상가, 사무실, 토지 등)을 2년 이상 보유하는 경우 일반세율이 적용됩니다(비주택은 비과세되지 않습니다).

그다음은 중과세율인데, 가급적 중과세 적용받지 않으려 노력하는 것이 좋습니다. 양도차익의 상당 부분을 세금으로 납부해야 하니까요. 취득 후 1년 이내에 매도하면 50%(주택은 70%)로 중과, 1~2년 사이에 매도하면 40%(주택은 60%)의 중과세가 적용됩니다. 2년 이상 보유한 부동산이라면 과세표준 1,200만 원까지는 6%, 1,200만~4,600만 원까지는 15%, 4,600만~8,800만 원까지는 24%, 8,800만~1억 5,000만 원을 초과할 때는 35%, 1억 5,000만~3억 원까지는 38%, 3억~5억 원 이하는 40%, 5억~10억 원 이하는 42%, 10억 원 초과는 45%의 양도소득세율이 적용됩니다. 여기서 혼동하면 안 되는 것은 구간별로 나누어 양도차익을 계산한다는 점입니다.

예를 들어 과세표준이 5,000만 원일 때 일반세율이 적용된다면 세금은 얼마일까요? 5,000만 원은24%의 세율이 적용되므로 '5,000만 원×24%'로 계산해 1,200만 원의 세금이 부과되는 것 아니냐고요? 아닙니다. 만일 이렇게 계산한다면 차익은 늘어나는데 세금이 너무 과다해 실질수익이 낮아지는 문제가 발생합니다. 4,500만 원은 15% 적용되어 675만 원, 5,000만 원은 24% 적용되어 1,200만 원이니 납부하면 세후수익은 4,500만 원일 때 3,825만 원, 5,000만 원일 때 3,800만 원으로 4,500만 원일 때가 오히려 높습니다. 이렇다면 무척 불합리하겠죠. 따라서 일반세율은 차익을 구간별로 나누어 계산합니다. 과세표준이 5,000만 원이라면 '1,200만 원까지는 6%, 1,200만~4,600만 원까지 3,400만 원에 대해서 15%, 4,600만~8,800만 원까지 4,200만 원에 대해서 24%, 그 초과분에 대해서는 35%' 이런 식으로 적용하는 것입니다. 과세표준이 5,000만 원인 부동산에 일반세율이 적용될 때의 산출세액을 다시 계산해보면, '(1,200만 원×6%)+(3,400만 원×15%)+(400만 원×24%)'으로 678만 원이 됩니다(1,200만 원+3,400만 원+400만 원=5,000만 원). 과세표준이 1억 원일 때 반세율로 과세된다면 산출세액은 '(1,200만 원×6%)+(3,400만 원×15%)+(4,200만 원×24%)+(1,200만 원×35%)'으로 2,010만 원이 되겠죠(1,200만 원+3,400만 원+4,200만 원+1,200만 원=1억 원).

'계산이 너무 복잡한 것 아니냐', '무슨 말인지 도통 모르겠다!'라고 한숨을 내쉬는 분들도 계실 겁니다. 이런 분들을 위해서 국세청에서는 '누진공제율표'를 제공하고 있습니다.

▼ 누진공제율표

과세표준	세율	누진공제액
1,200만 원 이하	6%	-
1,200만 원 초과~4,600만 원 이하	15%	108만 원
4,600만 원 초과~8,800만 원 이하	24%	522만 원
8,800만 원 초과~1억 5,000만 원 이하	35%	1,490만 원
1억 5,000만 원 초과~3억 원 이하	38%	1,940만 원
3억 원 초과~5억 원 이하	40%	2,540만 원
5억 원 초과~10억 원 이하	42%	3,540만 원
10억 원 초과	45%	6,540만 원

누진공제율에서 '공제'라는 단어 때문에 이를 어떠한 '혜택'이라고 오해하는 분들도 많은데요. 이 표는 단순히 계산의 편의를 위해 제공되는 것이지 납세자들에게 돌아가는 어떤 혜택이 아닙니다. 물론 계산의 편의를 제공하는 것이니 어찌 보면 혜택이라고 할 수는 있겠네요. 누진공제율이란 양도소득세를 일일이 구간별로 나누어 계산하는 불편함을 줄이기 위해 미리 계산해놓은 값입니다. 과세표준에 세율을 곱하고 누진공제액을 차감하면 산출세액이 도출되죠.

일반세율을 적용받는 과세표준이 5,000만 원인 부동산의 양도소득세를 다시 계산해보겠습니다. 5,000만 원의 일반세율은 24%입니다. '5,000만 원×24%'는 1,200만 원이죠. 여기에서 표의 맨 오른쪽에 있는 누진공제액 522만 원을 차감하면 678만 원이 나옵니다. 앞에서 구간별로 더한 금액과 똑같은 결과가 나오는 걸 알 수 있습니다. 과세표준 1억 원도 계산해봅시다. 과세표준 1억 원의 일반세율은 35%이므로 '1억 원×35%'는 3,500만 원, 여기서 누진공제액 1,490만 원을 차감하면 2,010만 원이 나옵니다. 앞에서 단계별로 계산한 금액과 일치하는 것을 알 수 있네요. 즉, 일반세율이 적용될 때는 누진공제율표를 활용해서 계산하는 것이 더 편리합니다.

앞에서 살펴본 것과 같이 중과세보다는 일반세율이, 일반세율보다는 비과세가 유리합니다. 때문에 부동산을 어느 정도 보유한 다음 매도할 것인지에 대해서도 취득 전에 고민하고 계획을 세워야 하겠습니다.

▼ 양도소득세 중과세 및 가산세

구분	세율
1년 미만 보유	50%(주택은 70%)
2년 미만 보유	40%(주택은 60%)
미등기양도	70%
분양권 양도(조합원 입주권 제외)	1년 이내 70% 1년 초과 60%
비사업용 토지	일반세율+10%
1세대 2주택(조정대상지역 내)	일반세율+20%
1세대 3주택(조정대상지역 내)	일반세율+30%

▼ 장기보유특별공제율표

지역	주택 수	최대 공제율
조정지역	1주택자	80%
	2주택 이상	-
비조정지역	1주택자	80%
	2주택자	30%
	3주택 이상	-

보유기간	일반 부동산	1세대 1주택	
		보유	거주
2년 이상		-	-
3년 이상	6%	12%	12%
4년 이상	8%	16%	16%
5년 이상	10%	20%	20%
6년 이상	12%	24%	24%
7년 이상	14%	28%	28%
8년 이상	16%	32%	32%
9년 이상	18%	36%	36%

10년 이상	20%	40%	40%
11년 이상	22%	36%	36%
12년 이상	24%	40%	40%
13년 이상	26%	2년 이상 거주한 1세대 1주택으로서 거주기간에 따라 장기보유특별공제 차등 적용	
14년 이상	28%		
15년 이상	30%		

양도소득세를 좌우하는 그 밖의 변수에는 '장기보유특별공제'가 있습니다. 이는 부동산의 단기 거래를 줄이고자 오래 보유하는 사람에게 더 많은 혜택을 주려는 취지에서 만들어진 세제 혜택으로 3년 이상 보유한 부동산에 적용됩니다.

장기보유특별공제율을 계산할 때는 특히 계산 순서에 유의해야 합니다. 과세 표준에서 장기보유특별공제를 제하는 분들이 많은데요, 그렇게 하면 세액이 다르게 산출되므로 반드시 계산 순서를 지켜야 합니다. 장기보유특별공제는 양도 차익에서 바로 차감해야 정확한 공제율을 구할 수 있습니다. 예제를 통해 살펴보겠습니다.

부산에서 1세대 2주택 보유자인 A씨가 3년 6개월 보유한 부동산을 매도하여 1억 원의 양도차익을 얻었을 경우, 양도소득 금액은 얼마일까요? 1세대 2주택이고 3년 6개월을 보유했으므로 장기보유특별공제율은 6%입니다. 즉, '양도차익 1억 원×장기보유특별공제율 6%'가 적용되어 장기보유특별공제 금액은 600만 원이 됩니다. 따라서 양도소득 금액은 1억 원에서 600만 원을 차감한 9,400만 원이 되겠습니다. 만약 동일한 조건으로 15년을 보유했다면 어떻게 될까요? 장기보유특별공제율은 30%, 금액은 3,000만 원이 되어 양도소득 금액은 '1억 원-3,000만 원'으로 7,000만 원입니다.

양도소득세에서 고려해야 할 또 다른 중요한 변수는 '신고 및 세금납부에 대한 가산세'입니다. 2011년부터 가산세 규정이 강화되어 부동산을 매도한 달, 말일 기준으로 2개월 이내에 양도소득세 신고를 하지 않으면 산출세액의 20%에 달하는 무신고가산세를 납부하게 되었습니다. 또 양도소득세를 기한 내에 납부하지 않을 경우에도 산출세액에서 1일당 1만분의 3만큼 납부불성실 가산세를 부담해야 합니다.

과거에는 기한 내에 신고하고 납부만 잘하면 세금감면 혜택이 주어지기도 했었는데요. 이제는 양도소득세 신고가 보편화됨에 따라 세금감면 제도는 폐지되고 가산세 규정만 남게 되었습니다. 납세자 입장에서는 조금 불합리하다고 할 수도 있지만 정해진 기한 내에 반드시 신고 및 납부를 해서 불이익을 당하는 일이 없도록 해야겠습니다.

세입자를 만나 담판을 짓다

구슬 씨는 오늘 드디어 명도를 위해 낙찰받은 부동산으로 향합니다. 낙찰을 받은 후부터 지금까지 줄곧 한빛 씨로부터 명도 과정의 유의사항을 전해들은 구슬 씨는 여러 가지 상황을 대비해 맹연습을 해두었던 터라 자신감이 넘쳤습니다. 낙찰을 받은 후 두려움이 더 컸던 시기가 있었다면 이제는 명도를 코앞에 두고 밝은 미래를 기대하며 느끼게 되는 기쁨과 떨림이 더 큰 것 같았습니다.

구슬 씨는 낙찰을 받고 나서 3일 후에 낙찰받은 부동산을 방문했었습니다. 그러나 아무도 없어 현관문에 "안녕하세요, 낙찰자입니다. 한번 만나 뵙고 이야기를 나누고 싶습니다. 연락주세요(010-1234-5678)"라고 메모만 남기고 왔었죠. 다행히도 구슬 씨의 임차인은 상대하기 어려운 묵묵부답형은 아니었던지라 그날 저녁 바로 전화를 해왔습니다. 그리고 돌아오는 토요일 오후 4시, 임차인의 집에서 만나기로 약속을 잡았죠. 그게 바로 오늘입니다!

임차인 최진기 씨의 집 앞

"안녕하세요. 오늘 찾아뵙기로 한 낙찰자입니다."

30대 중반으로 보이는 남성이 문을 열어주었습니다. 바로 임차인 최진기 씨였습니다. 진기 씨의 표정은 그리 밝지 않아 보였습니다.

"처음 뵙겠습니다. 빈손으로 오기 뭐해서…."

구슬 씨가 미리 준비한 음료수 상자를 건네자 진기 씨는 생각지도 못한 방문 선물에 조금 놀란 듯했습니다. 그리고 곧바로 감사하다는 인사를 하고 건네받았죠.

"입찰하기 전에 내부까지 꼼꼼히 살펴봤어야 하는데 제가 전혀 내부를 보지 못했어요. 실례가 안 된다면 잠시 좀 살펴봐도 될까요?"

"네, 그렇게 하세요."

방, 거실, 욕실까지 차근차근 둘러본 구슬 씨는 조심스럽게 말을 꺼냈습니다.

"참 깔끔하게 사용하셨네요. 성격이 꼼꼼하실 것 같은데···. 임대차계약을 하실 때는 마음이 조금 급하셨나 봐요."

"그때만 생각하면 지금도 열불이 납니다. 공인중개사에서 집주인이 워낙 돈도 많고 이 매물에 대해서는 염려할 게 전혀 없다고 해서 철석같이 믿고 계약을 했었어요. 그런데 1년쯤 지나니 갑자기 법원에서 이것저것 서류가 날아오더라고요. 결국에는 이렇게 경매까지 진행되었고요."

"많이 놀라셨겠어요."

"말도 마세요. 어찌나 놀랐는지! 집주인에게 무슨 일이냐고 여러 차례 전화를 했었죠. 그때마다 집주인은 사소한 문제가 생겼는데 별일 아니고, 또 금방 마무리 될 테니 염려하지 말라고 했고요. 저도 직장생활에 바빠 별로 신경을 쓰지 못하고 있었는데 글쎄 어느 날 갑자기 무슨 배당요구를 하라고 법원에서 통지문이 날아왔지 뭐예요. 무슨 일인가 해서 아는 법무사분께 상황을 설명하고 여쭤보니 제가 지금 살고 있는 집이 경매로 팔릴 거라고, 그전에 빨리 집주인에게 보증금을 돌려 받으라고 하시더라고요."

"그래서요? 집주인분과 이야기가 잘 안 되었던 건가요?"

"여러 차례 전화를 해서 하루빨리 보증금을 돌려달라고 이야기했죠. 그러나 집주인은 그때마다 '괜찮다', '걱정할 거 없다', '시간을 조금만 더 달라'고 이야기했어요. 그러다 어느 날부터는 아예 연락이 두절되었고요. 그 이후에 법무사와 변호사 사무실에 물어봤더니 집이 경매에 넘어가면 제 보증금을 다 돌려받지 못할 거라고 하더라고요. 그 보증금이 어떤 돈인데···."

"하늘이 무너지는 심정이었겠어요. 보증금이 5,000만 원이고 월세가 40만 원인 걸로 알고 있는데 맞나요? 또 처음 계약하셨을 때 진기 씨의 임차권보다 앞선 근저당권이 1억 5,000만 원 있었던 것도 알고 계시죠?"

"네. 보증금, 월세 금액 다 맞고요, 근저당권에 대해서도 알고 있었어요."

"부동산가액에 비해 이렇게 대출이 많은 집은 조심하셨어야 했는데…. 하지만 이미 엎질러진 물이니 지금 시점에서 최선의 해결책을 찾아봐야죠. 제가 이 부동산을 1억 4,543만 원에 낙찰받았어요. 원래대로라면 은행에서 이 금액을 모두 배당받아야 하지만 다행히 주택임대차보호법이 있어서 진기 씨 같은 소액임차인의 보증금을 보호해줄 수 있어요. 진기 씨의 보증금은 5,000만 원이라 다행히 보호 대상이 돼서 3,400만 원은 은행보다도 먼저 배당받으실 수 있어요."

"그거야말로 불행 중 다행이네요. 그럼 제가 돌려받지 못한 1,600만 원은 어떻게 해야 합니까?"

"보증금은 전 소유자와 임차인인 진기 씨 간의 계약에 의해서 주고받은 것이기 때문에 전 소유자에게 청구하셔야 해요."

"보증금을 못 받으면 낙찰자가 물어준다고도 하던데요?"

"그건 자신의 권리를 모두 주장할 수 있는 일부 임차인만 해당돼요. 입주할 때는 등기사항전부증명서에 아무 권리도 없이 깨끗했는데 그 이후에 부동산이 경매에 넘어가게 되었다면 임차인은 자기 권리를 모두 주장할 수 있어요. 하지만 진기 씨는 들어오실 때 이미 앞에 큰 금액의 근저당권이 있었기 때문에 제게 그 어떤 권리도 주장하실 수가 없어요."

"아니! 한두 푼도 아니고 1,600만 원이나 손해를 보게 되었는데 아무리 못해도 절반이라도 물어줘야 하는 거 아닙니까?"

"진기 씨의 심정은 저도 이해가 가요. 하지만 엄밀히 따져서 전 소유자분이 그 보증금을 가져가신 거고, 그걸 제대로 챙기지 못한 진기 씨에게도 책임이 있는데 전 소유자분과 진기 씨 간의 금전 문제를 제게 해결해달라고 요구하시면 안 되죠. 제가 진기 씨 돈을 100원이라도 받았다면 또 모르겠지만요."

"그건 아니지만… 저로서는… 이렇게 그냥 나갈 수는 없어요."

"네. 저도 지금 당장 이 집에서 이사를 나가달라고 하는 건 아니에요. 그런데 앞으로 두 달 후에는 배당을 받으러 오라는 법원의 통지가 있을 것이고, 그때 진기 씨가 보증금 1,600만 원을 우선변제 받기 위해서는 명도확인서가 반드시 필요해요. 명도확인서는 임차인인 진기 씨가 이 집에서 이사를 나갔다는 것을 낙찰자인 제가 확인해주는 서류예요. 명도확인서 없이는 3,400만 원도 받으실 수 없어요. 이사를 나가신다고만 하면 명도확인서는 제가 바로 작성해드릴 수 있어요. 이사를 안 나가겠다고 막무가내로 버티신다면 법원을 통해 강제집행을 하는 수밖에 없고요. 요즘은 집행 절차도 쉽고 간편해져서 소송 없이도 신속하게 이뤄지거든요. 그리고 집행하는 데 드는 비용은 진기 씨가 배당받을 금액에 제가 압류를 걸어 돌려받을 수도 있고요. 결과적으로 저와 진기 씨 사이에 원만한 타협이 이루어지지 않으면 진기 씨만 더 큰 피해를 보게 돼요."

"… 저도 이후의 진행 절차에 대해서 좀 더 자세히 알아봐야겠군요."

"네, 부동산경매의 진행 절차에 대해서 궁금하신 사항은 꼭 이 분야에 대해 잘 알고 계신 분들께 여쭤보시길 바랍니다. 괜히 잘 모르는 분들께 조언을 들으면 오히려 더 혼란스러워지니까요. 그리고 전 소유자의 인적사항에 대해서 궁금하신 게 있다면 제가 알아봐드릴 테니 말씀만 하세요."

"그게 가능한가요?"

"저는 이 부동산의 이해관계자이기 때문에 이 부동산과 관련된 모든 자료를 열람할 수 있어요. 전 소유자뿐만 아니라 대출계약에 관련된 내용, 진기 씨에 대한 사항까지 다 알 수 있지요."

"네. 그럼 전 소유자에 대한 자료 좀 부탁할게요. 그리고… 제가 이사를 나간다고 하면 언제까지 나가야 될까요?"

"제가 도와드릴 수 있는 부분은 최대한 도와드릴게요. 대신 임차인께서도 제 입장을 조금만 이해해주세요. 혹시 이사 갈 곳은 알아보셨어요? 이제부터 알아보신다고 해도 최소한 1~2개월은 걸릴 텐데…. 넉넉하게 두 달 정도 여유를 드리면 될까요?"

"네, 그 정도면 충분할 것 같습니다. 이사날짜가 잡히면 다시 말씀드릴게요. 그런데… 저보다 한참 어리신 것 같은데 부동산경매에 대해 참 많이 아시네요. 저는 괜히 나이만 먹은 것 같아 부끄럽네요. 보증금이나 날리고…."

"저도 특별한 계기가 있어서 마음 단단히 먹고 부동산경매 공부를 시작하게 된 거예요. 힘내세요. 전 소유자에 대해서는 제가 알아보고 진기 씨에게 알려드리도록 할게요. 그럼 저는 이만 가보겠습니다. 변동사항이 생기면 연락주세요."

"네, 전 소유자분에 대한 정보 꼭 좀 부탁드릴게요. 살펴가세요."

점유자와의 첫 만남은 긴장의 연속이었습니다. 그러나 구슬 씨는 한빛 씨로부터 귀가 따갑도록 들었던 '여유', '원칙', '주도권', 이 세 가지를 잊지 않으려고 노력했죠. 구슬 씨의 첫 명도는 비교적 쉽게 진행되는 듯했습니다.

점유자와의 첫 만남 후 2주 정도가 지났습니다. 구슬 씨는 이사 준비가 잘 진행되고 있는지 확인하기 위해 진기 씨에게 전화를 걸었습니다. 그런데 전화 너머의 진기 씨는 일전에 구슬 씨가 만났던 사람과 전혀 다른 사람인 것처럼 말을 하는 게 아닌가요?! 자신만 혼자 손해를 다 떠안을 수는 없다며 구슬 씨가 이사비용 500만 원을 주기 전까지는 절대 이사를 나가지 않겠다는 것이었습니다. 구슬 씨는 좋은 말로 진기 씨를 설득하려고 했지만 도저히 말이 통하질 않았습니다. 진기 씨의 완강한 태도에 구슬 씨는 일단 한발 물러서는 게 좋을 것 같다고 생각하고 전화를 끊었습니다.

이런 일에 대해서 마음의 준비를 해두지 않았다면 무척이나 당황스러웠겠지만 구슬 씨는 한빛 씨로부터 '집 열쇠를 손에 쥐기 전까지는 절대 방심해서는 안 된다'는 이야기를 숱하게 들어왔던 터라 크게 놀라지는 않았습니다. 구슬 씨는 마음을 가다듬고 내용증명을 작성했습니다. 다행히 권리분석 특강을 들을 때 받아둔 내용증명 기본 양식이 있어서 상황에 맞게 조금 손을 보았죠.

내용증명서

일시: 2023년 02월 02일
수신자: 최진기
주소: 서울시 관악구 XXX
연락처: 010-XXXX-0000
사건번호: 202X타경 XXXXX

발신자: 김구슬
주소: 서울시 동작구 XXX
연락처: 010-XXXX-XXXX

제목: 주택 명도 관련 내용증명

해당 부동산: 서울시 관악구 XXX

1. 귀하의 무궁한 발전을 기원합니다.

2. 본인은 서울시 관악구 XX동 다세대주택 B동 104호를 2022년 12월 18일 남부지방법원 경매3계(사건번호 2022타경 XXXXX호 부동산임의경매)에서 경매로 낙찰받고 2023년 2월 2일 그 대금을 납부한 소유자입니다.

3. 2023년 3월 중에 서울중앙지방법원에서 임차인에 대한 배당기일이 지정될 것입니다. 배당기일 이후에는 최진기 씨 귀하 및 가족이 본 주택을 점유할 수 없고, 명도에 관하여 상호 협의되지 않을 경우 귀하에게 월 82만 원(감정가액×1.5%)의 임대료를 청구할 수도 있습니다.

4. 잔금납부와 함께 서울중앙지방법원에 인도명령을 신청하였습니다. 인도명령에 의한 강제집행 시 그 집행비용을 귀하에게 청구할 수 있음을 알아두시기 바랍니다.

5. 임차인 최진기 씨는 14.05.03일에 설정된 근저당에 기한 말소기준권리보다 후에 전입, 점유한 후순위 임차인으로 인도명령 대상자가 됩니다. 따라서 배당 순서에서도 후순위가 되어 현재 배당재원으로는 전혀 배당을 받지 못합니다. 그러나 주택임대차보호법에 의한 소액임차인이므로 1,600만 원을 최우선변제받을 수는 있습니다.

주택임대차보호법(이하 주임법) 8조 1항에는 소액임차인에 해당되면 해당소액임차보증금을 최우선적으로 배당하게 되어 있습니다. 그러나 이를 악용하는 임차인에 대해서는 배당에 참여시키지 않을 뿐 아니라 경매방해죄 및 사기죄 등으로 형사처벌하도록 되어 있기도 합니다.
본인은 귀하가 선의의 임차인임을 의심치 않으며, 원만하게 배당에 참여하기를 간절히 바라고 있습니다. 그러나 계속해서 명도에 협조치 않고 터무니없는 이사비용을 요구하며 경락인을 압박할 경우에는,
(1) 경매 절차의 이해관계인 자격으로 배당배제신청을 하고
(2) 증거자료 등을 해당 은행 채권관리팀에 제출하여 배당배제를 통해 채권을 확보할 수도 있습니다.

귀하가 정상적인 방법으로 배당을 받기 위해서는 해당 부동산에서 퇴거한 후 경락인에게 '명도확인서' 및 '인감증명서'를 받아 배당기일에 법원에 출석해 제출하여야 합니다. 하지만 지금처럼 명도 과정에 협조해주지 않으시면 저로서는 경락인으로서 해당 서류를 귀하에게 드리기는 어렵습니다. 또한 서로 불필요한 충돌로 강제집행(인도명령)을 하게 되면 강제집행에 소요되는 비용은 귀하의 동산에 가해진 압류를 통한 동산경매로 충당할 수 있을 뿐 아니라 배당금을 압류해 경락인에게 귀속할 수 있습니다. 그렇게 되면 설령 진짜 임차인임을 인정받는다고 하여도 귀하는 임차보증금을 수령하기가 굉장히 어려워질 뿐 아니라 금전적인 손실도 입게 됩니다.
그러므로 부디 상호 간에 불미스러운 일이 발생하지 않도록 협조를 부탁드립니다.

2023년 02월 02일

우체국에 가서 내용증명을 발송하고 난 후 3일이 지났습니다. 구슬 씨는 우체국 홈페이지에 들어가 내용증명을 보낼 때 받았던 등기번호를 입력해 임차인에게 수신이 잘되었는지 확인해보았습니다. 다행히 최진기 씨가 내용증명을 잘 받았다고 나오네요. 구슬 씨는 이번 주 내로 진기 씨가 아무런 회신을 주지 않는다면 다음 단계인 점유이전금지 가처분을 신청하려고 마음먹습니다.

이튿날, 회사에 출근해서 한창 열심히 일을 하고 있는데 휴대폰으로 전화 한 통이 걸려왔습니다. 누군가 했더니 힘이 하나도 없는 목소리의 최진기 씨였습니다.

"며칠 전 일은 죄송합니다. 속상하고 답답한 마음에 제가 큰 실수를 했네요. 염치없지만 너그럽게 이해 부탁드려요. 지인들이 지푸라기라도 잡는 심정으로 낙찰자로부터 얻어낼 수 있는 건 최대한 얻어내라고 조언해주더라고요. 이사비용도 최대한 많이 부르라고 했고요. 그런 말들에 혹해서 제가 좀 못되게 굴었네요."

"저도 진기 씨가 섭섭하시지 않게 이사비용도, 이사 기간도 최대한 많이 드리면 좋겠지만 그럴 형편도 되지 못하고 그건 원칙에도 어긋나요. 제가 할 수 있는 선에서 최대한 도움을 드릴 테니 진기 씨도 상황에 맞게 조금만 양보해주셨으면 해요. 명도확인서는 제가 책임지고 잘 준비해둘 테니 이사 날짜가 잡히면 다시 연락 주세요."

임차인 최진기 씨는 다행히도 그로부터 3주가 지나 이사 나갈 집을 구했다고 연락을 해왔습니다. 진기 씨가 이사를 나가는 날, 구슬 씨는 진기 씨에게 직접 작성한 명도확인서에 인감도장을 날인하여 인감증명서와 함께 건네주었습니다. 부동산경매 생초보였던 구슬 씨가 잔금납부 후 이제 막 한 달 정도가 지난 시점에 명도까지 순조롭게 마친 역사적인 순간이었죠. 구슬 씨의 머릿속에서 지난 6개월간의 일들이 빠르게 스쳐 지나갔습니다.

불과 6개월 전만 해도 구슬 씨는 부동산경매의 '부'자도 모르는 생초보 부동산 투자자였습니다. 그러나 열심히 책을 읽고, 강의를 듣고, 발로 뛰며 좋은 물건을 찾아다니고, 좋은 투자 멘토에게 조언을 구하면서 구슬 씨 자신도 모르는 사이 실력이 급상승해 이제는 어엿한 부동산 소유자가 되었죠. 구슬 씨는 지금껏 직장생활을 하면서 6개월이란 시간이 그리 길거나, 또 커리어 면에서도 스스로 많이 성장했다고 느끼지는 못했었습니다. 그러나 부동산경매를 공부했던 지난 6개월은 엄청 길고도 굉장히 의미 있는 시간으로 느껴졌죠. 구슬 씨는 이 집을 발판으로 조금씩 자산을 늘려가면서 임대수익형 부동산도 몇 개 더 취득하고, 10년 후 번듯한 내 집을 마련하겠다고 결심합니다. 하지만 지금 이 순간만큼은 미래에 대한 계획도 다 잊고 자신 명의의 집을 온전히 소유하게 되었다는 기쁨과 뿌듯함만을 오롯이 만끽하고자 합니다. 이 소식을 누구보다 기뻐해줄 한빛 씨와 함께 말이죠.

명도 시에 반드시 유념하고 주의해야 할 4가지

—

1. 여유를 잃어버려서는 안 됩니다!

부동산경매의 전 과정에서 여유로운 마음을 가지는 것이 얼마나 중요한지는 이미 여러 차례 이야기한 바 있습니다. 여유로운 마음가짐은 명도 과정에서 특히 더욱 중요하죠.

내 집 마련을 목적으로 부동산경매에 뛰어든 투자자들 중에는 낙찰부터 입주까지의 기간을 지나치게 짧게 생각하고 입찰에 참여하시는 분들이 많습니다. 다행히도 점유자와 협의가 잘돼서 빠른 시일 안에 명도가 이뤄지면 더할 나위 없이 좋겠지만 그렇지 않은 경우가 훨씬 더 많죠. 그렇게 되면 낙찰자들은 마음이 조급해지면서 분별력을 잃고 실수를 저지르거나 결국 일을 그르치곤 합니다. 그러므로 낙찰받은 부동산에 직접 입주할 생각이라면 최소 6개월 정도로 기간을 여유롭게 잡고 편안한 마음으로 명도를 진행하시기 바랍니다.

2. 점유자와 처음부터 대화가 잘 통할 것이라고 생각하지 마세요!

어떤 점유자이건 억울한 일이나 구구절절한 사연이 있기 마련입니다. 그렇기 때문에 아무리 사람 좋은 점유자라 할지라도 낙찰자에게 우호적인 태도를 취하기는 어렵죠. 그러나 명도를 위한 첫 만남에서 점유자가 어떤 식으로 나오건, 또 무슨 이야기를 하건 크게 신경 쓰지는 마시기 바랍니다.

첫 만남에서 가장 중요하게 해야 할 일은 점유자의 이야기를 잘 들어보고, 명도의 대원칙을 세우고, 앞으로의 과정에 대해 점유자가 충분히 이해하고 납득할 수 있도록 설명해주는 것입니다. 그리고 낙찰자는 점유자의 '적'이 아니라 앞으로 여러 방면에서 점유자에게 많은 도움을 줄 수 있는 '지인'이라는 점을 충분히 어필해야 합니다.

3. 점유자와 대화 시에는 법률 용어를 남발하지 마세요!

점유자가 요구하는 이사비용이나 희망하는 이사 날짜가 낙찰자의 생각과 큰 차이가 나는 경우가 많습니다. 이럴 때 많은 낙찰자가 법률 용어나 판례 등을 내세워 점유자를 압박하기도 하는데요, 이는 오히려 역효과를 낳을 수도 있으니 주의하셔야 합니다.

점유자와 대화를 할 때는 고압적이고 위협적인 자세는 지양하고 현재 상황을 충분히 이해시키면서 편안한 분위기로 대화를 이끌어가야 합니다. 법률 용어나 관련 조항, 판례는 대화를 할 때보다는 내용증명 등의 서류를 통해 이야기할 때 적극 활용하시는 것이 좋습니다. 점유자와 얼굴을 맞대고 이야기할 때와 문서로 소통할 때는 다른 전달 방식만큼이나 대화의 기술 또한 달라져야 한다는 것을 명심하세요.

4. 내용증명, 점유이전금지 가처분, 인도명령, 강제집행에도 타이밍이 있습니다!

점유자와 대화를 하는 게 어렵거나 불편하다고, 또 말이 잘 통하지 않는다고 해서 서류로만 명도를 진행하겠다는 생각은 바람직하지 않습니다. 언제나 가장 좋은 것은 얼굴을 마주 보고 하는 대화라는 점을 명심하세요. 그러나 상대방이 좀처럼 대화를 하려 하지 않는 경우에는 내용증명, 점유이전금지 가처분, 인도명령, 강제집행 절차를 통해 가능한 큰 마찰 없이 명도를 진행해야 할 것입니다.

내용증명 내용증명은 되도록이면 잔금을 납부한 후 일주일 이내에 발송하는 것이 좋습니다. 잔금을 납부하면 최고가 매수신고인에서 해당 물건에 대한 소유권을 강력하게 주장할 수 있는 이해관계자로 지위가 격상된다고 이야기한 바 있습니다. 매수인이 잔금을 납부하기 전에 보내는 내용증명과 납부 후 소유자가 되어 보내는 내용증명은 그 내용과 성격이 조금 달라집니다.

점유이전금지 가처분 내용증명을 보낸 후에도 점유자가 계속 협상에 응하지 않는 경우에는 점유이전금지 가처분을 신청해야 합니다. 점유이전금지 가처분은 소유자가 된 이후에만 신청할 수 있는데요, 가능하면 잔금을 납부한 날로부터 1개월 이내에 신청하는 것이 좋습니다. 점유이전금지 가처분을 신청하면 해당 부동산의 내부에 관련 결정문을 붙여두기 때문에 대화를 원치 않던 점유자의 마음을 움직이는 데 아주 효과적이죠.

인도명령 인도명령은 잔금을 납부하면 바로 즉시 신청할 수 있습니다. 그러나 인도명령에 대한 결정은 배당기일 즈음인 잔금납부일로부터 대략 30일 이후에 내려지는 것이 원칙입니다. 인도명령에 대한 결정문을 받아야 강제집행신청도 가능하죠. 결정문은 소유자(낙찰자)뿐만 아니라 점유자에게도 송달됩니다. 송달이 이뤄지지 않았다면 강제집행을 할 수 없죠. 이때는 두 차례에 걸쳐 다시 송달됩니다. 송달이 되지 않으면 공시송달을 할 수 있는데 공시송달 후 15일이 지난 다음에 송달의 효력이 발생하면 바로 강제집행신청이 가능해집니다. 이때까지도 점유자가 협상의 여지를 전혀 보이지 않는다면 어쩔 수 없이 강제집행신청을 할 수밖에 없습니다.

강제집행 강제집행은 2단계로 나뉩니다. 1단계는 계고장을 부착하는 것이고, 2단계는 실제 본 집행을 실시하는 것입니다. 계고장에는 점유자와 낙찰자 간에 협의가 이뤄지지 않으면 앞으로 며칠 내에 집행이 이뤄진다는 내용이 기재되어 있습니다. 낙찰자와 대화를 하지 않겠다고 완강히 버티던 점유자들도 대부분은 이 단계에서 항복 깃발을 들고 협상 테이블에 나와 앉곤 합니다. 끝까지 버텨봐야 며칠 후에 강제집행을 하게 된다는 것을 알기 때문이죠. 만에 하나 이때까지도 점유자가 여전히 협의를 원치 않거나 묵묵부답으로 일관하는 경우에는 최후의 수단인 강제집행이 실시됩니다.

Epilogue

제 투자 경험담을 들려드리고자 합니다

처음 책을 냈을 때에 비해 이제 저도 부동산 분야의 경험치가 제법 쌓였다고 자평합니다. 2006년 초에 처음으로 아파트를 분양받았고, 같은해 12월에 첫 낙찰을 받았으니 이제 16~17년가량이 되었네요. 이 기간 동안 저는 부동산시장, 금융시장, 실물시장의 다양한 부침을 겪으며 많은 걸 배우고 깨닫고 성장했습니다

부동산시장에 첫발을 내디뎠던 2006년은 서울과 수도권 부동산시장의 전성기라 할 수 있었습니다. 수도권 소재의 부동산 대부분은 2006년에 최고가를 기록한 것들이 많았죠. 그러나 2008년 하반기에 미국발 금융위기가 터지면서 한국 경제에도 큰 영향을 미쳤고, 부동산시장도 잠시 주춤했습니다. 그러다가 2010년에는 수도권 부동산시장이 잠시 반등했습니다. 그리고 이때부터 부산을 필두로 한 비수도권 부동산시장의 반란이 시작되었습니다. 부산-경남 지역에 이어 대전-충남 지역, 강원 지역, 광주전남 지역에 이르기까지, 2011년에는 서울과 수도권 외 전지역의 부동산시장이 강세를 보였습니다.

언론은 연일 '부동산시장이 어렵다'는 기사를 냈고, 일부 전문가들은 '한국의 부동산시장은 이제 끝났다'는 선정적인 문구로 시장을 호도하였습니다. 그러나 이는 수도권만의 어려움이었을 뿐, 다른 지역들은 아랫목이 따뜻했습니다. 워낙 시

장의 관심이 수도권에만 집중되었고, 기준이 수도권이었기 때문에 이런 왜곡된 이야기들이 시장을 좌지우지했던 것이었죠.

2013년까지 5년간 이어오던 수도권 지역의 지리한 하락세가 멈추고, 2014년부터 강남 재건축 아파트를 필두로 2015년 9월까지 서울-수도권 지역은 매매, 분양, 경매시장이 모두 상승하는 트리플 강세 분위기를 모처럼 이어갔습니다. 이때는 기존에 부동산을 보유하고 있던, 그리고 선취매한 투자자들에게는 기분 좋은 시기였지만 반대로 시장에 새로 진입하는 신규 투자자들에게는 투자 기회가 크게 줄어 어려운 시기이기도 했습니다.

그러다가 2015년 10월부터 미국발 금리인상, 중국 성장률 약화, 2016년부터 예고된 주거용 부동산 대출규제에 따라 부동산시장의 활력이 급격히 떨어졌고, 2016년 1월부터는 경매시장의 주거용물건 낙찰가격이 눈에 띄게 하락했습니다. 하지만 2017년부터 세계적인 금리인하가 이어지고 국내에서는 공급과 수요 모두 억제하는 정책이 이어지면서 5년 동안 부동산가격이 가히 폭발적으로 상승했습니다. 서울의 어지간한 아파트는 이 5년 동안 최소 2배 많게는 3~4배 가격이 상승했으니까요. 2017년에도 평당 1억 원의 아파트가 등장한다라는 주장이 있었고 상당수의 투자자는 이를 비웃거나 혹은 아주 먼 미래에 가능한 시나리오로 치부해버렸으나, 2022년 현재 평당 1억 원 이상 하는 아파트가 상당히 많은 것이 현실입니다.

반대로 무주택자에게는 상대적 박탈감이 극에 달하는 시기이기도 했죠. 하지만 2022년 하반기부터 전 세계적인 금리인상 행진과 실물경기 침체가 맞물리며 부동산가격의 기나긴 조정이 다시 시작됐습니다. 이는 지금 공부하는 초심자에게는 좋은 기회가 열렸음을 의미합니다. 시기에 따라 투자 매력이 있는 물건 종류 및 지역이 항상 변화하는데, 2022~2023년에는 부동산시장 침체에 따라 경매시장에 출현하는 부동산은 증가하고 반대로 입찰하려는 투자자는 감소하여 '투자 가치 있는 좋은 물건을 낮은 가격'에 낙찰받을 가능성이 커졌으니까요.

2006년, 투자의 기초와 내실을 탄탄히 다졌습니다

2006년 말, 부동산경매로 처음 낙찰받은 물건은 인천에 위치한 조그마한 평수의 오피스텔이었습니다. 당시에는 아파트와 다세대주택이 투자자들로부터 각광받던 시기였습니다. 오피스텔은 아무도 거들떠보지 않았죠. 그래서 시세도 상대적으로 저렴했습니다.

당시 저는 1,800만 원에 소형 오피스텔을 낙찰받았습니다. 세금과 기타 비용을 포함해서 제가 들인 첫 투자금은 단돈 700만 원이었습니다. 추가로 필요한 1,200만 원은 경락잔금대출로 마련했죠. 오피스텔을 낙찰받은 후에는 보증금 1,000만 원, 월세 25만 원에 임대를 놓았습니다. 그래서 700만 원을 회수하고도 300만 원의 이익을 남겼죠. 또 당시 금리가 6%, 월 이자가 6만 원 선이었으니 월세로도 19만 원의 세전이익을 얻었습니다. 저는 이렇게 경락잔금대출을 이용해 투자금을 거의 들이지 않고 수도권 소재의 오피스텔을 하나하나 낙찰받으며 임대수익을 착실하게 쌓아나갔습니다. 물론 도전했던 것만큼이나 패찰한 횟수도 많았죠.

2007년, 레드오션을 떠나 블루오션으로 향했습니다

원하는 물건을 낙찰받는 횟수가 많아지면서 투자 감각도 생기고 자신감이 붙었습니다. 그때부터 슬슬 내 집 마련에 나섰고 2007년 초, 전세금 1억 원으로 은평구에 위치한 아파트를 1억 6,000만 원에 낙찰받았습니다. 베란다 바로 앞쪽에 야트막한 산이 있어 조망도 좋고, 공기도 깨끗하고, 신혼집으로 그만한 집이 없었죠. 낙찰금액의 대부분을 대출로 충당했기 때문에 여유자금도 제법 생겼습니다. 저는 그 돈으로 다시 서울과 경기도에 위치한 아파트, 창고, 상가에 투자했습니다. 다들 표면상으로 권리상에 약간씩 문제가 있던 것들이라 저렴한 가격으로 취득할 수 있었습니다. 물론 철저한 권리분석을 통해 실제로는 위험이 없다고 확신한 물건들만 선별해 투자했었죠. 이 당시 제가 낙찰받은 부동산들은 취득가격이 지금의 전세가격보다 낮았습니다. 그러니 절대 실패할 수 없는 투자였죠.

2007년, 수도권 경매시장은 레드오션이 됩니다(제가 보기에는 그랬습니다). 수도권에서 더는 매력적인 물건을 찾을 수 없겠다고 생각했던 저는 지방의 부동산들로 눈을 돌렸습니다. 2007년부터 2008년까지는 당진, 서산, 전주, 대전, 청원, 청주 등 충청 지역의 부동산들을 열심히 조사하고 답사를 다니며 집중적으로 투자했습니다. 이 지역의 부동산가격이 오를 것이라 예상하고 투자를 한 것이었느냐고요? 딱히 그렇지는 않았습니다. 오르거나 오르지 않거나 확률은 50 대 50이라 생각했죠.

당시 이 지역에 투자하며 기준으로 세웠던 것은 '확실한 임대수익', 딱 한 가지였습니다. 처음 투자했던 오피스텔이 그러했듯 이 지역의 부동산들은 취득가격이 무척 낮았습니다. 저는 이 지역의 매물들을 좀 더 잘 살펴보고 투자하기 위해 대전으로 이사 가기도 했습니다. 그래서 제 딸 지유는 고향이 대전이죠. 당시 저의 투자 방식은 2,000만 원을 대출받아 2,500만 원 하는 매물을 낙찰받고 보증금 500만 원, 월세 30만 원에 임대하는 식이었습니다. 은행에 납부하는 월 이자는 10만 원, 실투자금은 0원이었죠. 이런 식으로 부동산 하나당 최소 월 20만 원의 수익을 얻었습니다.

2008년, 금융위기를 계기로 다시 서울로 입성했습니다

2008년 10월에 미국발 금융위기가 터졌습니다. 주식시장은 폭락했고, 부동산시장도 급격한 침체기를 맞이했습니다. 그러나 저는 그러한 소용돌이 속에서도 아무런 타격을 입지 않았습니다. 미국발 금융위기의 여파로 제가 보유하고 있던 건물들의 임대료가 뚝 떨어진 것은 아니었으니까요. 오히려 단기간에 급격하게 떨어진 부동산가격, 그리고 그보다 더 낮은 경매물건들의 낙찰가를 보며 저는 다시 기회를 엿보았습니다. 과열된 수도권을 떠나면서 다시 서울에 입성할 날을 딱 정해놓진 않았지만, 생각했던 것보다 그 시기는 더 일찍 찾아왔습니다.

당시에는 경매법원에 사람들이 별로 없었습니다. '부동산시장이 얼어붙어 경매 물건들은 쏟아지는데 입찰자는 아무도 없다?' 저는 이때가 그동안 많은 사람이 몰려 쳐다보지도 않았던, 아니 쳐다보지도 못했던 우량물건들을 골라잡을 수 있는 절호의 기회라고 생각했습니다. 당시 기준금리는 4% 선까지 인하되었고, 정부의 규제도 많이 약해져 투자하기에 매우 우호적인 환경이 조성되어 있었습니다. 저는 이 시기에 다시 수도권으로 돌아와서 약 6개월간 서울, 분당, 일산, 김포, 구리, 하남 등지에 위치한 중·대형 아파트들에 투자했습니다. 왜 하필 중·대형 아파트였냐고요? '중·대형 아파트는 이제 끝났다'라는 인식이 시장을 지배하고 있었기 때문입니다.

2007년까지만 해도 많은 부동산 투자자가 중·대형 아파트를 선호했습니다. 2006년에 제가 아파트로는 처음으로 동탄에 위치한 24평형의 중·소형 아파트를 분양받았던 것은 자금이 부족한 이유도 있었지만 중·대형 아파트들은 경쟁률이 높아서 분양받을 가능성이 희박했기 때문이었습니다. 하지만 불과 2~3년 사이 시장이 침체되면서 중·소형 아파트가 각광을 받고 중·대형 아파트는 상대적으로 덜 주목을 받게 되었습니다. 그러다 보니 중·소형과 중·대형 아파트의 평당 가격이 역전되기도 했습니다.

이때는 불과 2년 전만 해도 10억 원에 거래되던 중·대형 아파트들이 6억~7억 원까지 가격이 하락해 부동산시장에 나왔습니다. 경매시장에서의 낙찰가격은 4억~5억 원선으로 더 낮았죠. 엄청난 기회가 아닐 수 없었습니다. 아무래도 매매시장보다는 경매시장이 투자 심리를 더 직접적으로 선반영하는 특성이 있다는 점도 당시에 몸소 체험했습니다.

2011년, 또 한 번의 전환점을 맞이했습니다

2011년에는 비수도권 지역의 부동산 가격이 폭등했습니다. 광복 후 지난 50년간 부동산시장에서 단 한 번도 주목받지 못했던 지방의 소형 물건들도 2010년 하반기부터 큰 폭으로 가격이 상승했습니다. 이 시기 지방에는 매매가격이 4,000만 원인데 전세가격이 3,600만 원인 것처럼 매매가와 전세가가 별로 차이가 나지 않는 매물들이 많이 나와 있었습니다. 저는 이런 부동산은 시기가 문제일 뿐, 가격이 상승할 여지가 충분하다고 생각했습니다. 그래서 소신 있는 투자를 했고, 덕분에 많은 수익을 얻게 되었죠.

2007~2008년에 취득해 임대수익만으로도 충분히 만족을 안겨주었던 효자 부동산들도 이 시기에 큰 폭으로 매매가격이 상승하면서 제게 큰 기쁨을 주었습니다(부동산시장에서는 2억 원이던 부동산이 4억 원이 되는 것보다 3,000만 원짜리 부동산이 1억 원이 되는 경우가 훨씬 많습니다). 반대로 2014년까지 수도권 부동산시장이 장기 침체되면서 좋은 조건에 매수(물론 그 기간에도 NPL채권을 주로 공략한 시기, 강남권에 투자한 시기, 토지 및 상가건물이 더 좋았던 시기, 용산 지역에 집중투자한 시기 등이 나뉘지만) 할 수 있는 물건들이 쏟아져 나왔습니다. 그리하여 제 부동산 포트폴리오는 2011~2014년에 상당 부분 재조정되었습니다.

그 후 2015년 수도권 부동산시장이 좋아지며 제가 매수한 부동산 중 일부를 정리하여 현금화하는 한편, 2015년부터는 미분양 아파트 통매입, NPL채권 풀 매입, 토지를 매입하여 건물을 올리는 시행건 등 경매 투자 외의 부동산 투자 분야로 그 대상을 확대하였습니다. 그렇게 공매로 낙찰받은 서초동 부지에 공동주택 40세대 시행사업을 시작으로 인천 숭의동의 지역주택조합 약 1,000세대의 재무적 투자자, 종로구 신영동에 테라스하우스 48세대, 논현동에 사옥 2개동까지 다양한 지역에서 부가가치 높은 건물을 지어 매도한 바 있습니다. 그리고 현재는 충남 아산에 약 800세대 주상복합의 시행을 진행하고 있기도 합니다.

이렇게 다양한 분야로 투자 범위를 넓힐 수 있었던 가장 큰 이유와 기존에 시장에 존재했던 유능한 투자자들과 제가 차별화할 수 있었던 점은 하나입니다. 지난 10년 이상의 투자 경험을 통해 내가 취득할 혹은 공급할 부동산에 대한 '경매시장에서의 매각가격'을 사전에 예측할 수 있었기 때문입니다. 즉, 부동산 소비자의 가장 날 것 상태의 희망 가격대를 누구보다 정확한 수준으로 파악할 수 있었던 것이 제 유일한 강점이었습니다. 경매시장은 부동산시장의 혈관이고 자신의 의지대로 풀리지 않았을 때 최종 출구이기 때문에, 이 출구가격을 사전에 파악하고 그보다 좋은 조건에 매수할 수 있다면 이 또한 안전한 투자가 될 수 있을 테니까요.

지금껏 단 하나의 원칙을 철저히 지켜왔습니다

지난 17년간의 투자 포트폴리오를 살펴보면서 다시 한번 느끼는 것이지만 제가 무슨 대단한 통찰력이나 예지력이 있어서 부동산 투자에서 성공을 거둘 수 있었던 것은 절대 아니었습니다. 그저 주어진 투자금으로 안전하게, 그러나 가장 높은 수익률을 얻을 수 있는 부동산을 열심히 찾아다녔기에 투자했던 매물들 모두 기본 이상의 수익을 달성할 수 있던 것이었죠. 저는 지난 17년 동안 '위험은 작고 수익은 높은 투자, 확신에 찬 투자만 하자!'라는 단 하나의 원칙을 세워두고 철저하게 지켜왔습니다.

흔히들 '고위험 고수익, 저위험 저수익'이라고 하지만 저는 결코 그렇게 생각하지 않습니다. 유명한 투자 대가들도 높은 위험을 감수하면서 많은 수익을 얻을 것을 기대하지는 않습니다. 설령 다른 사람들이 보기에는 위험해 보일지도 모르나, 그들 자신은 어느 정도의 위험은 있을지라도 절대 손해를 보는 투자는 아니라는 확신이 있기에 투자를 하는 것이죠. 저는 투자 대가들과 비견될 수도 없는 아주 보잘것없는 사람입니다. 하지만 그들처럼 늘 분명한 원칙과 확신을 가지고 투자를 했죠. 한 치 앞도 알 수 없던 시장 상황에도 위험이 작은, 손해를 볼 투자가 아니라는 확신이 들 때만 투자를 했기에 실패하지 않을 수 있었던 것이죠.

저는 고집 있는 '청개구리'였습니다

서브프라임 사태가 찾아왔던 시기에 주위 모든 사람은 만류했지만 저는 소신껏 적극적으로 매수를 했습니다. 그리고 그 덕분에 작은 성공들을 쌓아올릴 수 있었습니다. 처음에 제가 오피스텔을 구입할 때도 주위 사람들은 "오피스텔은 잘 안 팔린다. 매수할 때만 비싸지 앞으로는 계속 가격이 하락할 것이다"라면서 투자를 만류했습니다. 제가 비수도권 지역에 투자하려고 할 때는 "지방은 절대 땅값이 오르지 않는다. 관리하기만 더 어려워질 것이다"라는 말을 듣기 일쑤였고요. 하지만 분명한 것은 많은 사람이 몰리는 시기, 또 그런 곳에서는 그저 그런 수익률밖에 기대할 수 없다는 것입니다. 오히려 과열된 분위기 속에서 잘못된 투자를 하게 되는 경우도 비일비재하고요.

2012~2013년 강남 재건축 아파트 투자나 2014년의 용산 상가건물 투자도 그 당시 시장에서 선호하는 투자는 결코 아니었습니다.

그러므로 목표 수익률이 높건 낮건 남들과 다른 '자신만의 투자 원칙'을 세우고 확고히 지켜나가야 합니다. 어떤 원칙을 세워야 할지 전혀 감이 오지 않는다면 '확실한 임대수익률 달성'을 첫 번째 원칙으로 세우시기 바랍니다.

물론 원하는 임대수익률은 사람마다 각기 다를 겁니다. 어떤 사람은 연 20% 수익률에 만족할 테지만, 또 어떤 사람은 연 30% 수익률에도 성이 차지 않을 수 있죠(통상 부동산가격이 높아질수록 임대료는 상승하지만 임대수익률은 하락합니다). 그러므로 스스로 만족할 만한 수익률을 정하고, 거기에 걸맞은 물건을 찾아보세요. 그리고 '5년 전에만 시작했으면 좋았을걸. 금융위기 때 부동산을 산 사람은 엄청난 부자가 되었다던데. 이제 부동산시장은 끝났다고 하던데 지금 시작해서 뭘 하겠나' 하는 등의 푸념은 멈추십시오. 시장은 끊임없이 움직입니다. 그리고 시기별로 수익을 가져다주는 부동산은 계속 변화하기 마련입니다. 그러나 아무리 많은 것이 바뀌더라도 2023년의, 그리고 앞으로의 부동산시장은 변함없이 매력적일 것입니다. 적어도 끊임없이 정진하는 사람에게는 그 역동적인 변화가 다양한 기회가 될 테니까요.

찾아보기

부록1

경매를 시작할 때부터 마칠 때까지
흐름 순서대로 살펴보는

부동산경매
핵심용어사전

"부동산경매를 하면서
긴가민가 헷갈리는 용어들이 제법 많더라고요.
제대로 알아두고 싶어요!"

1. 임의경매

저당권과 같은 담보권을 근거로 이루어지는 경매를 말합니다.

2. 강제경매

판결문, 화해조서 같은 집행력 있는 정본을 근거로 진행되는 경매를 말합니다.

3. 경매개시결정

해당 부동산의 경매신청 요건이 구비되었다고 판단되면 집행법원이 경매 절차를 시작한다는 결정을 합니다. 이것이 바로 경매개시결정입니다. 경매개시결정과 동시에 집행법원은 해당 부동산의 압류를 명하고, 직권으로 그 사유를 등기사항 전부 증명서에 기입할 것을 등기관에게 촉탁합니다(임의경매 또는 강제경매).

> **용익권**
> 타인의 소유물을 그 본체를 변경하지 않고 일정기간 사용하거나 이를 통해 수익을 얻는 물권을 말합니다. 사용수익권을 발생케 하는 용익물권·임차권 등을 가리키는 말로도 쓰입니다.

　　경매개시결정이 채무자에게 송달된 때 또는 경매신청이 기입등기된 이후로 압류의 효력이 발생합니다. 이때부터는 그 부동산을 양도하거나 담보권 또는 용익권*을 설정하는 등의 처분행위를 일체 할 수 없습니다.

4. 타경

경매사건에 붙이는 고유 기호를 말합니다.

5. 매각기일공고

매각기일이 정해지면 법원은 법원 게시판에 이를 공고합니다. 특히 최초 경매기일에 관한 공고는 신문에도 게재하여야 합니다. 또 법원이 그 필요성을 인정하는 경우에는 최초 경매기일이 아닌 이후의 경매기일에 관해서도 신문에 게재할 수 있습니다. 대법원 홈페이지 www.scourt.go.kr 법원 공고란에도 게재하게 됩니다.

6. 매각기일지정

집행법원이 이해관계자에 대한 통지, 현황조사, 최저경매가격결정 등의 절차를 거쳐 경매 절차상의 흠결이 없다고 최종 판단한 경우에는 직권으로 경매기일을 지정합니다.

7. 매각기일통지

법원이 매각기일 및 매각허가결정일을 정한 후 이를 이해관계자들에게 통지하는 절차입니다. 이때는 집행기록에 표시된 이해관계자들의 주소지로 등기우편을 발송해 통지합니다.

8. 배당요구

강제집행에 있어서 압류채권자 이외의 채권자가 집행에 참가하여 변제를 받는 방법을 말합니다. 법률에 의하여 우선변제청구권이 있는 채권자, 집행력 있는 정본을 가진 채권자, 경매개시결정의 기입등기 후에 가압류를 한 채권자는 법원에 배당요구를 신청할 수 있습니다.

　다만, 배당요구는 배당요구 종기일까지 꼭 하셔야 합니다. 임금채권, 주택임대차보증금반환청구권 등의 우선변제권이 있는 채권자라 해도 배당요구 종기일까지 배당요구를 하지 않으면 매각대금을 배당받을 수 없습니다. 또 그 후 배당을 받은 후순위자를 상대로도 부당이득반환청구를 할 수 없습니다.

9. 배당요구 종기일

집행법원은 경매개시결정 이후 1주일 내에 부동산경매 절차에서 소요되는 기간을 감안하여 첫 매각기일 이전까지 배당요구를 마치도록 합니다. 제3자에게 대항할 수 있는 물권 또는 채권을 등기사항전부 증명서에 등재하지 않은 채권자(임차인등)는 반드시 배당요구 종기일까지 배당요구를 해야 배당을 받을 수 있습니다. 그러나 법원이 특정 경매사건의 배당요구 종기일을 늦춰야 할 필요성이 있다고 판단하는 경우에는 배당요구 종기일을 연기할 수도 있습니다.

1. 입찰

경매사건에 가격 등을 적어 참여하는 행위를 말합니다.

2. 유찰

경매에 나온 물건에 입찰하는 사람이 없거나 입찰자의 자격 또는 준비물 미비로 무효처리 되어 사건이 다음 회차의 경매로 넘어가는 것을 말합니다. 유찰이 되면 최초감정가에서 20%(또는 30%) 떨어진 가격을 최저가로 다음 회차의 경매가 진행됩니다. 다음 회차에서도 또 유찰이 되면 직전 최저가에서 다시 20%(또는 30%) 떨어진 가격으로 경매가 진행됩니다.

3. 최저경매가격(최저가)

경매 입찰자들이 입찰가액을 산정할 때 기준이 되는 금액을 말합니다. 이 가격 미만으로 입찰가를 쓰면 무효처리 되므로 반드시 그 이상을 적어내 입찰해야 합니다. 통상 1회차 경매에서는 감정평가액이 최저경매가격이 됩니다.

4. 취하

채무자가 채무를 변제해 채권자가 경매신청 의사를 철회하는 것을 말합니다. 채권자가 경매신청을 취하하면 모든 경매 절차가 종료됩니다. 취하는 경락인이 잔금을 납부하기 전까지만 가능합니다.

5. 변경

경매법원이 경매를 적법하게 진행시킬 수 없다고 판단해 경매기일을 바꾸는 것을 말합니다. 경매기일이 바뀌어도 최저입찰가격은 변동되지 않습니다.

6. 연기

경매법원이 경매를 적법하게 진행시킬 수 없다고 판단해 경매기일을 늦추는 것을 말합니다. 이때도 최저입찰가격의 변동은 없습니다. 매각허가결정과 배당기일도 연기되는 경우가 종종 있습니다.

7. 감정평가서

객관적인 기준에 의해서 부동산의 경제적 가치를 판단하고, 부동산에 관한 정보를 요약하여 정리한 서류를 말합니다. 감정평가서는 응찰자의 이해를 도울 수 있도록 감정가격을 산출한 근거와 평가요항, 위치도, 지적도, 사진 등이 기재됩니다. 감정평가서는 매각공고 이후로 일반인들의 열람이 가능하도록 비치됩니다.

8. 감정평가액

감정평가사가 부동산의 경제적인 가치를 화폐의 단위로 측정한 것을 말합니다. 감정평가액은 통상 최초 경매 시 최저입찰가격이 됩니다. 감정평가금액과 실제 시세와는 괴리가 있을 수 있으므로 감정평가금액을 있는 그대로 믿으시면 안 됩니다. 낙찰가율(감정가격대비 낙찰가의 비율)에 근거해 '싸다, 비싸다'를 판단하거나 감정가격대비 몇 %로 입찰가격을 산정하는 행위는 지양해야 합니다.

9. 현황조사보고서

법원은 경매개시결정을 한 후에 지체 없이 집행관에게 부동산의 현상, 점유관계, 임차 또는 임대차 보증금의 수액 및 기타 현황에 관한 조사를 명해 현황조사보고서를 작성하게 합니다.

10. 매각물건 명세서

매각으로 소멸되지 않는 권리, 그밖에 유의해야하는 권리사항들에 대한 내용을 정리해둔 서류입니다. 매각물건 명세서는 입찰기일 1주일 전부터 법원에 비치되어 일반인들이 열람할 수 있도록 제공됩니다. 부동산경매에서 가장 중요한 서류입니다.

11. 입찰보증금

경매물건을 입찰할 때는 최저매각가격의 10%를 보증금액으로 입찰표와 함께 제출해야 합니다. 입찰보증금은 현금 및 수표 또는 보증보험증권으로 제출할 수 있습니다.

입찰 절차가 종료되면 집행관은 최고가 매수신고인이나 차순위 매수신고인를 제외한 모든 입찰자들의 보증금을 반환해줍니다. 차순위 매수신고인의 보증금은 매각허가결정이 확정되고 최고가 매수신고인이 대금 지급기한 내에 매각대금을 납부하면 그 이후에 반환해 줍니다.

만일 최고가 매수신고인이 잔금을 납부하지 않았다면 그 보증금을 몰수하여 배당금으로 활용하고, 차순위 매수신고인을 매수인의 지위로 올려 낙찰 허가 여부를 검토해 잔금 납부 절차를 진행합니다. 만약 차순위 매수신고인이 매각대금을 납부하지 않는다면 그 보증금 역시 몰수하여 배당금으로 충당합니다.

12. 보증보험증권

일정액의 보증료를 보증보험회사에 납부하면 경매보증보험증권을 발급받아 입찰보증금으로 제출할 수 있습니다. 보증보험증권을 이용하면 현금 소지로 인한 위험을 방지할 수 있고 거액의 현금을 준비하지 않고도 손쉽게 입찰에 참여할 수 있어 매우 편리합니다.

보증보험증권을 발급받아 입찰보증금으로 제출한 매수인이 잔금납부기일까지 매각대금을 납부하지 않을 경우에는 보증보험증권을 발급한 보증보험회사에서 매수인 대신 매수보증금을 납부하고 이를 매수인에게 청구하게 됩니다. 이렇게 몰수되는 매수보증금 역시 배당금에 포함됩니다.

13. 기일입찰

부동산 매각은 ① 매각기일에 하는 '호가경매'(과거), ② 매각기일에 입찰 및 개찰하는 '기일입찰', ③ 입찰기간 내에 입찰하고 매각기일에 개찰하는 '기간입찰'의 세 가지 방법이 있습니다. 현재는 당일에 입찰 및 개찰을 하는 기일입찰을 주로 시행하고 있습니다.

14. 기간입찰

기간을 정해 입찰하고 지정한 날에 개찰하는 입찰 방법입니다. 입찰기간은 1주일에서 1개월 이내로, 매각(개찰)기일은 입찰기간이 끝난 후 1주일 내로 정해집니다.

입찰 방법은 입찰표를 작성하고 관할 법원의 예금계좌에 매수신청보증금을 입금한 후 법원 보관금 영수필통지서를 입금증명서의 양식에 첨부하거나, 보증보험증권을 입찰 봉투에 넣어 봉한 후 매각(개찰)기일을 기재하여 직접 제출 또는 등기우편으로 발송하면 됩니다.

15. 무잉여에 의한 경매 취소

집행법원은 법원이 정한 최저경매가격으로 압류채권자의 채권에 우선하는 부동산상의 모든 비용을 변제하였을 때 경매신청인에게 배당될 재원이 없을 것으로 판단될 때에는 이 사실을 경매신청인에게 통지합니다. 그리고 그가 위 채권을 넘는 가액으로 매수하지 않을 경우 경매 절차를 직권으로 취소할 수 있습니다.

하지만 무잉여라고 해서 언제나 취소를 할 수 있는 것은 아닙니다. 경매신청 채권자가 매각이 진행되길 희망하는 경우에는 그대로 매각 절차가 진행되기도 합니다.

1. 낙찰

경매에서 최고가격을 제시한 사람을 결정하는 것을 말합니다.

2. 최고가 매수신고인

적법한 입찰 절차로 진행된 경매사건에서 가장 높은 가격을 제시한 신청인을 말합니다. 최고가 매수신고인은 이후 매각허가결정을 통해 매수인의 지위를 얻고, 잔금을 납부한 후에 소유자의 자격을 얻게 됩니다.

3. 차순위 매수신고인

최고가 매수신고인이 잔금납부를 포기하거나 어떤 사유로 매각이 불허가된 경우 재경매를 실시하지 않고 차순위 매수신고인에게 그 지위가 넘어가게 됩니다.

다만, 경매 교란행위를 막기 위해 최고가 매수금액에서 보증금을 공제한 액수보다 높은 가격으로 응찰한 사람만이 차순위 매수신고를 할 수 있도록 하고 있습니다. 차순위 매수신고인은 최고가 매수신고인이 매각대금을 납부하기 전까지 입찰 시 제출했던 보증금을 반환받지 못합니다.

4. 우선매수권

최고가 매수신고인의 가격대로 낙찰자의 지위를 가져올 수 있는 권리를 말합니다. 우선매수권은 공유물 지분경매에서의 공유자, 부도 임대주택에 거주하는 임차인에게만 주어지는 특별한 권리입니다.

입찰자가 최저가의 10%를 보증금으로 준비해 우선매수권을 신청하는 경우, 법원은 다른 최고가 매수신고가 있더라도 우선매수를 하겠다고 신고한 공유자에게 매각을 허가해야 합니다. 이런 경우, 우선매수권을 가지지 못한 최고가 매수신고인은 차순위 매수신고를 신청할 수 있습니다.

매각

1. 매각

민사집행법에서 매각은 경매를 통해 소유권을 이전하는 것을 말합니다. 일반적인 거래를 통한 소유권 이전은 '매매'라고 합니다.

2. 매각(불)허가결정

최고가 매수신고인이 선정되고 나서 1주일 이내에 담당재판부가 경매의 전 과정이 적법하게 진행되었는지를 검토하여 낙찰에 대한 허가 또는 불허가를 결정하는 것을 말합니다.

불허가결정이 나는 경우에는 최고가 매수신고인이 이에 대해서 이의를 제기할 수 있습니다. 불허가결정이 확정되면 1주일 후에 최고가 매수신고인에게 입찰보증금이 반환됩니다. 불허가결정은 입찰법정에서 선고한 후 법원 게시판에만 공고할 뿐, 낙찰자, 채권자, 채무자, 기타 이해관계자들에게 개별적으로 통보해주지는 않습니다.

3. 매각허가결정의 확정

매각허가결정이 선고된 후 1주일 내에 이해관계자들이(낙찰자, 채무자, 소유자, 임차인, 근저당권자 등) 항고를 하지 않으면 낙찰 허가가 확정됩니다. 매각허가결정이 확정되면 잔금납부기일이 잡힙니다. 매수인은 법원이 통지한 잔금납부기일까지 낙찰대금(보증금을 제외한 잔액)을 납부하여야 합니다.

4. 잔금납부기일

최고가 매수신고인에 대한 매각허가결정이 확정되면 법원은 지체 없이 직권으로 잔금납부기일을 지정합니다. 잔금납부기일은 통상 매각허가결정이 확정된 날로부터 1개월 이내로 잡힙니다.

5. 상계

경매를 통해 낙찰받은 부동산의 매각대금을 납부하는 특별한 방법으로, 현금 대신 채권자가 받아야 할 채권액과 납부해야 할 매각대금을 같은 금액만큼 서로 맞바꾸는 것을 말합니다.

　채권자가 매각대금을 상계 방식으로 지급하고 싶다면 매각허가결정일이 지나기 전에 법원에 상계신청을 하고, 배당기일에 매각대금에서 배당받아야 할 금액을 제외한 금액만을 납부하면 됩니다.

6. 소유권이전등기

양도·상속·증여 및 기타 원인에 의하여 유상 또는 무상으로 소유권이 이전되는 것을 등기사항전부 증명서에 기입하는 것을 말합니다. 경매사건에서는 잔금을 납부하면 촉탁을 통해 소유권이전등기를 할 수 있습니다.

7. 소유권이전등기촉탁

매수인이 등기비용을 지불하고 집행법원이 소유권이전등기, 인수되지 않는 각종 등기의 말소를 하도록 등기를 담당하는 공무원에게 촉탁하는 절차입니다. 매수인이 대금을 완납하면 해당 부동산의 소유권을 취득하게 됩니다.

8. 재경매

최고가 매수신고인이(차순위 매수신고인도 포함) 잔금납부기일까지 잔금을 치르지 않는 경우에 이전 최저가로 다시 실시하는 경매를 말합니다.

1. 배당

부동산의 매각대금으로 권리의 우선순위에 따라 매각대금을 나눠주는 것을 말합니다. 배당요구 종기일까지 배당을 신청해야 실제 배당에 참여할 수 있습니다. 이 기간을 넘긴 경우에는 배당이 되지 않습니다. 배당요구를 했을 경우에는 배당요구 종기일 전에만 철회가 가능합니다.

2. 배당이의

배당기일에 출석한 채권자는 자신의 이해관계 범위 안에서 다른 채권자들을 상대로 그의 채권 또는 채권의 순위에 대해서 이의를 제기할 수 있습니다. 이의를 제기한 채권자가 배당이의의 소를 제기하고 배당기일로부터 1주일 내에 집행법원에 소제기증명을 제출하면 배당금 지급이 보류되고 공탁*을 하게 됩니다. 배당이의를 제기하기 위해서는 배당기일에 반드시 출석을 해야 합니다.

> **공탁**
> 법령의 규정에 의해 금전유가증권기타 물품을 공탁소(은행 또는 창고업자)에 맡기는 것을 말합니다.

3. 인도명령

점유자가 낙찰자와의 협의 및 해당 부동산의 인도를 거부할 때 소송 없이 신속한 집행을 돕기 위한 제도입니다. 대금을 완납한 낙찰자는 대금 납부 후 6개월 이내에 집행법원에 낙찰받은 부동산을 인도하게 하는 인도명령을 신청하여 부동산을 인도받을 수 있습니다. 요즘에는 대개 잔금납부와 배당기일 사이에 인도명령결정이 납니다.

결정문이 점유자에게 송달되면「인도명령결정문」,「송달증명원」(경매계에서 발급),「강제집행신청서」(경매계에서 작성)를 준비하여 집행과에 제출하면 강제집행이 진행됩니다.

4. 강제집행

인도명령결정(또는 명도소송에 기한 판결문)에 근거하여 해당 부동산의 점유자로부터 강제로 점유를 빼앗아 낙찰자에게 넘겨주는 행위를 말합니다. 강제집행이 개시되면 보통 계고장(경고장의 성격)을 해당 부동산 내부에 1회 부착하고, 수 일에서 1~2주 사이에 본 집행을 진행합니다.

1. 개별매각

여러 개의 부동산에 대한 경매신청이 한꺼번에 들어오면 각 부동산별로 최저경매가격을 정해 경매가 진행됩니다. 이때는 하나의 사건번호에 여러 개의 물건번호로 나뉘어 매각이 진행됩니다. 이런 물건에 입찰할 때는 입찰표에 사건번호뿐만 아니라 물건번호까지 반드시 정확히 기재해야 합니다.

한 가지 유의할 점은 개별매각 사건의 경우, 모든 물건이 매각 및 잔금납부가 완료될 때까지 배당기일이 지정되지 않는다는 것입니다. 먼저 물건을 낙찰받아 잔금을 치르고도 다른 물건이 낙찰되지 않는다면 배당기일이 지정되지 않고 아울러 인도명령결정도 지연됩니다. 그러므로 개별매각 사건에 입찰할 때는 입찰하려는 부동산뿐만 아니라 다른 부동산의 매각 진행 과정까지 함께 살펴보고 명도까지의 기간을 좀 더 여유롭게 생각해둬야 합니다.

2. 일괄매각

하나의 사건번호에 딸려 있는 여러 개의 부동산을 한꺼번에 매각하는 것을 말합니다. 법원이 하나의 사건번호에 딸려 있는 여러 부동산들의 위치, 형태, 이용관계 등을 살펴보고 이를 하나로 묶어 매각하는 것이 좋다고 판단하는 경우에는 직권으로, 또는 이해관계자의 신청에 따라 일괄매각할 수 있습니다.

3. 공동경매(병합사건)

여러 명의 채권자가 동시에 경매신청을 하거나 아직 경매개시결정을 하지 않은 상태에서 동일한 부동산에 대해서 각각 다른 채권자들로부터 경매신청이 들어오는 경우에는 여러 경매신청을 하나로 합쳐 1개의 경매개시결정을 하게 됩니다. 이런 경우에는 신청자들이 공동의 압류채권자가 됩니다.

4. 이중경매(중복사건)

경매가 이미 진행되고 있는 상태에서 또 다른 채권자가 경매를 신청하는 경우를 말합니다. 이때 먼저 진행되고 있는 경매를 선행경매, 뒤에 진행될 경매를 후행경매라고 합니다. 선행경매에 이어 또 다른 경매신청이 들어오게 되면 법원은 다시 경매개시결정을 하고 선행경매를 기준으로 경매를 진행합니다.

공동경매는 두 개의 절차를 병행하여 진행하는 데 반해, 이중경매는 선행경매가 진행되는 중에 후행경매가 그대로 묶여 집행 절차가 이루어진다는 점이 다릅니다.

5. 공탁

채무자가 채무를 갚을 의무와 의사가 있는데 채권자가 오히려 이를 받지 않으려고 하고 협력하지 않을 때, 채무자의 자산을 공탁기관에 맡겨 채무를 면하게 하는 제도를 말합니다. 다만, 공탁의 목적물은 채무의 내용에 적합한 것이어야 합니다. 일부 공탁은 원칙적으로 무효입니다.

6. 과잉매각

한 채무자가 여러 개의 부동산을 매각할 때 일부 부동산의 매각대금으로 모든 채권자들의 채권액과 집행비용을 변제하기에 충분한 경우를 과잉매각이라고 합니다. 과잉매각에 해당되면 집행법원은 다른 부동산의 매각을 허가하지 않습니다.

또 채무자는 그 부동산 가운데 매각할 것을 지정할 수 있습니다.

7. 교부청구

채무자가 강제집행이나 파산선고를 받은 때(법인이 해산한 때) 강제매각개시 절차에 의하여 채무자의 재산을 압류하지 않고 강제매각기관에 국세, 지방세, 징수금 등 체납 세금의 배당을 요구하는 제도를 말합니다. 교부청구를 하면 조세의 소멸시효가 끝납니다.

8. 대위변제

이해관계자가 채무자를 대신해서 자신보다 선순위 권리의 채무를 변제 또는 말소하고 선순위 권리자가 되는 것을 말합니다. 이로써 선순위 권리자가 되면 채무자 또는 다른 공동채무자에 대한 구상권(대신해서 갚은 채권에 대해 청구할 수 있는 권리)을 취득하게 됩니다. 대위변제를 통해 후순위 권리자는 선순위 권리자로 권리의 순위가 상승하게 됩니다.

9. 대항력

주택임차인이 임차주택을 인도받고 전입신고까지 마치면 그다음 날 0시부터 정식으로 임차권을 갖게 되어 소유자뿐만 아니라 제3자에게도 법적으로 당당히 대항할 수 있게 됩니다. 즉, 대항력은 주택임차인이 임차보증금 전액을 반환받을 때까지 새로운 매수인에 대해 집을 비워 주지 않고 버틸 수 있는 힘을 의미합니다.

다만, 대항력 요건(점유와 전입신고)을 갖추기 전에 등기사항전부증명서상의 선순위 권리(근저당권, 가압류, 압류 등)가 있었다면 주택이 매각된 경우 그 매수인에게 대항할 수 없습니다. 쉽게 말해 가짜 대항력인 셈입니다.

10. 이해관계인(자)

경매 절차에 이해관계를 가진 사람들 중 법으로 특별히 보호할 필요가 있는 이들을 말합니다. 이해관계인(자)에게는 경매 절차 전반에 관여할 수 있는 권리가 있습니다. 낙찰자는 매각허가결정 후 매수인의 지위를 부여받고 경매사건의 이해관계인(자)이 됩니다.

11. 집행관

지방법원에 소속되어 법률이 정한 바에 따라 재판의 집행, 서류의 송달, 강제집행, 기타 법령에 의한 사무를 담당하는 사람입니다.

12. 집행문

채무명의에 집행력이 있음과 집행 당사자, 집행의 범위 등을 공증하기 위하여 법원사무관 등이 공증기관으로서 채무명의의 말미에 부기하는 공증문언을 말합니다. 집행문이 붙은 채무명의 정본을 "집행력 있는 정본" 또는 "집행정본"이라고 합니다.

13. 집행법원

강제집행 권한을 행사하는 법원을 말합니다. 강제집행은 원칙적으로 집행관이 실시하나 비교적 곤란한 법률적 판단이 요구되는 집행행위나 집행처분에 관해서는 민사집행법상 특별히 규정을 두어 법원이 직접 담당하도록 하고 있습니다.

집행관이 실시하는 집행 중에서도 신중을 기할 필요가 있는 사건에 대해서는 법원의 협력 내지 간섭이 필요한데 이를 전담해 수행하는 법원이 곧 집행법원입니다. 집행법원은 원칙적으로 지방법원이며 단독판사가 담당합니다.

14. 필지

하나의 지번이 붙는 토지의 법적인 등록단위를 말합니다.

15. 임대차와 전대차

임차인이 다시 다른 이에게 임대차계약을 맺고 임대했을 때, 임대인(소유자)이 임차인과 임대차계약을 맺은 경우를 임대차라고 합니다. 그리고 임차인이 제2의 임차인과 임대차계약을 맺은 경우는 전대차라고 합니다.

16. 저당권

채무자(빌린 사람)가 채권자(빌려준 사람)에게 점유를 넘기지 않고, 그 채권의 담보로 제공된 목적물(부동산)에 대하여 우선적으로 변제를 받을 수 있는 약정담보물권을 말합니다.

17. 근저당권

계속적인 거래로 발생하는 여러 채권을 장래의 결산기에 일정 한도액까지 담보하기 위해 부동산에 설정하는 저당권을 말합니다.

채권금액이 미리 확정되는 저당권과 달리 근저당권은 장래에 증감·변동하는 불특정한 채권입니다. 근저당권은 현재 채무가 없어도 성립되며, 한번 성립된 채권은 변제되어도 차 순위의 저당권 순위를 승계하지 않는다는 점이 저당권과 다릅니다.

근저당권을 설정할 때는 '근저당'의 뜻과 채권최고액에 대한 내용을 등기해야 합니다. 채권액이 확정되면 근저당권은 우선변제를 받습니다. 효력은 보통의 저당권과 같습니다. 채권액이 채권최고액을 초과했을 때는 그 금액 이상의 우선변제권이 주어지지 않습니다.

18. 압류

국가권력으로 특정한 재산이나 권리를 개인이 마음대로 처분하지 못하게 하는 행위를 말합니다. 국세징수법상의 압류는 체납 처분의 첫 단계로 법적 강제력으로 체납자가 재산을 처분하지 못하도록 하는 것을 의미합니다. 압류를 해제하기 전에는 압류된 재산을 임의로 처분할 수 없습니다.

19. 가압류

금전채권 또는 금전으로 환산할 수 있는 채권을 회수하기 위해 미리 채무자의 재산을 확보하여 장래에 강제집행이 가능하도록 하는 보전 목적을 가진 법원의 처분을 말합니다. 채무명의를 얻고 강제집행을 진행하는 과정에서 채무자가 재산을 은닉하거나 도주를 하는 등 집행을 어렵게 만들 가능성이 있을 때, 채무자의 재산을 한동안 보유하여 강제집행을 가능하게 하려는 제도입니다.

20. 가등기

본등기를 위한 요건을 갖추지 못한 경우, 장차 행해질 본등기를 위해 미리 그 순위를 보존해두는 효력을 가지는 등기를 말합니다. 가등기 자체는 등기로서 완전한 효력을 갖지는 못하지만 순위를 미리 정해둘 수 있기 때문에 활용 범위가 넓습니다.

21. 담보가등기

채권담보를 목적으로 하는 가등기를 말합니다. 일반적으로 가등기는 순위 보전의 효력 정도만을 가지고 있으나 담보가등기는 예외적으로 실제적인 효력이 인정됩니다. 즉, 본등기와 같은 효력을 발휘하며 저당권과 유사한 성격을 가지고 있습니다. 담보가등기의 목적물이 경매로 매각이 진행되면 가등기담보권자는 가등기의 순위만을 가지고도 우선변제권을 행사할 수 있습니다.

22. 보전가등기

청구권 보전을 목적으로 하는 가등기를 말합니다. 담보나 채권회수 목적의 등기가 아닌 순위보전의 효력만 인정되는 가등기입니다. 보전가등기는 말소기준등기가 되지 못하므로 말소기준등기보다 선순위라면 인수해야 하는 권리입니다.

23. 가처분

채권자가 채무자에 의해 해당 물건의 법률적·사실적 변경을 방지하고자 상태 변경을 금지시키는 집행보전제도를 말합니다. 즉, 채권자가 채무자의 재산이 다른 사람에게 넘어가지 못하도록 묶어두는 행위입니다.

24. 예고등기

등기원인의 무효나 취소로 인해서 등기가 말소 또는 회복의 소가 제기된 경우, 이 사실을 공시하는 등기입니다. 즉, 소유권에 대한 법적 다툼이 있다는 것을 법원이 공시하는 것을 말합니다.

예고등기는 채무자가 타인과 공모해 경매사건을 여러 번 유찰시킨 후 지인을 통해 낮은 가격으로 낙찰받게끔 하는 등 악용하는 사례가 많아지면서 2011년 10월 13일부터 폐지되었습니다.

25. 전세권

전세권자가 전세금을 지급하고 다른 사람의 부동산을 일정기간 용도에 맞게 사용하거나 이를 통해 수익을 얻을 수 있는 권리를 말합니다. 전세권은 물권에 속합니다. 전세권을 설정하면 합법적으로 제3자에 맞설 수 있는 대항력이 생깁니다. 또 소유자의 동의 없이 사용과 수익이 가능하므로 양도 및 임대를 할 수 있습니다. 주택을 임차할 때 전세권이라는 제도가 있는 나라는 전 세계에서 한국이 유일합니다.

26. 임차권

임대차 계약에 의해 임차인이 임차물을 사용하거나 이를 통해 수익을 얻는 권리를 말합니다. 전세권은 임차인의 거주나 전입신고의 성립요건이 없지만 임차권은 거주 및 전입신고를 해야만 법의 보호를 받을 수 있습니다.

임대차 기간이 만료된 후에 임대인으로부터 보증금을 반환받지 못했을 경우에는 임대인의 동의를 받지 않더라도 임차권등기를 통해 거주요건에 상관없이 대항력과 우선변제권을 유지할 수 있습니다.

27. 경매기입등기

새로운 등기원인에 의해 변동된 사항, 경매 절차가 시작되는 것을 기입하는 등기를 말합니다.

28. 지상권

다른 사람의 토지에 건물이나 수목을 소유하기 위하여 그 토지를 사용할 수 있는 권리를 말합니다. 지상권은 토지 소유자와 토지 사용자 간에 계약을 통해 성립됩니다.

29. 법정지상권

당사자의 설정 계약이 아닌 법률의 규정에 의해 인정되는 지상권을 말합니다. 토지와 건물이 동일 소유자였다가 어떠한 이유로 분리가 되었을 때 사회적·경제적으로 건물을 보존하는 것이 바람직하다는 취지에서 인정되는 제도입니다.

30. 유치권

어떤 물건에 관하여 생긴 채권을 회수하지 못한 자가 타인의 물건을 점유해 채권을 변제받을 때까지 물건을 유치(점유)할 수 있는 권리를 말합니다. 쉽게 설명하자면 건축업자가 건물을 완공하고 나서 공사대금을 받지 못할 경우, 대금을 받을 때까지 '유치권'을 행사하며 건물을 점유할 수 있습니다.

31. 당해세

경매나 공매의 목적이 되는 부동산 자체에 부과되는 국세 및 지방세와 가산금 및 체납처분비를 의미합니다. 경매물건에서의 당해세는 대부분 국세입니다.

32. 국세

국가의 재정수입을 위하여 국가가 부과하는 조세를 말합니다. 당해세 우선원칙이 적용되는 국세로는 상속세, 증여세, 재평가세, 토지초과이득세가 있습니다.

33. 지방세

지방 재정의 수입을 충당하기 위해서 관할 구역 내의 지방자치단체가 부과하는 조세를 말합니다. 당해세 우선원칙이 적용되는 지방세에는 재산세, 자동차세, 종합토지세, 도시계획세, 공동시설세가 있습니다.

34. 법정기일

국세채권과 저당권 등의 기타 권리 중에서 우선여부를 결정하는 기준일을 말합니다. 법정기일은 세금의 종류에 따라 다릅니다. 직접 신고 후 납부하는 국세의 경우에는 신고일이 법정기일이고, 과세표준과 세액을 정부가 결정하는 세금은 납세고지서상의 발송일이 법정기일입니다.

35. 우선변제권

주택임대차보호법상에서 임차인이 보증금을 우선변제 받을 수 있는 권리를 말합니다. 대항요건과 확정일자를 갖춘 주택임차인의 경우 배당에 참여했을 때 확정일자보다 늦은 후순위 권리에 우선하여 임차보증금을 변제받을 수 있습니다.

36. 소액임차인

임차보증금이 주택임대차보호법이 규정하는 소액보증금범위에 해당하는 임차인을 말합니다. 사회통념상 임차인은 약자로 분류됩니다. 따라서 주택임대차보호법에서는 여러 법적장치를 두어 임차인을 보호하고 있습니다. 그중에서도 보증금이 적은 소액임차인은 보다 강화된 법적장치로 보호를 해줍니다. 즉, 소액임차인에 해당되면 경매 절차에서 다른 어떤 권리자들보다 일정 금액에 대해 먼저 배당을 받을 수 있습니다.

37. 최우선변제권

임차인이 거주하는 주택이 경매로 매각되는 경우, 어떠한 담보물권보다도 최우선적으로 배당을 받을 수 있는 권리를 말합니다. 주택임대차보호법상에서 소액임차인 보호를 위한 추가적인 법적장치가 바로 최우선변제권입니다. 최우선변제권을 행사하기 위해서는 전입신고와 점유를 통해 대항요건을 갖추어야 하며 배당요구 종기일까지 배당신청을 해야 합니다. 다른 어떤 권리들보다도 먼저 일정 금액을 배당받을 수 있다는 점에서 소액임차인에게는 굉장히 좋은 혜택입니다.

38. 명도소송

부동산의 점유자가 자진해서 집을 비워주지 않을 때 관할 법원에 제기하는 소송을 말합니다. 공매는 경매와 달리 인도명령제도가 따로 없기 때문에 점유자가 해당 목적물을 인도해주지 않을 경우 명도소송을 통해 해결을 할 수밖에 없다는 단점이 있습니다. 명도소송은 통상적으로 3~6개월 정도의 기간이 소요됩니다.

39. 가장임차인(위장임차인)

겉으로는 대항력이 있는 임차인처럼 보이지만 실제로는 대항력을 취득하지 못한 경우를 말합니다. 부동산에 근저당이 설정되기 전 소유자와 친인척 또는 지인관계에 있는 점유자가 무상으로 임차하여 살고 있다가 부동산이 경매로 넘어가게 되면서 허위로 임대차계약서를 만들고 이를 토대로 임차보증금을 주장하는 경우가 대표적입니다.

40. 공매

국가기관이 국세징수법에 의하여 압류한 재산을 불특정 다수의 매수 희망자들의 자유경쟁을 통해 공개적으로 매각하는 제도를 말합니다. 경매는 관할 법원에서 주관하지만 공매는 한국자산관리공사 KAMCO 에서 진행합니다. 공매물건에 대한 권리분석은 경매물건을 분석하는 것과 동일합니다. 공매물건의 입찰은 온비드 www.onbid.co.kr 에서 전자입찰 방식으로 진행되기 때문에 경매보다 편리합니다.

41. 지분경매

하나의 부동산을 2인 이상이 공동소유하는 경우에 공동소유자 중 한 사람 또는 여러 사람의 지분을 매각하는 경매를 말합니다. 지분경매로 나온 물건은 일반 물건에 비해 대출이 어렵기 때문에 투자 전에 자기자본 비율을 충분히 높게 잡아야 합니다. 다른 지분권자들이 욕심을 낼 이유가 많을수록 좋은 투자 대상입니다.

42. 대지권

건물의 구분소유자가 건물이 위치한 대지에 대하여 갖는 권리를 말합니다. 예를 들어 아파트 1동에 동일 면적의 25세대가 차지하고 있는 토지의 면적이 1000㎡

라면 구분소유자(1세대)는 1000m²/25의 대지권을 가집니다.

43. 선순위 임차인

대항력 발생일이 말소기준권리보다 앞서는 임차인을 말합니다. 선순위 임차인은 말소기준권리보다 앞서는 권리를 가지기 때문에 경매 절차가 진행되어도 가지고 있는 임차권이 소멸되지 않습니다.

선순위 임차인이 매각으로 배당을 받지 못한 보증금은 낙찰자가 모두 인수해야 합니다. 그러나 선순위 임차인이 매각 절차를 통해 보증금을 전부 배당받았다면 낙찰자가 책임지고 변제해줘야 할 금액은 없습니다.

44. 부당이득반환청구권

부당이득자로 인해 손실을 입은 자가 그 손실에 대한 보상을 요구할 수 있는 권리를 말합니다. 타인의 재화를 무단으로 사용하거나 일을 한 대가를 정당하게 지급하지 않는 등 부당이득을 취한 사람으로 인해 손실을 입었을 경우, 부당이득반환청구소송을 통해 손실을 보상받을 수 있습니다.

45. 권리분석

경매물건에 입찰하기 전에 낙찰자가 낙찰대금 이외에 말소되지 않고 추가로 인수해야 하는 권리가 있는지 그 여부를 확인하는 절차입니다. 추가로 인수하는 권리가 없으면 안전한 물건, 인수할 권리가 있다면 위험한 물건입니다.

46. 맹지

타인의 토지에 둘러싸여 있어 도로와 접한 부분이 없는 토지를 말합니다. 차량 통행이 불가능하므로 이런 토지에는 원칙적으로 건축법에 의해 건물을 세울 수 없습니다.

47. 과세표준

세금을 부과하는 기준을 말합니다. 세금은 과세표준에 세율을 곱해 구하는 것이 일반적입니다.

48. 농지취득자격증명서

지목이 전, 답, 과수원인 토지, 즉 농지를 취득하기 위한 자격을 증명하는 서류입니다. 농지취득자격증명서는 투기가 성행하거나 그러한 우려가 있는 지역에서 투기를 억제하기 위한 목적으로 발급받도록 만들어진 서류입니다. 줄여서 농취증이라고도 합니다.

농지에는 소유제한이 있어서 직접 농사를 지을 사람이 아니라면 소유하지 못하도록 하고 있습니다.

농지를 낙찰받았을 경우에는 7일 이내에 관할 읍, 면, 동사무소에 필요서류(최고가 매수인 증명원, 농지취득자격증명신청서, 영농계획서)를 제출하여 농취증을 발급받아 제출해야 합니다. 그러나 1000m² 이하의 토지는 영농계획서 없이도 농취증을 발급받을 수 있습니다.

꼭 구분해서 알아둬야 할 용어들

1. 다세대주택과 다가구주택

건축법상으로 다세대주택은 연면적 660m²에 4개 층 이하의 주택을 말하고, 다가구주택은 연면적 660m²에 3개 층 이하의 주택을 일컫습니다.

　다세대주택과 다가구주택의 가장 뚜렷한 구분기준은 구분소유권(개별등기)의 여부입니다. 다세대주택은 개별등기가 가능해 각각의 세대별로 소유권을 구분해 매매할 수 있지만 다가구주택은 개별등기가 불가능해 한 가구만 매매할 수 없습니다.

2. 용적률과 건폐율

용적률은 대지면적에 대한 건축물 연면적의 비율을 말하며 '(연면적/대지면적)×100%'로 구할 수 있습니다. 대지면적이 100m²인 토지 위에 지어진 3층짜리 건물의 층별 면적이 50m²이라면 연면적은 '3×50m² = 150m²'이고, 용적률은 '(150/100)×100% = 150%'가 됩니다.

　건폐율은 대지면적에 대한 건축면적의 비율을 말하며 '(건축면적/대지면적)×100%'의 계산식으로 구할 수 있습니다. 앞에서 용적률을 살펴봤던 건물의 건폐율을 구해보면 건축면적은 50m²이므로 건폐율은 '(50/100)×100% = 50%'가 됩니다.

3. 전용면적과 공용면적

전용면적은 해당 부동산의 점유자가 독점적으로 사용하는 부분, 즉 집의 문을 열고 들어갔을 때 방, 화장실, 거실 등 점유자만 단독으로 사용할 수 있는 바닥면적을 말합니다.

공용면적은 다른 세대와 공동으로 사용하는 부분으로, 아파트와 같은 공동주택의 경우에는 다른 사람들과 함께 사용하는 복도, 계단, 주차장, 엘리베이터, 노인정 등의 바닥면적을 말합니다.

전용면적과 공용면적을 합한 것이 분양면적(공급면적)입니다.

4. 공시지가와 기준시가

공시지가는 국토해양부 장관이 공시하는 표준지의 단위면적(m^2)당 토지가격을 말합니다. 매년 전국에서 대표성이 높은 몇몇 지역을 표준지로 정해 감정평가사가 적정가격을 평가 및 산출합니다. 국토해양부 홈페이지에서 조회할 수 있습니다.

기준시가는 토지와 건물 등 자산의 과세기준가액을 말합니다. 토지뿐만 아니라 건물 또는 골프회원권 등을 팔거나 상속 또는 증여할 때 세금을 부과하기 위한 기준가격입니다. 국세청 홈페이지에서 조회가 가능합니다.

꼼꼼하게 살펴보고 완벽하게 체크해
부동산의 가치를 제대로 파악하기 위한

현장답사
템플릿 노트

"철저한 현장조사를 통해
부동산의 가치와 가격을 제대로 파악해야죠!"

나의 투자 지도(현장보고서)

사건번호		입찰일/현장조사일	
주소			
면적		보존등기/방 개수	
입찰 관련가			
건물 체크리스트			
채광			
노후도			
내부 구조			
주차장			
도시가스			
건물 균열			
누수 여부			
승강기 관리			
미납관리비			
주위 환경 체크리스트			
버스거리			
전철거리			
편의시설 (마트, 은행 등)			
혐오시설			
학교 수			
학군 퀄리티			
관공서			
소음, 진동			
개발 가능성			
이웃주민			
동네 분위기			
관리소 연락처			
부동산 연락처			

시세파악			
매매		급매	
월세(개수)		전세(개수)	
투자 POINT			
나의 의견			
지역전문가 및 운영자 의견			

MEMO

나의 투자 지도(현장보고서)

사건번호		입찰일/현장조사일	
주소			
면적		보존등기/방 개수	
입찰 관련가			
건물 체크리스트			
채광			
노후도			
내부 구조			
주차장			
도시가스			
건물 균열			
누수 여부			
승강기 관리			
미납관리비			
주위 환경 체크리스트			
버스거리			
전철거리			
편의시설 (마트, 은행 등)			
혐오시설			
학교 수			
학군 퀄리티			
관공서			
소음, 진동			
개발 가능성			
이웃주민			
동네 분위기			
관리소 연락처			
부동산 연락처			

시세파악			
매매		급매	
월세(개수)		전세(개수)	
투자POINT			
나의 의견			
지역전문가 및 운영자 의견			

MEMO

나의 투자 지도(현장보고서)

사건번호		입찰일/현장조사일	
주소			
면적		보존등기/방 개수	
입찰 관련가			
건물 체크리스트			
채광			
노후도			
내부 구조			
주차장			
도시가스			
건물 균열			
누수 여부			
승강기 관리			
미납관리비			
주위 환경 체크리스트			
버스거리			
전철거리			
편의시설 (마트, 은행 등)			
혐오시설			
학교 수			
학군 퀄리티			
관공서			
소음, 진동			
개발 가능성			
이웃주민			
동네 분위기			
관리소 연락처			
부동산 연락처			

시세파악			
매매		급매	
월세(개수)		전세(개수)	
투자 POINT			
나의 의견			
지역전문가 및 운영자 의견			

MEMO

나의 투자 지도(현장보고서)

사건번호		입찰일/현장조사일	
주소			
면적		보존등기/방 개수	
입찰 관련가			
건물 체크리스트			
채광			
노후도			
내부 구조			
주차장			
도시가스			
건물 균열			
누수 여부			
승강기 관리			
미납관리비			
주위 환경 체크리스트			
버스거리			
전철거리			
편의시설 (마트, 은행 등)			
혐오시설			
학교 수			
학군 퀄리티			
관공서			
소음, 진동			
개발 가능성			
이웃주민			
동네 분위기			
관리소 연락처			
부동산 연락처			

시세파악			
매매		급매	
월세(개수)		전세(개수)	
투자POINT			
나의 의견			
지역전문가 및 운영자 의견			

MEMO

나의 투자 지도(현장보고서)

사건번호		입찰일/현장조사일	
주소			
면적		보존등기/방 개수	
입찰 관련가			
건물 체크리스트			
채광			
노후도			
내부 구조			
주차장			
도시가스			
건물 균열			
누수 여부			
승강기 관리			
미납관리비			
주위 환경 체크리스트			
버스거리			
전철거리			
편의시설 (마트, 은행 등)			
혐오시설			
학교 수			
학군 퀄리티			
관공서			
소음, 진동			
개발 가능성			
이웃주민			
동네 분위기			
관리소 연락처			
부동산 연락처			

시세파악				
매매		급매		
월세(개수)		전세(개수)		
투자POINT				
나의 의견				
지역전문가 및 운영자 의견				

MEMO

나의 투자 지도(현장보고서)

사건번호		입찰일/현장조사일	
주소			
면적		보존등기/방 개수	
입찰 관련가			
건물 체크리스트			
채광			
노후도			
내부 구조			
주차장			
도시가스			
건물 균열			
누수 여부			
승강기 관리			
미납관리비			
주위 환경 체크리스트			
버스거리			
전철거리			
편의시설 (마트, 은행 등)			
혐오시설			
학교 수			
학군 퀄리티			
관공서			
소음 진동			
개발 가능성			
이웃주민			
동네 분위기			
관리소 연락처			
부동산 연락처			

시세파악			
매매		급매	
월세(개수)		전세(개수)	
투자 POINT			
나의 의견			
지역전문가 및 운영자 의견			

MEMO

_____

_____

_____

_____

_____

_____

_____

_____

_____

_____

_____

_____

_____

_____

_____

_____

_____